알려주는 실무

성과본. 친양자. 개명

법무사 정 택 근

KSLaw
법률&출판

머 리 말

2005.2.3.헌법재판소 헌법불합치 결정 이후 호주제를 비롯한 관련 민법 규정이 전면 개정되어 2008.1.1. "가족관계의 등록 등에 관한법률 "이 시행되었다. 본사무실에서 2008년 한 해 동안 많은 사건(100건 이상) 을 다루었다. 그 당시의 자료 와 경험을 나누고 싶었고 법률 실무 종사 하시는 분들에게 조금이나마 보탬이 되고자 이 책 을 편저하게 되었다. 진행초기에 많은 시행착오 와 우여곡절이 있었다. 의뢰인이나 본 사무실이나 공히 진행결과에 대해 약간의 의구심을 가지고 있었다.

성(姓)과본(本)변경이 가능할까?

시간은 얼마나 걸리는 걸까?

구비서류는 도대체 뭘까?

하지만 시간이 해답이었다.

지금은 법원(재판부)의 심리기준, 절차, 준비 서류가 제시되어 본 제도의 운영이 예측 가능한 절차로 자리매김 했다.

실무서적의 본질은 백문불여일견(百聞不如一見).

한 눈에 보여 주고 따라 할 수 있게 하는 것.

그래서 본 저서도 실무 서적의 편저방식대로 사례형 나열식을 따랐다.

굳이 특이점을 말하자면

1. 성과본 변경 ,친양자, 개명을 한권으로 단권화

   개명신청이 성.본 변경에 수반되어 동시 진행되는 경우가 많고, 기존 개명 사례집의 반복을 지양했고, 분량을 줄였다.

2. 일목요연한 정리

법원의 심리기준, 제도상의 차이, 준비서류 등을 도표화 하여 한눈에보도록 나름 노력했다.

3. 사례 적용상의 편의도모

성변경, 친양자, 개명을 내용면에서 분류해 유사한 사례에 대한 적용상의 편의를 높이도록 노력했다.

끝으로 본 저서는 서초동 소재 몇분 법무사님의 권유 와 본 사무실 이향주 과장의 노고로 세상에 나오게 되었다.

감사드린다.

2010.05. 서초동사무실 정 택 근

<제목 차례>

목 차

목　　차

2. 사례나열 ························ 545

제1장-제도개관

1. 성과본 변경
2. 친양자
3. 개　명
4. 비교도표

1. 성과본 제도 - 호주제폐지

(1) 배경

2005년 헌법재판소의 헌법 불합치 결정 및 민법개정으로 호주제가 폐지된 지2년여 만에 가(家)중심의 호주제를 대체할 새로운 제도가 확정되어 개인의 존엄과 양성평등의 헌법이념을 구체화할 수 있게 되었습니다.

2008.1.1.법 시행 더불어 부성주의원칙의 수정으로 자녀는 부의 성과 본을 따르는 것을 원칙으로 하되, 부모가 혼인신고시 자녀의 성과 본을 모의 성과본으로 따르기로 협의를 한 경우 그 자녀는 모의 성과 본을 따를 수 있게 했으며 ,자녀의 복리를 위하여 부,모 또는 자의 청구로 법원의 허가를 받아 자녀의 성과 본을 변경할 수 있으며 만 15세 미만자에 대하여 가정법원의 친양자입양심판을 받아 친생자관계를 인정하되,친양자느 혼인중의 출생자로 보아 친생부 부와 친족관계가 모두 종료되며, 양부 또는 양모의 성과본을 따를 수 있도록 하였다.

(2) 가족관계등록에 관한법률의 주요내용

① 가족관계등록사무를 국가사무화하여 대법원이 관장하고 그 권한을 시.읍.면의 장에게 위임하며, 그 처리비용은 국가가 부담

② 등록사무의 감독에 관한 권한은 시.읍.면의 사무소 소재지를 관할하는 가정법원의 장에 위임

③ 국민개인별로 등록기준지에 따라 가족관계등록부를 작성하여 가족관계사항이 기록.공시됨에 따라 가(家)를 전제로 한 입적 .복적.분가 등의 복잡한 사무처리가 개선되었고

④ 호적제도는 호적등본이라는 하나의 증명서에 본인은 물론 가족전체의 신분에 관한 사항이 모두 기재되어 있고, 그 발급원인도 원칙적으로 제한이 없어 민감한 개인정보가 부당하게 노출되는 등의 문제점이 있어 새로운 가족관계등록제도에서는 증명 목적에 따라 5가지의 증명서를 마련하여 본인 및 본인 외의 개인정보가 불필요하게 노출되는 문제점을 해소하도록 했다.

⑤ 증명서의 종류에는 가족관계증명서 (부모,양부모,배우자,자녀의 인적사항(3대한함)),기본증명서(본인의 출생, 사망, 개명등에 관한사항),혼인관계증명서(배우자의 인적사항 및 혼인.이혼에 관한 사항) 입양관계증명서(양부모,양자 인적사항 및 입양,파양에 관한 사항), 친양자입양관계증명서(친생부모,양부모 또는 친양자 인적사항 및 입양. 파양에 관한 사항)

2.친양자제도

(1) 개념

친양자를 하려는 자가 민법 제908조의2에 따라 가정법원에 친양자입양을 청구하여 그 판결이 확정되면 법률상 친생부모 및 그 혈족과의 친족관계가 종료되고 친양자를 재판확정시부터 법률상 양친의 친생자 처럼 취급하여 혼인중 출생자로 보게 되며, 친양자입양신고에 의하여 양친의 가족관계증명서에는 친양자를 친생자로, 친양자의 가족관계증명서에는 양친을 친생부모로 각각 공시된다.

(2) 제도신설의 취지

입양제도가 입양신고에 의하여 양자의 신분이 양부모의 호적에 양자로 그대로 공시되는 반면에 법률상의 효과가 제한적이었기 때문에 입양의 방식을 기피하고 결국 양자가 친생자처럼 취급되기를 원하는 양자를 입양신고의 방식이 아닌 양친의 친생자임을 가장한 친생자출생고를 하는 방법에 의하고 있었는 바, 이러한 현실을 고려하여 종전의 양자제도의 문제점을 제거함으로써 입양촉진효과를 기대하는 한편, 재혼가정에 있어 그 배우자의 자녀와 친자관계를 형성할 수 있는 길을 열어줌으로써 재혼가정의 평화와 안정을 도모하기 위한 것이다.

(3)친양자 입양요건 (민법제908조의2)

① 친양자는 3년 이상 혼인중인 부부가 공동으로 입양하여야 하나, 배우자의 전혼의 자녀를 입양하는 경우에는 1년이상 혼인중인 부부의 일방이 그 배우자의 친생자를 친양자로 할 수 있고

② 친양자로 될 자의 연령은 15세미만이어야 하며
③ 친양자로 될 자의 친생부모가 친양자 입양에 동의하여야 하고
④ 민법제869조의 규정에 의한 법정대리인의 입양승낙이 있어야 한다.

(4)법원의 판단

가정법원은 친양자로 될자의 복리를 위하여 그 양육상황, 입양동기, 양친의 양육 능력 그 밖의 사정을 고려하여 친양자 입양이 적당하지 아니하다고 인정되는 경우에는 청구기각 할 수 있고(제908조의2②항),청구인은 친양자 입양재판의 확정일부터 1개월 이내에 재판의 등본 및 확정증명서를 첨부하여 입양신고를 하여야 한다.

3.개명제도

(1) 개념

이름이라는 것은 평생 자기를 표상하기에 성명이 뜻 깊고 좋은 인상을 가져야 함은 당연지사입니다. 한때나마 이름을 바꾸는 것을 여러 가지 이유로 불온시하던 시절이 있었지만 이제는 법원도 개개인의 행복추구라는 우선관점을 고려하여 허가 기준을 많이 완화하였습니다.

(2) 결정기준 (대법원 2006.4.7. 자 2005스87 결정)

1) 공공적 측면
 (가) 이름이 가지는 사회적 의미와 기능,
 (나) 개명을 허가할 경우 초래될 수 있는 사회적 혼란과 부작용
2) 개인적인 측면
 (가) 개명신청인 본인의 주관적 의사와 개명의 필요성
 (나) 개명을 통하여 얻을 수 있는 효과와 편의
3) 개명신청권의 남용-범죄를 기도 또는 은폐하거나 법령에 따른 각종 제한을 회피하려는 불순한 의도나 목적 판단하기 위하여 필요한 경우

(가)경찰관서에 전과조회
(나)출입국관리사무소에 출입국사실조회,
(다)전국은행연합회에 신용정보조회 하여 그 자료를 신청사건 등의 판단자료
(라)본인 또는 참고인의 심문을 적극 활용하여야 한다고 규정하고 있다)

(3) 개명사유 및 사유별 허가율

(*자료출처 : 1994년 법원 행정처 발행 "개명 및 호적정정 사례집")
①호적상 이름과 실제 부르는 이름이 다를 경우 79%
②성명철학상 이름의 의미가 나쁜 경우 67.4%
③출생신고서에 착오로 이름을 잘못 기재한 경우 86.1%
④외국식(특히 일본식) 이름을 한국식 이름으로 바꾸고자 하는 경우 79.2%

⑤족보상 항렬자와 일치시키기 위한 경우 82.3%
⑥친족 중에 동명인이 있는 경우(학교, 직장 포함) 83.3%
⑦현재의 이름이 선•후대의 항렬자가 포함될 경우 89.1%
⑧이름이 부르기 힘들거나 어감상 잘못 들리기 쉬운 경우 80.3%
⑨한자이름을 한글이름으로 바꾸고자 하는 경우 76.1%
⑩한글이름을 한자이름으로 바꾸고자 하는 경우 92.3%
⑪성명이 놀림감이 되거나 흉악범, 부도덕한자와 동일하거나 비슷한 경우 71%
⑫이름이 성병에 적합하지 않은 경우 79%
⑬성명의 의미가 나쁜 경우 76.5%
⑭기타 사항-한자사전에도 없고 인명용 한자가 아닌 경우

4. 성과본 . 친양자 . 개명

	성 과 본	친 양 자	개 명
1.근 거	민법제781조 6항	민법제908조의2내 지8	가족관계의등록 등에 관한법률제99조
2.청구인	부 , 모 또는 자 (사건본인)		
3.관 할	**사건본인의 주소지 가정법원** * 재외국민은 등록기준지		
4.요 건	1.자의복리 2.동의불요 3.연령제한 ※재혼기간1년이상	① 공동입양(3년) 단독입양(1년) ② 만15세미만 ③친생부모 동의	*** 전과,신용불량자** **-엄격적용**
5.효 과	1.성과본만 변경 2.친생부모와의 법률상 친자, 상속관계유지	1.양부의 성과본 따름 2.재판확정시부터혼인중의자로간주,친생부모와의법적인관계종료	
6.공과금	① 수입인지 사건본인1명당 5,000원 ②송달료 청구인수*3,020(우편료)*10회분		① 수입인지 사건본인1명당 1,000원 ②송달료 청구인수*3,020 (우편료)*4회분
7.관 련 절 차	관계자의 의견 청취 절차 (가사소송규칙제59조의2,62조의3)		
8.등 록 절 차	확정일로부터 1개월이내 ※재판서등본과 확정증명서 첨부하여 관할구청에 신고		
9.준 비 서 류	관련영역있는 도표를 참조 하세요		

제2장 성과본변경

1. 제 도
2. 사례별분류
3. 관련서류
4. 준비서류

1. 제도개관

(1)성과본 제도-- 호주제폐지

1) 문제의식

호적상 나는 아버지의 "딸 "이었고, 이제는 결혼을 해서 남편의 "아내 "가 되었다. 앞으로 아들을 낳고 남편이 죽는다면 아들의 "어머니 "로 기록 될것이다. 왜 나는 나일 수 없고, 누군가의 누구로 문서에 기록되는 가?

나는 재혼을 하면서 전남편의 동의 아래 아이들을 내가 키우기로 했다. 재혼을 한 현재의 남편에게도 아이가 있다. 지금 나는 나와 전남편 사이에서 태어난 아이, 현재의 남편과 그의 전부인 사이에서 태어난 아이를 함께 키운다. 그런데 내가 낳은 아이는 왜 남편의 아이와는 달리 주민등록등본에 "자(子) "가 아닌 "동거인 "으로 기록되는가?

2) 2005년 헌법재판소의 헌법 불합치 결정 및 민법개정으로 호주제가 폐지된 지 2년여 만에 가(家)중심의 호주제를 대체할 새로운 제도가 확정되어 개인의 존엄과 양성평등의 헌법이념을 구체화할 수 있게 되었습니다.

2008.1.1.법 시행 더불어 부성주의원칙의 수정으로 자녀는 부의 성과 본을 따르는 것을 원칙으로 하되, 부모가 혼인신고시 자녀의 성과 본을 모의 성과본으로 따르기로 협의를 한 경우 그 자녀는 모의 성과 본을 따를 수 있게 했으며 ,자녀의 복리를 위하여 부,모 또는 자의 청구로 법원의 허가를 받아 자녀의 성과 본을 변경할 수 있으며 만 15세 미만자에 대하여 가정법원의 친양자입양심판을 받아 친생자관계를 인정하되, 친양자는 혼인중의 출생자로 보아 친생부 부와 친족관계가 모두 종료되며, 양부 또는 양모의 성과본을 따를 수 있도록 하였다.

3)가족관계등록에 관한법률의 주요내용

① 가족관계등록사무를 국가사무화하여 대법원이 관장하고 그 권한을 시.읍.면의 장에게 위임하며, 그 처리비용은 국가가 부담

② 등록사무의 감독에 관한 권한은 시.읍.면의 사무소 소재지를 관할하는 가정법원의 장에 위임

③ 국민개인별로 등록기준지에 따라 가족관계등록부를 작성하여 가족관계사항이 기록.공시됨에 따라 가(家)를 전제로 한 입적. 복적. 분가 등의 복잡한 사무처리가 개선되었고

④ 호적제도는 호적등본이라는 하나의 증명서에 본인은 물론 가족전체의 신분에 관한 사항이 모두 기재되어 있고, 그 발급원인도 원칙적으로 제한이 없어 민감한 개인정보가 부당하게 노출되는 등의 문제점이 있어 새로운 가족관계등록제도에서는 증명 목적에 따라 5가지의 증명서를 마련하여 본인 및 본인 외의 개인정보가 불필요하게 노출되는 문제점을 해소하도록 했다.

⑤증명서의 종류에는 가족관계증명서 (부모,양부모,배우자,자녀의 인적사항(3대한함)),기본증명서(본인의 출생,사망,개명등에 관한사항),혼인관계증명서(배우자의 인적사항 및 혼인.이혼에 관한 사항) 입양관계증명서(양부모,양자 인적사항 및 입양,파양에 관한 사항), 친양자입양관계증명서(친생부모,양부모 또는 친양자 인적사항 및 입양.파양에 관한 사항)

4) 관 할 -사건본인의 주소지 관할 가정법원

5) 신 청 - 부,모 또는 자 가 청구인이 되고 다만 자가 미성년자이고 법정대리인이 청구할 수 없는 경우에는 민법제777조의 친족 또는 검사가 된다.

6) 심 리 - 부,모 및 자(15세이상인 때)의 의견을 들을 수 있고, 자의 부모 중 자와 성.본이 동일한 사람의 사망 그 밖의 사유로 의견을 들을 수 없는 경우에는 자와 성과 본이 동일한 최근친 직계존속의 의견을 들을 수 있다.

기각심판에 대하여는 청구인이 즉시항고를 할 수 있다.

7) 신 고 -성과 본 변경신고서에 신고서의 일반의 기재사항 외에 ①변경 전의

성.본 ② 변경 후의 성.본 ③ 재판확정일을 기재하여 재판확정일로부터 1개월 이내에 등록 기준지,주소지,현재지에 신고하여야 한다.

(2) 외 국 의 경 우

1)미국

부와 모의 합의로 모의 성으로 변경가능하다.

2)영국

부와 모의 성 중 선택할 수 있다.

3)독일

부와 모의 합의가 가능하지만 합의에 이르지 못하면 법원의 결정.

4)중국

부와 모의 성을 합쳐 새로운 성도 가능하다.

5)스웨덴

부와 모의 성을 선택할 수 있되, 기한을 넘기면 법에 의한다.

6)이슬라엘

모의 성을 따를 수 있지만 보수적인 분위기상 부의 성을 따른다.

7)에스파냐

부와모의 성을 모두 물려 받을 수 있다.

(3)국적취득자의 성.본

외국의 성을 쓰는 국적취득자가 그 성을 쓰지 아니하고 새로이 성(姓).본(本)을 정하고자 하는 경우에는 그 등록기준지. 주소지 또는 등록기준지로 하고자 하는 곳을 관할하는 가정법원의 허가를 받고 그 등본을 받은 날로부터 1개월 이내에 그 성과본을 신고하여야 한다. 외국인이 대한민국 국적을 취득한 경우에는 원칙적으로 외국에서 사용하던 성명을 그 원지음에 따라 한글로 표기하여 기록한다. 다만, 국적취득자가 한국식 성명을 원할 경우에는 등록기준지, 주소지 또는 등록기준지로

하고자 하는 곳을 관할하는 가정법원의 허가를 얻어 성과 본을 창설하고 개명허가를 얻어 한국식 성명으로 변경할 수 있다.

(4) 개명 과 동시진행 하는 경우

1) 동시접수 가능 하다.

2) 두 사건 중 개명사건이 먼저 허가결정될 경우에는 개명신고 접수 후 개명허가결정문사본과 사건본인의 기본증명서 1부를 발급하여 성.본변경 관할법원에 보정서 형식으로 제출하여 개명된 이름이 허가결정문에 반영되도록 한다.

3) 개명허가 접수 후 위 1),2)번의 절차를 거치지 않은 경우에는 관할법원에 결정문경정신청서를 접수한다.

(5) 법원의 심리기준도표

성변경	새아빠(의붓아버지)의 성	엄마의 성	입양자변경
법원심리기준	①새 아빠와의 동거기간 ☛ 가장중요한 기준 ☛ 1년이상을 보통 요구함 ② 생부 와의 관계 ☛ 면접교섭,양육비지급 여부 ->생부의 의견진술기회(심문) ③생부 사망의 경우 ☛ 친가 와의교류단절한 폭넓게인정경향 ④이성형제 ☛ 학교생활,가정생활불편 해소 취지 신속한 결정 ⑤나누어양육하는 경우 ☛동성형제와의친밀도 ☛이성형제와의교류정도 ⑥중학생이상 ☛자녀의 본인 의사존중 ⑦청구인이 성년인 경우 ☛ 대부분 결혼동기 ☛자녀의동기심리 ☛범죄인 경력조회,신용조회	①구체적인동기중요 ②생부와의 관계 ☛면접교섭 ☛양육비지급 ☛자녀폭행유무 등 ③완화된허가 ☛아빠사망 ☛연락두절후 장기 ☛유치원,엄마성사용 ④자녀가 간절히 원하면 완화적용.	①중학생이상 ☛자녀 의사 중시 ② 과거입양된경우 ☛의견청취절차생략
Tip	생부 사망, 친가와의 교류단절, 재혼 후 이성형제 진술 능력 있는 자녀의 의사의 강하면 법원경향은 허가에 관대한 편입니다.		

☛소장접수->생부(관계인)의견청취서송달-->(심리)-->종국(인용)

*본인출석주의가 원칙이며, 심문은 허가를 위한 임의적 절차이다.

*새 아빠와의 동거기간은 친양자제도를 유추하여 일반적으로 1년이상으로 한다.

2.사례별 분류

사 례1. **다른 형제들과 성이 다르다**는 이유로,새 아버지의 성으로 바꾸는 경우

자의 성과 본의 변경허가 심판청구

청 구 인　　강 정 희
사건본인　　장 수 지

송달료　30,200원
인지대　 5,000원

대전지방법원 천안지원(가사단독) 귀중

자의 성과 본의 변경허가 심판청구

청 구 인 강○○ (휴대전화 010-6660-0000)
집전화 041-567-0000)
주민등록번호 680722-1234567
주 소 충남 ○○시 불당동 787
대원칸타빌 608-203
등록기준지 충남 ○○시 연산면 청동리 191번지의 1
송달장소 서울시 서초구 서초동 1657-2
한림빌딩 301호

사 건 본 인 장 ○○
주민등록번호 970226-1234567
주 소 위와 같은 곳
등록기준지 대전광역시 동구 용운동 297번지

청 구 취 지

사건본인의 성을 "서(徐)"로, 본을 "달성(達城)"으로 변경할 것을 허가한다. 라는 심판을 구합니다.

청 구 원 인

1. 사건본인은 청구인과 청구 외 장희윤 사이의 출생자입니다.
친부의 주소는, 경북울진군원남면갈면리 706입니다.

2. 청구인은 청구 외 장희윤과 1996.05.01 혼인을 하였으나, 청구 외 장희윤이 가족을 부양할 능력이 부족하고 가정에 무관심하고 책임감이 없어 2000.10.07 사건본인에대한친권과양육권은청구인이갖기로하고협의이혼을하였습니다. 이혼 후 청구인은 청구 외 장희윤에게 단한번도 양육비를 받지못했고, 청구 외 장희윤은 사건본인에 대한 정도 없어서 단 한번도 사건본인을 찾거나 보고 싶어하지 않았습니다. 지금은 연락도 되지 않고 연락처도 알지 못하며, 행방을 알 수 없습니다.

3. 이혼 후 청구인은 생계를 책임지기 위해 안정적인직장을갖고열심히일을하며사건본인을양육하였습니다. 그러던 중 청구 외 서용석을 만나 2006.05.20부터 사실상 함께 살았습니다. 청구 외 서용석은 재혼 당시 자녀 들을 양육하고 있었고, 혼인신고는 아이들끼리 적응이 필요하여 1년 반 정도 늦게 2008.03.07 하였습니다. 청구 외 서용석은 안정적인 직장을 갖고 성실하게 생활하고 있으며, 성격 또한 매우 가정적 이어서 사건본인을 친 딸과 같이 생각하고 사랑해 주고 있습니다. 사건본인도 지금의 남편을 친 아버지와 같이 정을 느끼며 사랑하고 따릅니다. 가끔은 샘이 날 정도로 사이가 좋아서 늦었지만 행복한 가정을 이룰 수 있음에 감사하고 있습니다. 그리고 아이들끼리 친형제와 다름없이 서로 아껴주는 모습에 눈물을 흘리기도 했습니다. 그런데 사건본인이 가족구성원과 성이 달라서 소외감 및 고통을 느끼고 있습니다. 세 아이들 모두 같은 초등학교에

재학중 인데, 형제들 간에 서로 성이 달라 놀림을 받을 것이 두려워 담임선생님께 부탁을 드려 '서수지' 로 불러주고 있지만, 여전히 학교에 등본 등의 서류들을 제출할 때면 많은 어려움이 따릅니다. 한번은 사건본인의 반 친구들이 "너는 왜 동생과 성이 다르냐? "고묻자, 당황하여 대답을 하지 못하는 모습을 보고 너무 가슴이 아팠습니다. 재혼 할 때에도 아이들을 위해 일부러 이사를 하고 전학을 시켰습니다. 그런데 여전히 성이 달라서 아이들이 겪는 혼란이 많아 너무 큰 가슴의 짐이 되고 있습니다. 그리고 사건본인이 아파서 병원에 갈 때에도 따로 의료보험카드를 제출해야하고, 아버지와 성이 다른 것을 보고 간호사들도 의아한 눈초리로 바라봅니다. 사건본인이가족구성원과성이다른이유로어린나이에감당해야할정신적고통이매우크기때문에하루빨리아이의성을지금의남편과같게해주고싶고, 지금의 남편 및 시댁식구들도 적극적으로 권해주고 계십니다. 또한 호주제폐지의소식을듣고간절히기다려왔으며, 사건본인이 간절히 희망하고있어오랜준비를마치고신청하게되었습니다. 이러한 이유로 사건본인의 성과 본을 청구인의 성과 본으로 변경을 간절히 원합니다.

4. 사건본인의 복리를 위하여 사건본인의 성과 본을 의붓아버지인 청구 외서용석의 성과 본으로 변경할 필요가 있으므로, 청구취지와 같은 심판을 구합니다.

첨 부 서 류

1. 가족관계증명서 (청구인 및 사건본인) 2통

2. 기본증명서 1통
3. 혼인관계증명서 1통
4. 제적등본 1통
5. 주민등록등본 1통
6. 친부의 주민등록등본 1통
7. 진술서
8. 기타소명자료(상장 및 가족사진)

2008 . 04 . 15.

위 청구인 강 정 희 (인)

대전지방법원 천안지원(가사단독) 귀중

⇨ Comment

1. 새 아버지의 성으로 바꾸는 경우임.
2. 새 아버지와의 동거기간은 약2년정도임.
3. 현재 생부와는 연락이 안되며 양육비는 한번도 받은 적 없음.
4. 사건본인은 다른 형제들과 성이 다르다는 이유로 학교생활 내에서 정신적 고통을 받고 있음.

○ ○ 지방법원
심 판

사　　건　　2009느단73　성본변경
청 구 인　　장 ○ ○ (000000-1245781)
　　　　　　주　소 ○○○시 ○○동 787
　　　　　　등록기준지　서울 ○○구 ○○동 10-19
　　　　　　송달장소 서울 서초구 서초동 한림빌딩 301호

사건본인　　장 ○ ○ (000000-1234567)
　　　　　　사건본인 주 소 위 청구인과 같음
　　　　　　사건본인 등록기준지 ○○　○구 ○○동 297

주 문

사건본인의 성을 서(徐)로, 본을 달성(達成)로 변경할 것을 허가한다.

이 유

이 사건 신청은 이유 있으므로 주문과 같이 심판한다.

2009 .　○. ○.

판　사　　김 ○ ○

○ ○ ○ 지 방 법 원

정 본 입 니 다.

2009. 2. 3.

법원주사 서 ○ ○

1. 자의 성본변경 : 심판문을 수령후 30일내 주소지 시.구. 읍.면사무소에 가서 신고하시면됩니다.
송달일로부터 1월 이내에 신고하지않으면 과태료가 부과됩니다.

민소 제 162조 ③ 2-139

사례2. 생부는 **친권도 포기**한 경우 이고,새 아버지와의 동거기간은 약4년정도

자의 성과 본의 변경허가 심판청구

청 구 인　　공 ○○

사건본인　　오 ○○

송달료　30,200원
인지대　　5,000원

서울가정법원(가사단독) 귀중

자의 성과 본의 변경허가 심판청구

청 구 인 공 ○○ (휴대전화 010-8292-0000)
집전화 02-415-0000
주민등록번호 630528-1234567
주 소 ○○시 ○○구 ○○동 245-3 201호
등록기준지 ○○시 연수구 청학동 무번지
송달장소 서울시 서초구 서초동 1657-2
한림빌딩 301호

사 건 본 인 오 ○○
주민등록번호 010103-4234567
주 소 위와 같은 곳
등록기준지 경북 ○○군 ○○면 도계리 60번지

청 구 취 지

사건본인의 성을 "김(金)"으로, 본을 "월성(月城)"으로 변경할 것을 허가한다. 라는 심판을 구합니다.

청 구 원 인

1. 사건본인은 청구인과 청구 외 오○○ 사이의 출생자입니다.
친부의 주소는, 경기도이천시관고동 202-1입니다.

2. 청구인은 청구 외 오과 1999.09.21 혼인을 하였으나, 무절제하고방탕한생활로인해가정에무관심하고책임감도없으며, 가족을 부양할 능력이 부족했습니다. 청구 외 오 OO은 사건본인에 대한 정이 없어 아이를 단 한번도 안아주지 않았고, 오히려 친권을포기할테니양육비는청구인이책임지라며이혼을요구했습니다. 사건본인을 임신 할 당시부터 생활비 한푼 주지 않아, 임신기간 동안 부업을 하며 생활비를 마련해야 했으며, 임신 말기에는 복부에 압박이 심해 사건본인을 출생할 당시에도 많은 어려움이 있었습니다. 수술비도 한 푼 없어 빚을 지어 생활을 하기도 했습니다. 이러한 이유로 2001.06.05 사건본인에 대한 친권은 청구인이 갖기로 하고 협의 이혼을 하였습니다. 이혼 후 청구인은 하루에 18시간씩 식당에서 일을 하며 사건본인을 양육하였습니다. 그런데 청구 외 오 OO은 단한번도 사건본인을찾거나보고싶어하지않았으며연락조차되지않고있습니다.

3. 이혼 후 청구인의 생활은 힘이 들었지만 건강하게 자라는 사건본인을 보면서 많은 위로를 받을 수 있었으며, 그러던 중 전 남편이었던 청구 외 김민호와 다시 재결합하게 되어 2004년 3월 무렵에 결혼식을 올리고 2008.03.06 혼인 신고를 하였습니다. 지금의 남편은 매우성실하고 가정적인사람이어서 열심히 생활하였고, 2007년 10월에 아파트도 분양 받고 작은 식당을 열게 되었습니다. 지금의 남편은 재결합할 당시부터 사건본인을 친딸과 다름없이 양육하고 사랑을 주고 있습니다. 사건본인도 지금의 남편을 친 아버지로 알고 잘 따릅니다. 사건본인을 위해 처음부터 '김 OO' 으로 불러주었고, 어린이집과유치원에도 '김 OO' 으로 등록하여 졸업하였습니다. 그런데 사건본인이 초등학교에 입학을 하면서 많은 어려움이 따르고 있습니다. 주위에서 모두 '김 OO' 으로 알고 있는데 학교에서는 '오서연' 으로 생활해야 하기 때문입니다. 사건본인의 친구들이 의아

해하며 '니가 왜 오○연이냐?' 고물으면어린마음에상처를많이받았는지대답을 하지못합니다. 사건본인이 이 모든 사실을 알게 되어 받을 정신적 고통이 매우 두렵고, 사건본인을 위해서, 그리고 지금의 남편의 사회생활을 위해서도 사건본인의 성과 본을 지금의 남편의 성과 본으로 바꿔주고 싶습니다.

4. 사건본인의 복리를 위하여 사건본인의 성과 본을 의붓아버지인 청구 외김민호의 성과 본으로 변경할 필요가 있으므로, 청구취지와 같은 심판을 구합니다.

첨 부 서 류

1. 가족관계증명서(청구인 및 사건본인) 2통
2. 기본증명서(청구인 및 사건본인) 2통
3. 혼인관계증명서 1통
4. 제적등본 1통
5. 주민등록등본 1통
6. 친생부의 주민등록등본 1통
7. 진술서
8. 기타 소명 자료 (사업자등록증 및 졸업증서, 사진 등)

2008 . 03 . 14.

위 청구인 공○○ (인)

서울가정법원(가사단독) 귀중

⇨ Comment

1.새 아버지의 성으로 바꾸는 경우임.
2.청구인과 새 아버지와의 동거기간은 약4년정도임.
3.생부는 처음부터 사건본인에 대한 사랑이 없었으며 친권도 포기한 상태이고 양육비는 한번도 주지 않았음.

○○○ 지방법원
심 판

사 건 2009느단73 자의 성과본의 변경허가
청구인겸 공 ○ ○ (000000-1245781)
사건본인 등록기준지 서울 ○○○구 ○○동 10-19
주 소 남양주시 도농동 2-1 부영그린타운 111-1005
송달장소 서울 서초구 서초동 한림빌딩 301호
송달영수인 ○○○

주 문

사건본인의 성을 "이(李)"로, 본을 "인천(仁川)"로 변경할 것을 허가한다.

이 유

이 사건 청구는 그 이유 있다고 인정되므로 주문과 같이 심판한다.

2009 . ○. ○.

판 사 김 ○ ○ ○

○ ○ ○ 지 방 법 원

정 본 입 니 다.

2009. ○. ○.

법원주사 서 ○ ○

1. 자의 성본변경 : 심판문을 수령후 30일내 주소지 시.구. 읍.면사무소에 가서
신고하시면됩니다.
송달일로부터 1월 이내에 신고하지않으면 과태료가 부과됩니다.

민소 제 162조 ③ 2-139

사례3. 새 아빠와 긴 시간 동거한 **성인2인**이 새아버지의 성으로 변경하는 경우.

자의 성과 본의 변경허가 심판청구

청 구 인1 조 경 숙

청 구 인2 조 경 남

송달료 60,400원
인지대 10,000원

수원지방법원 안산지원(가사단독) 귀중

자의 성과 본의 변경허가 심판청구

청구인 1 겸　　조 경 숙
사 건 본 인　　주민등록번호 791216-1234567
주　　소　경기도 시흥시 신천동 943-1
경남아너스빌 103-702
등록기준지 전북 전주시 완산구 동서학동 294번지의 1
송달장소　서울시 서초구 서초동 1657-2
한림빌딩 301호

청구인 2 겸　　조 경 남
사 건 본 인　　주민등록번호 820407-1234567
주　　소　　경기도 시흥시 대야동 563 서해아파트 102-1405
등록기준지　　경북 봉화군 소천면 현동리 325번지
송달장소　서울시 서초구 서초동 1657-2
한림빌딩 301호

청 구 취 지

청구인1과 청구인2의 성을 "윤(尹)"으로, 본을 "파평(波平)"으로 변경할 것을 허가한다. 라는 심판을 구합니다.

청 구 원 인

1. 청구인1,2는 청구 외 김미순과 청구 외 조진태 사이의 출생자입니다. 친부인 청구 외 조진태(561105-1234567)의 주소는 서울시동작구사당동 155-1 입니다.2. 청구인1,2의 어머니인 청구 외 김미순은 청구 외 조진태와 1979.12..24 혼인을 하였으나, 청구 외 조진태가 뚜렷한 직장이 없어 가족을 부양할 능력이 부족하고, 술과 도박에 빠져 잦은 폭행을 일삼는 등의 이유로 1996.10.04 협의 이혼을하였습니다. 이혼 당시 친권 및 양육권이 청구 외 조진태 에게 있었으나, 청구 외 조진태가 청구인1,2를 양육하던 중, 가정에 대한 책임도 없고, 집안에 낯선술친구를데려와저희들이성적인폭행을당할뻔하여1999.05.27 친권 및 양육권을 청구 외 김미순이 가져와새아버지와함께저희들을양육해주셨습니다

3. 이혼 후 청구 외 김미순은 열심히 일을 하며 생활하던 중 청구 외 윤일기를 만나 1997.07.14 혼인을 하였습니다. 청구 외 윤일기는 청구인들의 어머니가 우리들 문제로 걱정할 때에 많은 위로와 격려를 해주었고, 저희를 양육함에도 적극 찬성해주어, 어머니가 재혼 후 2년 만에 새로운 가정을 이룰 수 있었습니다. 새 아버지는 어머니와 재혼 당시 전부인과의 사이에 자녀 들을 양육하고 계셨고, 재혼 후 저희들은 오빠들과 서로 아끼고 사랑하며 친형제와 다름없이 자랐습니다. 또한 청구 외 윤일기는 안정적인직장을 갖고 성실한 생활을 하였고, 우리들을 친 딸과 같이 사랑해주셔서 재혼 가정이지만 행복한 가정을 이룰 수 있었습니다.

4. 그런데, 청구인1,2가 사회생활 및 학교생활을 함에 있어 많은 고통과소외감을 겪어야 했습니다. 의붓아버지와 성이 다른 관계로 소외감을 느끼고 사회생활에서도 큰걸림돌이 되고있습니다. 지금은 모두 혼인을 하고 아이들을 양육하고있지만, 아이들이 '왜삼촌과엄마는성이다르냐' 고물어당황하여대답을하지못하고가슴속에상처로남아있을때가많습니다. 또한 어렸을 때부터 친부로인해 많은상처를받아본인의성과본을치가떨리게싫어하고, 새 아버지의 성과 본을따르기를

간절히 원하고 있습니다. 그리고 새 아버지의 사회생활에도 많은 불편이 있습니다. 모임이 있을 때엔 아이들과 본인 의 성이 달라서 의기소침해지는 등 고통을 받고 있어 새 아버지도 성과 본의 변경을 원하고 계십니다. 진작부터 성변경을 간절히 원했으나 제도적인 미비로 할 수 없었고, 호주제폐지시행을기다려 신청하게되었습니다. '다 컸는데 그냥 살지' 하는 생각을 안 해본 것도 아닙니다. 하지만 그로 인한 정신적 고통이 매우 심하여, 앞으로는 더 이상의 고통을 받고 싶지 않기에 이러한 이유로 청구인1,2의 성과 본을 의붓아버지의 성과 본으로 변경되기를 간절히 원합니다.

5. 청구인1,2의 복리를 위하여 청구인1,2의 성과 본을 의붓아버지인 청구 외 윤일기의 성과 본으로 변경할 필요가 있으므로, 청구취지와 같은 심판을 구합니다.

첨 부 서 류

1. 가족관계증명서(청구인 및 친생모) 3통
2. 기본증명서(청구인 및 친생모) 3통
3. 혼인관계증명서 1통
4. 제적등본 2통
5. 주민등록등본 3통
6. 친부의 주민등록등본 1통
7. 진술서(청구인 및 친생모) 3통

2008 . 02 . 26 .

위 청구인1 조 경 숙 (인)

청구인2 조 경 남 (인

수원지방법원 안산지원(가사단독) 귀중

⇰ Comment

1.성인이 된 사건본인들이 새 아버지의 성으로 바꾸고자 직접 신청한 경우임.
2.생부는 술과 도박,폭행이 잦았음.
3.사건본인들은 성인이 된 지금까지도 정신적 고통을 받고 있음.

의정부 지방법원
심 판

사 건 2009느단73 성본변경
청 구 인 조 ○ ○ (000721-245781)
2인겸본인 조 ○ ○ (000721-245781)
주소 ○○○시 ○○동 943-1
등록기준지 서울 ○○구 ○○동 10-19
송달장소 서울 서초구 서초동 한림빌딩 301호

주 문

사건본인들의 성을 윤(尹)로, 본을 파평(波平)로 변경할 것을 허가한다.

이 유

이 사건 신청은 이유 있으므로 주문과 같이 심판한다.

2009 . ○. ○.

판 사 김 ○ ○

○ ○ ○ 지 방 법 원

정 본 입 니 다.

2009. 2. 3.

법원주사 서 ○ ○

1. 자의 성본변경 : 심판문을 수령후 30일내 주소지 시.구. 읍.면사무소에 가서 신고하시면됩니다.
송달일로부터 1월 이내에 신고하지않으면 과태료가 부과됩니다.

민소 제 162조 ③ 2-139

사례4. 새 아빠와 성이 다르다는 이유로 학교생활불편 하고. <u>새아빠를 생부로인지</u>

자의 성과 본의 변경허가 심판청구

청 구 인　　김 경 신

사건본인　　노 주 희

송 달료　30,500원
인지대　　5,000원

서울가정법원 귀중

자의 성과 본의 변경허가 심판청구

청 구 인	김 경 신 (전화 011-266-0000)
	주민등록번호 651224-1234567
주 소	서울시 강서구 화곡동 991-18
	황금빌라 302호
등록기준지	서울시 강서구 등촌동 572번지의 8

사 건 본 인	노 주 희
	주민등록번호 960616-1324567
주 소	위와 같은 곳
등록기준지	경기도 안양시 동안구 비산동 1102번지

청 구 취 지

사건본인의 성을 "이(李)"로, 본을 "경주(慶州)"로 변경할 것을 허가한다. 라는 심판을 구합니다.

청 구 원 인

1. 사건본인은 청구인과 청구 외 노용호 사이의 출생자입니다.

2. 청구인은 청구 외 노용호가 유부남임을 속이고 사기결혼을한 사실을알고 생후 4개월 된 사건본인을 데리고 도망치듯 집을 나왔습니다.

더 이상 결혼생활을 유지 할 수 없어 이혼을 요구하였으나, 청구 외 노용호는 모든재산을포기하는조건으로사건본인에대한친권과양육권을청구인이갖고이혼을해주었습니다. 청구인은 이혼에 대한 대가로 아파트 등의 전 재산을 포기하고 생계를 위해 일을 하며 사건본인을 양육하였습니다. 열심히 일을 하고 작은 가게를 마련하여 살던 중 청구 외 이정현을 만나 2002.03.27 혼인을 하였습니다. 지금의 남편은 매우 가정적이고 자상한 사람이어서 가정에 최선을 다 하고 있습니다. 얼마전 청구인은 암 이라는 큰병을 얻었습니다. 강한 항암제로 인해 머리카락이 다 빠지고 심신은 더욱 쇠약해져 갔습니다. 하지만 지금의 남편과 사건본인이 청구인을 지켜주었고, 지금의남편은 사건본인의 양육과 직장생활을 병행하며 청구인을 간병해 주었습니다. 지금의남편의희생으로청구인은건강을많이회복하였고, 어느 가정보다 돈독한 관계를 유지해 가고 있습니다.

3. 청구인은 사건본인이 2살 때 재혼을 하여, 사건본인이 친아버지를 알지못하며, 지금의 남편을 친 아버지라고 굳게 믿고 있습니다. 지금의 남편도 사건본인을 친 자식과 같이 사랑하고 있습니다. 그런데 사건본인이 초등 학교에 입학을 하면서 지금의 남편과 성이 다른 이유로 소외감과 고통을 겪고 있습니다. 사건본인의 반 친구들에게 놀림을 받아 집에 울면서돌아오는일이많이 있어서사건본인이새학년이될때마다담임선생님께부탁을드려 '이주희' 로불러주고 계십니다. 공부도 곧 잘 하여 상장을 받아 올 때에도 '이주희' 로 이름을 바꿔 보내주십니다. 청구인과 청구 외 이정현은 호주제폐지의소식을접하고, 사건본인의 성과 본을 청구 외 이정현의 성과 본으로 바꿀 수 있기를 간절히기다려왔습니다. 사건본인은곧 6학년으로 진학을 하며, 사춘기가오는예민한시기에있습니다. 사건본인이

지금의 남편의성을 따르게 하여 더 이상친구들사이에서놀림을받지않고새로운 시작을하게해주시기를간절히바랍니다.

4. 사건본인의 복리를 위하여 사건본인의 성과 본을 청구 외 이정현의 성과 본으로 변경할 필요가 있으므로, 청구취지와 같은 심판을 구합니다.

첨 부 서 류

1. 가족관계증명서(청구인 및 사건본인) 2통
2. 기본증명서(청구인 및 사건본인) 2통
3. 혼인관계증명서 1통
4. 주민등록등본 1통
5. 상장
6. 가족사진

2008 . 1 . 17.

위 청구인 김 경 신 (인)

서울가정법원 귀중

⇨ Comment

1.새 아버지의 성으로 바꾸는 경우임.
2.새 아버지와의 동거기간은 약6년정도임.
3.생부와는 사기결혼을 이유로 헤어짐.
4.사건본인은 새 아빠를 생부로 알고 있으나 새 아빠와 성이 다르다는 이유로 학교 생활 내에서 정신적 고통을 받고있슴

자의 성과 본의 변경허가 심판청구

청 구 인　　김 경 희
사건본인　　최 명 연

송달료　30,500원
인지대　 5,000원

수원지방법원 성남지원(가사단독) 귀중

자의 성과 본의 변경허가 심판청구

청 구 인 김 경 희 (전화 016-478-0000)
주민등록번호 760505-1234657
주 소 경기도 성남시 수정구 신흥동 4925
등록기준지 경기도 성남시 수정구 신흥동 6423번지

사 건 본 인 최 명 연
주민등록번호 020109-1234567
주 소 위와 같은 곳
등록기준지 경북 경주시 현곡면 가정리 655번지의 1

청 구 취 지

사건본인의 성을 "윤(尹)"으로, 본을 "해남(海南)"으로 변경할 것을 허가한다. 라는 심판을 구합니다.

청 구 원 인

1. 사건본인은 청구인과 청구 외 최용석 사이의 출생자입니다.

2. 청구인은 청구 외 최용석과 2001.07.19 혼인하였으나, 청구 외 최용석이 중국에자리를잡기위해청구인과혼인하였다는사실을알았고, 청구 외 최용석은 가정에 대한 애착이 전혀 없었고 책임감도 없었습니다. 청구 외 최용석은 청구인의 임신사실을알고아이낳기를반대하였고, 청구인은 잦은음주와욕설및폭행에시달려야했습니다. 결혼생활 내내 생활비를준적이없으며가족을부양할만한능력도부족했습니다. 청구인은 결혼생활을 유지하는 동안 큰 충격을 받았으며 이러한 이유로 2006.07.21 청구인이 친권을 갖기로 하고 협의 이혼을 하였습니다.

3. 청구인은 이혼 후 청구 외 윤선종을 만나 사실상 가정을 이루고 살다가 2007.12.28 혼인신고를 하였습니다. 지금의 남편은 매우 가정적이고 자상하여 사건본인을 많이 사랑해 주고 있으며, 사건본인도 지금의 남편을 친아버지와 같이 생각하고 잘 따르고 있습니다. 전 남편에게서 받지 못한 사랑을 어느 가정 부럽지 않게 받으며 행복하게 잘 살고 있습니다. 그런데 사건본인이 사회생활 및 학교생활에 있어서 가족구성원과 성이 다른 데서 오는 불편함과 소외감을 느끼고 있습니다. 사건본인이 "나는 왜 최명연이냐? "고 물을 때마다 마음이 많이 아픕니다. 사건본인은곧초등학교에입학을합니다. 입학 전에 사건본인의 성이 청구 외 윤선종의 성으로 바뀌길 간절히 바랍니다. 판사님께서저희가족에게귀한선물을주시기를바라고사건본인에게새로운시작을할수있도록하여주시길바랍니다.

4. 사건본인의 복리를 위하여 사건본인의 성과 본을 청구 외 윤선종의 성과 본으로 변경할 필요가 있으므로, 청구취지와 같은 심판을구합니다.

첨 부 서 류

1. 가족관계증명서(청구인 및 사건본인) 2통
2. 기본증명서(청구인 및 사건본인) 2통
3. 혼인관계증명서 1통
4. 제적등본 1통
5. 주민등록등본 1통

2008 . 1 . 16.

위 청구인 김 경 희 (인)

수원지방법원 성남지원(가사단독) 귀중

⇨ Comment

1.새 아버지의 성으로 바꾸는 경우임.
2.새 아버지와의 동거기간은 1년이상임.
3.생부와는 사기결혼을 이유로 헤어짐.
4.생부로부터 양육비는 한번도 받은 적 없음.

○○○지방법원
심 판

사 건 2009느단73 성본변경
청 구 인 김 ○ ○ (000721-245781)
주 소 ○○○시 ○○동 88-2
등록기준지 서울 ○○구 ○○동 10-19
송달장소 서울 서초구 서초동 한림빌딩 301호

사건본인 노 ○ ○ (123456-1234567)
사건본인 주 소 위 청구인과 같음
사건본인 등록기준지 ○○ ○구 ○○동 297

주 문

사건본인의 성을 이(李)로, 본을 경주(慶州)로 변경할 것을 허가한다.

이 유

이 사건 신청은 이유 있으므로 주문과 같이 심판한다.

2009 . ○. ○.

판 사 김 ○ ○

○ ○ ○ 지 방 법 원

정 본 입 니 다.

2009. 2. 3.

법원주사 서 ○ ○

1. 자의 성본변경 : 심판문을 수령후 30일내 주소지 시.구. 읍.면사무소에 가서
   신고하시면됩니다.
   송달일로부터 1월 이내에 신고하지않으면 과태료가 부과됩니다.

민소 제 162조 ③ 2-139

사례5. 결혼을 목전, 청구인 겸 사건본인이 **<u>성인인 경우 , 사망한 계부</u>**의 성과본변경

자의 성과 본의 변경허가 심판청구

청구인 겸 사건본인 김 나 연

송달료 30,200원
인지대 5,000원

수원지방법원 성남지원(가사단독) 귀중

자의 성과 본의 변경허가 심판청구

청 구 인 겸　김나연　휴대전화 010-8837-0000
집 전 화 031-722-0000

사 건 본 인　주민등록번호 740810-1234567
주소 경기도 성남시 수정구 태평동 4031
등록기준지　경기도 성남시 수정구 태평동 4631번지
송달장소　서울시 서초구 서초동 1657-2 한림빌딩 301호

청 구 취 지

사건본인의 성을 "이(李)"로, 본을 "전주(全州)"로 변경할 것을 허가한다.
라는 심판을 구합니다.

청 구 원 인

1. 청구인은 청구 외 박정숙의 출생자입니다.

2. 청구 외 박정숙은 미혼모로 청구인을 낳았고,그이유로이모부의호적에 입적이 되었다가 청구 외 박정숙이 청구외이경택과함께1996.07.30청구인을 입양하였습니다.

3. 청구 외 박정숙은 청구인의 출생 시부터 양육을 하였으며, 청구인을 양자로 입양하기엔 절차상 복잡한 문제가 많아 좀 늦게 입양을 하였습니다. 청구 외 박정숙과 청구 외 이경택은 청구인을 친 딸과 같이 양육하였고, 동생과도 친 남매 이상으로 서로 아껴주고 사랑합니다.

그러나 청구인이 동생과 성이 달라서 어려서부터 많은 어려움을 겪었습니다. 동생과 성이 달라서 가족의 유대감을 헤치고 방해하는 등 많은 어려움이 있습니다.조카들이삼촌과엄마의성이달라서의아해하고있고, 남동생인청구외이두일이곧결혼을앞두고있어많은스트레스를받고있습니다. 그리고 사건본인이 늦었지만 대학에 입학을 하여 앞으로 졸업장에는바뀐성으로이름이기재되기를간절히바랍니다.

청구인은 어려서부터 가족구성원과 다른 성 때문에 소외감을 느꼈고, 마음의 상처가 많아 힘들었습니다. 지금도 여전히 사회생활을 하면서 많은 걸림돌이 되고 있어, 양부의 성과 본을 따르기를 간절히 원합니다. 하지만 청구인이 입양 될 당시에는 친양자입양과같은제도가없었기때문에호적상의아버지인이모부의성과본을따라야했습니다. 청구인은 호주제가폐지된다는소식을접하고새로운민법이시행되기를간절히기다려왔습니다. 이러한이유로청구인이양부의성과본을따르기를간절히원합니다.

4. 청구인의 복리를 위하여 청구인의 성과 본을 양부인 청구 외 이경택의 성과 본으로 변경할 필요가 있으므로, 청구취지와 같은 심판을 구합니다.

첨 부 서 류

1. 가족관계증명서	2통
2. 기본증명서	2통
3. 입양관계증명서	1통
4. 혼인관계증명서	2통
5. 제적등본	1통
6. 주민등록등본	1통
7. 진술서(청구인 및 친생모)	

2008 . 07 . 25 .

위 청구인 김 나 연 (인)

수원지방법원 성남지원(가사단독) 귀중

⇨ Comment

1. 청구인 겸 사건본인이 성인인 경우
2. 미혼모출생후 계부의 입양 후 이성동복의 동생의 결혼을 앞두고 사망한 계부의 성과본변경으로 신청

○○○ 지방법원

심 판

사 건 2009느단73 자의 성과본의 변경허가
청구인겸 김 ○ ○ (000000-1245781)
사건본인 등록기준지 ○○시 ○○○구 ○○동 10-19
주 소 ○○시 ○○동 2-1
송달장소 서울 서초구 서초동 한림빌딩 301호
송달영수인 ○○○

주 문

사건본인의 성을 "이(李)"로, 본을 "인천(仝州)"로 변경할 것을 허가한다.

이 유

이 사건 청구는 그 이유 있다고 인정되므로 주문과 같이 심판한다.

2009 . ○. ○.

판 사 김 ○ ○ ○

○ ○ ○ 지 방 법 원

정 본 입 니 다.

2009. 2. 3.

법원주사 서 ○ ○

1. 자의 성본변경 : 심판문을 수령후 30일내 주소지 시.구. 읍.면사무소에 가서
신고하시면됩니다.
송달일로부터 1월 이내에 신고하지않으면 과태료가 부과됩니다.

민소 제 162조 ③ 2-139

사례6. 새 아버지와의 동거 기간은 약 7 년, 생부로부터 양육비를 단 한번도 받은 적 없음.

자의 성과 본의 변경허가 심판청구

청 구 인 김 대 성
사건본인 박 주 연

송달료 30,200원
인지대 5,000원

서울가정법원(가사단독) 귀중

자의 성과 본의 변경허가 심판청구

청 구 인 김대성 (휴대전화 016-283-0000 ,
집전화 02-842-0000)
주민등록번호 700815-1234567
주 소 서울시 영등포구 도림2동 165-1
동아에코빌 105-1605
등록기준지 서울시 중구 만리동2가 231번지의 28
송달장소 서울시 서초구 서초동 1657-2
한림빌딩 301호

사 건 본 인 박 주 연
주민등록번호 980120-1234567
주소 위와 같은 곳
등록기준지 위와 같은 곳

청 구 취 지

사건본인의 성을 "조(趙)"로, 본을 "풍양(豊壤)"으로 변경할 것을 허가한다. 라는 심판을 구합니다.

청 구 원 인

1. 사건본인은 청구인과 청구 외 박천기 사이의 출생자입니다.

친부의 주소는, 경기도부천시원미구도당동 108-12 1층입니다.

2. 청구인은 청구 외 박천기와 1997.04.12 혼인을 하였으나, 청구 외 박천기는 결혼전부터많은빚을지고있었고, 청구인은 그 사실을 결혼 후 차압과 빚쟁이들의 독촉으로 인해 알게 되었습니다. 또한 청구 외 박천기는 결혼후 2개월 만에 청구인도 모르게 회사를 그만 두어 가족을 부양할 능력이 없었습니다. 이러한 이유로 청구인은 청구 외 박천기가 책임감이 없고, 가정에 무관심하여 1999.08.13 사건본인에 대한 친권과 양육권은 청구인이 갖기로 하고 협의 이혼을 하였습니다. 청구인은 청구 외 박천기의 채무관계로 인하여 이혼할 때까지 많은 고통을 받아야만 했습니다. 이혼 후 청구인은 청구 외 박천기에게 단한번도양육비를받지못했고, 청구 외 박천기는 사건본인을 찾거나 보고 싶어하지 않았습니다. 청구인은 열심히 일을 하며 사건본인을 양육하였고 그러던 중 청구 외 조병연을 만나 2001년 2월부터 사실상 함께 살다가 2003.05.28 혼인 신고를 하였습니다. 청구 외 조병연은 사건본인을 친딸로 여기고 사랑을 주었으며, 청구인과 청구 외 조병연 사이에서 아이가 여러 번 생겼지만 주연이만 바라보고 싶다는 청구 외 조병연의 뜻에 따라 포기해야만 했습니다. 청구 외 조병연은 자영업을 하고 있고, 매우 성실하며근면합니다. 그런데 사건본인이 초등학교에 입학을 하면서 많은 고통을 받고 있습니다. 1학년때는반친구들의놀림이심하여아이에게모든상황을설명해주었는데오히려엄마를많이이해하고위로해주는사건본인을보고더욱가슴이아팠습니다. 모든걸이해하고있지만친구들에게아빠이야기를 전혀하지않고있고, 어린 나이에 감당해야 할 정신적 고통이 매우 커서 하루빨리아이의성을지금의남편과같게해주고싶고, 본인도원하고있습니다.또한 지금의 남편 및 시댁식구들도 적극적으로 권해주고 계십니다. 이러한 이유로 사건본인의 성과 본을

지금의 남편의 성과 본으로 변경을 간절히 원합니다.

3. 사건본인의 복리를 위하여 사건본인의 성과 본을 의붓아버지인 청구 외조병연의 성과 본으로 변경할 필요가 있으므로, 청구취지와 같은 심판을 구합니다.

첨 부 서 류

1. 가족관계증명서(청구인 및 사건본인) 2통
2. 기본증명서 1통
3. 혼인관계증명서 1통
4. 제적등본 1통
5. 입양관계증명서 1통
6. 주민등록등본 1통
7. 진술서(청구인, 계부, 사건본인) 3통

2008 . 02 . 20.

위 청구인 김 대 성 (인)

서울가정법원(가사단독) 귀중

⇨ Comment

1.새 아버지의 성으로 바꾸는 경우임.
2.새 아버지와의 동거기간은 약7년정도임.
3.생부는 결혼전부터 많은 빚을 지고 있었으며 부양능력도 전혀 없었음.
4.생부로부터 양육비를 단 한번도 받은 적 없음.

○○○ 지방법원
심 판

사　　건　　2009느단73　성본변경
청 구 인　　○ ○ ○ (64072-1245781)
주　소 ○○○시 ○○동 125-8
등록기준지　서울 ○○구 ○○동 10-19
송달장소 서울 서초구 서초동 한림빌딩 301호

사건본인　　조 ○ ○ (123456-1234567)
사건본인 주 소 위 청구인과 같음
사건본인 등록기준지 ○○　○구 ○○동 297

주　　문

사건본인의 성을 함(咸)로, 본을 양근(陽根)로 변경할 것을 허가한다.

이　　유

이 사건 신청은 이유 있으므로 주문과 같이 심판한다.

2009 .　○. ○.

판　사　　김 ○ ○

○ ○ ○ 지 방 법 원

정 본 입 니 다.

2009. 2. 3.

법원주사 서 ○ ○

1. 자의 성본변경 : 심판문을 수령후 30일내 주소지 시.구. 읍.면사무소에 가서 신고하시면됩니다.
송달일로부터 1월 이내에 신고하지않으면 과태료가 부과됩니다.

민소 제 162조 ③ 2-139

사례7. 새 아버지와의 동거기간은 짧지만, **고등학생인 사건본인**이 새 아버지의 성으로 바꾸길 간절히 원하고 있음.

자의 성과 본의 변경허가 심판청구

청 구 인 김 맹 희
사건본인 조 민 경

송달료 30,200원
인지대 5,000원

서울가정법원 귀중

자의 성과 본의 변경허가 심판청구

청 구 인　　김 맹 희
주민등록번호 620917-1324567
주소 서울시 강서구 화곡동 803-25 (17/4)
등록기준지 서울시 강서구 화곡동 803번지의 25
송달장소　서울시 서초구 서초동 1657-2
한림빌딩 301호

사 건 본 인　　조 민 경
주민등록번호 910924-1234567
주소 위와 같은 곳
등록기준지 서울시 서초구 방배동 539번지의 49

청 구 취 지

사건본인의 성을 "함(咸) "으로, 본을 "양근(楊根) "으로 변경할 것을 허가한다. 라는 심판을 구합니다.

청 구 원 인

1. 사건본인은 청구인과 청구 외 조윤삼 사이의 출생자입니다.

2. 청구인은 청구 외 조윤삼이 가족을 부양할 능력이 부족하고 책임감이 없어 친권은 청구인이 갖기로 하고 협의 이혼을 하였습니다. 이혼 후 청구 외 조윤삼은 양육비를준적이없고, 청구인은 생계를 위해 일을 하며 사건본인을 양육하였습니다. 그러던 중 청구 외 함금복을 만나 2007.04.09 혼인을 하였습니다. 지금의 남편은 안정적인직장을갖고있으며가족에대해책임감이강하고성실한사람입니다. 사건본인에 대한 사랑도 깊어, 친 딸 이상으로 사랑해 줍니다. 사건본인 또 한 청구 외 함금복을 잘 따릅니다. 그런데 사건본인이 청구 외 함금복과 성이 다름으로 인한 많은 어려움을 겪고 있습니다. 재혼가정이라는선입견과학교에서소외감을 받고있으며, 예민한 시기에 친구들 사이에서도 새아버지에대한이야기를하지못하는사건본인을보면서마음이많이아팠습니다. 그리고 사건본인은 미술을 공부하는 학생으로 유학을 갈 예정입니다. 사건본인은유학전에사건본인의성과본을청구외함금복의성과본으로변경하길진심으로원하고있습니다. 더 이상성이다른이유로고통을 받지않고새로운시작을할수있도록판사님께서사건본인에게길을열어주시기를간절히 바랍니다.

3. 사건본인의 복리를 위하여 사건본인의 성과 본을 청구 외 함금복의 성과 본으로 변경할 필요가 있으므로, 청구취지와 같은 심판을 구합니다.

첨 부 서 류

1. 가족관계증명서(청구인 및 사건본인) 2통
2. 기본증명서(청구인 및 사건본인) 2통
3. 혼인관계증명서 1통
4. 주민등록등본 1통
5. 진술서(청구인 및 계부)

2008 . 1 . 21

위 청구인 김 맹 희 (인)

서울가정법원 귀중

⇨ Comment

1.새 아버지의 성으로 바꾸는 경우임.
2.새 아버지와의 동거기간은 1년이상임.
3.생부로부터 양육비는 한번도 받은 적 없음.
4.고등학생인 사건본인이 새 아버지의 성으로 바꾸길 원하고 있음.

○○ 지방법원
심 판

사 건 2009느단73 성본변경
청 구 인 김 ○ ○ (00072-1245781)
주 소 ○○○시 ○○동 2-1
등록기준지 서울 ○○구 ○○동 10-19
송달장소 서울 서초구 서초동 한림빌딩 301호

사건본인 최 ○ ○ (123456-1234567)
사건본인 주 소 위 청구인과 같음
사건본인 등록기준지 ○○ ○구 ○○동 297

주 문

사건본인의 성을 윤(尹)로, 본을 해남(海南)로 변경할 것을 허가한다.

이 유

이 사건 신청은 이유 있으므로 주문과 같이 심판한다.

2009 . ○. ○.

판 사 김 ○ ○

○ ○ ○ 지방법원

정 본 입 니 다.

2009. ○. ○.

법원주사 서 ○ ○

1. 자의 성본변경 : 심판문을 수령후 30일내 주소지 시.구. 읍.면사무소에 가서 신고하시면됩니다.
송달일로부터 1월 이내에 신고하지않으면 과태료가 부과됩니다.

민소 제 162조 ③ 2-139

사례8. 생부와는 면접교섭,양육비도 한번도 받은 적 없고,**엄마의 성으로 바꾸는 경우.**

자의 성과 본의 변경허가 심판청구

청 구 인　　김 미 선
사건본인　　이 다 원

송달료　30,200원
인지대　5,000원

서울가정법원 귀중

자의 성과 본의 변경허가 심판청구

청 구 인　　김 미 선 (전화 010-4111-0000)
주민등록번호 750515-1324567
주　　소 서울시 성동구 옥수동 547-27 (1/5)
등록기준지　　서울시 성동구 옥수동 547번지의 27

사 건 본 인　　이 다 원
주민등록번호 010810-1234567
주소 위와 같은 곳
등록기준지 서울시 중구 신당동 35번지

청 구 취 지

사건본인의 성을 "김(金)"으로, 본을 "경주(慶州)"로 변경할 것을 허가한다. 라는 심판을 구합니다.

청 구 원 인

1. 사건본인은 청구인과 청구 외 이훈진 사이의 출생자입니다.

2. 청구인은 청구 외 이훈진과 1999.12.09 혼인하였습니다. 그러나 청구 외 이훈진은 잦은 음주와 외박을 하였고, 생활비도 주지 않았습니다. 음주 후엔 폭행을 일삼기도 했습니다. 그리고 청구인은 어려운 형편에도 청구 외 이훈진의 카드빚 약 2,000만원 정도를 갚아야 했으며, 그럼에도 불구하고 청구 외 이훈진은 가정에 대한 무관심과 책임감이 없었고, 가족을 부양 할만한 능력이 부족하였습니다. 사건본인에 대한 정도 없어서 맞벌이를 하던 청구인을 도와 친정어머니가 사건본인을 키워주시기도 하였는데 단 한번 도 아이를 찾거나 보고 싶어하지 않았습니다. 이러한 이유로 오랜 갈등 끝에 청구인과 청구 외 이훈진은 2003.10.28 친권과 양육권을 청구인이 갖기로 하고 협의 이혼을 하였습니다.

3. 청구인은 이혼 후 생계를 위해 직장생활을 하며 사건본인을 양육하고 있습니다. 청구 외 이훈진은 이혼 후 사건본인을찾아와본적이없고양육비를단한번도주지않았습니다. 어려운환경이었지만열심히일하고사건본인이잘자라는모습을보는것만으로도청구인에겐 행복입니다. 사건본인을 생각하면 아버지 없이 자라게 하여 미안한 마음뿐 이지만, 매일술로인한폭행속에살던때보다는훨씬행복합니다. 그런데 사건본인이 아파서 병원에 가면 사건본인의이름을청구외이훈진의성으로 부르기때문에이혼에대한상처는더욱커져만가고, 아이도 아버지의존재를확실히인식하지못한상태에서자신의이름에대해의심을하고혼란을겪고있습니다. "나는 왜 엄마와 성이 다르냐? "며묻는사건본인에게청구인의성을주고싶고, 호주제가 폐지되기만을 간절히 바라고 기다렸습니다. 사건본인의 성이 청구인과 다름으로 인한 불편함과소외감을없애고새로운시작을할수있기를간절히바랍니다.

4. 사건본인의 복리를 위하여 사건본인의 성과 본을 청구인인 김미선의 성과 본으로 변경할 필요가 있으므로, 청구취지와 같은 심판을 구합니다.

첨 부 서 류

1. 가족관계증명서(청구인 및 사건본인) 2통
2. 기본증명서 1통
3. 제적등본 1통
4. 주민등록등본 1통

2008 . 1 . 16

위 청구인 김 미 선 (인)

서울가정법원 귀중

⇨ Comment

1.엄마의 성으로 바꾸는 경우임.
2.생부는 음주와 외박, 폭행이 잦았음.
3.생부와는 면접교섭도 없었으며 양육비도 한번도 받은 적 없음.

○○○ 지방법원
심 판

사 건 2009느단73 성본변경
청 구 인 김 ○ ○ (64072-1245781)
주 소 ○○○시 ○○동 2-1 그린타운 111-1005
등록기준지 서울 ○○구 ○○동 10-19
송달장소 서울 서초구 서초동 한림빌딩 301호

사건본인 이 ○ ○ (123456-1234567)
사건본인 주 소 위 청구인과 같음
사건본인 등록기준지 ○○ ○구 ○○동 297

주 문

사건본인의 성을 김(金)로, 본을 경주(慶州)로 변경할 것을 허가한다.

이 유

이 사건 신청은 이유 있으므로 주문과 같이 심판한다.

2009 . ○. ○.

판 사 김 ○ ○

○ ○ ○ 지 방 법 원

정 본 입 니 다.

2009. 2. 3.

법원주사 서 ○ ○

1. 자의 성본변경 : 심판문을 수령후 30일내 주소지 시.구. 읍.면사무소에 가서
신고하시면됩니다.
송달일로부터 1월 이내에 신고하지않으면 과태료가 부과됩니다.

민소 제 162조 ③ 2-139

사례9. 현재 생부와는 연락이 안 되며 ,새 아버지의 성으로 바꾸는 경우

자의 성과 본의 변경허가 심판청구

청 구 인　　김 미 선
사건본인　　이 혜 주

송달료 30,200원
인지대 5,000원

수원지방법원 안산지원(가사단독) 귀중

자의 성과 본의 변경허가 심판청구

청 구 인 김미선 (휴대전화 010-7372-0000)
주민등록번호 700816-1234567
주 소 경기도 시흥시 정왕동 1867-3 신호아파트 108-201
등록기준지 서울시 양천구 신정동 171번지의 24
송달장소 서울시 서초구 서초동 1657-2
한림빌딩 301호

사 건 본 인 이혜주
주민등록번호 941014-1324657
주소 위와 같은 곳
등록기준지 충남 연기군 전의면 신정리 140번지

청 구 취 지

사건본인의 성을 "김(金)"으로, 본을 "경주(慶州)"로 변경할 것을 허가한다. 라는 심판을 구합니다.

청 구 원 인

1. 사건본인은 청구인과 청구 외 이종호 사이의 출생자입니다.
친부의 주소는, 인천시서구가정동 539-10입니다.

2. 청구인은 청구 외 이종호와 1994.01.31 혼인을 하였으나, 청구 외 이종호는 가족을 부양할 능력이 부족하고 가정에 책임감이 없어 사건본인에 대한 친권 및 양육권은 청구인이 갖기로 하고 2001.01.06 협의 이혼을하였습니다. 이혼 후 청구인은 청구 외 이종호에게 단한번도양육비를받은적이없으며, 면접교섭 또한 없었습니다. 청구 외 이종호는 사건본인에 대한 정이 없어 단한번도아이를찾거나보고싶어하지않았습니다. 현재 청구인은 청구 외 이종호와 오랫동안 연락이 되지 않고 연락처도알수없으며구체적인행방을모릅니다.

3. 이혼 후 청구인은 열심히 일을 하며 사건본인을 양육하였고 그러던 중 청구 외 김병기를 만나 2001.12.10 혼인을 하였습니다. 청구 외 김병기는 안정적인 작장을갖고오랫동안성실하게근무하고있으며, 가정적인 성격에 사건본인을 친자식으로 여기고 사랑을 주고 있습니다. 사건본인도 전에 받아 보지 못한 부의 정을 느끼며 사랑으로 자라고 있으며, 저보다 아빠를 너무 좋아해 제가 가끔 소외감을 느낄 정도입니다. 사건본인이 늦게라도 좋은 아버지를 만날 수 있어서 너무 감사하게 생각합니다.

4. 청구 외 김병기는 재혼 당시 딸아이를 양육하고 있었고, 재혼 후 두 아이들은 친 형제와 다름없이 아끼고 사랑하며 지내고 있습니다. 그런데 사건본인이 지금의 남편과 성이 다른 이유로 현실적인 어려움에 많이 부딪히 고 있습니다. 현실은 사건본인이 감당하기에 너무 큰 장벽이었습니다. 어렸을 때부터 “왜 아빠하고 성이 다르냐? 아빠가 새아빠냐? ”는질문을받으며, 이로 인하여 상당히 성격적으로 위축되고 많은 스트레스를 받았고, 한 살 터울인 언니와 성이 다른 이유로 친구들의 놀림을 많이 받았습니다. 청구인의 가정은 너무 행복한데주위의 시선은 아직 냉랭하기만 합니다. 현재 사건본인은 중학교 2학년에 재학 중입니다. 예민한 시기에 있는 여자아이 이기에 더욱 걱정스럽고 하루빨리 고통에서 벗어나기를 바랍니다. 지금의 남편의 사회생활에 있어서도 적지 않은 어려움이 있으며, 가족모임에 참여할 때면, 사촌동생들이 성이 다른 이유를 물곤 하여 사건본인이 의기소 침 해지는 등 어려움을 겪고 있습니다.사건본인이가족구성원과

성이다른이유로어린나이에감당해야할정신적고통이매우크기때문에하루빨리아이의성을지금의남편과같게해주고싶고, 지금의 남편 및 시댁식구들도 적극적으로 권해주고 계십니다. 또한 호주제폐지의소식을듣고간절히기다려왔으며, 사건본인이 간절히 희망하고있어오랜준비를마치고신청하게되었습니다. 이러한 이유로 사건본인의 성과 본을 지금의 남편의 성과 본으로 변경을 간절히 원합니다.

5. 사건본인의 복리를 위하여 사건본인의 성과 본을 의붓아버지인 청구 외김병기의 성과 본으로 변경할 필요가 있으므로, 청구취지와 같은 심판을 구합니다.

첨 부 서 류

1. 가족관계증명서(청구인 및 사건본인) 2통
2. 기본증명서(청구인 및 사건본인) 2통
3. 혼인관계증명서 1통
4. 제적등본 1통
5. 주민등록등본 1통
6. 친부의 주민등록초본 1통
7. 진술서
8. 기타소명자료(가족사진)

2008 . 05 . 08.

위 청구인 김 미 선 (인)

수원지방법원 안산지원(가사단독) 귀중

⇨ Comment

1.새 아버지의 성으로 바꾸는 경우임.
2.새 아버지와의 동거기간은 약7년정도임.
3.현재 생부와는 연락이 안되며 양육비는 한번도 받은 적 없음.

○○○ 지방법원
심 판

사 건 2009느단73 성본변경
청 구 인 ○ ○ ○ (640721-245781)
주 소 ○○○시 ○○동 2-1 그린타운 111-1005
등록기준지 서울 ○○구 ○○동 10-19
송달장소 서울 서초구 서초동 한림빌딩 301호

사건본인 ○ ○ ○ (123456-1234567)
사건본인 주 소 위 청구인과 같음
사건본인 등록기준지 ○○ ○구 ○○동 297

주 문

사건본인의 성을 김(金)로, 본을 경주(慶州)로 변경할 것을 허가한다.

이 유

이 사건 신청은 이유 있으므로 주문과 같이 심판한다.

2009 . ○. ○.

판 사 김 ○ ○

○ ○ ○ 지 방 법 원

정 본 입 니 다.

2009. 2. 3.

법원주사 서 ○ ○

1. 자의 성본변경 : 심판문을 수령후 30일내 주소지 시.구. 읍.면사무소에 가서 신고하시면됩니다.
송달일로부터 1월 이내에 신고하지않으면 과태료가 부과됩니다.

민소 제 162조 ③ 2-139

사례10. 청구인과 계부의 혼인한지 불과 3개월여 밖에 지나지 않은 점 때문에 의붓아버지 사이의 유대관계가 충분히 형성되어 있지 않은 점 때문에 심판청구가 기각된 후에 재청구 된 사안이고, **미혼모로 사건본인을 출생한 경우**로 인용 결정기간은 1달.

자의 성과 본의 변경허가 심판청구

청 구 인　　김 미 영
사건본인　　정 온 유

송달료　30,200원
인지대　　5,000원

서울가정법원(가사단독) 귀중

자의 성과 본의 변경허가 심판청구

청 구 인 김미영 (휴대전화 010-2224-0000,
집전화 02-6414-0000)
주민등록번호 760403-1234567
주 소 서울시 동대문구 전농동 530-52
등록기준지 서울시 동대문구 전농동 558번지의 41
송달장소 서울시 서초구 서초동 1657-2
한림빌딩 301호

사 건 본 인 정온유 주민등록번호 040419-1324657
주소 위와 같은 곳
등록기준지 서울시 동대문구 전농동 558번지의 41

청 구 취 지

사건본인의 성을 "이(李)"로, 본을 "밀양(密陽)"으로 변경할 것을 허가한다.
라는 심판을 구합니다.

청 구 원 인

1. 사건본인은 청구인이 미혼모로 낳은 아이입니다.

2. 청구인은 미혼모의 몸으로 2004.04.19. 사건본인을 출산하였습니다. 사건본인이 출생 후 아이의 아버지의 이름을 따라 성을 정씨로 붙여주었으나 아이의 아버지에 대한 기억은 없습니다

3. 청구인은 생계를 위해 직장생활을 하며 열심히 살던 중 청구 외 이영성을 만나 오랜 교제 끝에 2008.05.16. 혼인을 하였습니다. 청구인은 사건본인이 아버지 없이 자라게 되어 많이 미안하고 죄지은 마음이었지만 뒤늦게 좋은 아버지 만나서 사랑 받고 자랄 수 있게 되어 너무 다행으로 생각하고 있습니다. 청구외 이영성은안정적인직장을갖고성실히생활하며,사건본인을 친자식과같이 여기고 사랑하고 있습니다. 단 한번도 아버지의 정을 느껴보지 못했던 사건본인이 뒤늦게 많은 사랑을 받고 있어, 지금은 표정도 밝아지고 남편을 너무 잘 따릅니다. 그런데 지금의 남편을 친 아버지로 생각하고 있는데 아빠와 성과 본이 다름으로 인해 자라면서 상처를 받고 있어 매우 걱정스러운 마음입니다. 아직도 청구인은 사건본인을 바라만 봐도 눈물이 납니다. 그런데 사건본인이 성장함에 따라 가족구성원과성이다름으로인한일상생활에서의소외감과어려움이있어, 성과 본의 변경허가 심판청구를 하게 되었습니다. 청구인은 호주제 폐지의 시행을 누구보다 반갑게 맞이하였고 간절히 기다려 왔습니다. 청구인과같은가정에큰등불이되어줄것을기대합니다. 부디사건본인의성과본을청구외이영성의성과본으로변경하여사건본인과청구인이더이상고통을받지않기를간절히바랍니다.

4. 사건본인의 복리를 위하여 사건본인의 성과 본을 청구 외 이영성의 성과 본으로 변경할 필요가 있으므로, 청구취지와 같은 심판을 구합니다.

첨 부 서 류

1. 가족관계증명서(청구인 및 사건본인) 2통
2. 기본증명서(청구인 및 사건본인) 2통
3. 혼인관계증명서 1통
4. 제적등본 1통
5. 주민등록등본 1통
6. 진술서

2008. 07. 14.

위 청구인 김 미 영 (인)

서울가정법원(가사단독) 귀중

⇨ Comment

1. 혼인하여 계부의 성으로 성본변경
2. 청구인과 계부의 혼인한지 불과 3개월여 밖에 지나지 않은 점 때문에 의붓아버지 사이의 유대관계가 충분히 형성되어 있지 않은 점 때문에 심판청구가 기각된 후에 재청구 된 사안임.
3. 특이점은 미혼모로 사건본인을 출생한 경우로 인용 결정기간은 1달.

○○○ 지방법원

심 판

사 건 2009느단73 성본변경

청 구 인 김 ○ ○ (640721-245781)

주 소 ○○○시 ○○동 2-1 그린타운 111-1005

등록기준지 서울 ○○구 ○○동 10-19

송달장소 서울 서초구 서초동 한림빌딩 301호

사건본인 정 ○ ○ (123456-1234567)

사건본인 주 소 위 청구인과 같음

사건본인 등록기준지 ○○ ○구 ○○동 297

주 문

사건본인의 성을 이(李)로, 본을 밀양(全州)로 변경할 것을 허가한다.

이 유

이 사건 신청은 이유 있으므로 주문과 같이 심판한다.

2009 . ○. ○.

판 사 김 ○ ○

○ ○ ○ 지 방 법 원

정 본 입 니 다.

2009. 2. 3.

법원주사 서 ○ ○

1. 자의 성본변경 : 심판문을 수령후 30일내 주소지 시.구. 읍.면사무소에 가서
신고하시면됩니다.
송달일로부터 1월 이내에 신고하지않으면 과태료가 부과됩니다.

민소 제 162조 ③ 2-139

사례11. **친권은 생부가** 가지고 있지만 양육권은 청구인, 생부로부터 양육비는 한번도 받은적 없음.

자의 성과 본의 변경허가 심판청구

청 구 인 김 복 선
사건본인 김 민 경

송달료 30,200원
인지대 5,000원

대구지방법원 가정지원(가사단독) 귀중

자의 성과 본의 변경허가 심판청구

청 구 인　　김 복 선 (전화 011-9850-0000)
주민등록번호 660314-1234657
주소 대구시 서구 내당동 906-2 보라아파트 102호
등록기준지 대구시 동구 효목동 539번지
송달장소　서울시 서초구 서초동 1657-2
한림빌딩 301호

사건본인　　김 민 경
주민등록번호 951228-1234567
주소 위와 같은 곳
등록기준지 경남 창녕군 길곡면 길곡리 302번지

청 구 취 지

사건본인의 성을 "정(鄭)"으로, 본을 "청주(淸州)"로 변경할 것을 허가한다. 라는 심판을 구합니다.

청 구 원 인

1. 사건본인은 청구인과 청구 외 김영진 사이의 출생자입니다.

2. 청구인은 청구 외 김영진의 가정에 대한 무관심과 책임감이 없고 가족을 부양할 능력이 부족하여 청구 외 김영진과 협의 이혼을 하였습니다. 이혼 후 청구 외 김영진은 아이에대한관심이없어사건본인을보고싶어하지도찾지도않았으며, 사건본인 또한 친아버지의얼굴을모르고살고있습니다. 이혼 후 청구인은 사건본인을 양육하고 있지만 이혼 당시부터 지금까지 단한번도양육비를받은적이없으며, 청구 외 김영진과 연락한번한적이없습니다. 그런데청구인은이사건청구를하면서한번더울어야했습니다. 청구인은 청구 외 김영진과 협의이혼당시 친권에대해알지못했고, 친권지정에 대한 기억도 없습니다. 사건본인의 친권은 청구인의 무지로 인해 청구 외 김영진이 갖고 있지만, 실제로양육권을갖고사건본인을양육해온것은청구인이며, 청구 외 김영진은 친 아버지로서 무책임하고, 아무것도 해 준 것이 없습니다.

3. 한 번의 이혼으로 많은 상처를 받은 청구인은 생계를 위해 열심히 일하며 사건본인을 잘 양육하고 있었습니다. 그러던 중 청구 외 정재인을 만나 2005.09.08 혼인을 하였습니다. 청구 외 정재인은 안정적인직장을갖고열심히사는 매우성실한사람이었고, 자상한 성격에 가정적이어서 일찍 귀가하여 아이들과 함께 시간을 보내려고 노력합니다. 그런데 사건본인이 가족구성원과 성이 다른 이유로 많은 고통을 받고 있습니다. 학교에서 반 친구들의 놀림이 심하여 불안해하고, 이불에 오줌을 싸기도 하는 등 극심한 스트레스를 받고 있습니다. 사건본인은 곧 중학교 입학을 합니다. 입학하는 중학교에서는 친구들의 놀림을 받지 않기를 바라고, 지금의 남편과 다른 성으로 인해 고통을 받지 않기를 바랍니다.

이러한 이유로 사건본인의 중학교입학전에청구외정재인의성과본으로변경을간절히원합니다.

4. 사건본인의 복리를 위하여 사건본인의 성과 본을 청구 외 정재인의 성과 본으로 변경할 필요가 있으므로, 청구취지와 같은 심판을 구합니다.

첨 부 서 류

1. 가족관계증명서(청구인 및 사건본인) 2통
2. 기본증명서(청구인 및 사건본인) 2통
3. 혼인관계증명서 1통
4. 제적등본 1통
5. 주민등록등본 1통
6. 진술서(청구인 및 계부)

2008 . 1 . 22.

위 청구인 김 복 선 (인)

대구지방법원 가정지원(가사단독) 귀중

⇨ Comment

1.새 아버지의 성으로 바꾸는 경우임.
2.친권은 생부가 가지고 있지만 양육권은 청구인이 가지고 있음.
3.생부로부터 양육비는 한번도 받은 적 없음.

○○○ 지방법원
심 판

사 건 2009느단73 성본변경
청 구 인 김 ○ ○ (640721-245781)
주 소 ○○○시 ○○동 2-1 그린타운 111-1005
등록기준지 서울 ○○구 ○○동 10-19
송달장소 서울 서초구 서초동 한림빌딩 301호

사건본인 김 ○ ○ (123456-1234567)
사건본인 주 소 위 청구인과 같음
사건본인 등록기준지 ○○ ○구 ○○동 297

주 문

사건본인의 성을 이(李)로, 본을 전주(全州)로 변경할 것을 허가한다.

이 유

이 사건 신청은 이유 있으므로 주문과 같이 심판한다.

2009 . ○. ○.

판 사 김 ○ ○

○ ○ ○ 지 방 법 원

정 본 입 니 다.

2009. ○. ○.

법원주사 서 ○ ○

1. 자의 성본변경 : 심판문을 수령후 30일내 주소지 시.구. 읍.면사무소에 가서
신고하시면됩니다.
송달일로부터 1월 이내에 신고하지않으면 과태료가 부과됩니다.

민소 제 162조 ③ 2-139

사례12. 새 아빠가 **생부**인 줄 알고 있고, 다른 형제들과 성이 다르다는 이유.

자의 성과 본의 변경허가 심판청구

청 구 인 　 김 선 주
사건본인 　 이 건 엽

송달료 30,200원
인지대 5,000원

대구지방법원 가정지원 귀중

자의 성과 본의 변경허가 심판청구

청 구 인 김 선 주 (전화 010-2223-0000)
주민등록번호 801220-1234657
주 소 경상북도경산시사동 600-5백조아파트 102-416
등록기준지 경북 경주시 황오동 145번지

사건본인 이 건 엽
주민등록번호 030826-1234567
주소 위와 같은 곳
등록기준지 경북 고령군 개진면 오사리 113번지

청 구 취 지

사건본인의 성을 "송(宋)"로, 본을 "치성(治城)"으로 변경할 것을 허가한다. 라는 심판을 구합니다.

청 구 원 인

1. 사건본인은 청구인과 청구 외 이상현 사이의 출생자입니다.

2. 청구인은 청구 외 이상현의 가정에대한무관심과외도로인해양육권과친권을 청구인이갖기로하고협의이혼하였습니다. 이혼 후 청구인은 청구 외 송준원을 만나 사실상 가정을 이루며 살다가 2007.09.10 혼인신고를 하고, 2007.10.01 쌍둥이를 낳았습니다. 청구 외 송준원은 매우 가정적이고 자상하여 사건본인이 잘 따르고 있으며, 사건본인이친아버지를본적이없어지금의남편을친아버지로알고있

습니다. 그런데 사건본인의 성이 가족구성원과 다른 데서 오는 사회생활 및 일상생활의 불편함이 많이 있어서 소외감및부의정체성에대한혼란까지겪고있습니다. 사건본인을보는주위의시선도상처가되고있으며, 앞으로 쌍둥이 동생들과 성이 다름으로 인해 겪게 될 상처는 엄마로서 매우 두렵고 불안합니다. 주위 사람들이 이름을 물으면 "저는 이건엽 입니다"라고 밝게 대답하는 아이에게 "너는 왜 송건엽이 아니냐?"며 묻는 질문에 당황하여 말을 하지 못하는 것을 보고 매우 마음이 아팠습니다. 판사님께서사건본인의성을지금의남편성을따르게하여주시기를 간절히바라고, 저희 가족에게 더 없는 축복이 될 것 같습니다.

3. 사건본인의 복리를 위하여 사건본인의 성과 본을 청구 외 송준원의 성과 본으로 변경할 필요가 있으므로, 청구취지와 같은 심판을 구합니다.

첨 부 서 류

1. 가족관계증명서(청구인 및 사건본인) 2통
2. 기본증명서 1통
3. 혼인관계증명서 1통
4. 주민등록등본 1통
5. 가족사진

2008 . 1 . 14.

위 청구인 김 선 주 (인)

대구지방법원 가정지원 귀중

⇨ Comment

1.새 아버지의 성으로 바꾸는 경우임.

2.친권과 양육권 모두 청구인이 가지고 있음.

3.사건본인은 새 아빠가 생부인 줄 알고 있으나 다른 형제들과 성이 다르다는 이유로 정신적 고통을 받고 있음.

○○○ 지방법원
심 판

사 건 2009느단73 성본변경
청 구 인 김 ○ ○ (64072-1245781)
주 소 ○○○시 ○○동 654-89
등록기준지 서울 ○○구 ○○동 10-19
송달장소 서울 서초구 서초동 한림빌딩 301호

사건본인 이 ○ ○ (123456-1234567)
사건본인 등록기준지 ○○ ○구 ○○동 297

주 문

사건본인의 성을 송(宋)로, 본을 치성(致誠)로 변경할 것을 허가한다.

이 유

이 사건 신청은 이유 있으므로 주문과 같이 심판한다.

2009 . ○. ○.

판 사 김 ○ ○

○ ○ ○ 지 방 법 원

정 본 입 니 다.

2009. 2. 3.

법원주사 서 ○ ○

1. 자의 성본변경 : 심판문을 수령후 30일내 주소지 시.구. 읍.면사무소에 가서
신고하시면됩니다.
송달일로부터 1월 이내에 신고하지않으면 과태료가 부과됩니다.

민소 제 162조 ③ 2-139

사례13. 새학년 진학을 앞두고 있고,사건본인이 새 아버지의 성으로 **강력히 원함.**

자의 성과 본의 변경허가 심판청구

청 구 인　　김 윤 경
사건본인　　유 다 훈

송달료　30,200원
인지대　5,000원

서울가정법원 귀중

자의 성과 본의 변경허가 심판청구

청 구 인 김윤경 (전화 019-9365-0000)
주민등록번호 760523-1234567
주 소 서울시 송파구 잠실동 330-8 (15/8) 303호
등록기준지 경남 진주시 가좌동 1440번지의 9
송 달 장 소 서울시 서초구 서초동 1657-2
한림빌딩 301호

사 건 본 인 유 다 훈
주민등록번호 001030-1234567
주소 위와 같은 곳
등록기준지 전북 전주시 완산구 효자동1가 280번지

청 구 취 지

사건본인의 성을 "정(鄭)"으로, 본을 "진양(晋陽)"으로 변경할 것을 허가한다. 라는 심판을 구합니다.

청 구 원 인

1. 사건본인은 청구인과 청구 외 유명재 사이의 출생자입니다.

2. 청구인은 청구 외 유명재의 가정에 대한 무관심과 책임감이 없어 친권은 청구인이 갖기로 하고 협의 이혼을 하였습니다. 이혼 후 청구 외 유명재는 아이에 대한 관심이 없어 사건본인을 보고 싶어하지도 찾지도 않았으며 양육비 또한 받은 적이 없습니다. 청구인은 생계를 위해 일하며 사건본인을 잘 양육하던 중 청구 외 정우식을 만나 2006.06.30 혼인을 하고 2007.10.08 둘째 아이를 낳았습니다. 청구 외 정우식은 안정된직장을갖고열심히생활하고있으며, 성격 또한 매우 자상하고가정적인사람이어서일을마치면일찍들어와가족과함께시간을보내려고노력합니다. 그리고 청구 외 정우식은 사건본인을 친 자식과 같이 생각하고 사랑해주고 있습니다. 사건본인도 청구 외 정우식을 친 아버지와 다름 없이 따르고 있습니다. 그런데 사건본인이 초등학교에 입학을 하면서 가족구성원과 성이 다름으로 인한 소외감 및 고통을 겪고 있습니다. 사건본인의 반친구들의놀림으로울며집으로돌아온적이많고공부도곧잘하는사건본인을주위의시선때문에대회에참가시키지못한적도많습니다. 둘째 아이와 성이 달라서 병원에 갈 때에도 간호사들의 의아한시선을받고있습니다. 사건본인은 부의 정체성에 대한 혼란을 심하게 겪고 있으며 이러한 이유로 사건본인이 새학년에진학하기전에청구외정우식의성과본으로변경을간절히원합니다. 진학 전에 성과 본의 혼란을 막고 새로운 시작을 하게 하고 싶습니다. 사건본인을 소개할 때 "저는, 정다훈이고 동생이름은 정한나 입니다."라고 말 할 수 있기를 손꼽아기다립니다.

3. 사건본인의 복리를 위하여 사건본인의 성과 본을 청구 외 정우식의 성과 본으로 변경할 필요가 있으므로, 청구취지와 같은 심판을 구합니다.

첨 부 서 류

1. 가족관계증명서 2통
2. 기본증명서 3통
3. 혼인관계증명서 1통
4. 주민등록등본 1통
5. 진술서(청구인 및 계부)

2008 . 1 . 21.

위 청구인 김 윤 경 (인)

서울가정법원 귀중

⇨ Comment

1.새 아버지의 성으로 바꾸는 경우임.
2.새 아버지와의 동거기간은 약2년정도임.
3.생부로부터 양육비는 한번도 받은 적 없음.
4.사건본인이 새 아버지의 성으로 바꾸기를 원하고 있음.

○○○ 지방법원

심 판

사　　건　　2009느단73　성본변경
청 구 인　　김 ○ ○ (76072-1245781)
　　　　　　주　소 ○○○시 ○○동 354-16
　　　　　　등록기준지　서울 ○○구 ○○동 10-19
　　　　　　송달장소 서울 서초구 서초동 한림빌딩 301호

사건본인　　유 ○ ○ (123456-1234567)
　　　　　　사건본인 주 소 위 청구인과 같음
　　　　　　사건본인 등록기준지 ○○　○구 ○○동 297

주 문

사건본인의 성을 정(鄭)로, 본을 진양(振揚)로 변경할 것을 허가한다.

이 유

이 사건 신청은 이유 있으므로 주문과 같이 심판한다.

2009 .　○. ○.

판　사　　김 ○ ○

○ ○ ○ 지 방 법 원

정 본 입 니 다.

2009. 2. 3.

법원주사 서 ○ ○

1. 자의 성본변경 : 심판문을 수령후 30일내 주소지 시.구. 읍.면사무소에 가서
신고하시면됩니다.
송달일로부터 1월 이내에 신고하지않으면 과태료가 부과됩니다.

민소 제 162조 ③ 2-139

사례14, 생부는 현재 <u>재혼상태인</u>이고, <u>엄마의 성</u>으로 바꾸는 경우

자의 성과 본의 변경허가 심판청구

청 구 인　　김 은 주
사건본인　　문 다 인

송달료　30,200원
인지대　　5,000원

부산지방법원 가정지원 귀중

자의 성과 본의 변경허가 심판청구

청 구 인　　김 은 주 (휴대전화 010-4561-0000 ,
집전화 051-852-0000)
주민등록번호 760530-1234567
주　　소　부산시 연제구 연산동 1359-2 월성아파트 B-201
등록 기준지　전남 장흥군 용산면 운주리 681번지
송 달 장 소　서울시 서초구 서초동 1657-2
한림빌딩 301호

사 건 본 인　　문 다 인
주민등록번호 031214-1324657
주　　소　위와 같은 곳
등 록 기 준 지　전남 화순군 도곡면 원화리 122번지

청 구 취 지

사건본인의 성을 "김(金) "으로, 본을 "김해(金海) "로 변경할 것을 허가한다. 라는 심판을 구합니다.

청 구 원 인

1. 사건본인은 청구인과 청구 외 문장 사이의 출생자입니다.

친부의 주소는, 부산시사하구괴정동 358-6 신동주택 나3-102 입니다.

2. 청구인은 청구 외 문장과 2002.03.13 혼인을 하였으나, 청구 외 문장은 혼인 시부터 사건본인을 낳고 1년을 양육할 때까지 직장이 없어, 무직으로 가족을 부양할 능력이 없었고, 책임감도 없었습니다. 무책임한 나날들이 반복되었을 뿐, 아이를 위해 그리고 가족을 위해 무엇이든 하려는 노력 또한 없었습니다. 청구인은 사건본인이 아빠 없이 자라는 것을 원하지 않아 많이 참고 노력하였지만 결국 2005.05.24 사건본인에 대한 친권및양육권은청구인이갖기로하고협의이혼을하였습니다. 이혼 후 청구 외 문장은 단 한번도 사건본인을 보고 싶어 하거나 찾지 않았으며, 현재는 연락도 되지 않고, 행방을 알지 못합니다. 또한 청구 외 문장은 재혼을하고자녀를양육하고있는것으로알고있습니다.

3. 청구인은 생계를 위해 직장생활을 하며 열심히 살고 있습니다. 청구인은 사건본인을 아버지 없이 자라게 하고 싶지 않아서 많은 노력을 했지만, 청구외 문장은 현재 재혼을 한 상태이고, 단 한번도 사건본인을 보고 싶어 하거나 찾지 않았으며, 사건본인이 너무 어렸을 때 청구인이 이혼을 하였기에 친 아버지의 존재를 알지 못합니다. 청구인의 한 번의 실수로 아이가 겪게 될 불편이 두려워 이혼 당시부터 사건본인에게 청구인의 성을 붙여 '김다인' 으로 불렀으며, 어린이집, 유치원, 미술학원, 교회 등 에서 사건본인을 '김다인' 으로 등록하여 생활하고 있습니다. 현재 사건본인은 본인의 이름을 '김다인' 으로 알고 있으며, 주변사람들과 선생님, 친구들까지 모두 '김다인' 으로 부르고 있습니다. 그런데 사건

본인이 아파서 병원에 갈 때면 건강보험증에는 '문다인' 으로 표시가 되기 때문에 아이가 자꾸 "왜 내 이름이 문다인 이냐? "고물어그저기재상잘못기재되었을뿐이다라는변명으로위기를모면하곤합니다. 사건본인이 자라면서 한글을 깨우치기 시작하여 곤란한 점이 많으며, 주위에 이 모든 사실이 알려질 까봐 매우 두렵습니다. 또한 사건본인이이사실을알게되어충격을받지않을까늘불안한마음입니다. 사건본인이 청구인과 성이 달라서 겪는 어려움이 날이 갈수록 늘어가고, 청구인의 마음도 불안하여 하루빨리 아이의 성과 본을 바꿔 주고 싶습니다. 청구인은 사건본인의 성과 본을 청구인의 성과 본으로 바꾼다고 해서 미혼모로의심이되거나한다는걱정과불편함은전혀없습니다. 이미 '김다인' 으로 생활하고 있기 때문에 서류상으로도 완벽한 '김다인' 이 되기를 손꼽아 기다릴 뿐 입니다. 현재 사건본인은 가족구성원과 성이 다른 데서 오는 소외감과 고통을 느끼고 있으며, 이러한 이유로 사건본인이 일상생활을 하면서 혼란을 겪지 않도록 청구인의 성과 본으로 변경을 간절히 원합니다.

4. 사건본인의 복리를 위하여 사건본인의 성과 본을 청구인의 성과 본으로 변경할 필요가 있으므로, 청구취지와 같은 심판을 구합니다.

첨 부 서 류

1. 가족관계증명서(청구인 및 사건본인) 2통
2. 기본증명서 1통
3. 혼인관계증명서 1통

4. 제적등본 1통
5. 주민등록등본 1통
6. 친부의 주민등록등본 1통
7. 진술서
8. 기타소명자료(통장사본, 상장 및 가족사진)

2008 . 04. 17.

위 청구인 김 은 주 (인)

부산지방법원 가정지원 귀중

⇨ Comment

1.엄마의 성으로 바꾸는 경우임.
2.생부는 아이를 한번도 찾은 적 없으며 현재 다른 여자와 재혼상태인 것으로 알고 있음.
3.사건본인은 생부의 존재를 잘 알지 못 함.

○○○ 지방법원

심 판

사 건 2009느단73 성본변경
청 구 인 김 ○ ○ (640721245781)
주 소 ○○○시 ○○동 356-78
등록기준지 서울 ○○구 ○○동 10-19
송달장소 서울 서초구 서초동 한림빌딩 301호

사건본인 문 ○ ○ (123456-1234567)
사건본인 주 소 위 청구인과 같음
사건본인 등록기준지 ○○ ○구 ○○동 297

주 문

사건본인의 성을 김(金)로, 본을 김해(金海)로 변경할 것을 허가한다.

이 유

이 사건 신청은 이유 있으므로 주문과 같이 심판한다.

2009 . ○. ○.

판 사 김 ○ ○

○ ○ ○ 지 방 법 원

정 본 입 니 다.

2009. ○. ○.

법원주사 서 ○ ○

1\. 자의 성본변경 : 심판문을 수령후 30일내 주소지 시.구. 읍.면사무소에 가서
신고하시면됩니다.
송달일로부터 1월 이내에 신고하지않으면 과태료가 부과됩니다.

민소 제 162조 ③ 2-139

사례15. 새 아버지에게는 **재혼 당시 아이가 둘 있고**, 다른 형제와 성이 다르다는이유

자의 성과 본의 변경허가 심판청구

청 구 인　　김 정 운
사건본인　　강 소 은

송달료　30,200원
인지대　　5,000원

의정부지방법원(가사단독) 귀중

자의 성과 본의 변경허가 심판청구

청 구 인 김정운 (휴대전화 010-3157-0000)
주민등록번호 750405-1234657
주소 경기도 구리시 교문동 825 동양아파트 202-2204
등록기준지 경북 포항시 북구 흥해읍 약성리 160번지
송달장소 서울시 서초구 서초동 1657-2
한림빌딩 301호

사 건 본 인 강소은
주민등록번호 000711-1234567
주소 위와 같은 곳
등록기준지 서울시 영등포구 당산동1가 430번지

청 구 취 지

사건본인의 성을 "홍(洪)"으로, 본을 "남양(南陽)"으로 변경할 것을 허가한다. 라는 심판을 구합니다.

청 구 원 인

1. 사건본인은 청구인과 청구 외 강성복 사이의 출생자입니다.

2. 청구인과 청구 외 강성복은 1999.07.12 혼인을 하였으나, 청구 외 강성복이 가족을 부양할 능력이 부족하고 가정에 무관심하여 2004.03.02 사건본인에 대한 친권과 양육권은 청구인이 갖기로 하고 협의 이혼을 하였습니다. 이혼 후 청구 외 강성복에게 단 한번도 양육비를 받지 않았고, 2007년 여름에 단 한번의 면접교섭이 있은 후부터 청구인과 청구 외 강성복은 사건본인이 성년이 될 때까지 면접교섭을 하지 않기로 다짐하였습니다. 이혼 후 청구인은 열심히 일을 하며 사건본인을 양육하였고 그러던 중 청구 외 홍경표를 만나 2007년 10월부터 사실상 함께 살다가 2008.01.17 혼인 신고를 하였습니다. 청구 외 홍경표는 전부인과의 소생 자녀 둘을 양육하고 있었습니다. 청구 외 홍경표는 안정적인 직장을 갖고 성실한 생활을 하고, 매우 가정적이어서 사건본인을 친 딸과 같이 사랑해주고 있습니다. 모르는 사람에게도 사건본인을 친 딸이라고 이야기 할 정도로 애틋합니다. 또한 형제간 우애가 깊어 아이들 셋 모두 서로 사랑하고 아껴주고 있습니다. 그런데 사건본인이 가족구성원과 성이 달라서 일상생활 및 학교생활에서 어려움을 겪고 있습니다. 병원에갈때도따로의료보험카드를제출해야하고간호사들의 의아한시선을받으며, "왜 나만 성이 다르냐? "며속상해할때마다재혼가정의아픔이느껴져아이에게너무미안한마음뿐입니다. 작년까지는 아이들이 각자 다른 학교에 다녔지만 올해부터는 아이들 모두 같은 학교를 다닐 수 있도록 이사를 하였고 전학준비를 마친 상태입니다. 사건본인이 오빠,언니와 같은 학교를 다니면서 아이들에게 놀림을 받을 것이 너무나 두렵고, 사건본인이 받을 상처를 생각해서 성이라도 지금의 남편의 성으로 바꿔 부의 정체성에 대한 혼란을 막고, 더 이상 고통을 받지 않기를 간절히 바랍니다.

3. 사건본인의 복리를 위하여 사건본인의 성과 본을 의붓아버지인 청구 외홍경표의 성과 본으로 변경할 필요가 있으므로, 청구취지와 같은 심판을 구합니다.

첨 부 서 류

1. 가족관계증명서(청구인 및 사건본인) 2통
2. 기본증명서 1통
3. 혼인관계증명서 1통
4. 제적등본 1통
5. 주민등록등본 2통
6. 진술서(청구인, 계부, 사건본인) 3통

2008 . 02 . 11.

위 청구인 김 정 운 (인)

의정부지방법원(가사단독) 귀중

➲comment

1.새 아버지의 성으로 바꾸는 경우임.
2.생부와의 면접교섭은 단 한번 있었음.
3.새 아버지에게는 재혼 당시 아이가 둘 있었음.
4.사건본인이 다른 형제와 성이 다르다는 이유로 정신적인 고통을 받고 있음.

○○○ 지방법원
심 판

사 건 2009느단73 성본변경
청구인 ○ ○ ○ (000721-245781)
주 소 ○○○시 ○○동 2-1 그린타운 111-1005
등록기준지 서울 ○○구 ○○동 10-19
송달장소 서울 서초구 서초동 한림빌딩 301호

사건본인 ○ ○ ○ (123456-1234567)
사건본인 주 소 위 청구인과 같음
사건본인 등록기준지 ○○ ○구 ○○동 297

주 문

사건본인의 성을 홍(洪)로, 본을 남양(南陽)로 변경할 것을 허가한다.

이 유

이 사건 신청은 이유 있으므로 주문과 같이 심판한다.

2009 . ○. ○.

판 사 김 ○ ○

○ ○ ○ 지 방 법 원

정 본 입 니 다.

2009. 2. 3.

법원주사 서 ○ ○

1. 자의 성본변경 : 심판문을 수령후 30일내 주소지 시.구. 읍.면사무소에 가서 신고하시면됩니다.
송달일로부터 1월 이내에 신고하지않으면 과태료가 부과됩니다.

민소 제 162조 ③ 2-139

사례16. 생부는 <u>현재 주민등록이 말소</u>된 상태이고,<u>엄마의 성으로 바꾸는 경우</u>

자의 성과 본의 변경허가 심판청구

청 구 인 김 지 영
사건본인 문 민 지

송달료 30,200원
인지대 5,000원

수원지방법원(가사단독) 귀중

자의 성과 본의 변경허가 심판청구

청 구 인　김지영 (전화 016-838-0000)
주민등록번호740305-1234567
주　소　경기도 화성시 향남읍 발안리 62-5
동광빌라 1-B01
등록기준지　경기도 화성시 능동496번지

사건본인　문 민 지
주민등록번호 020711-1234567
주소 위와 같은 곳
등록기준지　경기도 고양시 덕양구 행신동 산 68번지의 2
송달장소　서울시 서초구 서초동 1657-2 한림빌딩 301호

청 구 취 지

사건본인의 성을 "김(金) "으로, 본을 "경주(慶州) "로 변경할 것을 허가한다. 라는 심판을 구합니다.

청 구 원 인

1. 사건본인은 청구인과 청구 외 문세전 사이의 출생자입니다. 사건본인의 생

부인 청구 외 문세전의 주소는 경기도수원시영통구매탄동 1244-5 입니다. 하지만 현재 주민등록등본이 말소된 상태입니다

.2. 청구인은 청구 외 문세전과 2002.08.17 혼인을 하였으나, 청구 외 문세전은 여자관계가 복잡하여, 대외적으로 부인인 저를 죽었다고 말하고 다니는 등 잦은외도로가정에무책임하고관심이없었습니다. 또한 청구 외 문세전이 잦은 가정폭력을 행사하여2004.11.26 친권과 양육권은 청구인이 갖기로 하고 협의 이혼을 하였습니다. 이혼 후 청구 외 문세전은 사건본인을 찾거나 보고 싶어하지 않았으며, 양육비도 단 한번도 받지 못했습니다.

3. 이혼 후 청구인은 열심히 일을 하며 사건본인을 양육하고 있습니다. 사건본인에게 아버지 없이 자라게 하고 싶지는 않았지만, 청구 외 문세전은 사건본인을 낳아주었을 뿐 책임을 다하지 않았고, 사건본인도 생부의 존재를 알지 못합니다. 청구인 혼자서 양육하고 있지만 사랑으로 아이를 양육하고 있고, 집에서는 사건본인을 '김민지' 로 부르고 있으며 주변 사람들 모두 '김민지' 로 알고, 그렇게 불러주고 있습니다. 그런데 사건본인의 친구들이 사건본인에게 이름을 물으면 '김민지' 로 대답을 할 때가 있고, '문민지' 로 이야기 할 때도 있어 주위에서 사건본인을 의심스럽게 보고 있습니다. 청구인의 잘못된 선택으로 제 자신이 한번 고통을 받았는데, 부모의 잘못으로 사건본인이 부의 정체성에 대한 혼란을 겪게 하고 싶지 않습니다. 앞으로 사건본인의 사회생활 및 학교생활에 있어 고통을 받지 않기를 간절히 바랍니다. 청구인은 사건본인이 청구인의 성을 따르게 되어 부의 정체성에 대한 혼란을 겪지 않고 새로운 시작을 할 수 있기를 원합니다. 앞으로 사건본인이 자신을 소개할 때 "저는, 김민지 입니다."라고 말할수있기를 손꼽아 기다립니다. 훗날 사건본인이 청구인의 성과 본을 따름으로 인해 미혼모의 자녀나 혼외자로 인식이 되더라도 사건본인에게 청구인의 성과 본을 주고 싶으며, 아이가 엄마와 본인의 성이 다른 것을 의아하게 생각하고 있으므로 사건본인의 복리를 위하여 사건본인의성과 본을 청구인의 성과 본으로 변경을 간절히 원합니다. 부디판사님께서

저희가족에게의미있는선물을주시기를간절히바랍니다.

4. 사건본인의 복리를 위하여 사건본인의 성과 본을 청구인의 성과 본으로 변경할 필요가 있으므로, 청구취지와 같은 심판을 구합니다.

첨 부 서 류

1. 가족관계증명서(청구인 및 사건본인) 2통
2. 기본증명서(청구인 및 사건본인) 2통
3. 혼인관계증명서 1통
4. 제적등본 1통
5. 주민등록등본 1통
6. 친부의 주민등록등본(말소자등본) 1통
7. 진술서 1통

2008 . 03 . 05.

위 청구인 김 지 영 (인)

수원지방법원(가사단독) 귀중

⇨ Comment

1.엄마의 성으로 바꾸는 경우임.
2.생부는 현재 주민등록이 말소된 상태임.
3.생부는 잦은 외도와 가정에 무책임하였음.

○○○ 지방법원
심 판

사 건 2009느단73 성본변경
청구인 ○ ○ ○ (000721-245781)
주 소 ○○○시 ○○동 2-1 그린타운 111-1005
등록기준지 서울 ○○구 ○○동 10-19
송달장소 서울 서초구 서초동 한림빌딩 301호

사건본인 ○ ○ ○ (123456-1234567)
사건본인 주 소 위 청구인과 같음
사건본인 등록기준지 ○○ ○구 ○○동 297

주 문

사건본인의 성을 홍(洪)로, 본을 남양(南陽)로 변경할 것을 허가한다.

이 유

이 사건 신청은 이유 있으므로 주문과 같이 심판한다.

2009 . ○. ○.

판 사 김 ○ ○

○ ○ ○ 지 방 법 원

정 본 입 니 다.

2009. 2. 3.

법원주사 서 ○ ○

1. 자의 성본변경 : 심판문을 수령후 30일내 주소지 시.구. 읍.면사무소에 가서
신고하시면됩니다.
송달일로부터 1월 이내에 신고하지 않으면 과태료가 부과됩니다.

민소 제 162조 ③ 2-139

사례17. 이혼 직후에는 **친권과 양육권을 생부가 가지고** 있었지만 현재는 모두 청구인.

자의 성과 본의 변경허가 심판청구

청 구 인　　김 진 아
사건본인　　박 예 원

송달료　30,200원
인지대　　5,000원

수원지방법원 안산지원(가사단독) 귀중

자의 성과 본의 변경허가 심판청구

청 구 인　　김 진 아 (휴대전화 010-2760-0000)
　　　　　　주민등록번호 800323-1234567
주　　소　　경기도 안산시 단원구 와동 723 토성연립 라-105
　　　　등록기준지 경기도 안산시 단원구 신부동 1078
송달장소　서울시 서초구 서초동 1657-2
　　　　　한림빌딩 301호

사 건 본 인　　박 예 원
　　　　　　주민등록번호 031103-1234567
　　　　　　주소 위와 같은 곳
　　　　　　등록기준지 인천광역시 동구 송림동 39번지

청 구 취 지

사건본인의 성을 "신(申) "으로, 본을 "평산(平山) "으로 변경할 것을 허가한다. 라는 심판을 구합니다.

청 구 원 인

1. 사건본인은 청구인과 청구 외 박영진 사이의 출생자입니다.

친부의 주소는, 광주광역시북구양산동 205-12 일신아파트 102-811입니다.

2. 청구인은 청구 외 박영진과 2000.05.30 혼인을 하였으나, 무절제하고방탕한 생활과잦은외도로인해가정에무관심하고책임감도없으며, 가족을 부양할 능력이 부족하여 2006.05.01 협의이혼을 하였습니다. 이혼 후 청구인은 청구 외 주영걸에게 단 한번도 양육비를 받지 못했으며, 청구외주영걸은사건본인을찾거나보고싶어하지않았고지금은연락조차되지않고있습니다. 이혼당시청구인은청구외박영진의채무로인하여약이천만원정도의빚을떠안고나왔습니다. 이혼 직후 청구 외 박영진이 사건본인의 친권을 갖고 양육을 맡았으나, 아이를 양육할 여력이 되지 않아 곧바로 청구인에게 양육권을 넘겨주었고, 2007.07.16친권자변경조정이성립되어친권도 이제는제가갖고있습니다.

3. 이혼 후 청구인은 열심히 생활하며 사건본인을 양육하던 중 청구 외 신현욱을 만나 사실상 함께 살다가 2008.04.08 조금 늦게 혼인신고를 하였습니다. 청구 외 신현욱은 안정적인 직장을 갖고 성실한 생활을 하며, 매우 가정적인 성격이어서 사건본인을 친 딸과 같이 생각하고 사랑해주고 있습니다. 사건본인이 어렸을 때부터 함께 생활해 왔기 때문에 사건본인이 지금의 남편을 친아버지로 알고있으며, 청구인이 시샘을 할 정도로 둘 사이가 좋고 잘 따릅니다. 그런데 사건본인이 가족구성원과 성이 달라서 사회생활 및 학교생활에 많은 어려움이 따르고 있습니다. 사건본인은 어려서부터 지금의 남편과 함께 생활하였고 단 한번도 지금의 남편의 친자식이 아니라는 생각을 하지 않았습니다. 그래서 지금의 남편의 성을 붙여 불러주고 있으며 유치원에서도 '신예원' 으로 등록하여생활하고있습니다.주위에서도모두 '신예원' 으로 알고 있는데아이가한글을깨우치기시작하면서자꾸의문을갖고물어봅니다. "내이름이 왜 박예원이냐? "며물을 때 마다 너무 가슴이 아픕니다. 아파서 병원에 갈 때에도 '박예원' 으로 호명을 하면 "왜 신예원이 아니냐? "며 울며 떼를 쓰기도 합니다. 아이가 이렇게 고통 받을 때 마다 청구인의 마음은 한없이 무거워 지며, 이제 곧 초등학교에 입학을 하는데 아이가 학교생활을 하면서 겪을 고통이 너무 두렵습니다. 또한 지금의 남편도 사회

생활을 함에있어 가족사항에대해의기소침해지는등어려움이있어누구보다간절히 원하고있습니다. 청구인은더이상사건본인이가족구성원과성이다름으로인한고통을 받지않기를바라고, 지금의 남편의 사회생활을 위해서도 사건본인의 성과 본을 지금의 남편의 성과 본으로 바꿔주고 싶습니다.

4. 사건본인의 복리를 위하여 사건본인의 성과 본을 의붓아버지인 청구 외 신현욱의 성과 본으로 변경할 필요가 있으므로, 청구취지와 같은 심판을 구합니다.

첨 부 서 류

1. 가족관계증명서(청구인 및 사건본인) 2통
2. 기본증명서 1통
3. 혼인관계증명서 1통
4. 제적등본 1통
5. 주민등록등본 1통
6. 친부의 주민등록등본 1통
7. 진술서 2통
8. 사실확인서(인감증명서첨부) 2통
9. 기타 소명 자료 (가족사진)

2008 . 06. 17.

위 청구인 김 진 아 (인)

수원지방법원 안산지원(가사단독) 귀중

⇨ Commen

1.새 아버지의 성으로 바꾸는 경우임.
2.새 아버지와는 비록 혼인신고는 늦게 하였으나 1년 이상을 같이 살았음.
3.이혼직후에는 친권과 양육권을 생부가 가지고 있었지만 현재는 친권과 양육권모두 청구인이 가지고 있음.

○○○ 지방법원
심 판

사 건 2009느단73 성본변경
청 구 인 김 ○ ○ (60072-1245781)
주 소 ○○○시 ○○동 2-1 A타운 111-1005
등록기준지 서울 ○○구 ○○동 10-19
송달장소 서울 서초구 서초동 한림빌딩 301호

사건본인 문 ○ ○ (123456-1234567)
사건본인 주 소 위 청구인과 같음
사건본인 등록기준지 ○○ ○구 ○○동 297

주 문

사건본인의 성을 이(李)로, 본을 경주(慶州)로 변경할 것을 허가한다.

이 유

이 사건 신청은 이유 있으므로 주문과 같이 심판한다.

2009 . ○. ○.

판 사 김 ○ ○

○ ○ ○ 지 방 법 원

정 본 입 니 다.

2009. 2. 3.

법원주사 서 ○ ○

1. 자의 성본변경 : 심판문을 수령후 30일내 주소지 시.구. 읍.면사무소에 가서
신고하시면됩니다.
송달일로부터 1월 이내에 신고하지않으면 과태료가 부과됩니다.

민소 제 162조 ③ 2-139

사례18. 청구인과 새 아버지 사이에 태어난 동생과 성이 다르다는 이유

자의 성과 본의 변경허가 심판청구

청 구 인　　남 은 애
사건본인　　안 상 희

송달료　30,200원
인지대　 5,000원

서울가정법원(가사단독) 귀중

자의 성과 본의 변경허가 심판청구

청 구 인 남은애 (휴대전화 010-2928-0000)
주민등록번호 810906-1234567
주소 서울시 성북구 길음동 21-204 101호
등록기준지 서울시 성북구 길음동 613번지의 92
송달장소 서울시 서초구 서초동 1657-2
한림빌딩 301호

사 건 본 인 안상희
주민등록번호 020801-1234567
주소 서울시 성북구 길음동 489-19 B02
등록기준지 충북 충주시 앙성면 목미리 469번지

청 구 취 지

사건본인의 성을 "서(徐) "로, 본을 "이천(利川) "으로 변경할 것을 허 가한다. 라는 심판을 구합니다.

청 구 원 인

1. 사건본인은 청구인과 청구 외 안명천 사이의 출생자입니다.
친부의 주소는, 서울시동대문구청량리동 54-13입니다.

2. 청구인은 청구 외 안명천과 2002.07.15. 혼인을 하였으나, 청구 외 안명천이 가족을 부양할 능력이 부족하고 가정에 책임감이 없어 2004.09.09. 협의 이혼을 하였습니다. 이혼 후 청구인은 청구 외 안명천 에게 단 한번도 양육비를 받은 적이 없으며, 면접교섭 또한 없었습니다. 이혼 후청구외안명천은사건본인을찾거나 보고싶어하지않았고, 연락 한번 없었습니다. 지금도 청구인은 청구 외 안명천과 연락이 되지 않으며, 구체적인 행방을 알지 못합니다.

3. 이혼 후 청구인은 열심히 일을 하며 사건본인을 양육하였고 그러던 중 청구 외 서시진을 만나 2007.07.18 혼인을 하였습니다. 청구 외 서시진은 안정적인 직장을 갖고 오랫동안 성실하게 근무하고 있으며, 가정적인 성격에 사건본인을 친자식으로 여기고 사랑을 주고 있습니다. 사건본인도 전에 받아 보지 못한 부의 정을 느끼며 사랑으로 자라고 있으며, 저보다 아빠를 너무 좋아해 제가 가끔 소외감을 느낄 정도로 사이가 좋습니다. 사건본인이 늦게라도 좋은 아버지를 만날 수 있어서 너무 감사하게 생각하고 있습니다.

4. 청구인은 재혼 후 사건본인과 함께 편안하고 행복하게 살고 있습니다.

그런데 현실은 사건본인이 감당하기에 너무 큰 장벽이었습니다. 사건본인이 지금의 남편과 성이 달라서 소외감을 겪고 있고, 2007년 9월경에 동생이태어나 동생과 다른 성씨 때문에 더욱 고통을 받고 있습니다. 사건본인은 주변에서 "왜 아빠하고 성이 다르냐? 아빠가 새아빠냐? "는질문을받으며, 이로 인하여 상당히 성격적으로 위축되고 많은 스트레스를 받았습니다. 재혼가정이라는 현실의 냉혹함 앞에 많이 울어야만 했습니다. 그리고 곧 사건본인이 초등학교 입학을 앞두고 있어 동생과 성이 다른 이유로 친구들에게 놀림을 당하여 학교생활이 힘들어 질 것이 너무나 두렵습니다. 또한 지금의 남편의 사회생활에 있어서도 적지 않은 어려움이 있습니다. 가족모임에 참여 할 때면, 사촌동생들이 성이 다른 이유를 물곤 하여 성격적으로 의기소침해 지는 등 어려움이 있습니다. 사건본인이어린나이에가족구성원과성이다른이유로감당해야할정신적고통이매우크기때문에하루빨리아이의성을지금의남편과같게해주고싶고, 지금의 남편 및 시댁식구들도 적극적으로 권해주고 계십니다. 청구인의 가정은 호주제폐지의소식을듣고간절히기다려왔으며, 오랜준비를 마치고 신청하게 되었습니다. 이러한 이유로 사건본인의 성과 본을 지금의 남편의 성과 본으로 변경을 간절히 원합니다.

5. 사건본인의 복리를 위하여 사건본인의 성과 본을 의붓아버지인 청구 외 서시진의 성과 본으로 변경할 필요가 있으므로, 청구취지와 같은 심판을 구합니다.

첨 부 서 류

1. 가족관계증명서(청구인 및 사건본인) 2통
2. 기본증명서 1통

3. 혼인관계증명서 1통
4. 제적등본 2통
5. 주민등록등본 1통
6. 친부의 주민등록등본 1통
7. 진술서

2008 . 05 . 19.

위 청구인 남 은 애 (인)

서울가정법원(가사단독) 귀중

⇨ Comment

1.새 아버지의 성으로 바꾸는 경우임.
2.생부와는 면접교섭도 없었으며 양육비는 한번도 받은 적 없음.
3.청구인과 새 아버지 사이에 태어난 동생과 성이 다르다는 이유로 사건본인이 정신적인 고통을 받고 있음.

○○○지방법원
심 판

사 건 2009느단73 성본변경
청 구 인 남 ○ ○ (820072-1245781)
주 소 ○○○시 ○○동 2-1 그린타운 111-1005
등록기준지 서울 ○○구 ○○동 10-19
송달장소 서울 서초구 서초동 한림빌딩 301호

사건본인 안 ○ ○ (123456-1234567)
사건본인 주 소 위 청구인과 같음
사건본인 등록기준지 ○○ ○구 ○○동 297

주 문

사건본인의 성을 서(徐)로, 본을 이천(利川全州)로 변경할 것을 허가한다.

이 유

이 사건 신청은 이유 있으므로 주문과 같이 심판한다.

2009 . ○. ○.

판 사 김 ○ ○

○ ○ ○ 지 방 법 원

정 본 입 니 다.

2009. ○. ○.

법원주사 서 ○ ○

1. 자의 성본변경 : 심판문을 수령후 30일내 주소지 시.구. 읍.면사무소에 가서
신고하시면됩니다.
송달일로부터 1월 이내에 신고하지않으면 과태료가 부과됩니다.

민소 제 162조 ③ 2-139

사례 19. 사건본인이 곧 **태어나게 될동생** 과의 다른성으로인해 겪게 될혼란

자의 성과 본의 변경허가 심판청구

청 구 인　　노 유 정
사건본인　　박 현 서

송달료　30,200원
인지대　5,000원

수원지방법원(가사단독) 귀중

자의 성과 본의 변경허가 심판청구

청 구 인　노 유 정　휴대전화 010-9030-0000,
집전화 031-394-0000
주민등록번호 730109-1234567
주　　소　경기도 군포시 당동 791-1 무지개마을2차 (1/8)
KCC아파트 104-402
등록기준지　경남 진해시 가주동 580번지
송달장소　서울시 서초구 서초동 1657-2
한림빌딩 301호

사 건 본 인　박 현 서
주민등록번호 010413-4123456
주소 위와 같은 곳
등록기준지 경기도 안양시 만안구 안양동 774번지

청 구 취 지

사건본인의 성을 "김(金)"으로, 본을 "강릉(江陵)"으로 변경할 것을 허가한다. 라는 심판을 구합니다.

청 구 원 인

1. 사건본인은 청구인과 청구 외 박민호 사이의 출생자입니다.
친부의 주소는, 경기도 00시 00구 00동 1392-4 (28/4)입니다.

2. 청구인은 청구 외 박민호와 2004.08.06 혼인을 하였으나, 청구 외 박민호가 가정에 폭력 및 폭언을일삼고, 사건본인이 보는 앞에서 청구인을 흉기로위협하기도하며, 아이에게 신발을 던지고 폭행을 행사하여 오랜 기다림 끝에 2006.01.18 사건본인에 대한 친권과 양육권은 청구인이 갖기로 하고 협의 이혼을 하였습니다. 이혼 후 청구인은 청구 외 박민호 에게 단 한번도 양육비를 받은적이 없으며, 청구인의 친정에 협박을하여이혼후두번의면접교섭이있었지만친부라는사실을모르고간단히식사만같이하였을뿐이고, 청구 외 박민호도 본인이 친 아버지임을 알리지 않아도 된다고 합의 하였습니다. 사건본인이친부에대해좋지않은기억만갖고있기때문이기도합니다. 그 후엔 만난적도 없으며 아이를 찾지도 않았습니다.

3. 이혼 후 청구인은 열심히 일을 하며 사건본인을 양육하였고 그러던 중 청구 외 김갑동을 만나 2005년 12월부터 사실상 함께 살다가 2008.01.29 혼인 신고를 하였습니다. 청구 외 김갑동은 사건본인을 친딸로 여기고 사랑을 주었으며, 사건본인도지금의남편을친아버지로알고잘따릅니다. 사건본인이 저보다 아빠를 너무 좋아해 제가 가끔 소외감을 느낄 정도로 사이가 좋습니다. 그런데 사건본인이 올 해 초등학교에 입학을 하면서 많은 어려움이 예상되고 있습니다. 지금도 지금의 남편을 친 아버지로 알고 있는데 아이가학교생활을하면서모든사실을알게되어 충격을받을까봐매우불안하고조심스럽습니다. 또한 지금 청구인은 5월에 출산예정 에있어, 동생이 태어나면 사건본인과 성이 다름으로 인해 주위에 놀림과소외감을느끼지않을까매우걱정이됩니다. 청구 외 김갑동은 안정적인 직장을 갖고, 매우 성실하게 생활하고 있습니다. 사건본인이가족구성원과성이다른이유로어린나이

에감당해야할정신적고통이매우크기때문에하루빨리아이의성을지금의남편과갈게해주고싶고, 지금의 남편 및 시댁식구들도 적극적으로 권해주고 계십니다. 이러한 이유로 사건본인의 성과 본을 지금의 남편의 성과 본으로 변경을 간절히 원합니다.

4. 사건본인의 복리를 위하여 사건본인의 성과 본을 의붓아버지인 청구 외 김갑동의 성과 본으로 변경할 필요가 있으므로, 청구취지와 같은 심판을 구합니다.

첨 부 서 류

1. 가족관계증명서(청구인 및 사건본인) 2통
2. 기본증명서(청구인 및 사건본인) 2통
3. 혼인관계증명서 1통
4. 제적등본 1통
5. 주민등록등본 1통
6. 친부의 주민등록등본,초본 2통
7. 진술서 1통
8. 가족사진

2008 . 03 . 03.

위 청구인 노 유 정 (인)

수원지방법원(가사단독) 귀중

⇨ comment

1.새 아버지의 성으로 바꾸는 경우임.
2.생부와는 두 번의 면접교섭이 있었으나 양육비는 한번도 받은 적 없음.
3.사건본인이 곧 태어나게 될 동생과의 다른 성으로 인해 겪게 될 혼란을 덜어주려 함 .

○○○ 지방법원
심 판

사 건 2009느단73 성본변경
청 구 인 노 ○ ○ (640720-1245781)
주 소 ○○○시 ○○동 2-1 그린타운 111-1005
등록기준지 서울 ○○구 ○○동 10-19
송달장소 서울 서초구 서초동 한림빌딩 301호

사건본인 박 ○ ○ (123456-1234567)
사건본인 주 소 위 청구인과 같음
사건본인 등록기준지 ○○ ○구 ○○동 297

주 문

사건본인의 성을 김(金)로, 본을 강릉(江陵)로 변경할 것을 허가한다.

이 유

이 사건 신청은 이유 있으므로 주문과 같이 심판한다.

2009 . ○. ○.

판 사 김 ○ ○

○ ○ ○ 지 방 법 원

정 본 입 니 다.

2009. 2. 3.

법원주사 서 ○ ○

1. 자의 성본변경 : 심판문을 수령후 30일내 주소지 시.구. 읍.면사무소에 가서
신고하시면됩니다.
송달일로부터 1월 이내에 신고하지않으면 과태료가 부과됩니다.

민소 제 162조 ③ 2-139

사례20. 이혼 후 시댁에서는 사건본인을 고아원에 방치.

자의 성과 본의 변경허가 심판청구

청 구 인　　박 미 선
사건본인　　정　　솔

송달료　30,200원
인지대　　5,000원

서울가정법원 귀중

자의 성과 본의 변경허가 심판청구

청 구 인　　박미선 (전화 011-412-0000)
주민등록번호 700714-3456471
주 소 서울시 강동구 성내동 12-35 (17/4)
등 록기준지 충북 단양군 단성면 하방리 1831번지

사 건 본 인　　정솔
주민등록번호 960916-1234564
주소 위와 같은 곳
등록기준지 충남 공주시 우성면 대성리 633번지

청 구 취 지

사건본인의 성을 "김(金)"으로, 본을 "김해(金海)"로 변경할 것을 허가한다. 라는 심판을 구합니다.

청 구 원 인

1. 사건본인은 청구인과 청구 외 정덕환 사이의 출생자입니다.

2. 청구인과 청구 외 정덕환은 결혼 초부터 성격차이로 갈등이 심했고, 시댁과의 원활하지 않은 관계도 문제가 됐습니다. 아이가 생기면 달라질 것을 예상하였지만 잦은 음주와 사업을 이유로 진 빚 때문에 청구 외 정덕환은 가출을 하고 청구인은 협박전화로 시달려야 했습니다. 그래도 청구인은 사건본인이 아버지 없이 자라는 것을 원하지 않아 힘들어도 이겨내려 노력을 하였습니다. 그러나 청구 외 정덕환은 가정에 무관심하고 책임감도 없어서 청구인은 이혼을 결심하였습니다. 그런데 시댁에서 이혼 후 사건본인을 고아원에 보낸다고 하여, 청구인은 청구 외 정덕환과 친권은 청구인이 갖기로 하고 협의 이혼을 하였습니다.

3. 청구인은 이혼 후 생계를 위해 직장에 다니며 사건본인을 잘 양육하였습니다. 소박하지만 싸움 없고 술 주정 없는 세상에서 살아가는 것에 행복을 느꼈습니다. 그러다 청구 외 김종헌을 만나 2001.12.06 혼인을 하고, 2003년에는 둘째 아이도 낳았습니다. 지금의 남편은 직업훈련교사입니다. 매우 가정적이고 자상한 사람이어서 퇴근 후 특별한 일이 없으면 일찍 들어와 아이들과 놀아주려고 노력합니다. 특히사건본인이지금의남편을너무좋아하고잘따르는모습을보면, 호적으로 인한 아픔이 느껴져 마음이 안타깝습니다. 그리고사건본인은지금의남편을친아버지로알고있으며, 초등학교 입학 때부터 선생님들의 양해를 구해 '김정솔' 로 불리고 있습니다. 사건본인이 현재 가족구성원과 성이 다른 것은 출생신고시약간의 착오로성이잘못기재되었다고믿고있지만, 사회생활 및 학교생활을 하는데 지금의 남편과 성이 다른 이유로 소외감 및 불편함을 겪고 있습니다. 학교에서는 새 아버지의 성으로, 병원에서는 원래의 성을 사용하면서 혹시라도 병원에서 아는 사람을 만나게 될까봐 두렵습니다.

청구인은 사건본인의 성을 지금의 남편의 성으로 변경을 진심으로 원하고, 부모의 잘못으로 사건본인이 더 이상 어려움을 겪지 않기를 간절히 바랍니다.

4. 사건본인의 복리를 위하여 사건본인의 성과 본을 청구 외 김종헌의 성과 본으로 변경할 필요가 있으므로, 청구취지와 같은 심판을 구합니다.

첨 부 서 류

1. 가족관계증명서(청구인 및 사건본인) 2통
2. 기본증명서 1통
3. 혼인관계증명서 1통
4. 주민등록등본 1통

2008 . 1 . 15.

위 청구인 박 미 선 (인)

서울가정법원 귀중

⇨ Comment

1.새 아버지의 성으로 바꾸는 경우임.
2.새 아버지와의 동거기간은 약6년정도임.
3.이혼 후 시댁에서는 사건본인을 고아원에 보낸다고 하였으나 청구인이 친권을 가지고 키우고 있음.

○○○ 지방법원
심 판

사 건 2009느단73 성본변경
청 구 인 박 ○ ○ (640720-1245781)
주 소 ○○○시 ○○동 1568-25
등록기준지 서울 ○○구 ○○동 10-19
송달장소 서울 서초구 서초동 한림빌딩 301호

사건본인 정 ○ ○ (123456-1234567)
사건본인 주 소 위 청구인과 같음
사건본인 등록기준지 ○○ ○구 ○○동 297

주 문

사건본인의 성을 김(金)로, 본을 김해(金海)로 변경할 것을 허가한다.

이 유

이 사건 신청은 이유 있으므로 주문과 같이 심판한다.

2009 . ○. ○.

판 사 김 ○ ○

○ ○ ○ 지 방 법 원

정 본 입 니 다.

2009. 2. 3.

법원주사 서 ○ ○

1. 자의 성본변경 : 심판문을 수령후 30일내 주소지 시.구. 읍.면사무소에 가서
신고하시면됩니다.
송달일로부터 1월 이내에 신고하지않으면 과태료가 부과됩니다.

민소 제 162조 ③ 2-139

사례21. 초등학교 입학을 앞두고 있고, **생부는 연락두절상태** , 새 아버지의 성 변경 원함.

자의 성과 본의 변경허가 심판청구

청 구 인 함 영 지
사건본인 문 새 봄

송달료 30,200원
인지대 5,000원

수원지방법원 성남지원(가사단독) 귀중

자의 성과 본의 변경허가 심판청구

청 구 인 함 영 지 (전화 010-2222-0000)
주민등록번호 801020-1234567
주 소 경기도 성남시 수정구 단대동 44-10 태양빌리지 B01
등록기준지 경남 의령군 정곡면 죽전리 425번지
송달장소 서울시 서초구 서초동 1657-2
한림빌딩 301호

사 건 본 인 문 새 봄
주민등록번호 020429-1264842
주소 위와 같은 곳
등록기준지 경기도 성남시 중원구 금광동 2450번지의

청 구 취 지

사건본인의 성을 "김(金)"으로, 본을 "강릉(江陵)"으로 변경할 것을 허가한다. 라는 심판을 구합니다.

청 구 원 인

1. 사건본인은 청구인과 청구 외 박상주 사이의 출생자입니다.

2. 청구인은 청구 외 박상주와 결혼생활을 유지하면서 생활비를 단 한번도 받은 적이 없고, 사업을 이유로 온갖 빚에 시달려야 했으며, 청구 외 박상주는 청구인에게 폭력을 행사하기까지 했습니다. 이러한 이유로 청구 외 박상주가 가족을 부양할 능력이 부족하여 친권은 청구인이 갖기로 하고 2004.09.12 이혼을 하였습니다. 이혼 후 청구 외 박상주는 사건본인을 찾거나 보고 싶어 하지 않았으며, 양육비를 단 한번도 주지 않았습니다. 이혼 당시부터 지금까지 연락도 한번 한적이 없고, 연락처도 알지 못합니다. 이혼 후 청구인은 생계를 위하여 일을 하며 사건본인을 잘 양육하던 중, 청구 외 정진선을 만나 2006.06.30 혼인을 하였습니다. 청구 외 정진선은 안정적인 직장을 갖고있고, 매우 가정적인사람입니다. 자상한 성격에 사건본인을 매우 사랑해 주고 있으며, 사건본인은지금의남편을친아버지로알고있습니다. 그런데사건본인이지금의남편과성이다른이유로많은어려움을겪고있습니다. 사건본인이 받을 충격이 두려워 유치원에 부탁을 드려 사건본인을 '정형민' 으로 불러 주고 있으며, 주변 사람들 모두 그렇게 알고 있습니다. 그런데 사건본인이 곧 초등학교에 입학을 합니다. 학교생활을 하면서 사건본인이 지금의 남편과 성이 달라서 놀림을 받을 것이 걱정되고, 지금의남편이친아버지가아니라는사실을알게되어사건본인이받을충격이매우두렵습니다. 부디 사건본인이 초등학교 입학 전에 청구 외 정진선의 성과 본을 따르게 하여, 부의 정체성에 대한 혼란을 겪지 않기를 간절히 바랍니다.

3. 사건본인의 복리를 위하여 사건본인의 성과 본을 청구 외 정진선의성과 본으로 변경할 필요가 있으므로, 청구취지와 같은 심판을 구합니다.

첨 부 서 류

1. 가족관계증명서(청구인 및 사건본인) 2통
2. 기본증명서(청구인 및 사건본인) 2통
3. 혼인관계증명서 1통
4. 제적등본 1통
5. 주민등록등본 1통
6. 진술서(청구인 및 계부)

2008 . 1 . 25.

위 청구인 함 영 지 (인)

수원지방법원 성남지원(가사단독) 귀중

⇨ Comment

1.새 아버지의 성으로 바꾸는 경우임.

2.생부와 이혼 한지는 3년이 넘었으나 아이를 보러 온 적도 없으며 양육비도 한번도 주지 않음.

3.사건본인이 곧 초등학교 입학을 앞두고 있음.

○○ 지방법원
심 판

사 건 2009느단73 성본변경
청 구 인 함 ○ ○ (640702-1245781)
주 소 ○○○시 ○○동 256-1
등록기준지 서울 ○○구 ○○동 10-19
송달장소 서울 서초구 서초동 한림빌딩 301호

사건본인 문 ○ ○ (123456-1234567)
사건본인 주 소 위 청구인과 같음
사건본인 등록기준지 ○○ ○구 ○○동 297

주 문

사건본인의 성을 김(金)로, 본을 강릉(江陵)로 변경할 것을 허가한다.

이 유

이 사건 신청은 이유 있으므로 주문과 같이 심판한다.

2009 . ○. ○.

판 사 김 ○ ○

○ ○ ○ 지 방 법 원

정 본 입 니 다.

2009. 2. 3.

법원주사 서 ○ ○

1. 자의 성본변경 : 심판문을 수령후 30일내 주소지 시.구. 읍.면사무소에 가서
   신고하시면됩니다.
   송달일로부터 1월 이내에 신고하지않으면 과태료가 부과됩니다.

민소 제 162조 ③ 2-139

사례22. 청구인이 **성인**이고,30일 **인용결정**. 계부가 **일반 입양**, 동복이성동생 **결혼**

자의 성과 본의 변경허가 심판청구

청 구 인 박 정 숙
사건본인 김 나 연

송달료 30,200원
인지대 5,000원

수원지방법원 성남지원(가사단독) 귀중

자의 성과 본의 변경허가 심판청구

청 구 인　　박정숙 (휴대전화 016-308-1234)
주민등록번호 530421-1234567

주　　　소　　경기도 성남시 수정구 태평동 3100
등록기준지 전북 익산시 부송동 539번지
송달장소　서울시 서초구 서초동 1657-2
한림빌딩 301호

사 건 본 인　　김나연 (휴대전화 010-8837-1234
집전화 031-722-4657)
주민등록번호 740810-1352485
주소 경기도 성남시 수정구 태평동 4031
등록기준지 경기도 성남시 수정구 태평동 4631번지

청 구 취 지

사건본인의 성을 "이(李) "로, 본을 "전주(全州) "로 변경할 것을 허가한다. 라는 심판을 구합니다.

청 구 원 인

1. 사건본인은 청구인의 출생자입니다. 그러나 사건본인은 출생 시부터 호적이 없었습니다. 그러다 초등학교 진학문제로 사건본인의 이모부와 이모인 청구 외 김흥식과 박선옥의 호적에 입적되었습니다. 그러나 청구인은 사건본인이 출생 시부터 양육을 하였으며, 청구인의 양자로 입양하기엔 절차상 복잡한 문제가 많아 사건본인이 혼인을 하면서 청구 외 이경택과 함께 1996.07.30 사건본인을 입양하였습니다.

2. 청구인과 청구 외 이경택은 사건본인을 친 딸과 같이 양육하였고, 동생과도 친 남매 이상으로 아껴주고 사랑합니다. 그러나 사건본인이 동생과 성이 달라서 어려서부터 많은 어려움을 겪었습니다. 하지만 청구인이 사건본인을 입양 할 당시에는 친양자입양과 같은 제도가 없었기에 사건본인이 호적상의 아버지인 이모부의 성과 본을 따라야 했습니다. 사건본인을 입양하고 행복한 가정을 이루며 살던 중 2006.05.08 사건본인의 양부인 청구 외 이경택이 사망하였습니다. 청구인과 사건본인은 호주제가 폐지되어 새로운 민법이 시행되기를 간절히 기다려 왔습니다.

3. 사건본인은 1996.10.19 청구 외 송인호와 혼인을 하여 두 명의 자녀를 낳고 살고 있습니다. 그런데 동생과 성이 달라서 가족의 유대감을 헤치고 방해하는 등 많은 어려움이 있습니다. 사건본인은 어려서부터 양부가 양육을 하였고, 본인도 '이나연' 으로 생활하기를 진심으로 원했습니다. 또한조카들이삼촌과엄마의성이달라서의아해하고있고, 동생인청구외이두일이곧결혼을앞두고있어많은스트레스를받고있습니다. 그리고 사건본인이 늦었지만 대학에 입학 신청을 한 상황에서 앞으로 졸업장에는바뀐성으로이름이기재되기를간절히바랍니다. 사건본인은 어려서부터 가족구성원과 다른 성 때 문에 소외감을 느꼈고, 마음의 상처가 많아

힘들었습니다. 지금도 여전히 사회생활을하면서 많은걸림돌이 되고있어, 사건본인이 양부의 성과 본을 따르기를 간절히 원합니다.

4. 사건본인의 복리를 위하여 사건본인의 성과 본을 양부인 청구 외 이경택의 성과 본으로 변경할 필요가 있으므로, 청구취지와 같은 심판을 구합니다.

첨 부 서 류

1. 가족관계증명서(청구인 및 사건본인) 2통
2. 기본증명서(청구인 및 사건본인) 2통
3. 입양관계증명서 1통
4. 혼인관계증명서 1통
5. 제적등본 1통
6. 주민등록등본 2통
7. 진술서(청구인 및 사건본인) 2통

2008 . 02 . 12.

위 청구인 박 정 숙 (인)

수원지방법원 성남지원(가사단독) 귀중

⇨ Comment

1.청구인겸 사건본인이 동일한 성인의 경우임.사건 접수후 1달만에 인용결정.
2.미혼 모로 출생 후 계부가 일반 입양한 경우이며,생모 와 계부 사이의 동복이성 동생 사이에 성과 본이 다르고, 동복이성동생 결혼을 앞두고있음.

○○○ 지방법원

심 판

사 건 2009느단73 성본변경
청 구 인 박 ○ ○ (640720-1245781)
주 소 ○○○시 ○○동 2-1 그린타운 111-1005
등록기준지 서울 ○○구 ○○동 10-19
송달장소 서울 서초구 서초동 한림빌딩 301호

사건본인 김 ○ ○ (123456-1234567)
사건본인 주 소 위 청구인과 같음
사건본인 등록기준지 ○○ ○구 ○○동 297

주 문

사건본인의 성을 이(李)로, 본을 전주(全州)로 변경할 것을 허가한다.

이 유

이 사건 신청은 이유 있으므로 주문과 같이 심판한다.

2009 . ○. ○.

판 사 김 ○ ○

○ ○ ○ 지 방 법 원

정 본 입 니 다.

2009. 2. 3.

법원주사 서 ○ ○

1. 자의 성본변경 : 심판문을 수령후 30일내 주소지 시.구. 읍.면사무소에 가서
신고하시면됩니다.
송달일로부터 1월 이내에 신고하지않으면 과태료가 부과됩니다.

민소 제 162조 ③ 2-139

사례23. 생부와는 전혀 연락이 안되고,새 아버지의 성으로 바꾸는 경우.

자의 성과 본의 변경허가 심판청구

청 구 인　　배 성 정
사건본인　　김 다 경

송달료　30,200원
인지대　　5,000원

서울가정법원 귀중

자의 성과 본의 변경허가 심판청구

청 구 인 배 성 정 (휴대전화 019-686-1324 ,
집전화 02-6319-0000)
주민등록번호 740710-1234567
주 소 서울시 강북구 미아동 1353 (19/3)
SK북한산시티아파트 127-402
등록기준지 경북 김천시 황금동 167번지
송 달 장 소 서울시 서초구 서초동 1657-2 한림빌딩 301호

사 건 본 인 김 다 경
주민등록번호 990814-1234567
주소 서울시 강북구 미아동 1353 (18/1)
SK북한산시티아파트 121-603
등록기준지 부산시 강서구 대항동 289번지

청 구 취 지

사건본인의 성을 "이(李)"로, 본을 "경주(慶州)"로 변경할 것을 허가한다.
라는 심판을 구합니다.

청 구 원 인

1. 사건본인은 청구인과 청구 외 김정현 사이의 출생자입니다.

2. 청구인은 청구 외 김정현과 1998.12.16 혼인을 하였으나, 잦은 구타와 외도로 인해 2005.08.04 친권은 청구인이 갖기로 하고 재판상 이혼을 하였습니다. 이혼 후 청구 외 김정현은 사건본인을 찾거나 보고 싶어 하지 않았으며, 양육비를 단 한번도 주지 않았습니다. 이혼 당시부터 지금까지 연락도 한 번 한적이 없고, 연락처도 알지 못합니다. 이혼 후 청구인은 생계를 위하여 일을 하며 사건본인을 잘 양육하던 중, 청구 외 이상철을 만났으나 두 집안의 반대가 심하여 2007.12.06 좀 늦게 혼인신고를 하였습니다. 청구 외 이상철은 안정적인 직장을 갖고 있고, 매우 가정적인사람입니다. 자상한 성격에 사건본인을 매우 사랑해 주고 있으며, 사건본인은지금의남편을친아버지와같이생각하고잘따르고있습니다. 그런데사건본인이지금의남편과성이다른이유로많은어려움을겪고있습니다. 사건본인이 "왜 나만 성이 틀리냐?"고 묻기도 하고, 사촌오빠나 동생들은 성이 같은데 자신만 성이 달라서 매우 의아해 하고 있습니다. 본인만어느누구와도성이같지않다며이상하게생각을하고많이울기도합니다. 지금도부의정체성으로큰혼란을겪는아이가앞으로겪게될고통을생각하면너무마음이아픕니다. 이러한 이유로 사건본인의 성과 본을 지금의 남편의 성과 본으로 변경하는 것에 사건본인도 진심으로 원하고 있고, 저희 가족 모두의 바람입니다. 부디 사건본인이새학년에진작하기전에사건본인의성과본을청구외이상철의성과본을따르게하여, 부의 정체성에 대한 혼란을 겪지 않기를 간절히 바랍니다.

3. 사건본인의 복리를 위하여 사건본인의 성과 본을 청구 외 이상철의 성과 본으로 변경할 필요가 있으므로, 청구취지와 같은 심판을 구합니다.

첨 부 서 류

1. 가족관계증명서(청구인 및 사건본인) 2통
2. 기본증명서 1통
3. 혼인관계증명서 1통
4. 제적등본 2통
5. 주민등록등본 2통
6. 진술서(청구인 및 계부)
7. 가족사진

2008 . 2 . 1.

위 청구인 배 성 정 (인)

서울가정법원 귀중

⇨ Comment

1.새 아버지의 성으로 바꾸는 경우임.
2.생부와는 연락이 되지 않으며 양육비는 한번도 받은 적 없음.
3.사건본인이 혼자 성이 다르다는 이유로 혼란스러워 하고 정신적 고통을 받고 있음.

○○○ 지방법원
심 판

사　　건　　2009느단73　성본변경
청 구 인　　배 ○ ○ (640720-1245781)
　　　　　　주　소 ○○○시 ○○동 45-12
　　　　　　등록기준지 서울 ○○구 ○○동 10-19
　　　　　　송달장소 서울 서초구 서초동 한림빌딩 301호

사건본인　　김 ○ ○ (123456-1234567)
　　　　　　사건본인 주 소 위 청구인과 같음
　　　　　　사건본인 등록기준지 ○○ ○구 ○○동 297

주 문

사건본인의 성을 이(李)로, 본을 경주(慶州)로 변경할 것을 허가한다.

이 유

이 사건 신청은 이유 있으므로 주문과 같이 심판한다.

2009 . ○. ○.

판 사　　김 ○ ○

○ ○ ○ 지 방 법 원

정 본 입 니 다.

2009. 2. 3.

법원주사 서 ○ ○

1. 자의 성본변경 : 심판문을 수령후 30일내 주소지 시.구. 읍.면사무소에 가서
신고하시면됩니다.
송달일로부터 1월 이내에 신고하지않으면 과태료가 부과됩니다.

민소 제 162조 ③ 2-139

사례24. 사건본인이 생후8개월 정도 조정 이혼, **엄마의 성**으로 바꾸는 경우

자의 성과 본의 변경허가 심판청구

청 구 인　　손 희 숙
사건본인　　김 유 진

송달료　30,200원
인지대　　5,000원

서울가정법원 귀중

자의 성과 본의 변경허가 심판청구

청 구 인　　손 희 숙 (전화 010-9989-0000)
주민등록번호 730510-1324789
주　　소 서울시 강동구 천호동 229-33 (14/4) 102호
등록기준지 강원도 삼척시 성북동 5번지

사 건 본 인　　김 유 진
주민등록번호 010110-1234657
주소 위와 같은 곳
등록기준지 경기도 평택시 지산동 502번지

청 구 취 지

사건본인의 성을 "손(孫) "으로, 본을 "경주(慶州) "로 변경할 것을 허가한다. 라는 심판을 구합니다.

청 구 원 인

1. 사건본인은 청구인과 청구 외 김기훈 사이의 출생자입니다.

2. 청구인은 청구 외 김기훈과 시댁 어른들의 반대에도 불구하고 혼인을 하였으나, 결혼 초부터 시댁과 갈등이 심했고, 청구 외 김기훈은 사건본인을임신한청구인을버리고시댁에들어가가정으로돌아오지않았습니다. 그 이후 가정에 대한 무책임함과무관심으로결국사건본인을청구인혼자출산하고, 사건본인이 생후8개월 되던 2001.08.29 친권과 양육권을 청구인이 갖기로 하고 가정법원의 이혼조정을 통해 이혼을 하였습니다.

3. 청구인은 생계를 위해 직장생활을 하며 열심히 살고 있습니다. 청구 외김기훈은 이혼 당시 양육비판결을받았음에도단한번도준적이없었고, 청구인은 친 오빠의 경제적 도움을 받아 사건본인을 잘 양육하고 있습니다. 사건본인을 아버지 없이 자라게 하고 싶지 않아서 많은 노력 을 했지만, 청구외김기훈은현재재혼을한상태이고단한번도사건본인을보고싶어하거나찾지않았습니다. 사건본인은 너무 어렸을 때 청구인이 이혼을 하였기에 친 아버지의 존재를 알지 못합니다. 청구인의 한 번의 실수로 아이가 겪게 될 불편이 두려워 이혼 당시부터 사건본인에게 청구인의 성을 붙여 '손유진' 으로 불렀으며, 어린이집, 유치원, 미술학원, 교회 등에서 사건본인을 '손유진' 으로 등록 하여생활하였습니다. 현재 사건본인은 청구인과 미혼인 청구인의 친 오빠와 함께 살고 있기 때문에 본인의 이름을 '손유진' 으로 알고 있으며, 주변 사람들과 선생님, 친구들까지 모두 '손유진' 으로 부르고 있습니다. 그런데 사건본인이 곧 초등학교에 입학을 하게 되어 걱정이 많습니다. 학교에서는 지금까지 불렀던 '손유진' 이 아닌, '김유진' 으로 불러야 하기 때문에 사건본인이 많이 혼란스럽고 적응을 하지 못할 것 같습니다. 한번은 사건본인이 아파서 병원에 갔을 때 '김유진' 이라고 불러 설명을 해 주었더니, 사건 본인이 울면서 "왜 나만 김씨냐? "며 속상해 한 적이 있습니다. 그 후로

병원에도 부탁을 드려 성을 빼고 부르게 하였습니다. 사건본인은 가족구성원과 성이 다른 데서 오는 소외감과 고통을 느끼고 있으며, 학교생활을 하면서부의 정체성에 대한 혼란을 겪지 않도록 청구인의성과 본으로 변경을 간절히 원합니다.

4. 사건본인의 복리를 위하여 사건본인의 성과 본을 청구인의 성과 본으로 변경할 필요가 있으므로, 청구취지와 같은 심판을 구합니다.

첨 부 서 류

1. 가족관계증명서(청구인 및 사건본인) 2통
2. 기본증명서(청구인 및 사건본인) 2통
3. 혼인관계증명서 1통
4. 주민등록등본 1통
5. 상장 등 기타 소명자료
6. 가족사진

2008 . 1 . 17.

위 청구인 손 희 숙 (인)

서울가정법원 귀중

⇨ Comment

1.엄마의 성으로 바꾸는 경우임.
2.사건본인이 생후8개월 정도 되던 해에 생부와 법원의 이혼조정을 통해 이혼함.
3.생부는 양육비 판결을 받았음에도 불구하고 단 한번도 양육비를 준 적이 없음.

○ ○ ○ 지방법원
심 판

사 건 2009느단73 성본변경
청 구 인 손 ○ ○ (640721-1245781)
주 소 ○○○시 ○○동 275-6
등록기준지 서울 ○○구 ○○동 10-19
송달장소 서울 서초구 서초동 한림빌딩 301호

사건본인 김 ○ ○ (123456-1234567)
사건본인 주 소 위 청구인과 같음
사건본인 등록기준지 ○○ ○구 ○○동 297

주 문

사건본인의 성을 손(孫)로, 본을 경주(經州)로 변경할 것을 허가한다.

이 유

이 사건 신청은 이유 있으므로 주문과 같이 심판한다.

2009 . ○. ○.

판 사 김 ○ ○

○ ○ ○ 지 방 법 원

정 본 입 니 다.

2009. 2. 3.

법원주사 서 ○ ○

1. 자의 성본변경 : 심판문을 수령후 30일내 주소지 시.구. 읍.면사무소에 가서
신고하시면됩니다.
송달일로부터 1월 이내에 신고하지않으면 과태료가 부과됩니다.

민소 제 162조 ③ 2-139

사례25. 생부는 물론 **친족**과의 면접교섭, 양육비 없고, ***엄마의 성***으로 바꾸는 경우

자의 성과 본의 변경허가 심판청구

청 구 인　　송 은 정
사건본인　　김 여 진

송달료　30,200원
인지대　　5,000원

인천지방법원(가사단독) 귀중

자의 성과 본의 변경허가 심판청구

청 구 인　송은정 (전화 010-4313-1234)
주민등록번호 730415-1234567

주　　소　인천시 계양구 작전동 912-4 (24/3)
도두리마을동남아파트 519-105
등록기준지 인천시 계양구 작전동 858번지의 10

송 달 장 소　서울시 서초구 서초동 1657-2 한림빌딩 301호

사 건 본 인　김 여 진
주민등록번호 030422-1234567
주소 위와 같은 곳
등록기준지 부산시 중구 보수동1가 1번지

청 구 취 지

사건본인의 성을 "송(宋)"으로, 본을 "여산(礪山)"으로 변경할 것을 허가한다. 라는 심판을 구합니다.

청 구 원 인

1. 사건본인은 청구인과 청구 외 김윤철 사이의 출생자입니다.

2. 청구인은 청구 외 김윤철이 가정에 무관심하고 무책임하며,가족을부양할의사및능력이없어 2004.07.13 친권은 청구인가 갖기로 하고 협의 이혼을 하였습니다. 이혼 후 청구 외 김윤철은 양육비를 단 한번도 준적이 없으며, 친부 및 친부쪽 친족과 의 교류도 전혀 없습니다. 아버지로서 사건본인에 대한 정도 없어 보고 싶어하거나 찾지도 않았습니다. 이혼 후 청구인은 생계를 책임지며 안정적인 직장을갖고일을하며사건본인을양육하고있습니다. 사건본인이 아버지 없이 자라게 되어 많은 걱정을 했지만, 청구인이 많은 사랑을 주고, 또한 사건본인도 청구인을 잘 따르고 있어서 올바르게 잘 양육하고 있습니다. 그런데 사건본인이 자라면서 청구인과 성이 다른 이유로 일상생활에서 많은 어려움을 겪고 있습니다. 처음부터 아버지의 정을 느껴본 적이 없었기 때문에 그 존재도 알지 못하는 사건본인이, 단지친생부라는이유로청구외김윤철의성과본을따르면서주위의시선과친구들의놀림등의고통을받고있습니다. 한번은유치원에서친구들의놀림을받고돌와서 "나는 왜 김여진이냐? 나는 왜 엄마랑 성이 다르냐? "고 하여 너무 가슴이 아팠습니다. 사건본인이 아파서 병원에 갈 때에도 청구인과 다른 성을 부르기 때문에 아이가 많이 혼란스러워하고, 의료보험고지서가 올 때에도 아파트 사람들이 볼까봐 얼른 들고 들어갑니다. 이러한 이유로 사건본인의 성과 본을 청구인의 성과 본으로 변경허가 심판청구를 하게 되었습니다.

3. 사건본인의 복리를 위하여 사건본인의 성과 본을 청구인의 성과 본으로 변경할 필요가 있으므로, 청구취지와 같은 심판을 구합니다

첨 부 서 류

1. 가족관계증명서(청구인 및 사건본인) 2통
2. 기본증명서(사건본인) 1통
3. 혼인관계증명서(청구인) 1통
4. 주민등록등본 1통
5. 진술서

2008 . 1 . 24.

위 청구인 송 은 정 (인)

인천지방법원(가사단독) 귀중

⇨ Comment

1.엄마의 성으로 바꾸는 경우임.

2.생부는 물론 친족과의 면접교섭도 없었고 양육비도 한번도 받은 적 없음.

○○○ 지방법원
심 판

사 건 2009느단73 성본변경
청 구 인 송 ○ ○ (640722-1245781)
주 소 ○○○시 ○○동 2-1 그린타운 111-1005
등록기준지 서울 ○○구 ○○동 10-19
송달장소 서울 서초구 서초동 한림빌딩 301호

사건본인 김 ○ ○ (123456-1234567)
사건본인 주 소 위 청구인과 같음
사건본인 등록기준지 ○○ ○구 ○○동 297

주 문

사건본인의 성을 송(宋)로, 본을 여산(廬山)로 변경할 것을 허가한다.

이 유

이 사건 신청은 이유 있으므로 주문과 같이 심판한다.

2009 . ○. ○.

판 사 김 ○ ○

○ ○ ○ 지 방 법 원

정 본 입 니 다.

2009. 2. 3.

법원주사 서 ○ ○

1. 자의 성본변경 : 심판문을 수령후 30일내 주소지 시.구. 읍.면사무소에 가서
신고하시면됩니다.
송달일로부터 1월 이내에 신고하지않으면 과태료가 부과됩니다.

민소 제 162조 ③ 2-139

사례26. 새 아버지와의 동거기간은 1년 정도,생부는 현재 주민등록 말소상태임.

자의 성과 본의 변경허가 심판청구

청 구 인　　송 은 정
사건본인　　김 여 진

송달료　30,200원
인지대　　5,000원

인천지방법원(가사단독) 귀중

자의 성과 본의 변경허가 심판청구

청 구 인 송 은 정 (전화 010-4313-0000)
주민등록번호 730415-21234657
주 소 인천시 계양구 계산동 976-19 (11/2) 1층
등록기준지 인천시 계양구 작전동 858번지의 10
송달장소 서울시 서초구 서초동 1657-2
한림빌딩 301호

사 건 본 인 김 여 진
주민등록번호 030422-1234567
주 소 위와 같은 곳
등록기준지 부산시 중구 보수동1가 1번지

청 구 취 지

사건본인의 성을 "홍(洪)"으로, 본을 "남양(南陽)"으로 변경할 것을 허가한다. 라는 심판을 구합니다.

부디판사님께서저희가정에귀한선물을주시기를간절히바랍니다.

3. 사건본인의 복리를 위하여 사건본인의 성과 본을 의붓아버지인 청구 외홍상권의 성과 본으로 변경할 필요가 있으므로, 청구취지와 같은 심판을 구합니다.

첨 부 서 류

1. 가족관계증명서(청구인 및 사건본인) 3통
2. 기본증명서(사건본인) 1통
3. 혼인관계증명서 2통
4. 제적등본 1통
5. 주민등록등본 1통
6. 친생부의 주민등록초본(말소자초본) 1통
7. 진술서

2008 . 03. 11.

위 청구인 송 은 정 (인)

인천지방법원(가사단독) 귀중

⇨ Comment

1.새 아버지의 성으로 바꾸는 경우임.
2.새 아버지와의 동거기간은 1년 이상임.
3.생부는 현재 주민등록 말소상태임.

청 구 원 인

1. 사건본인은 청구인과 청구 외 김윤철 사이의 출생자입니다.

친부의 주소는, 인천광역시 계양구 작전동 632-17 대신아트빌라 5-202 이지만, 주민등록이 말소되어 있습니다.

2. 청구인은 청구 외 김윤철이 가정에 무관심하고 무책임하며,가족을부양할의사및능력이없어 2004.07.13 친권은 청구인가 갖기로 하고 협의 이혼을 하였습니다. 이혼 후 청구 외 김윤철은 양육비를 단 한번도 준적이 없으며, 친부 및 친부쪽 친족과의 교류도 전혀 없습니다. 아버지로서 사건본인에 대한 정 도없어 보고싶어하거나 찾지도 않았습니다. 이혼 후 청구인은 생계를 책임지며 안정적인 직장을 갖고 일을 하며 사건본인을 양육하던 중 청구 외 홍상권을 만나 2006년 9월말 부터사실상 함께 살다가 2008.02.19 혼인신고를 하였습니다. 지금의 남편은 안정적인 직장을갖고 열심히생활하며, 매우 자상하고 가정적 입니다.이혼 후 사건본인이 아버지 없이 자라게 되어 많은 걱정을 했지만, 지금의 남편이 많은 사랑을 주고, 또한 사건본인도 지금의 남편을 잘 따르고 있습니다. 그런데 사건본인이 자라면서 지금의 남편과 성이 다른 이유로 일상생활에서 많은 어려움을 겪고 있습니다. 처음부터 아버지의 정을 느껴본 적이 없었기 때문에 그 존재도 알지 못하고, 지금의남편을친아버지로알고있는데단지친생부라는이유로청구외김윤철의성과본을따르면서주위의시선과친구들의놀림등의고통을받고있습니다. 한번은 유치원에서 친구들의 놀림을 받고 돌와서 "나는 왜 김여진이냐? 나는 왜 아빠랑 성이 다르냐? "고 하여너무가슴이 아팠습니다. 사건본인이 아파서 병원에 갈 때에도 지금의 남편과 다른 성을 부르기 때문에 아이가 많이 혼란스러워하고, 의료보험 고지서가 올 때에도 아파트 사람들이 볼까봐 얼른 들고 들어갑니다. 이러한 이유로 사건본인의 성과 본을 청구 외 홍상권의 성과 본으로 변경허가 심판청구를 하게 되었습니다. 청구인은 호주제폐지의 시행을 간절히 기다려 왔습니다.

○○○ 지방법원

심 판

사 건 2009느단73 성본변경
청 구 인 송 ○ ○ (640723-1245781)
주 소 ○○○시 ○○동 2-1 그린타운 111-1005
등록기준지 서울 ○○구 ○○동 10-19
송달장소 서울 서초구 서초동 한림빌딩 301호

사건본인 김 ○ ○ (123456-1234567)
사건본인 주 소 위 청구인과 같음
사건본인 등록기준지 ○○ ○구 ○○동 297

주 문

사건본인의 성을 홍(洪)로, 본을 남양(南陽)로 변경할 것을 허가한다.

이 유

이 사건 신청은 이유 있으므로 주문과 같이 심판한다.

2009 . ○. ○.

판 사 김 ○ ○

○ ○ ○ 지 방 법 원

정 본 입 니 다.

2009. 2. 3.

법원주사 서 ○ ○

1. 자의 성본변경 : 심판문을 수령후 30일내 주소지 시.구. 읍.면사무소에 가서
신고하시면됩니다.
송달일로부터 1월 이내에 신고하지않으면 과태료가 부과됩니다.

민소 제 162조 ③ 2-139

사례27. **성년**인 직접 생**모의 성**으로 .생모가 홀로 20년 동안 사건본인을 양육했음.

자의 성과 본의 변경허가 심판청구

청구인 겸 사건본인 신 기 문

송달료 30,200원
인지대 5,000원

수원지방법원 평택지원(가사단독) 귀중

자의 성과 본의 변경허가 심판청구

청 구 인 겸 　 신기문 (휴대전화 011-9720-0000)
사 건 본 인 　 주민등록번호 811112-1237845

주소 경기도 안성시 죽산면 죽산리 622-3 (1/5)
등록기준지 충남 서천군 비인면 성산리 269번지의 1
송달장소 서울시 서초구 서초동 1657-2
한림빌딩 301호

청 구 취 지

청구인의 성을 "윤(尹)"으로, 본을 "파평(波平)"으로 변경할 것을 허가한다. 라는 심판을 구합니다.

청 구 원 인

1. 청구인은 청구 외 윤진순과 청구 외 신효섭 사이의 출생자입니다. 친부인 청구 외 신효섭(591205-1460920)의 주소는 서울시동대문구이문동 256-188 (17/3)입니다.

2. 청구인의 어머니인 청구 외 윤진순은 청구 외 신효섭과 1981.04.25 혼인을 하였으나, 청구 외 신효섭이 가족을 부양할 능력이 부족하고 책임감이 없어 1988.09.07 협의 이혼을하였습니다. 이혼 후 청구 외 신효섭은 양육비를 단 한번도 준 적이 없으며, 20년 동안 청구인을 보고 싶어하거나 찾지 않았습니다.

3. 이혼 후 청구 외 윤진순은 열심히 일을 하며 홀로 20년 동안 청구인을 양육해 주셨고, 아버지 없이 자랐지만 누구보다 바르게 양육해 주셨습니다. 어렸을 때부터 친부에 대한 기억이 없고, 낳아주기만 했을 뿐 전혀 책임을 지지 않았던 아버지가 너무 원망스러웠습니다. 사회생활 및 학교생활을 하면서 누구보다 간절히 원했던 부 의 정 을 단 한번도 느껴보지 못했고, 어렸을 때부터 남모르게 상처를 많이 받았습니다. 그러나 어려운 환경 속에서도 어머님의 사랑으로 잘 자랄 수 있었으며, 호주제가 폐지된다는 소식을 듣고, 그 시행을 간절히 기다려 왔습니다. 청구인의 어머니인 청구 외 윤진순도 청구인의 성과 본의 변경을 간절히 원하고 있으며, 친 생부라는 이유만으로 무책임한아버지의성과본을따르고싶지않고 원망스럽기만합니다. 이러한이유로청구인의성과본을청구인의친생모인청구외윤진순의성과본으로변경되기를간절히원합니다.

4. 청구인의 복리를 위하여 청구인의 성과 본을 친생모인 청구 외 윤진순의 성과 본으로 변경할 필요가 있으므로, 청구취지와 같은 심판을 구합니다.

첨 부 서 류

1. 가족관계증명서 1통
2. 기본증명서 1통
3. 혼인관계증명서 1통
4. 주민등록등본 1통
5. 친부의 주민등록등본 1통
6. 진술서(청구인 및 친생모) 3통

2008 . 03 . 02 .

위 청구인 신 기 문 (인)

수원지방법원 평택지원(가사단독) 귀중

⇨Comment

1.성년인 사건본인이 직접 친 생모의 성으로 바꾸는 것을 신청한 경우임.
2.생부와 친 생모의 협의이혼 후 친 생모가 홀로 20년 동안 사건본인을 양육했음.
3.혼인외 자가 생모의 성으로 변경함.

○○○ 지방법원
심 판

사 건 2009느단73 자의 성과본의 변경허가
청구인겸 신 ○ ○ (000000-1245781)
사건본인 등록기준지 서울 ○○○구 ○○동 10-19
주 소 남양주시 도농동 580
송달장소 서울 서초구 서초동 한림빌딩 301호
송달영수인 ○○○

주 문

사건본인의 성을 "윤(尹)"로, 본을 "파평(波平)"로 변경할 것을 허가한다.

이 유

이 사건 청구는 그 이유 있다고 인정되므로 주문과 같이 심판한다.

2009 . ○. ○.

판 사 김 ○ ○ ○

○ ○ ○ 지 방 법 원

정 본 입 니 다.

2009. 2. 3.

법원주사 서 ○ ○

1. 자의 성본변경 : 심판문을 수령후 30일내 주소지 시.구. 읍.면사무소에 가서
신고하시면됩니다.
송달일로부터 1월 이내에 신고하지않으면 과태료가 부과됩니다.

민소 제 162조 ③ 2-139

사례28. 청구인의 **계부** 와 친어머니가 사건본인을 **양자로 입양**한 상태, 미혼모출생.

자의 성과 본의 변경허가 심판청구

청 구 인　　신 나 영
사건본인　　이 다 연

송달료　30,200원
인지대　　5,000원

서울가정법원 귀중

자의 성과 본의 변경허가 심판청구

청 구 인 신 나 영(전화번호:010-7235-0000)
주민등록번호 801028-1234567
주소 서울시 노원구 월계동 18 그랑빌아파트 107-120
등록기준지 경기도 용인시 처인구 모현면 매산리472번지
송달장소 서울시 서초구 서초동 1657-2
한림빌딩 301호

사 건 본 인 이다연
주민등록번호 030310-1234567
주소 위와 같은 곳
등록기준지 경기도 용인시 처인구 모현면 매산리472번지

청 구 취 지

사건본인의 성을 "신(申) "으로, 본을 "평산(平山) "으로 변경할 것을 허가한다.라는 심판을 구합니다.

청 구 원 인

1. 사건본인은 청구인과 청구 외 이영우 사이의 출생자입니다.

2. 청구인은 청구 외 이영우와 혼인 전에 임신을 하게 되었습니다. 청구인은 청구인의 가족에게 임신 사실을 알리지 못하고 홀로 사건본인을 낳았습니다. 그런데 청구 외 이영우는 청구인의 임신사실을알고다른여자와동거를시작하였고, 임신중인청구인의배를발로차는등비상식적인행동을하였습니다. 그럼에도 불구하고 청구인은 생계를 위해 복대를 하면서 일을 하였으나 임신 8개월부터는 일도 할 수 없게 되었습니다. 청구 외 이영우는 병원비를 유흥비로 모두탕진 하였고, 사건본인을 청구인 혼자 출산 하였습니다. 청구인은 청구 외 이영우와 혼인신고를 하지 않은 상태였기 때문에, 사건본인의 출생신고 또한 청구 외 이영우의 아버지가 해 주었습니다. 출생 신고 후 청구외이영우의동거녀의협박전화및청구외이영우가 사건본인을죽이고새출발을하겠다고청구인을협박하여, 폭행및살인의전과가있던청구외이영우의협박을견디지못하고사건본인을데리고청구인의친정집으로도망을왔습니다. 그 이후 청구 외 이영우는 사건본인을 찾지도 보고 싶어 하지도 않았으며, 양육비도 단 한번도 받은적이 없습니다. 몇 해가 지나 사건본인이 4살이 되던 해에 못난 청구인을 위해 청구인의 부모님인 청구외신용철과청구외백경순이청구외이영우의동의를얻어사건본인을양자로입양하였습니다. 태어나서 단 한번도 아버지의 정을 느껴보지 못한 사건본인은 청구인의 친 부모님을 자신의 부모로 알고 건강하고 행복하게 자라고 있습니다. 아직도 청구인은 사건본인을 바라만 봐도 눈물이 납니다. 그런데 사건본인이 성장함에 따라 가족구성원과성이다름으로인한일상생활에서의소외감과어려움이있어, 성과 본의 변경허가 심판청구를 하게 되었습니다. 청구인은 호주제 폐지를 간절히 기다려 왔고, 청구인과 같은 가정에 큰 등불이 되어 줄 것을 기대합니다. 부디사건본인의성과본을청구외신용철의성과본으

로변경하여사건본인과청구인이더이상고통을받지않기를간절히바랍니다.

3. 사건본인의 복리를 위하여 사건본인의 성과 본을 청구 외 신용철의 성과 본으로 변경할 필요가 있으므로, 청구취지와 같은 심판을 구합니다.

첨 부 서 류

1. 가족관계증명서(청구인,사건본인,청구 외 신용철) 3통
2. 기본증명서 1통
3. 혼인관계증명서(청구인 및 청구 외 신용철) 2통
4. 제적등본 1통
5. 주민등록등본 1통
6. 입양관계증명서 1통
7. 진술서(청구인 및 양부)

2008 . 1 . 23

위 청구인 신 나 영 (인)

서울가정법원 귀중

⇨ Comment

1.청구인의 계부의 성으로 바꾸기 위한 경우임.
2.청구인의 계부와 친어머니가 사건본인을 양자로 입양한 상태.
3.생부와는 혼인신고도 되어 있지 않은 상태에서 사건본인을 출산하였음.
4.생부는 사건본인에 대해 무책임하였고 청구인 에게는 폭행과 협박을 일삼았으며 전과도 있는 사람이었음.

○○○ 지방법원
심 판

사 건 2009느단73 성본변경
청 구 인 신 ○ ○ (640720-1245781)
주 소 ○○○시 ○○동 2-1 그린타운 111-1005
등록기준지 서울 ○○구 ○○동 10-19
송달장소 서울 서초구 서초동 한림빌딩 301호

사건본인 이 ○ ○ (123456-1234567)
사건본인 주 소 위 청구인과 같음
사건본인 등록기준지 ○○ ○구 ○○동 297

주 문

사건본인의 성을 신(申)로, 본을 평산(平山)로 변경할 것을 허가한다.

이 유

이 사건 신청은 이유 있으므로 주문과 같이 심판한다.

2009 . ○. ○.

판 사 김 ○ ○

○ ○ ○ 지 방 법 원

정 본 입 니 다.

2009. 2. 3.

법원주사 서 ○ ○

1. 자의 성본변경 : 심판문을 수령후 30일내 주소지 시.구. 읍.면사무소에 가서 신고하시면됩니다.
송달일로부터 1월 이내에 신고하지않으면 과태료가 부과됩니다.

민소 제 162조 ③ 2-139

사례29. 새 아버지에게 아이가 있고, 사건본인과는 친 자매처럼 사이가 좋음.

자의 성과 본의 변경허가 심판청구

청 구 인 엄 명 자
사건본인 우 수 빈

송달료 30,200원
인지대 5,000원

대구지방법원 가정지원(가사단독) 귀중

자의 성과 본의 변경허가 심판청구

청 구 인　　엄 명 자 (전화 010-7757-1234)
주민등록번호 720707-1234567
주　　　소　　경북 경산시 진량읍 부기리 113-1번지
등록기준지　　경북 경산시 진량읍 부기리 565번지의 2
송달장소　　서울시 서초구 서초동 1657-2
한림빌딩 301호

사 건 본 인　　우 수 빈
주민등록번호 980123-1234567
주소 위와 같은 곳
등록기준지 경북 경산시 압량면 의송리 265번지

청 구 취 지

사건본인의 성을 "이(李)"로, 본을 "진성(眞城)"으로 변경할 것을 허가한다. 라는 심판을 구합니다.

청 구 원 인

1. 사건본인은 청구인과 청구 외 우석정 사이의 출생자입니다.

2. 청구인은 청구 외 우석정이 가정에 무관심하고 무책임하며 가족을부양할의사및능력이없고, 외도로 인해 2001.06.08 친권은 청구인가 갖기로 하고 협의 이혼을 하였습니다. 이혼 후 청구 외 우석정은 양육비를 단한번도 준적이없으며, 친부및친부쪽 친족과의 교류도 전혀없습니다. 아버지로서 사건본인에 대한 정도 없어, 보고 싶어하거나 찾지도 않았습니다. 이혼 후 청구인은 생계를 책임지며 일을 하고, 사건본인을 양육하고 있던 중 청구 외 이현옥을 만나 2005.01.21 혼인을 하였습니다. 혼인 당시 청구 외 이현옥은 전 부인과의 사이에서 태어난 이기영(1991.12.13 출생)을 양육하고 있었습니다. 청구 외 이현옥은 안정적인 직장을갖고열심히일을하며, 가정에 대한 책임감도 강합니다. 또한 자상한 성격이어서 사건본인을 친 자식과 같이 사랑해주며, 사건본인도 친 아버지와 같이 생각하고 잘 따릅니다. 또한 사건본인은 청구 외 이기영과 친 자매 이상으로 잘 지내고 있습니다. 그런데 사건본인이 가족구성원과 성이 다른 이유로 사회생활 및 학교생활에서 많은 어려움을 겪고 있습니다. 주위에서 이름을 물어보면 우수빈이아닌 '이수빈' 으로 대답을하고, 언니의이름을물어보면당황하여대답을하지못하는등많은고통중에있습니다. 사건본인이 겪는 소외감이 너무 커서 가족모두가 걱정하고 있으며 더 이상 사건본인이 가족구성원과 성이 다른 이유로 고통 받지 않기를 바라고, 사건본인도자신의성과본을지금의남편의성과본으로 바꾸길 진심으로 원하고 있습니다. 사건본인은 곧 새학년 으로 진학을 합니다. 3월부터는 새로운 환경 속에서 새로운 삶을 살아가기를 간절히 원합니다. 이러한 이유로 사건본인의성과본을 청구 외 이현옥 의 성과 본으로 변경허가 심판청구를 하게 되었습니다.

3. 사건본인의 복리를 위하여 사건본인의 성과 본을 청구 외 이현옥의 성과 본으로 변경할 필요가 있으므로, 청구취지와 같은 심판을 구합니다.

첨 부 서 류

1. 가족관계증명서(청구인 및 사건본인) 2통
2. 기본증명서(청구인 및 사건본인) 2통
3. 혼인관계증명서 1통
4. 제적등본 1통
5. 주민등록등본(청구인 및 친생부) 2통
6. 진술서(청구인 및 계부)

2008 . 1 . 28.

위 청구인 엄 명 자 (인)

대구지방법원 가정지원(가사단독) 귀중

⇨ Comment

1.새 아버지의 성으로 바꾸는 경우임.
2.생부와는 면접교섭이 없었으며 양육비도 한번도 받은 적 없음.
3.새 아버지에게 양육하고 있던 아이가 있는데 사건본인과는 친 자매처럼 사이가 좋음.

○○○ 지방법원
심 판

사　　건　　2009느단73　성본변경
청 구 인　　엄 ○ ○ (640720-1245781)
　　　　　　주　소 ○○○시 ○○동 256-11
　　　　　　등록기준지　서울 ○○구 ○○동 10-19
　　　　　　송달장소 서울 서초구 서초동 한림빌딩 301호

사건본인　　우 ○ ○ (123456-1234567)
　　　　　　사건본인 주 소 위 청구인과 같음
　　　　　　사건본인 등록기준지 ○○　○구 ○○동 297

주　　문

사건본인의 성을 이(李)로, 본을 진성(眞城)로 변경할 것을 허가한다.

이　　유

이 사건 신청은 이유 있으므로 주문과 같이 심판한다.

2009 .　○.　○.

판　사　　김　○　○

○ ○ ○ 지 방 법 원

정 본 입 니 다.

2009. 2. 3.

법원주사 서 ○ ○

1. 자의 성본변경 : 심판문을 수령후 30일내 주소지 시.구. 읍.면사무소에 가서
신고하시면됩니다.
송달일로부터 1월 이내에 신고하지않으면 과태료가 부과됩니다.

민소 제 162조 ③ 2-139

사례30. 새 아버지와의 동거기간은 2년 이상이고, 새 아버지 사이에 태어난 아이와의 다른 성으로 인해 정신적 고통을 받고 있음.

자의 성과 본의 변경허가 심판청구

청 구 인　　엄 혜 란
사건본인　　신 수 민

송달료　30,200원
인지대　　5,000원

서울가정법원(가사단독) 귀중

자의 성과 본의 변경허가 심판청구

청 구 인 　 엄 혜 란 (휴대전화 011-701-4456)
주민등록번호 670512-1234547
주 소 　 서울시 서초구 서초동 1312-3
롯데캐슬클래식아파트 101-2002
등록기준지 　 서울시 종로구 가회동 31번지의 63
송달장소 　 서울시 서초구 서초동 1657-2
한림빌딩 301호

사 건 본 인 　 신 수 민
주민등록번호 940518-1456457
주소 위와 같은 곳
등록기준지 인천시 부평구 부평동 235번지

청 구 취 지

사건본인의 성을 "박(朴) "으로, 본을 "밀양(密陽) "으로 변경할 것을 허가한다. 라는 심판을 구합니다.

청 구 원 인

1. 사건본인은 청구인과 청구 외 신승호 사이의 출생자입니다.
친부의 주소는, 서울시서초구방배동 423-3 (39/4) -101입니다.

2. 청구인은 청구 외 신승호와 1993.05.12 혼인을 하였으나, 청구 외 신승호가 사건본인을 출산 한 직후 가출을 하여 돌아오지 않고, 생활비 한 푼 받지 못하는 등 청구 외 신승호가 가정을 부양할 능력이 부족하고 책임감이 없어 오랜 기다림 끝에 사건본인에 대한 친권과 양육권은 청구인이 갖기로 하고 200.08.10 협의 이혼을 하였습니다. 이혼 후 청구인은 청구 외 신승호 에게 단 한번도 양육비를 받은적이 없으며, 면접교섭 또한 없었습니다. 청구외신승호는사건본인에대한정도없어아이를단한번도찾거나보고싶어하지않았으며, 지금은 연락도 되지 않아 연락처도 알지 못하고 지내고 있습니다.

3. 이혼 후 청구인은 열심히 일을 하며 사건본인을 양육하였고 그러던 중 청구 외 박희왕을 만나 2005년 12월부터 사실상 함께 살다가 2007.06.29 혼인 신고를 하였습니다. 청구 외 박희왕은 안정적인 직장을 갖고 매우 성실하게 생활하고 있으며, 가정적인 성격에 사건본인을 친자식으로 여기고 사랑을 주고 있으며, 사건본인도 지금의 남편 을 친아버지와 같이 잘 따릅니다. 사건본인이 저보다 아빠를 너무 좋아해 제가 가끔 소외감을 느낄 정도로 사이가 좋습니다. 그런데 아버지의 사랑을 한번도 받아 보지 못했던 사건본인에게 늦 게라도 좋은 아버지를 만날 수 있어서 너무 감사하게 생각하고 있었지만, 현실은 사건본인이 감당하기에 너무 큰 장벽이었습니다. 아파서 병원에 갈 때에는 간호사들이 사건본인에게 "여기 아빠가새 아 빠니? "라고 생각 없이 물어 상처를 받았고, 지금 동생이 생겨 동생 과도 성이 다른데 학교나 사회활동을 할 때에 "너는 왜 동생하고 성이

다르냐? "라고물어, 가족구성원과 성이 다름으로 인한 정신적 스트레스가 많습니다. 또한 동생이 태어나면서 사건본인과 성이 다름으로 인해 주위에 놀림과소외감을느끼고있어매우걱정이됩니다. 사건본인이가족구성원과성이다른이유로어린나이에감당해야할정신적고통이매우크기때문에하루빨리아이의성을지금의남편과같게해주고싶고, 지금의 남편 및 시댁식구들도 적극적으로 권해주고 계십니다. 또한 호주제폐지의소식을듣고간절히기다려왔으며, 사건본인이 간절히 희망하고있어오랜준비를마치고신청하게되었습니다. 저희 가정은 아이의 성변경의 허가를 받고 이사를 계획 중 에있어, 이미 아파트도 분양 받은 상태이며 아이의 성 본 변경 허가결정만을 손꼽아 기다리고 있습니다. 이러한 이유로 사건본인의 성과 본을 지금의 남편의 성과 본으로 변경을 간절히 원하며, 부디판사님께서저희가정에크고귀한선물주시기를바랍니다.

4. 사건본인의 복리를 위하여 사건본인의 성과 본을 의붓아버지인 청구 외박희왕의 성과 본으로 변경할 필요가 있으므로, 청구취지와 같은 심판을 구합니다.

첨 부 서 류

1. 가족관계증명서(청구인 및 사건본인) 2통
2. 기본증명서(청구인 및 사건본인) 2통
3. 혼인관계증명서 1통
4. 제적등본 1통
5. 주민등록등본 1통

6. 친부의 주민등록등본 1통
7. 진술서
8. 가족사진2008 . 04 . 15.

위 청구인 엄 혜 란 (인)

서울가정법원(가사단독) 귀중

⇨ Comment

1.새 아버지의 성으로 바꾸는 경우임.
2.새 아버지와의 동거기간은 2년 이상임.
3.사건본인이 새 아버지와 청구인의 사이에 태어난 아이와의 다른 성으로 인해 정신적 고통을 받고 있음.

○○○ 지방법원
심 판

사 건 2009느단73 성본변경
청 구 인 엄 ○ ○ (640720-1245781)
주 소 ○○○시 ○○동 2-1 ○○타운 111-1
등록기준지 서울 ○○구 ○○동 10-19
송달장소 서울 서초구 서초동 한림빌딩 301호

사건본인 신 ○ ○ (123456-1234567)
사건본인 주 소 위 청구인과 같음
사건본인 등록기준지 ○○ ○구 ○○동 297

주 문

사건본인의 성을 유(柳)로, 본을 기계(紀溪州)로 변경할 것을 허가한다.

이 유

이 사건 신청은 이유 있으므로 주문과 같이 심판한다.

2009 . ○. ○.

판 사 김 ○ ○

○ ○ ○ 지 방 법 원

정 본 입 니 다.

2009. 2. 3.

법원주사 서 ○ ○

1. 자의 성본변경 : 심판문을 수령후 30일내 주소지 시.구. 읍.면사무소에 가서
신고하시면됩니다.
송달일로부터 1월 이내에 신고하지않으면 과태료가 부과됩니다.

민소 제 162조 ③ 2-139

사례31. 새 아버지의 성으로 바꾸는 경우이고,이혼 후 처음에는 생부가 친권을 가지고 있었 으나 **현재**는 청구인이 **친권**을 가지고 있음.

자의 성과 본의 변경허가 심판청구

청 구 인 원 현 정
사건본인 한 상 모

송달료 30,200원
인지대 5,000원

수원지방법원 성남지원(가사단독) 귀중

자의 성과 본의 변경허가 심판청구

청 구 인	원현정 (전화 010-3309-2347)
	주민등록번호 810104-1234567
주 소	경기도 하남시 덕풍동 338-9 (13/3)
등록기준지	인천시 부평구 십정동 408번지의 53
송달장소	서울시 서초구 서초동 1657-2
	한림빌딩 301호
사 건 본 인	한 0 모
	주민등록번호 010910-1242384
	주소 위와 같은 곳
	등록기준지 전남 구례군 마산면 냉천리 516번지

청 구 취 지

사건본인의 성을 "이(李)"로, 본을 "전주(全州)"로 변경할 것을 허가한다. 라는 심판을 구합니다.

청 구 원 인

1. 사건본인은 청구인과 청구 외 한양호 사이의 출생자입니다.

2. 청구인은 청구 외 한양호가 직업이 없고, 게임중독으로 인해 가족을 부양할 의사 및 능력이 없어 2003.09.18 협의 이혼을 하였습니다. 이혼 당시 친권은 청구 외 한양호가 갖고 있었으나, 청구 외 한양호는 사건본인을 잘 양육하지 못하고 2007.05.30 친권을 청구인에게 넘겨주었습니다. 친권을넘겨줄당시사건본인을길에다버리고가는등아버지로서사건본인에게많은상처를주었으며, 이후 양육비를 단 한번도 주지 않았습니다. 이혼후청구인은생계를위하여일을하며사건본인을잘양육하던중, 청구 외 이학희를 만나 사실상 함께 살다가 둘째 아이청구 외 이기호(2007.12.13 출생)를 낳았습니다. 혼인신고는 내 집 마련이 늦어져 2008.01.07 하게 되었습니다. 지금의 남편은 사건본인을 친 자식과 같이 사랑하며, 사건본인도 친아버지로 알고 잘따르고 있습니다. 재혼가정이지만 어느 가정 부럽지 않게 행복하게 살고 있습니다. 그런데 사건본인이 가족구성원과 성이 다른 이유로 소외감 및 고통을 겪고 있습니다. 유치원에서는 '한상모' 로 부르고, 집에서는 '이상모' 로 부르기 때문에 아이가 많이 혼란스러워하고 있으며, 병원에 갈 때에는 "내 이름이 왜 '한상모' 냐? "며 많이 울기도 했습니다. 사건본인은 곧 초등학교에 입학을 합니다. 앞으로 사건본인이 초등학교 입학 후 더 큰 혼란을 겪을 생각을 하면 부모로서 죄 지은 마음이고 많이 미안합니다. 부디 사건 본인의 초등학교 입학 전에 청구외 이학희의 성과본을 따르게 하여, 부의 정체성에 대한 혼란을 겪지 않기를 간절히 바라고, 판사님께서저희가족에게큰선물을주시기를바랍니다.

3. 사건본인의 복리를 위하여 사건본인의 성과 본을 청구 외 이학희의 성과 본으로 변경할 필요가 있으므로, 청구취지와 같은 심판을 구합니다.

첨 부 서 류

1. 가족관계증명서(청구인 및 사건본인) 2통
2. 기본증명서(사건본인) 1통
3. 혼인관계증명서(청구인) 1통
4. 제적등본(청구인) 1통
5. 주민등록등본 1통
6. 진술서(청구인 및 계부)
7. 가족사진

2008 . 1 . 21.

위 청구인 원 현 정 (인)

수원지방법원 성남지원(가사단독) 귀중

⇨ Comment

1.새 아버지의 성으로 바꾸는 경우임.

2.이혼 후 처음에는 생부가 친권을 가지고 있었으나 현재는 청구인이 친권을 가지고 있음.

3.사건본인이 새 아버지와 청구인의 사이에 태어난 아이와의 다른 성으로 인해 정신적 고통을 받고 있음.

○○ 지방법원
심 판

사 건 2009느단73 성본변경
청 구 인 원 ○ ○ (640720-1245781)
주 소 ○○○시 ○○동 5-7
등록기준지 서울 ○○구 ○○동 10-19
송달장소 서울 서초구 서초동 한림빌딩 301호

사건본인 한 ○ ○ (123456-1234567)
사건본인 주 소 위 청구인과 같음
사건본인 등록기준지 ○○ ○구 ○○동 297

주 문

사건본인의 성을 이(李)로, 본을 전주(全州)로 변경할 것을 허가한다.

이 유

이 사건 신청은 이유 있으므로 주문과 같이 심판한다.

2009 . ○. ○.

판 사 김 ○ ○

○ ○ ○ 지 방 법 원

정 본 입 니 다.

2009. 2. 3.

법원주사 서 ○ ○

1. 자의 성본변경 : 심판문을 수령후 30일내 주소지 시.구. 읍.면사무소에 가서
신고하시면됩니다.
송달일로부터 1월 이내에 신고하지않으면 과태료가 부과됩니다.

민소 제 162조 ③ 2-139

사례32. **생부는 현재 다른 여자와 재혼상태이고**, 새 아버지와 사이에 태어난 아이와의 다른성으로 인해 정신적 고통을 받고 있음.

자의 성과 본의 변경허가 심판청구

청 구 인 유 보 영

사건본인 김 윤 호

송달료 30,200원

인지대 5,000원

수원지방법원(가사단독) 귀중

자의 성과 본의 변경허가 심판청구

청 구 인	유 보 영 (휴대전화 011-899-0000 집전화 031-424-0212)
	주민등록번호 710222-0012345
주 소	경기도 의왕시 포일동 518 동아에코빌 105-1604
등록기준지	인천광역시 부평구 부평동 419번지
송달장소	서울시 서초구 서초동 1657-2 한림빌딩 301호
사 건 본 인	김 윤 호
	주민등록번호 960627-0123456
	주소 위와 같은 곳
	등록기준지 서울시 종로구 효자동 177번지

청 구 취 지

사건본인의 성을 "유(兪)"로, 본을 "기계(杞溪)"로 변경할 것을 허가한다. 라는 심판을 구합니다.

청 구 원 인

1. 사건본인은 청구인과 청구 외 김승한 사이의 출생자입니다.

친부의 주소는, 경기도고양시덕양구행신동 633-67 윤창아파트 101-502입니다.

2. 청구인은 청구 외 김승한과 1995.06.07 혼인을 하였으나, 청구 외 김승한이 가정을 부양할 능력이 부족하고 무관심하여 2000.05.17 사건본인에 대한 양육권은 청구인이 갖기로 하고 협의이혼을 하였습니다. 이혼 후 청구 외 김승한 에게 양육비를 단 한번도 받은적이 없으며, 아이와의 면접교섭 또한 한번도 없었습니다. 또한 청구 외 김승한은 재혼을 한 것으로 알고 있습니다.

3. 이혼 후 청구인은 열심히 일을 하며 사건본인을 양육하던 중 청구 외 유현원을 만나 2001.09.20 혼인을 하였습니다. 청구 외 유현원은 사건본인을 친 자식과 같이 생각하고 사랑을 주었으며, 사건본인도 지금의 남편을 친 아빠와 다름없이 잘 따릅니다. 그런데 청구인과 청구 외 유현원 사이에서 둘째 아이가 생긴 후, 사건본인과 동생이 성이 달라서 많은 어려움을 겪고 있습니다. 사건본인이 "아빠도, 엄마도, 동생도 모두 유씨인데 왜 나만 김씨야?"라고 물으며 정체성에 대한 혼란을 겪고 있고, 여기서 오는 소외감도 적지 않습니다. 또한 사건본인이 학교생활을 하면서 많은 고통을 받고 있습니다. 반친구들에게놀림을심하게받고있어서친구들에게아빠이야기를전혀하지않고있고, 어린 나이에 감당해야 할 정신적 고통이 매우 커서 하루 빨리 아이의 성 을 지금의 남편과 같게 해주고 싶고, 본인도 원하고 있습니다. 또한 지금의 남편 및 시댁식구들도 적극적으로 원해주고 계십니다. 이러한 이유로 사건본인의 성과 본을 지금의 남편의 성과 본 으로 변경을 간절히 원합니다.

4. 사건본인의 복리를 위하여 사건본인의 성과 본을 의붓아버지인 청구 외유 현원의 성과 본으로 변경할 필요가 있으므로, 청구취지와 같은 심판을 구합니다.

첨 부 서 류

1. 가족관계증명서(청구인 및 사건본인) 2통
2. 기본증명서 1통
3. 혼인관계증명서 1통
4. 제적등본 1통
5. 주민등록등본 1통
6. 친부의 주민등록등본 1통
7. 진술서
8. 기타소명자료(줄넘기급수 인증서)
9. 가족사진

2008 . 03 . 10.

위 청구인 유 보 영 (인)

수원지방법원(가사단독) 귀중

⇨ Comment

1.새 아버지의 성으로 바꾸는 경우임.

2.생부와는 면접교섭도 없었으며 양육비를 한번도 받은 적 없음.

3.생부는 현재 다른 여자와 재혼상태임.

4.사건본인이 새 아버지와 청구인의 사이에 태어난 아이와의 다른 성으로 인해 정신적 고통을 받고 있음.

○○○ 지방법원
심 판

사 건 2009느단73 성본변경
청 구 인 유 ○ ○ (640702-1245781)
주 소 ○○○시 ○○동 2-1 ○○타운 111-10
등록기준지 서울 ○○구 ○○동 10-19
송달장소 서울 서초구 서초동 한림빌딩 301호

사건본인 정 ○ ○ (123456-1234567)
사건본인 주 소 위 청구인과 같음
사건본인 등록기준지 ○○ ○구 ○○동 297

주 문

사건본인의 성을 공(孔)로, 본을 곡부(曲阜)로 변경할 것을 허가한다.

이 유

이 사건 신청은 이유 있으므로 주문과 같이 심판한다.

2009 . ○. ○.

판 사 김 ○ ○

○ ○ ○ 지 방 법 원

정 본 입 니 다.

2009. 2. 3.

법원주사 서 ○ ○

1. 자의 성본변경 : 심판문을 수령후 30일내 주소지 시.구. 읍.면사무소에 가서
신고하시면됩니다.
송달일로부터 1월 이내에 신고하지않으면 과태료가 부과됩니다.

민소 제 162조 ③ 2-139

사례33. 새 아버지의 성으로 바꾸는 경우이고, 생부의 잦은 음주와 가정폭력으로 재판상 이혼함.

자의 성과 본의 변경허가 심판청구

청 구 인　　유 향 숙
사건본인　　정　　수

송달료　30,200원
인지대　　5,000원

수원지방법원(가사단독) 귀중

자의 성과 본의 변경허가 심판청구

청 구 인　　유향숙 (휴대전화 010-0000-4562 ,
집전화 031-729-0000)
주민등록번호 691105-0000000
주　　소　　경기도 용인시 기흥구 중동 828
호 수 마 을　　상록롯데캐슬 1004-404
등록기준지　　경기도 시흥시 포동 2번지
송 달 장 소　　서울시 서초구 서초동 1657-2
한림빌딩 301호

사 건 본 인　　정　수
주민등록번호 951212-0000000
주소 위와 같은 곳
등록기준지 경북 구미시 송정동 186번지

청 구 취 지

사건본인의 성을 "공(孔)"으로, 본을 "곡부(曲阜)"로 변경할 것을 허가한다. 라는 심판을 구합니다.

청 구 원 인

1. 사건본인은 청구인과 청구 외 정원기 사이의 출생자입니다.
친부의 주소는, 경북구미시송정동 18-4 (5/2)입니다.

2. 청구인은 청구 외 정원기와 1994.11.25 혼인을 하였으나, 잦은 음주와 가정 폭력으로 인해 1998.03.17 재판상 이혼을 하였습니다. 이혼 당시에 사건본인에 대한 친권 및 양육권을 청구 외 정원기가 갖고 사건본인을 양육하고 있었지만, 얼마 지나지 않아 아이를 청구인이 키우라며 사건본인을 청구인에게 데려다 주었고, 그래서 청구인은 2001년부터 사건본인과 함께 생활하게 되었습니다. 이혼 후 청구 외 정원기는 단한번도양육비를주지않았으며사건본인을찾거나보고싶어하지않았습니다. 청구인은 생계를 책임지며 열심히 생활하였습니다. 2002년 4월에는 청구인이 사건본인에 대한 친권 및 양육권을 변경하는 소를 제기하여 2003.06.01 아이의 친권 및 양육권을 가져왔습니다.

3. 이혼 후 청구인의 생활은 힘이 들었지만 건강하게 자라는 사건본인을 보면서 많은 위로를 받을 수 있었으며, 그러던 중 청구 외 공민식을 만나 2002.11.04 혼인 신고를 하였습니다. 지금의 남편은 매우 성실하고 가정적인 사람입니다. 사건본인을 친 아들과 같이 생각하고 사랑하며 사건본인도 잘 따릅니다. 사건본인을 청구인과 지금의 남편과 같이 양육하면서 '공유수' 라고 불러주고 있으며, 주위에서 모두 '공유수' 로 알고 있습니다. 사건본인이 초등학교에 다닐 때에도 새 학년으로 진학 할 때마다 담임선생님을 찾아가 '공유수' 로 불러달라는 부탁을 드렸고, 사건본인의 친구들 모두 '공유수' 로 알고 있습니다. 그런데 사건본인이 올 해 중학교에 입학을 하면서 고통을 받고 있습니다. 더 이상 부탁만으로 아이의 이름을 공유수' 로 부를 수 없기 때문입니다. 한번은 사건본인의 친구들이 ' 의아해하며 "니가 왜 '정수' 냐? "고물어대답을하지못하는사건본인을보고 마음이많이아팠습니다. 또한 2006년에는 사건본인의 동생도 태어나 동생과 성 이 다름 으로인해사건본인이놀림및소외감을받지않기를바랍니다. 사건본인이 이모든

사실을알게되어받을정신적고통이매우두렵고, 사건본인을 위해서, 그리고 지금의 남편의 사회생활을 위해서도 사건본인의 성과 본을 지금의 남편의 성과 본으로 바꿔주고 싶습니다. 호주제폐지의 소식을 듣고 그 시행을 간절히 기다려 왔습니다. 부디 판사님께서 저희 가정에 귀한 선물 주시기를 바랍니다.

4. 사건본인의 복리를 위하여 사건본인의 성과 본을 의붓아버지인 청구 외공민식의 성과 본으로 변경할 필요가 있으므로, 청구취지와 같은 심판을 구합니다.

첨 부 서 류

1. 가족관계증명서(청구인 및 사건본인) 2통
2. 기본증명서(청구인 및 사건본인) 2통
3. 혼인관계증명서 1통
4. 제적등본 1통
5. 주민등록등본 1통
6. 친생부의 주민등록등본 1통
7. 진술서
8. 가족사진

2008 . 03 . 19.

위 청구인 유 향 숙 (인)

수원지방법원(가사단독) 귀중

⇨ Comment

1.새 아버지의 성으로 바꾸는 경우임.

2.생부의 잦은 음주와 가정폭력으로 재판상 이혼함.

3.사건본인이 새 아버지와 청구인의 사이에 태어난 아이와의 다른 성으로 인해 정신적 고통을 받고 있음.

○○ 지방법원
심 판

사 건 2009느단73 성본변경
청 구 인 유 ○ ○ (640720-1245781)
주 소 ○○○시 ○○동 2-1 그린-5
등록기준지 서울 ○○구 ○○동 10-19
송달장소 서울 서초구 서초동 한림빌딩 301호

사건본인 정 ○ ○ (123456-1234567)
사건본인 주 소 위 청구인과 같음
사건본인 등록기준지 ○○ ○구 ○○동 297

주 문

사건본인들의 성을 ○○로, 본을 ○○로 변경할 것을 허가한다.

이 유

이 사건 신청은 이유 있으므로 주문과 같이 심판한다.

2009 . ○. ○.

판 사 김 ○ ○

○ ○ ○ 지 방 법 원

정 본 입 니 다.

2009. 2. 3.

법원주사 서 ○ ○

1. 자의 성본변경 : 심판문을 수령후 30일내 주소지 시.구. 읍.면사무소에 가서
신고하시면됩니다.
송달일로부터 1월 이내에 신고하지않으면 과태료가 부과됩니다.

민소 제 162조 ③ 2-139

사례34. 생부의 잦은 음주와 폭행으로 **재판상 이혼하고**,새 아버지와의 동거기간은 1년미만.

자의 성과 본의 변경허가 심판청구

청 구 인 이 미 란
사건본인 노푸른하늘

송달료 12,080원
인지대 5,000원

서울가정법원 귀중

자의 성과 본의 변경허가 심판청구

청 구 인　　이 미 란 (전화 010-6637-0006)
주민등록번호 801101-0212435
주　　소　　서울시 강서구 화곡동 367-115
하이트맨션 가-102
등록기준지　　전북 완주군 삼례읍 구와리 57번지

사 건 본 인　　노푸른하늘
주민등록번호 000726-1234567
주　　소　　위와 같은 곳
등록기준지　　전북 김제시 용지면 효정리 178번지

청 구 취 지

사건본인의 성을 "유(柳)"로, 본을 "전주(全州)"로 변경할 것을 허가한다. 라는 심판을 구합니다.

청 구 원 인

1. 사건본인은 청구인과 청구 외 노희수 사이의 출생자입니다.

2. 청구인은 청구 외 노희수의 두 아이들을 데리고 혼인하여 사건본인을 낳았습니다. 그런데 청구외노희수의잦은음주와폭행으로재판상이혼을하였습니다. 청구 외 노희수가 쉽게 이혼해 주지 않을 것을 예상 했었지만 약 2년의 시간이 지나 법원은 청구인과 사건본인의 마음을 알아 주셨습니다. 이혼 후 청구인은 생계를 책임지며 사건본인을 양육하던 중 청구 외 유전옥을 만나 2007.12.24 혼인하였습니다. 청구인은 청구 외 유전옥과 2007.05.20 혼인을 하였으나, 혼인신고는 내 집 마련이 늦어져 2007.12.24 하였습니다. 사건본인은 지금의 남편을 사랑하고, 지금의 남편도 사건본인을 많이 사랑해주고 있습니다. 지금의남편은매우따뜻하고가정적인사람이기때문에너무행복하게살고있습니다.사건본인은 2007년 초등학교 입학 예정이었습니다. 그런데 전남편이친정에찾아와갖은행패를부려서청구인과사건본인은두려움에입학을1년 미뤘습니다. 사건본인은 어린 마음에 많은 상처를 받았고 엄마로서 너무 마음이 아팠습니다. 한번은 유치원에서 돌아와 텔레비전을 보면서 "엄마, 나도 다른 친구들처럼 아빠와 성이 같아 질 수 있는 거야?"라고 묻는 사건본인을 보고 많은 눈물을 흘렸습니다. 사건본인은2008.03 초등학교 입학을 앞두고 있습니다. 부디판사님께서저희아이가더이상가슴아파하지않고, 밝은 모습으로 학교생활을 할 수 있도록 귀한 선물을 주시길 간절히 바랍니다.

3. 사건본인의 복리를 위하여 사건본인의 성과 본을 새 아버지인 유전옥의 성과 본으로 변경할 필요가 있으므로, 청구취지와 같은 심판을 구합니다.

첨 부 서 류

1. 가족관계증명서(청구인 및 사건본인) 1통
2. 기본증명서(청구인 및 사건본인) 1통
3. 혼인관계증명서 1통
4. 주민등록등본 2통
5. 가족사진

2008 . 1 . 11.

위 청구인 이 미 란 (인)

서울가정법원 귀중

⇨ Comment

1.새 아버지의 성으로 바꾸는 경우임.
2.생부의 잦은 음주와 폭행으로 재판상 이혼함.
3.새 아버지와의 동거기간은 1년 미만임.

○○ 지방법원
심 판

사 건 2009느단73 성본변경
청 구 인 이 ○ ○ (640722-1245781)
주 소 ○○○시 ○○동 2-1 그린A 1-1005
등록기준지 서울 ○○구 ○○동 10-19
송달장소 서울 서초구 서초동 한림빌딩 301호

사건본인 이 ○ ○ (123456-1234567)
사건본인 주 소 위 청구인과 같음
사건본인 등록기준지 ○○ ○구 ○○동 297

주 문

사건본인의 성을 ○○)로, 본을 ○○로 변경할 것을 허가한다.

이 유

이 사건 신청은 이유 있으므로 주문과 같이 심판한다.

2009 . ○. ○.

판 사 김 ○ ○

○ ○ ○ 지 방 법 원

정 본 입 니 다.

2009. 2. 3.

법원주사 서 ○ ○

1. 자의 성본변경 : 심판문을 수령후 30일내 주소지 시.구. 읍.면사무소에 가서
신고하시면됩니다.
송달일로부터 1월 이내에 신고하지않으면 과태료가 부과됩니다.

민소 제 162조 ③ 2-139

사례35. 생부에게는 **단 두 차례만 양육비**를 받았고, 폐문부재 등으로 *직계존속*에게 송달함.

자의 성과 본의 변경허가 심판청구

청 구 인　　이 미 선
사건본인　　김 진 희

송달료　30,200원
인지대　5,000원

대전지방법원 천안지원(가사단독) 귀중

자의 성과 본의 변경허가 심판청구

청 구 인 이미선 (휴대전화 010-5065-1233
집전화 041-533-1234)
주민등록번호 780701-1324567
주 소 충남 아산시 음봉면 산동리 420-1
태헌장미2차아파트 101-804
등록기준지 충남 천안시 성환읍 송덕리 70번지
송달장소 서울시 서초구 서초동 1657-2
한림빌딩 301호

사건본인 김 진 희
주민등록번호 981016-1234567
주 소 위와 같은 곳
등록기준지 서울시 영등포구 신길동 산 111번지

청 구 취 지

사건본인의 성을 "한(韓)"으로, 본을 "청주(淸州)"로 변경할 것을 허가한다.
라는 심판을 구합니다.

청 구 원 인

1. 사건본인은 청구인과 청구 외 김영훈 사이의 출생자입니다.
친부의 주소는, 경기도평택시지산동 725-7 (6/2) 수정타운 201입니다.

2. 청구인은 청구 외 김영훈과 1998.10.08 혼인을 하였으나, 청구 외 김영훈이 가정에책임감이없고, 무관심하며 가족을 부양할 능력이 부족하여 2001.04.26 사건본인에 대한 친권과 양육권은 청구인이 갖기로 하고 협의 이혼을 하였습니다. 이혼 후 사건본인을 청구 외 김영훈이 양육하겠다며 무조건 데리고 간 후 고아원과비슷한시설에맡겨놓았던것을청구인과청구인의친오빠가수소문하여데리고와함께살게되었습니다. 시설에 맡겨지기 전에는 무책임한 아버지 밑에서 겨우 만2세가 조금 넘었던 사건본인이 설거지와 청소까지 해야 했습니다. 이혼 후 청구인은 청구 외 김영훈에게 2001년에 약40만원씩 두차례 양육비를 받았을 뿐, 그 후로는 양육비를 받지 못하고 있으며, 청구 외 김영훈은 단한번도사건본인을찾거나보고싶어하지않았습니다. 청구인은 열심히 일을 하며 사건본인을 양육하였고 그러던 중 청구 외 한정오을 만나 2004년 1월부터 사실상 함께 살다가 2004.02.04 혼인 신고를 하였습니다. 사건본인이 시설에 맡겨진 후로는 남자 어른을 무척 싫어했는데, 지금의 남편에게는 좀 달랐습니다. 무조건 기대고 따라 다니며 함께 있는 것을 무척 좋아합니다. 청구 외 한정오도 사건본인을 친딸로 여기고 사랑을 주었으며, 사건본인도 지금의 남편을 잘 따릅니다. 그래서 재혼도 가능했고, 재혼하여 사건본인의 동생도 낳았습니다. 또한 청구 외 한정오는 안정적인직장을갖고매우성실하게일을하고있습니다.

3. 그런데 사건본인이 초등학교에 입학을 하면서 많은 고통을 받고 있습니다. 친구들이 "동생은 한씨인데 너는 왜 김씨냐?"고 물어 당황하여 대답을 하지 못할 때가 많았고 반친구들의놀림이심하여전학도했었지만여전히친구들에게놀림을당하여어린나이에감당해야할정신적고통이매우큽니다.또한시댁에손님이오셔사건본

인의이름을물어볼때면성은이야기하지못하고이름만이야기하곤합니다. 하루빨리 아이의 성을 지금의 남편과 같게 해 주고 싶고, 본인도원하고있습니다. 또한 지금의 남편 및 시댁식구들도 적극적으로 권해주고 계십니다. 이러한 이유로 사건본인의 성과 본을 지금의 남편의 성과 본으로 변경을 간절히 원합니다.

4. 사건본인의 복리를 위하여 사건본인의 성과 본을 의붓아버지인 청구 외한정오의 성과 본으로 변경할 필요가 있으므로, 청구취지와 같은 심판을 구합니다.

첨 부 서 류

1. 가족관계증명서(청구인 및 사건본인) 2통
2. 기본증명서 1통
3. 혼인관계증명서 1통
4. 제적등본 1통
5. 주민등록등본 1통
6. 친생부의 주민등록초본 1통
7. 청구인진술서 1통
8. 기타소명자료(상장)
9. 가족사진

2008 . 03 . 05.

위 청구인 이 미 선 (인)

대전지방법원 천안지원(가사단독) 귀중

⇨ Comment

1.새 아버지의 성으로 바꾸는 경우임.

2.이혼 후 생부가 사건본인을 고아원 같은 곳에 맡겨 놓은 것을 알고 청구인이 사건본인을 데려와 양육하고 있음.

3.생부에게는 단 두 차례만 양육비를 받았음.

4.폐분부재 등으로 직계존속에게 송달함.

○○ 지방법원
심 판

사 건 2009느단73 성본변경
청 구 인 이 ○ ○ (640720-1245781)
주 소 ○○○시 ○○동 2-1 그린-5
등록기준지 서울 ○○구 ○○동 10-19
송달장소 서울 서초구 서초동 한림빌딩 301호

사건본인 정 ○ ○ (123456-1234567)
사건본인 주 소 위 청구인과 같음
사건본인 등록기준지 ○○ ○구 ○○동 297

주 문

사건본인들의 성을 ○○로, 본을 ○○로 변경할 것을 허가한다.

이 유

이 사건 신청은 이유 있으므로 주문과 같이 심판한다.

2009 . ○. ○.

판 사 김 ○ ○

○ ○ ○ 지 방 법 원

정 본 입 니 다.

2009. 2. 3.

법원주사 서 ○ ○

1. 자의 성본변경 : 심판문을 수령후 30일내 주소지 시.구. 읍.면사무소에 가서
신고하시면됩니다.
송달일로부터 1월 이내에 신고하지않으면 과태료가 부과됩니다.

민소 제 162조 ③ 2-139

사례36. 병원,의료보험카드 등 **생활에 불편함**. 새 아버지성으로 변경의 필요성

자의 성과 본의 변경허가심판청구

청 구 인 이 선 경
사건본인 조 연 수

송달료 30,200원
인지대 5,000원

인천지방법원 가정법원 귀중

자의 성과 본의 변경허가심판청구

청 구 인　이 선 경 (691101-1234567)
　　　　　등록기준지
　　　　　주　　소　인천광역시 계양구 계산3동 57-2
　　　　　　　　　　인정프린스 101-610
　　　　　연 락 처

사건본인　조 연 수(　　　　　) (970701-1234567)
　　　　　등록기준지 위와 같은 곳
　　　　　주　　소 위와 같은 곳

청 구 취 지

사건본인의 성을○○으로, 본을○○으로 변경할 것을 허가한다.
라는 심판을 구합니다.

청 구 원 인

1. 청구인은 청구외 조○○과 1993.11.0 결혼을 하여 사건본인을 낳았습니다. 사건본인의 친부인 청구외 조○○는 아이 갖기를 원하지 않았고 자유롭게 사는 것을 좋아해 사생활을 간섭 받는 것을 싫어했습니다. 도박에 빠져 빚도 많이 지고 술을 좋아하여 일주일이면 5일~6일 정도는 술을 마셔서 그로 인한 카드 빚도 많이 졌습니다. 결혼 전부터 하던 가게의 전세금을 빼서 샀던 아파트는 빚 때문에 팔게 되었습니다. 아이가 생기면 달라질까 싶어 1997.0.0 사건본인을 낳았으나 아이에 대한 책임감은 전혀 없었고 외박과 술주정은 늘어갔습니다. 도박에 빠진 시어머니의 도박 빚을 신용대출로 갚아주기도 했으며, 2002년 초에는 채팅으로 여자를 만나 바람을 피웠고 가정생활에 대한 책임도 지지 않고 해서 사건본인의 친권은 청구인이 갖기로 하고 2002.9.0 협의 이혼을 했습니다.

2. 그 후 청구인은 2005.5.0 지금의 남편을 만나 결혼을 하였고, 지금의 남편과 사이에 청구외 정○○(2006. . .생)도 낳았습니다.

3. 지금의 남편은 자상하고 사랑이 많은 사람이라서 사건본인과 친부모 이상으로 잘 지내고 있습니다. 직장도 다니고 개인적으로 식품유통도 하면서 가족 부양에 대한 책임감이 강합니다. 그런데 사건본인이 학교생활 및 일상생활에 많은 곤란을 겪고 있습니다. 병원에 갈 때도 따로 의료보험카드를 제출해야 하고 간호사들의 의아한 시선을 받으며, 의료보험고지서에도 정○○씨댁 조연수로 나오기에 아파트사람들이 볼까봐 얼른 들고 옵니다. 사건본인이 학교생활을 하면서 가족관계조사서를 제출 할때도 숨겨서 하고 선생님께 부탁 드려서 정씨로 불러 달라고 하여 그렇게 불러주고 계십니다. 그런데 사건본인이 학업이 우수하여 상장을 곧 잘 받아오면 상장은 조씨로 되어있어서 친구들이 보여 달라고 해도 보여주지 못하고 가방에 넣어옵니다. 집에서 상장을 걸어달라기에 붓펜 으로 조씨성

위에다 '정' 이라고 쓴 종이를 붙여 걸어주었습니다. 사건본인이 "언제 아빠랑 같은 성으로 바뀌냐?"고 물을 때마다 가슴이 아픕니다. 현재 사건본인은 부의 정체성에 대한 큰 혼란을 겪고 있습니다.

4. 그러므로 자의 복리를 위하여 이 건 청구에 이른 것입니다.

입 증 방 법

1. 소갑 제1호증 　　　본인의 가족관계증명서
2. 소갑 제2호증 　　　본인의 기본증명서
3. 소갑 제3호증 　　　친모의 혼인관계증명서

첨 부 서 류

1. 위 입증방법 　　　각 1통
2. 납부서 　　　1통

2008 . 0 . 0

위 청구인 이 선 경 (인)

인천지방법원 가정법원 귀중

○○지방법원
심 판

사 건 2009느단73 성본변경

청 구 인 이 ○ ○ (640720-1245781)

주 소 ○○○시 ○○동 2-1 그린빌라 1005

등록기준지 서울 ○○구 ○○동 10-19

송달장소 서울 서초구 서초동 한림빌딩 301호

사건본인 황 ○ ○ (123456-1234567)

사건본인 주 소 위 청구인과 같음

사건본인 등록기준지 ○○ ○구 ○○동 297

주 문

사건본인의 성을 이(李)로, 본을 전주(全州)로 변경할 것을 허가한다.

이 유

이 사건 신청은 이유 있으므로 주문과 같이 심판한다.

2009 . ○. ○.

판 사 김 ○ ○

○ ○ ○ 지 방 법 원

정 본 입 니 다.

2009. 2. 3.

법원주사 서 ○ ○

1. 자의 성본변경 : 심판문을 수령후 30일내 주소지 시.구. 읍.면사무소에 가서 신고하시면됩니다.
   송달일로부터 1월 이내에 신고하지않으면 과태료가 부과됩니다.

민소 제 162조 ③ 2-139

사례37."**<u>언제 아빠랑 같은 성으로 바뀌냐?</u>**" 물을 때마다 가슴이...새 학년에 올라가기 전

자의 성과 본의 변경허가 심판청구

청 구 인　　이 선 경
사건본인　　조 연 수

송달료　30,200원
인지대　　5,000원

인천가정법원(인천지방법원) 귀중

자의 성과 본의 변경허가 심판청구

청 구 인 이선경 (전화 010-3422-1111)
주민등록번호 691101-2224411
주 소 인천광역시 계양구 계산3동 57-2
인정프린스 101-610

등록기준지 경기도 부천시 오정구 여월동 1번지의 3
송달장소 서울시 서초구 서초동 1657-2
한림빌딩 301호

사 건 본 인 조 연 수
주민등록번호 970701-2222222
주소 위와 같은 곳
등록기준지 서울시 서초구 방배동 459번지의 31

청 구 취 지

사건본인의 성을 "정(鄭)"으로, 본을 "동래(東來)"로 변경할 것을 허가한다.
라는 심판을 구합니다.

청 구 원 인

1. 사건본인은 청구인과 청구 외 조○○ 사이의 출생자입니다.

2. 청구인은 청구 외 조○○와 이혼 후 청구 외 정진호와 혼인하여 청구 외정현민을 낳고 사건본인과 함께 잘 살고 있습니다. 그런데 사건본인이 학교생활 및 일상생활에 많은 곤란을 겪고 있습니다. 병원에 갈 때도 따로 의료보험카드를 제출해야 하고 간호사들의 의아한 시선을 받으며, 의료보험고지서에도 정진호씨댁 조연수로 나오기에 아파트사람들이 볼까봐 얼른 들고 옵니다. 사건본인이 학교생활을 하면서 가족관계조사서를 제출 할때도 숨겨서 하고 선생님께 부탁 드려서 정씨로 불러 달라고 하여 그렇게 불러주고 계십니다. 그런데 사건본인이 학업이 우수하여 상장을 곧 잘 받아오면 상장은 조씨로 되어있어서 친구들이 보여달라고 해도 보여주지 못하고 가방에 넣어옵니다. 집에서 상장을 걸어달라기에 붓펜으로 조씨성 위에다 '정' 이라고 쓴 종이를 붙여 걸어주었습니다. 사건본인이 "언제 아빠랑 같은 성으로 바뀌냐? "고 물을 때마다 가슴이 아픕니다. 부디 사건본인이 새 학년에 올라가기 전에 성을 바꿔서 더 이상 괴로움을 겪지 않게 하고 싶습니다.

3. 사건본인의 복리를 위하여 사건본인의 성과 본을 새 아버지인 정진호의 성과 본으로 변경할 필요가 있으므로, 청구취지와 같은 심판을 구합니다.

첨 부 서 류

1. 가족관계증명서(청구인 및 사건본인) 1통
2. 혼인관계증명서 1통
3. 주민등록등본(청구인 및 사건본인) 1통

2008 . 1 . .

위 청구인 이 선 경 (인)

인천가정법원{인천지방법원} 귀중

⇨ Comment

1.새 아버지의 성으로 바꾸는 경우임.
2.사건본인이 학교생활 및 일상생활에서 정신적 고통을 받고 있음.
3.사건본인도 새 아버지의 성으로 바꾸는 것을 원하고 있음.

○○지방법원
심 판

사　　건　　2009느단73　성본변경
청 구 인　　이 ○ ○ (640720-1245781)
주　소 ○○○시 ○○동 2-1 그린빌라 1005
등록기준지　서울 ○○구 ○○동 10-19
송달장소 서울 서초구 서초동 한림빌딩 301호

사건본인　　황 ○ ○ (123456-1234567)
사건본인 주 소 위 청구인과 같음
사건본인 등록기준지 ○○　○구 ○○동 297

주　　문

사건본인의 성을 이(李)로, 본을 전주(全州)로 변경할 것을 허가한다.

이　　유

이 사건 신청은 이유 있으므로 주문과 같이 심판한다.

2009 .　○. ○.

판　사　　김 ○ ○

○ ○ ○ 지 방 법 원

정 본 입 니 다.

2009. 2. 3.

법원주사 서 ○ ○

1. 자의 성본변경 : 심판문을 수령후 30일내 주소지 시.구. 읍.면사무소에 가서
신고하시면됩니다.
송달일로부터 1월 이내에 신고하지않으면 과태료가 부과됩니다.

민소 제 162조 ③ 2-139

사례38 **재판에서 승소**하여 현재는 청구인이 양육권을 가지고 있고, **사건본인 2명 동시청구.**

자의 성과 본의 변경허가 심판청구

청 구 인 이 선 영
사건본인1 박 혜 민
사건본인2 박 수 민

송달료 60,400원
인지대 10,000원

울산지방법원(가사단독) 귀중

자의 성과 본의 변경허가 심판청구

청 구 인　　이 선 영 (휴대전화 010-2488-1234)
주민등록번호 720921-1234567
주　　　소　울산시 동구 방어동 918-7 (21/5)
등록기준지　경북 포항시 남구 장기면 산서리 123번지
송달장소　　서울시 서초구 서초동 1657-2
한림빌딩 301호

사 건 본 인1　　박 혜 민
주민등록번호 970516-1234567
주　　　소　위와 같은 곳
등록기준지　　경남 마산시 산호동 444번지의 20

사 건 본 인2　　박 수 민
주민등록번호 990408-1212121
주　　　소　위와 같은 곳
등록기준지　위와 같은 곳

청 구 취 지

사건본인의 성을 "엄(嚴)"으로, 본을 "영월(寧越)"로 변경할 것을 허가한다.
라는 심판을 구합니다.

청 구 원 인

1. 사건본인은 청구인과 청구 외 박호석 사이의 출생자입니다.

2. 청구인은 청구 외 박호석과 1995.11.07 혼인을 하였으나 청구 외 박호석이 가족을 부양할 능력이 부족하고 책임감이 없으며, 둘째 아이를 낳고 계속되는 외도로 인해 2004.07.27 협의 이혼을 하였습니다. 이혼 후 청구인은 이혼에 대한 아픔을 갖고 있었지만 청구 외 엄영구를 만나 2005.03.02 혼인을 하고, 셋째 아이 청구 외 엄지민(2005.04.23 출생)을 낳았습니다. 재혼 후 오랜 시간이 지난 뒤에 청구 외 박호석이 2005.01.05 교통사고로 사망한 사실을 알았습니다. 지금은 재혼가정이지만 청구 외 엄영구와 함께 행복한 가정을 이루고 살고 있습니다. 청구 외 엄영구는 안정적인직장을갖고열심히생활하는사람이고, 성격도 가정적이고 자상한성격이어서아이들을친자식과같이사랑해주고있습니다.

3. 둘째 아이, 사건본인2는 선천성 심장병으로 몇 차례의 수술을 하였고, 아직도 사지기형 등의 이유로 재활치료를 하고 있습니다. 지금의 남편은 큰아이의 학교생활 및 장래에 대해 관심이 많고, 둘째아이의재활치료및장래에대한배려와이해심이많습니다. 셋째 아이도 몸이 불편한 둘째 아이의 신발을 신겨 주고, 넘어질까봐 손도 잡아 주는 등 아이들끼리 서로 사랑하고 의지하고 있습니다. 그런데 사건본인1,2의 성이 동생과 달라서 소외감 및 고통이 많습니다. 사건본인 1은 동생이 장애아인 것을 부끄러워하지 않는 활발한 성격임에도 불구하고 친구들이 집에 놀러 올 때면, 동생과 성이 다른 것에 대해 굉장히 예민하게 반응하여 동생의 이름이 적힌 물건들을 미리 치우는등 친구들이동생과성이다른것을물어볼까봐 당황하고속상해합니다. 또한 학교 선생님께 찾아가 사건본인1의 성을 바꿔서 불러달라고 부탁을 하기도 했습니다.

4. 청구인이 청구 외 박호석와 협의 이혼당시 아이들의 양육권을 청구 외 박호석이 갖고 아이들을 양육하고 있었습니다. 그러나 청구 외 박호석이 사망하고

보상금 등의 문제로 청구인에게 '친권상실' 이라는 재판에 관한 서류가 송달되었고, 오랜 갈등 끝에 본인이 승소하여 아이들을 데려 올수 있었습니다. 2006년 11월부터 왕래하여, 같은 해 12월부터는 모두 함께 지낼 수 있게 되었습니다.

5. 청구인은 사건본인1,2를 위해 이사를 하고 전학을 준비하고 있습니다. 그 전에 아이들의 성과 본이 지금의 남편의 성과 본으로 바뀌어서 더 이상 아이들이 상처 받지 않고, 안정적인 생활을 하기를 간절히 바랍니다.

6. 사건본인의 복리를 위하여 사건본인의 성과 본을 청구 외 엄영구의 성과 본으로 변경할 필요가 있으므로, 청구취지와 같은 심판을 구합니다.

첨 부 서 류

1. 가족관계증명서(청구인 및 사건본인)	3통
2. 기본증명서	2통
3. 혼인관계증명서	1통
4. 제적등본	1통
5. 주민등록등본	2통
6. 진술서(청구인 및 계부)	
7. 사진	

2008 . 1 . 31.

위 청구인 이 선 영 (인)

울산지방법원(가사단독) 귀중

⇨ Comment

1.새 아버지의 성으로 바꾸는 경우임.

2.생부가 가정에 대해 무책임하고 외도를 일삼아 협의이혼 하였음.

3.이혼 후 몇 년 뒤에 생부가 사망하였다는 소식을 들음.

4.이혼 당시에는 생부가 사건본인들의 양육권을 가지고 있었으나 재판에서 승소하여 현재는 청구인이 가지고 있음.

○○ 지방법원
심 판

사　　건　　2009느단73　성본변경
청 구 인　　이 ○ ○ (640722-1245781)
　　　　　　주　소 ○○○시 ○○동 2-1 그린A 1-1005
　　　　　　등록기준지 서울 ○○구 ○○동 10-19
　　　　　　송달장소 서울 서초구 서초동 한림빌딩 301호

사건본인　　이 ○ ○ (123456-1234567)
　　　　　　사건본인 주 소 위 청구인과 같음
　　　　　　사건본인 등록기준지 ○○ ○구 ○○동 297

주 문

사건본인의 성을 ○○)로, 본을 ○○로 변경할 것을 허가한다.

이 유

이 사건 신청은 이유 있으므로 주문과 같이 심판한다.

2009 . ○. ○.

판　사　　김 ○ ○

○ ○ ○ 지 방 법 원

정 본 입 니 다.

2009. 2. 3.

법원주사 서 ○ ○

1. 자의 성본변경 : 심판문을 수령후 30일내 주소지 시.구. 읍.면사무소에 가서 신고하시면됩니다.
송달일로부터 1월 이내에 신고하지않으면 과태료가 부과됩니다.

민소 제 162조 ③ 2-139

사례39. 생부는 현재 다른 여자와 재혼상태이고 ,단 한번의 양육비를 받은 적 없음.

자의 성과 본의 변경허가 심판청구

청 구 인　　이　옥

사건본인　　박 새 연

송달료　30,200원

인지대　　5,000원

인천지방법원(가사단독) 귀중

자의 성과 본의 변경허가 심판청구

청 구 인　　이 옥 (휴대전화 011-9999-1234)
주민등록번호 700326-1234567
주　　소　　경기도 부천시 소사구 범박동 151-2
현대홈타운5단지 502-805
등록기준지 경기도 시흥시 장현동 25번지
송달장소 서울시 서초구 서초동 1657-2
한림빌딩 301호

사건본인　　박 새 연
주민등록번호 961103-2185816
주　　소　인천시 계양구 동양동 582
주공뜨란채 304-705
실제거주지 경기도 부천시 소사구 범박동 151-2
현대홈타운5단지 502-805
록기준지 경기도 부천시 원미구 중동 1030번지

청 구 취 지

사건본인의 성을 "김(金)"으로, 본을 "김해(金海)"로 변경할 것을 허가한다.
라는 심판을 구합니다.

청 구 원 인

1. 사건본인은 청구인과 청구 외 박필기 사이의 출생자입니다.

2. 청구인은 청구 외 박필기와 1996.03.19 혼인을 하였으나, 행복할 것이라는 청구인의 생각과 다르게, 청구 외 박필기는 사건본인이 태어난 후부터 잦은 외박과 음주에 빠져 카드 빚에 허덕이고, 회사에서도 공금횡령으로 지명수배를 당하는 등 가족을 부양할 능력이 없고, 책임감도 없어 사건본인에 대한 친권 및 양육권은 청구인이 갖기로 하고 2000.09.06 협의 이혼을 하였습니다. 이혼 후 청구인은 청구 외 박필기 에게 단 한번의 양육비를 받은적이 없으며, 청구 외 박필기는 사건본인에 대한 정도 없어 단한번도아이를찾거나보고싶어하지않았습니다. 현재 청구인은 청구 외 박필기와 연락이 되지 않고 있으며, 청구 외 박필기는 재혼하여아이를낳고살고있는것으로알고있습니다.

3. 이혼 후 청구인은 열심히 일을 하며 사건본인을 양육하였고 그러던 중 청구 외 김길태를 만나 2001.07.16 혼인을 하고, 2001.12.11 둘째 아이를 출산하였습니다. 청구 외 김길태는 안정적인 직장을 갖고 매우 성실하게 일을 하는 사람이었습니다. 성격 또한 가정적이어서 사건본인을 친 딸과 같이 여기고 사랑을 주었습니다. 사건본인도 전에 받아 보지 못한 부의 정을 느끼며 지금의 남편을 친아버지와 같이 여기고 잘 따릅니다. 저보다 아빠를 너무 좋아해 제가 가끔 소외감을 느낄 정도입니다. 사건본인이 늦게라도 좋은 아버지를 만날 수 있어서 너무 감사하게 생각하고 있습니다. 저희 가정은 재혼가정이지만 매우 행복하게 살고 있습니다. 그런데 현실은 사건본인이 감당하기에 너무 큰 장벽이었습니다. 사건본인이 가족구성원과 성이 달라서 소외감 및 고통을 겪고 있기 때문입니다. 주위에서 "동생이름이 뭐냐? 왜 동생하고 성이 다르냐? 아빠가 새 아빠냐? "라는 질문 을받으며, 이로 인하여 상당히 위축되고 많은 스트레스를 받습니다. 동생의

이름을 물으면, 이름을 잘 이야기 하지 못합니다. 성은빼고 "동생 이름은 '동우' 입니다. "라고 이야기합니다. 동생은 김씨인데 혼자만 박씨 성을 갖고 있어서 아이가 느끼는 소외감이 너무 크고, 이로 인해 아이가 많이 힘들어 합니다. 주위의 친구들에게도 놀림을받고상처를받고있어서어린나이에감당해야할고통이매우크고, 이를 보는 청구인의 마음도 많이 아픕니다. 또한, 지금의 남편의 사회생활에 있어서도 적지 않은 어려움이 있습니다. 가족모임에 참여 할 때면, 성격적으로 의기소침해 지는 등 어려움을 겪고 있습니다. 이러한 이유로하루빨리아이의성을지금의남편과같게해주고싶고, 지금의 남편 및 시댁식구들도 적극적으로 권해주고계십니다. 호주제폐지의소식을듣고간절히기다려왔습니다. 또한 사건본인이 간절히 희망하고있어오랜준비를마치고신청하게되었습니다. 이러한 이유로 사건본인의 성과 본을 지금의 남편의 성과 본으로 변경을 간절히 원합니다.

4. 사건본인의 복리를 위하여 사건본인의 성과 본을 의붓아버지인 청구 외김길태의 성과 본으로 변경할 필요가 있으므로, 청구취지와 같은 심판을 구합니다.

5. 청구인의 청구사유를 별지로 첨부합니다.

첨 부 서 류

1. 청구사유서
2. 가족관계증명서(청구인 및 사건본인) 2통
3. 기본증명서(청구인 및 사건본인) 2통

4. 혼인관계증명서 1통
5. 제적등본 1통
6. 주민등록등본 2통
7. 친부의 주민등록등본
8. 진술서
9. 가족사진

2008 . 05 . 08.

위 청구인 이 옥 (인)

인천지방법원(가사단독) 귀중

⇨ Comment

1.새 아버지의 성으로 바꾸는 경우임.
2.생부와는 협의이혼을 하였고 생부는 현재 다른 여자와 재혼상태임.
3.생부로부터 단 한번의 양육비를 받은 적 없음.

○ ○ 지방법원
심 판

사 건 2009느단73 성본변경
청 구 인 이 ○ ○ (640720-1245781)
주 소 ○○○시 ○○동 2-1 그린-5
등록기준지 서울 ○○구 ○○동 10-19
송달장소 서울 서초구 서초동 한림빌딩 301호

사건본인 정 ○ ○ (123456-1234567)
사건본인 주 소 위 청구인과 같음
사건본인 등록기준지 ○○ ○구 ○○동 297

주 문

사건본인들의 성을 ○○로, 본을 ○○로 변경할 것을 허가한다.

이 유

이 사건 신청은 이유 있으므로 주문과 같이 심판한다.

2009 . ○. ○.

판 사 김 ○ ○

○ ○ ○ 지 방 법 원

정 본 입 니 다.

2009. 2. 3.

법원주사 서 ○ ○

1. 자의 성본변경 : 심판문을 수령후 30일내 주소지 시.구. 읍.면사무소에 가서
신고하시면됩니다.
송달일로부터 1월 이내에 신고하지않으면 과태료가 부과됩니다.

민소 제 162조 ③ 2-139

사례40. **엄마의 성** 으로 바꾸는 경우임.생부와의 면접교섭, 양육비도 단 한번도 받은 적 없 친권과 양육권 모두 청구인

자의 성과 본의 변경허가 심판청구

청 구 인　　이 은 영
사건본인　　박 민 제

송달료　30,200원
인지대　　5,000원

서울가정법원(가사단독) 귀중

자의 성과 본의 변경허가 심판청구

청 구 인 이 은 영 휴대전화 011-9156-1234
집전화 02-392-1234
주민등록번호 681015-1234567
주 소 서울시 서대문구 북아현동 1009
두산아파트 104-705
등록기준지 서울시 서대문구 대현동 60번지의 5
송달장소 서울시 서초구 서초동 1657-2
한림빌딩 301호

사 건 본 인 박 민 제
주민등록번호 060601-1234567
주소 위와 같은 곳
등록기준지 부산시 서구 아미동2가 74번지

청 구 취 지

사건본인의 성을 "이(李) "로, 본을 "인천(仁川) "으로 변경할 것을 허가한다.
라는 심판을 구합니다.

청 구 원 인

1. 사건본인은 청구인과 청구 외 박동원 사이의 출생자입니다. 친부의 주소는, 부산시해운대구중동 1324-286 크리스탈비치 7811호입니다.

2. 청구인은 청구 외 박동원과 2005.03.09. 혼인을 하였으나, 청구 외 박동원은 혼인 시부터 일정한 직장이 없어 청구인은 경제적으로 매우 불안하였고, 결국 청구 외 박동원이 가족을 부양할 능력이 부족하고 책임감이 없어, 2005년 10월부터 별거 중에 있다가 2007.09.03. 사건본인에 대한 친권및양육원은청구인이갖기로하고협의이혼을하였습니다.이혼 후 청구 외 박동원은 양육비를단한번도주지않았고 사건본인에대한정도없어아이를찾거나보고싶어하지않았습니다. 현재는 연락도 되지 않고, 행방을 알지 못합니다.

3. 청구인은 생계를 위해 직장생활을 하며 열심히 살고 있습니다. 청구인은 사건본인을 아버지 없이 자라게 하고 싶지 않아서 많은 노력을 했지만, 청구 외 박동원은 사건본인 출생후 2달 만에 단 한번 얼굴을 보고 갔을 뿐 더 이상의 만남은 없었습니다. 또한 사건본인이 너무 어렸을 때 청구인이 이혼을 하였기에 친아버지의 존재를 알지 못합니다. 청구인의 한 번의 실수로 아이가 겪게 될 불편이 두려워 이혼 당시부터 사건본인에게 청구인의 성을 붙여 '이민제' 로 불렀으며, 어린이집에서도 사건본인을 '이민제' 로 등록하여 생활하고 있습니다. 현재 사건본인은 본인의 이름을 '이민제' 로 알고 있으며, 주변사람들과 선생님, 친구들까지 모두 '이민제' 로 부르고 있습니다. 그런데 사건본인이 아파서 병원에 갈 때면 건강보험증에는 '박민제' 로 표시가 되기 때문에 주위에서 의아한 시선을 보내고, 아직 사건본인이 어리기 때문에 이 모든 사실을 알지 못하지만 아이가 점점 자라면서 청구인의 마음은 매우 불안하기만 합니다. 또한 주위에 이 모든 사실이 알려질 까봐 매우 두렵습니다. 청구인은 사건본인의 성과 본을 청구인의 성과 본으로 바꾼다고 해서 미혼모로 의심이 되거나 한다는 걱정과 불편함은

전혀 없습니다. 이미 '이민제' 로 생활하고 있기 때문에 서류상으로도 완벽한 '이민제' 가 되기를 손꼽아 기다릴 뿐 입니다. 사건본인이 한글을 완전히 익히기 전에 청구인의 성과 본으로 변경을 해 주어 이후에 사건본인이 혼란을 겪지 않기를 간절히 바랍니다. 이러한 이유로 사건본인이 일상생활을 하면서 혼란을 겪지 않도록 청구인의 성과 본으로 변경을 간절히 원합니다.

4. 사건본인의 복리를 위하여 사건본인의 성과 본을 청구인의 성과 본으로 변경할 필요가 있으므로, 청구취지와 같은 심판을 구합니다.

첨 부 서 류

1. 가족관계증명서(청구인 및 사건본인) 2통
2. 기본증명서 1통
3. 혼인관계증명서 1통
4. 제적등본 1통
5. 주민등록등본 1통
6. 친부의 주민등록등본 1통
7. 진술서
8. 기타소명자료

2008. 06. 13.

위 청구인 이 은 영 (인)

서울가정법원(가사단독) 귀중

⇨ Comment

1.엄마의 성으로 바꾸는 경우임.
2.생부와의 면접교섭도 없었고 양육비도 단 한번도 받은 적 없음.
3.친권과 양육권 모두 청구인이 가지고 있음.

○○지방법원
심 판

사 건 2009느단73 성본변경

청 구 인 이 ○ ○ (640720-1245781)

주 소 ○○○시 ○○동 2-1 그린빌라 1005

등록기준지 서울 ○○구 ○○동 10-19

송달장소 서울 서초구 서초동 한림빌딩 301호

사건본인 황 ○ ○ (123456-1234567)

사건본인 주 소 위 청구인과 같음

사건본인 등록기준지 ○○ ○구 ○○동 297

주 문

사건본인의 성을 이(李)로, 본을 전주(全州)로 변경할 것을 허가한다.

이 유

이 사건 신청은 이유 있으므로 주문과 같이 심판한다.

2009 . ○. ○.

판 사 김 ○ ○

○ ○ ○ 지 방 법 원

정 본 입 니 다.

2009. 2. 3.

법원주사 서 ○ ○

1. 자의 성본변경 : 심판문을 수령후 30일내 주소지 시.구. 읍.면사무소에 가서 신고하시면됩니다.
송달일로부터 1월 이내에 신고하지않으면 과태료가 부과됩니다.

민소 제 162조 ③ 2-139

사례41. **<u>성인</u>**이 된 사건본인들이 직접 새 아버지의 성. 사건본인들은 결혼을 앞두고 정신적 고통을 받고 있음.

자의 성과 본의 변경허가 심판청구

청 구 인 이 정 화
사건본인 1 변 예 원
사건본인 2 변 대 준

송달료 30,200원
인지대 5,000원

수원지방법원(가사단독) 귀중

자의 성과 본의 변경허가 심판청구

청 구 인 이정화 (전화 011-9264-1234)
주민등록번호 580206-1234567
주 소 경기도 군포시 금정동 756-6 (7/6)
금호아파트 101-404
등록기준지 전북 임실군 임실읍 금성리 702번지

사 건 본 인 1 변 예 원
주민등록번호 811223-1234567
주 소 위와 같은 곳
등록기준지 서울시 성동구 옥수동 424번지의 1221
사 건 본 인 2 변대준
주민등록번호 830619-1234567
주 소 위와 같은 곳
등록기준지 서울시 성동구 옥수동 424번지의 1221

청 구 취 지

사건본인1과 사건본인2의 성을 "이(李)"로, 본을 "전주(全州)"로 변경할 것을 허가한다.
라는 심판을 구합니다.

청 구 원 인

1. 사건본인1,2는 청구인과 청구 외 변정환 사이의 출생자입니다.

2. 청구인은 사건본인1,2를 위해 청구 외 변정환의 가정에 대한 무책임함과 잦은 외박 및 음주로 인한 가정폭력을 견디며 살았습니다. 그러나 청구 외 변정환과 사춘기를 겪던 사건본인2의 갈등이 심화되어 사건본인2에게 폭력을 행사하는 것을 더 이상 참을 수 없어, 친권과 양육권은 청구인이 갖기로 하고 협의 이혼을 하였습니다.

3. 이혼 후 청구인은 생계를 책임지며 사건본인1, 2를 양육하였고, 아이들의 학비까지 너무나 무거운 짐이었지만, 두 아이와 함께 행복했습니다. 그러던 중 청구 외 이기운을 만나 2001.01.30 혼인을 하였습니다. 청구 외 이기운은 매우 가정적 이어서 두 아이가 지금의 남편을 잘 따르고, 지금의 남편도 아이들을 친자식과 같이 생각하며 사랑해 주고 있습니다. 부족한 청구인을 대신해 청구 외 이기운은 두 아이의 대학등록금을 불평없이 해주었고, 사건본인1,2에게 한번도받아보지못한아버지의사랑을느끼게해주었습니다. 그런데 두 아이의 성이 지금의 남편의 성과 달라서 사회생활 및 학교생활에서 불편함과 소외감을 겪고 있습니다. 사건본인1,2는 결혼을앞두고지금의남편의성과달라서많은갈등과고민을하고있으며, 두 아이가 떳떳하게결혼상대자의집안에인사드릴수없는상황을보는청구인의마음은 너무나아프고, 아이들에게 죄 지은 것 같아 많이 미안합니다. 부디 사건본인1,2가 성씨라도 지금의 남편의 성을 따르게 하여 부의 정체성에 대한 혼란을 겪지 않기를 간절히 바라고, 판사님께서 사건본인1, 2에게 결혼 전에 귀한선물을 주시기를 바랍니다.

4. 사건본인1,2의 복리를 위하여 사건본인1,2의 성과 본을 청구 외 이기운의 성과 본으로 변경할 필요가 있으므로, 청구취지와 같은 심판을 구합니다.

첨 부 서 류

1. 가족관계증명서(청구인 및 사건본인)	3통
2. 기본증명서	2통
3. 혼인관계증명서	1통
4. 주민등록등본	1통

2008 . 1 . 16

위 청구인 이 정 화 (인)

수원지방법원(가사단독) 귀중

⇨ Comment

1.성인이 된 사건본인들이 직접 새 아버지의 성으로 바꾸고자 신청하는 경우임.
2.새 아버지와의 동거기간은 7년 정도임.
3.사건본인들은 결혼을 앞두고 정신적 고통을 받고 있음.

○○ 지방법원
심 판

사 건 2009느단73 성본변경
청 구 인 이 ○ ○ (640720-1245781)
주 소 ○○○시 ○○동 2-1 그린타운 111-1005
등록기준지 서울 ○○구 ○○동 10-19
송달장소 서울 서초구 서초동 한림빌딩 301호

사건본인 1. 변 ○ ○ (123456-1234567)
2. 변 ○ ○ (123456-1234567)
사건본인 주 소 위 청구인과 같음
사건본인 등록기준지 ○○ ○구 ○○동 297

주 문

사건본인의 성을 김(金)으로, 본을 강릉(江陵)으로 변경할 것을 허가한다.

이 유

이 사건 신청은 이유 있으므로 주문과 같이 심판한다.

2009 . ○. ○.

판 사 김 ○ ○

○ ○ ○ 지 방 법 원

정 본 입 니 다.

2009. 2. 3.

법원주사 서 ○ ○

1. 자의 성본변경 : 심판문을 수령후 30일내 주소지 시.구. 읍.면사무소에 가서
신고하시면됩니다.
송달일로부터 1월 이내에 신고하지않으면 과태료가 부과됩니다.

민소 제 162조 ③ 2-139

사례42. 엄마의 성으로 바꾸는 경우이고,새 아버지의 성을 따를 수 있으나 그 보다는 엄마의 성으로 바꾸길 원함. 2008.01.14.~2008.02.22.종국인용.

자의 성과 본의 변경허가 심판청구

청 구 인 이 주 령

사건본인 황 원 하

송달료 30,200원
인지대 5,000원

제주지방법원(가사단독) 귀중

자의 성과 본의 변경허가 심판청구

청 구 인 이주령 (전화 010-8912-1234)
주민등록번호 701018-1234567
주소 제주특별자치도 서귀포시 서귀동 64-3번지 1통1반
등록기준지 경북 구미시 장천면 하장리 650번지

사 건 본 인 황원하
주민등록번호 031026-3674619
주소 위와 같은 곳
등록기준지 경북 상주시 성동동 232번지

청 구 취 지

사건본인의 성을 "이(李)"로, 본을 "경주(慶州)"로 변경할 것을 허가한다. 라는 심판을 구합니다.

청 구 원 인

1. 사건본인은 청구인과 청구 외 황인수 사이의 출생자입니다.

2. 청구인은 청구 외 황인수와 이혼 후 청구 외 신정기와 2007.02.12 혼인하여 청구 외 신정기와 함께 사건본인을 잘 양육하고 있습니다. 그런데사건본인의 친구들이 사건본인에게 이름을 물으면 황원하로 대답을 할 때가 있고, 신원하로 이야기 할 때도 있어 주위에서 사건본인을 의심스럽게보고있습니다.청구인의잘못된선택으로제자신이한번고통을받았는데, 부모의 잘못으로 사건본인이 부의 정체성에 대한 혼란을 겪게 하고 싶지 않습니다. 앞으로사건본인의사회생활및학교생활에있어고통을받지않기를간절히바랍니다. 청구인은 사건본인이 청구인의 성을 따르게 되어 부의정체성에대한혼란을겪지않고새로운시작을할수있기를원합니다. 앞으로 사건본인이 자신을 소개할 때 "저는, 이원하 입니다."라고말할수있기를 손꼽아기다립니다. 부디판사님께서저희가족에게의미있는선물을주시기를간절히바랍니다.

3. 사건본인의 복리를 위하여 사건본인의 성과 본을 청구인의 성과 본으로 변경할 필요가 있으므로, 청구취지와 같은 심판을 구합니다.

첨 부 서 류

1. 가족관계증명서(청구인 및 사건본인) 1통
2. 기본증명서(청구인 및 사건본인) 1통

3. 혼인관계증명서　　　　　　　　　　1통
4. 주민등록등본　　　　　　　　　　　1통

2008 . 1 . 11.

위 청구인 이 주 령 (인)

제주지방법원(가사단독) 귀중

⇨ Comment

1.엄마의 성으로 바꾸는 경우임.
2.새 아버지와의 동거기간은 1년 이하임.
3.새 아버지의 성을 따를 수 있으나 그 보다는 청구인의 성으로 바꾸길 원함.
4.2008.01.14.~2008.02.22.종국인용.

○○ 지방법원
심 판

사 건 2009느단73 성본변경
청 구 인 이 ○ ○ (640720-1245781)
주 소 ○○○시 ○○동 2-1 그린-5
등록기준지 서울 ○○구 ○○동 10-19
송달장소 서울 서초구 서초동 한림빌딩 301호

사건본인 정 ○ ○ (123456-1234567)
사건본인 주 소 위 청구인과 같음
사건본인 등록기준지 ○○ ○구 ○○동 297

주 문

사건본인들의 성을 ○○로, 본을 ○○로 변경할 것을 허가한다.

이 유

이 사건 신청은 이유 있으므로 주문과 같이 심판한다.

2009 . ○. ○.

판 사 김 ○ ○

○ ○ ○ 지 방 법 원

정 본 입 니 다.

2009. 2. 3.

법원주사 서 ○ ○

1. 자의 성본변경 : 심판문을 수령후 30일내 주소지 시.구. 읍.면사무소에 가서
신고하시면됩니다.
송달일로부터 1월 이내에 신고하지않으면 과태료가 부과됩니다.

민소 제 162조 ③ 2-139

사례43. 전형적인 재혼가정의 경우로 계부의 성과본으로 **재혼시점에서 1년경과** 무렵 접수

자의 성과 본의 변경허가 심판청구

청 구 인　　이 지 연
사건본인　　정 규 서

송달료　30,200원
인지대　5,000원

수원지방법원 성남지원(가사단독) 귀중

자의 성과 본의 변경허가 심판청구

청 구 인 이지연 휴대전화 017-260-1111
집 전화 031-718-1234
주민등록번호 710210-1234567
주 소 경기도 성남시 분당구 수내동 10-1
분당트라팰리스 826호
등록기준지 충북 보은군 삼승면 달산리 399번지
송달장소 서울시 서초구 서초동 1657-2
한림빌딩 301호

사 건 본 인 정 규 서
주민등록번호 990908-1234567
주 소 위와 같은 곳
등록기준지 위와 같은 곳

청 구 취 지

사건본인의 성을 "김(金)"으로, 본을 "경주(慶州)"로 변경할 것을 허가한다.
라는 심판을 구합니다.

청 구 원 인

1. 사건본인은 청구인과 청구 외 정동섭 사이의 출생자입니다.
친부의 주소는, 서울시강남구삼성동 32번지 401호 입니다.
친부 정동섭과 친모 이지연은 2002.01.18 협의이혼을 하였습니다.
지금의 남편, 청구 외 김응후는 2003.05.31 사건본인을 입양하였습니다.

2. 청구인은 청구 외 정동섭과 1996.02.17 혼인을 하였으나, 청구 외 정동섭이 가족을 부양할 능력이 부족하고 가정에 책임감이 없어 오랜 기다림 끝에 2002.01.18 협의 이혼을 하였습니다. 이혼 후 청구인은 청구 외 정동섭 에게 단 한번도 양육비를 받은적이 없으며, 청구 외 정동섭은 사건본인을 찾거나 보고 싶어하지 않았습니다. 이혼 후 청구인은 청구 외 정동섭과 아이의 입양문제로 인해 단 한번 연락하였을 뿐이며, 지금은 청구 외 정동섭의 연락처와 구체적인 행방을 알지 못합니다.

3. 이혼 후 청구인은 열심히 일을 하며 사건본인을 양육하였고 그러던 중 청구 외 김응후를 만나 2002.12.21. 혼인을 하였습니다. 청구외김응후는안정적인직장을갖고오랫동안성실하게근무하고있고, 가정적인 성격에 사건본인을 친자식으로 여기고 사랑을 주고 있으며, 2003.05.31. 사건본인을 입양하여, 사건본인이 전에 받아 보지 못한 부의 정을 듬뿍 느끼며 사랑으로 자라고 있습니다. 가끔 청구인보다 아빠를 너무 좋아해 소외감을 느낄 정도로 사이가 좋습니다. 청구인은 사건본인이 늦게라도 좋은 아버지를 만날 수 있어서 너무 감사하게 생각하고 있습니다.

4. 청구인은 재혼 후 사건본인과 함께 편안하고 행복하게 살고 있으며 2004.01.10. 둘째 아이를 출산 하였습니다. 청구인의 가족은 어느 가정 부럽지 않게 행복하며 서로 아끼고 사랑하고 있습니다. 그런데 현실은 사건본인이 감당하기에 너무 큰 장벽이었습니다. 사건본인이가족구성원과성이달라서소외감및고통을

겪고있기 때문입니다. 사건본인에게 동생이 생기고, 사건본인이 학교에 진학하, 면서 많은 어려움이 따르고 있습니다. 주위에서 사건본인에게 동생이름이 무엇이냐고 물으면, 차마 대답을 하지 못하고 머뭇거리고, 학교에서 친구들에게 놀림도 받으면서 아이의 성격이 위축되고 의기소침해 지는 등 큰 정신적 고통이 따르고 있습니다. 그리고 주위의 시선 또한 곱지 않아 주변사람들에게 지금의 남편과 아이가 성이 다르다는 사실이 알려질 것이 매우 두렵고, 이로 인해 사건본인의 장래에 문제가 생기지 않을까 늘 조마조마한 마음입니다. 또한 지금의 남편의 사회생활에 있어서 적지 않은 파장이 있을 것이 예상됩니다. 청구인의 가족이 가족모임에 참여 할 때면, 사촌동생들이 사건본인에게 "너는 왜 동생하고 성이 다르냐? "고 묻곤 하여 청구인의 마음이 너무 아프고, 혼자 소외감을 느껴 상처를 받지 않을까 걱정이 되며, 남편 또한 성격적으로 위축되는 등 어려움을 겪고 있습니다. 사건본인이가족구성원과성이다른이유로어린나이에감당해야할정신적고통이매우크기때문에하루빨리아이의성을지금의남편과같게해주고싶고, 지금의 남편 및 시댁식구들도 적극적으로 권해주고 계십니다. 또한 호주제폐지의소식을듣고간절히기다려왔으며, 사건본인이 간절히 희망하고있어오랜준비를마치고신청하게되었습니다. 이러한 이유로 사건본인의 성과 본을 지금의 남편의 성과 본으로 변경을 간절히 원합니다.

5. 사건본인의 복리를 위하여 사건본인의 성과 본을 의붓아버지인 청구 외 김응후의 성과 본으로 변경할 필요가 있으므로, 청구취지와 같은 심판을 구합니다

첨 부 서 류

1. 진술서(청구인 및 계부) 2통
2. 가족관계증명서 3통

3. 기본증명서 3통
4. 입양관계증명서 1통
5. 혼인관계증명서 2통
6. 제적등본 2통
7. 주민등록등본 1통
8. 친부의 주민등록초본 1통
9. 기타소명자료(가족사진)

2008 . 07 . 25.

위 청구인 이 지 연 (인)

수원지방법원 성남지원(가사단독) 귀중

⇨ Comment

1. 전형적인 재혼가정의 경우로 계부의 성과 본을 변경을 원함.
2. 인용결정까지 정확히 2개월 소요됨.
3. 재혼시점에서 1년경과 무렵 접수

○○ 지방법원
심 판

사 건 2009느단73 성본변경
청 구 인 황 ○ ○ (640721245781)
주 소 ○○○시 ○○동 2-5
등록기준지 서울 ○○구 ○○동 10-19
송달장소 서울 서초구 서초동 한림빌딩 301호

사건본인 최 ○ ○ (123456-1234567)
사건본인 주 소 위 청구인과 같음
사건본인 등록기준지 ○○ ○구 ○○동 297

주 문

사건본인들의 성을 "황(黃)"으로, 본을 "창원(蒼遠)"의로 변경할 것을 허가한다.

이 유

이 사건 신청은 이유 있으므로 주문과 같이 심판한다.

2009 . ○. ○.

판 사 김 ○ ○

○ ○ ○ 지 방 법 원

정 본 입 니 다.

2009. 2. 3.

법원주사 서 ○ ○

1. 자의 성본변경 : 심판문을 수령후 30일내 주소지 시.구. 읍.면사무소에 가서 신고하시면됩니다.
송달일로부터 1월 이내에 신고하지않으면 과태료가 부과됩니다.

민소 제 162조 ③ 2-139

사례44. 사건본인이 새 아버지와 청구인의 사이에 아이와의 다른 성

자의 성과 본의 변경허가 심판청구

청 구 인　　이 진 경
사건본인　　이 동 준

송달료　30,200원
인지대　　5,000원

서울가정법원(가사단독) 귀중

자의 성과 본의 변경허가 심판청구

청 구 인　　이진경 휴대전화 010-7190-1234
집전화 02-2294-0000
주민등록번호 720207-1234567
주　　　소　서울시 성동구 행당동 128-159 (20/8)
등록기준지　서울시 송파구 방이동 115번지의 16
송달장소　　서울시 서초구 서초동 1657-2
한림빌딩 301호

사 건 본 인　　이동준
주민등록번호 970826-1234567
주　　　소　위와 같은 곳
등록기준지　서울시 동대문구 전농동 558번지의 167

청 구 취 지

사건본인의 성을 "서(徐)"로, 본을 "달성(達城)"으로 변경할 것을 허가한다. 라는 심판을 구합니다.

청 구 원 인

1. 사건본인은 청구인과 청구 외 이종운 사이의 출생자입니다.
친부의 주소는, 서울시동대문구용두동 20-3 대명빌라 1-209입니다.

2. 청구인은 청구 외 이종운과 1997.02.21 혼인을 하였으나, 청구 외 이종운의 심한의처증및폭력으로사회생활조차도할수없어 2000.01.06 협의이혼을 하였습니다. 이혼 당시엔 청구 외 이종운이 친권 및 양육권을 갖고 사건본인을 양육하기로 하였으나, 청구인의 동의 없이 사건본인을 큰집으로 보내버려 사건본인이 차별대우를 받으며 생활하고, 적응을 못한 사건본인은 성격이 어두워지고 말수도 줄게 되었습니다. 그 후 청구 외 이종운은 1년도 채 되지 않아서 사건본인을 데려가라고 하였고, 친권과 양육권 모두 포기하였습니다. 청구인은 청구 외 이종운에게 단 한번도양육비를받지못했고, 연락조차 되지 않고 있습니다. 또한 청구 외 이종운은 사건본인을 찾거나 보고 싶어하지 않았습니다.

3. 이혼 후 청구인은 열심히 일을 하며 생활하였고, 사건본인을 양육하던중 청구 외 서영득을 만나 2001.02.26 혼인을 하고, 둘째 아이를 낳았습니다. 지금의 남편은 안정적인 직장을 갖고 성실하게 생활하며 사건본인을 친아들과같이 사랑으로 양육하고 있습니다. 사건본인은 어렸을 때부터 지금의 남편을 친아버지로알고, 지금의 남편과 매우 사이가 좋아 많이 사랑하고 잘 따르고 있습니다. 그런데 사건본인이 가족구성원과 성이 달라서 사회생활 및 학교생활에 많은 고통이 따르고 있습니다. 사건본인은 이번에 초등학교 5학년에 진학을 하였고, 동생도 같은 초등학교에 입학을 하였습니다. 그런데 동생과 성이 달라서 반 친구들에게 놀림을 심하게 당하고 있습니다. 사건본인뿐만 아니라 동생도 놀림을 받아 스트레스를 많이 받고 있습니다. 곧 사건본인이사춘기에접어들시기이기에더욱조심스럽고걱정이됩니다. 아이가 지금의 남편이 친 아버지가 아니라는 사실을 알게 되어 혹시라도 삐뚤어지지 않을까 두렵습니다. 하루빨리 아이의 성을 지금의 남편과 같게 해 주고 싶고, 본인도 원 하고 있습니다. 또한 지금의 남편 및 시댁식구들도 적극적으로 권해주고 계십니다. 이러한 이유로 사건본인의 성과 본을 지금의 남편의 성과 본으로 변경을 간절히 원합니다.

4. 사건본인의 복리를 위하여 사건본인의 성과 본을 의붓아버지인 청구 외서영득의 성과 본으로 변경할 필요가 있으므로, 청구취지와 같은 심판을 구합니다.

첨 부 서 류

1. 가족관계증명서(청구인 및 사건본인) 2통
2. 기본증명서(청구인 및 사건본인) 2통
3. 혼인관계증명서 1통
4. 제적등본 1통
5. 주민등록등본 1통
6. 친생부의 주민등록등본 1통
7. 진술서
8. 가족사진

2008 . 03 . 12.

위 청구인 이 진 경 (인)

서울가정법원(가사단독) 귀중

⇨ Comment

1.새 아버지의 성으로 바꾸는 경우임.
2.사건본인의 양육권과 친권이 이혼 당시에는 생부에게 있었으나 현재는 청구인 에게 있음.
3.사건본인이 새 아버지와 청구인의 사이에 태어난 아이와의 다른 성으로 인해 정신적 고통을 받고 있음.

○○ 지방법원
심 판

사 건 2009느단73 성본변경
청구인겸 홍 ○ ○ (640720-1245781)
사건본인 주 소 ○○○시 ○○동 285
등록기준지 서울 ○○구 ○○동 10-19
송달장소 서울 서초구 서초동 한림빌딩 301호
송달영수인 ○○○

주 문

사건본인의 성을 정(鄭金)으로, 본을 동래(東萊)로 변경할 것을 허가한다.

이 유

이 사건 신청은 이유 있으므로 주문과 같이 심판한다.

2009 . ○. ○.

판 사 김 ○ ○

○ ○ ○ 지 방 법 원

정 본 입 니 다.

2009. 2. 3.

법원주사 서 ○ ○

1. 자의 성본변경 : 심판문을 수령후 30일내 주소지 시.구. 읍.면사무소에 가서
신고하시면됩니다.
송달일로부터 1월 이내에 신고하지않으면 과태료가 부과됩니다.

민소 제 162조 ③ 2-139

사례45. 생부는 무려8년이라는 세월 동안 가출,이혼 당시에는 주민등록 말소상태였음. (2008.04.29.-2008.05.22.종국인용)

자의 성과 본의 변경허가 심판청구

청 구 인　　이 행 연
사건본인　　박 재 완

송달료　30,200원
인지대　5,000원

인천지방법원(가사단독) 귀중

자의 성과 본의 변경허가 심판청구

청 구 인　이 행 연 휴대전화 010-6316-1234
집전화 032-583-1234
주민등록번호 760505-2345678
주　　소　인천광역시 서구 석남동 518-18 성한캣슬 101
등록기준지　부산시 연제구 연산동 176번지

송 달 장 소　서울시 서초구 서초동 57-2
한림빌딩 301호

사 건 본 인　박 재 완
주민등록번호 980202-1234567
주소 위와 같은 곳
등록 기준지　부산시 북구 구포동 1212번지의 4

청 구 취 지

사건본인의 성을 "김(金) "으로, 본을 "함창(咸昌) "으로 변경할 것을 허가한다. 라는 심판을 구합니다.

청 구 원 인

1. 사건본인은 청구인과 청구 외 박정률 사이의 출생자입니다.

친부의 주소는, 경남 ○○시 ○○면 ○○리 27-1 동강아뜨리에 110-404 입니다.

2. 청구인은 청구 외 박정률과 1997.08.06 혼인을 하였으나, 청구 외 박정률은 혼인 직후부터 가정에 무관심하고 책임감이 없었고, 가족을 부양할 능력도 되지 않았으며, 악의로 가출 하여 약 8년간 소식이 없었습니다. 청구인은 연락조차 되지 않는 청구 외 박정률과 살면서 많은 고통을 받았으며, 경제적으로도 어려움이 있어 오랜 기다림 끝에 2006.01.28 사건본인에 대한 친권 및 양육권은 청구인이 갖기로 하고 재판상 이혼을 하였습니다. 이혼 당시 주민등록이 말소된 상태였기 때문에 행방을 알 수 없었고, 이혼 후 양육비 및 면접 교섭은단 한번도 없었습니다. 청구 외 박정률은 사건본인을 찾거나 보고 싶어하지 않았습니다.

3. 청구인은 오랜 시간을 기다려 이혼을 하게 되었고, 생계를 위해 열심히 일을 하며 사건본인을 양육하던 중 청구 외 김장용을 만나 2006.09.15 혼인을 하였습니다. 청구 외 김장용은 안정적인 직장을 갖고 성실히 생활하고 있으며, 매우 가정적입니다. 사건본인을 친 자식과 같이 사랑해 주고 있으며, 사건본인도 지금의 남편을 잘 따릅니다. 사건본인은 태어날 때부터 친부의 얼굴을 단 한번도 본 적이 없기 때문에 지금의 남편을 친 아버지로 알고 있습니다. 부의 정을 한번도 느껴보지 못한 아이에게 늦었지만 좋은 아빠를 만날 수 있게 되어서 매우 다행으로 생각하고, 재혼가정이지만 어느 가정 부럽지 않게 행복합니다. 그런데 사건본인이 가족구성원과 성이 다른 이유로 소외감 및 고통을 겪고 있습니다. 청구인

의 한 번의 실수로 아이가 겪게 될 불편이 두려워 재혼 당시부터 사건본인에게 지금의 남편 성을 붙여 '김재완' 으로 불렀으며, 학교에도 담임선생님을 찾아가 부탁을 드려 '김재완' 으로 불러 주고 계십니다. 현재 사건본인은 본인의 이름을 '김재완' 으로 알고 있으며, 주변사람들과 선생님, 친구들까지 모두 '김재완' 으로 부르고 있습니다. 그런데 사건본인이 아파서 병원에 갈 때면 건강보험증에는 '박재완' 으로 표시가 되기 때문에 아이가 자꾸 "왜 내 이름이 '박재완' 이냐? "고물어그저기재상잘못기재되었을뿐이다라는변명으로위기를모면하곤합니다. 그리고 해외여행을 갈 때면 지금의 남편과 성이 달라서 항상 질문을 받게 되고 아이가 많이 당황해 합니다. 청구인과 지금의 남편은 사춘기가 다가오는 예민한 시기에 사건본인이이사실을알게되어충격을받지않을까늘불안한마음입니다. 청구인이 지금 임신 중에 있어 곧 둘째아이를 출산하는데, 동생과성이다른문제로아이가상처를받지않을까걱정이되고, 주위에 이 모든 사실이 알려질까봐 매우 두렵습니다. 또한 지금의 남편의 사회생활에 있어서도 적지 않은 파장이 있습니다. 본인과다른성을갖고있는아이를양육한다는것이아직은사람들에게너무나냉담합니다. 사건본인이 가족구성원과 성이 달라서 겪는 어려움이 날이 갈수록 늘어가고, 청구인의 마음도 불안하여 하루빨리 아이의 성과 본을 지금의 남편의 성과 본으로 바꿔 주고 싶고, 지금의 남편 및 시댁식구들도 적극적으로 권해주고 계십니다. 또한 청구인의 가족은 호주제폐지의소식을듣고간절히기다려왔으며, 오랜 준비를 마치고 신청하게 되었습니다. 이러한 이유로 사건본인의 성과 본을 지금의 남편의 성과 본으로 변경을 간절히 원합니다.

4. 사건본인의 복리를 위하여 사건본인의 성과 본을 의붓아버지인 청구 외 김장용의 성과 본으로 변경할 필요가 있으므로, 청구취지와 같은 심판을 구합니다.

첨 부 서 류

1. 가족관계증명서(청구인 및 사건본인) 2통

2. 기본증명서(청구인 및 사건본인) 2통
3. 혼인관계증명서 1통
4. 제적등본 1통
5. 주민등록등본 1통
6. 친부의 주민등록등본 1통
7. 진술서

2008 . 04 . 23.

위 청구인 이 행 연 (인)

인천지방법원(가사 단독) 귀중

⇨ Comment

1.새 아버지의 성으로 바꾸는 경우임.
2.생부는 가정에 무책임하였고 무려8년이라는 세월 동안 가출도 하였음.
3.이혼 당시에는 주민등록 말소상태였음.
4.2008.04.29.-2008.05.22.종국인용

○○ 지방법원
심 판

사 건 2009느단73 성본변경
청 구 인 이 ○ ○ (640720-1245781)
주 소 ○○○시 ○○동 2-1 그린-5
등록기준지 서울 ○○구 ○○동 10-19
송달장소 서울 서초구 서초동 한림빌딩 301호

사건본인 정 ○ ○ (123456-1234567)
사건본인 주 소 위 청구인과 같음
사건본인 등록기준지 ○○ ○구 ○○동 297

주 문

사건본인들의 성을 ○○로, 본을 ○○로 변경할 것을 허가한다.

이 유

이 사건 신청은 이유 있으므로 주문과 같이 심판한다.

2009 . ○. ○.

판 사 김 ○ ○

○ ○ ○ 지 방 법 원

정 본 입 니 다.

2009. 2. 3.

법원주사 서 ○ ○

1. 자의 성본변경 : 심판문을 수령후 30일내 주소지 시.구. 읍.면사무소에 가서
신고하시면 됩니다.
송달일로부터 1월 이내에 신고하지 않으면 과태료가 부과됩니다.

민소 제 162조 ③ 2-139

사례46. 사건본인의 나이는 만4세이고, 의견청취서 부도달 (폐문부재) 문제 재혼기간이 1년미만. 종국인용까지 다소 긴 6개월정도

자의 성과 본의 변경허가 심판청구

청 구 인 이 혜 령

사건본인 박 솔 비

송달료 30,200원
인지대 5,000원

춘천지방법원 강릉지원(가사단독) 귀중

자의 성과 본의 변경허가 심판청구

청 구 인 이 혜 령 휴대전화 011-9926-1234
집전화 033-522-1234
주민등록번호 761126-2345678
주 소 강원도 동해시 동회동 42 코아루@108-501
등록기준지 경기도 포천시 군내면 용정리 30번지
송 달 장 소 서울시 서초구 서초동 157-2
한림빌딩 301호

사 건 본 인 박 솔 비
주민등록번호 040401-1234567
주 소 위와 같은 곳
등록기준지 서울시 송파구 거여동 3번지의 6

청 구 취 지

사건본인의 성을 “김(金) ”으로, 본을 “강릉(江陵) ”으로 변경할 것을 허가한다. 라는 심판을 구합니다.

청 구 원 인

1. 사건본인은 청구인과 청구 외 박성렬 사이의 출생자입니다.
   친부의 주소는, 경기도의정부시의정부동 20-77 (20/1)입니다.

2. 청구인은 청구 외 박성렬와 2000.08.17 혼인을 하였으나, 청구 외 박성렬은 가정에 무관심하고 책임감도 없었으며 청구인이 사건본인을 임신 한 후 가장으로서 역할을 충분히 하지 않았습니다. 또한 가족을 부양할 능력이 부족하여 2004.06.03 사건본인에대한친권및양육권은청구인이갖기로하고협의이혼을하였습니다. 이혼 후 청구인은 청구 외 박성렬에게 단 한번도 양육비를 받지 못했으며, 아이에 대한 정도 없어서 사건본인을 찾거나 보고 싶어하지 않았습니다. 지금은 연락조차 되지 않으며 행방을 알 수 없습니다.

3. 이혼 후 청구인은 생계를 위해 열심히 일을 하며 사건본인을 양육하였고, 그러던 중 청구 외 김희래를 만나 2006년 7월부터 사실상 함께 살면서사건본인을위해혼인신고를미루다가조금늦게2008.04.01 혼인신고를 하였습니다. 지금은 둘째 아이, 청구 외 김동빈을 2007.07.03에 낳고 행복한 가정을 이루고 있습니다.

4. 지금의 남편은 매우성실하고 가정적인 사람입니다. 사건본인을 친 딸과 같이 생각하고 사랑해 주고 있으며, 사건본인은 처음부터 친부의 얼굴을 본 적이 없기 때문에 지금의 남편을 친 아버지로 알고 있습니다. 재혼가정이지만 너무 행복하게 살고 있습니다. 그런데 사건 본인이 성장함에 따라 가족구성원과 성이 다른 이유로 소외감을 느끼고 고통을 받고 있습니다. 집에서는 사건본인을 '김솔비' 라고 불러주고 있으며, 주위에서 모두 '김 솔 비' 로 알고 있는데 서류상으로는 그렇지 않기 때문에 주위에 의심을 받고 있으며, 아이가 점차 한글을 깨우치기 시작함에 따라 이 모든사실을 알게 될까봐 두렵습니다. 또한 2007년에는 사건본인의 동생도 태어나 동생과성이다름으로인해사건본인이놀림및소외감을받지 않기를 바랍니다. 저희 가족은 사건본인이이모든사실을알게되어받을정신적고통이 매우두렵고, 사건본인을 위해서, 그리고 지금의남편의사회생활을위해서도사건본인의성과본을지금의남편의성과본으로바꿔주고싶습니다. 호주제 폐지의 소식을 듣고 그 시행을 간절히 기다려 왔습니다. 부디 판사님께서 저희 가정에 귀한 선물 주시기를 바랍니다.

5. 사건본인의 복리를 위하여 사건본인의 성과 본을 의붓아버지인 청구 외 김희래의 성과 본으로 변경할 필요가 있으므로, 청구취지와 같은 심판을 구합니다.

첨 부 서 류

1. 가족관계증명서(청구인 및 사건본인) 2통
2. 기본증명서 1통
3. 혼인관계증명서 1통
4. 제적등본 1통
5. 주민등록등본 1통
6. 친생부의 주민등록등본 1통
7. 진술서
8. 가족사진

2008 . 04 . 22.

위 청구인 이 혜 령 (인)

춘천지방법원 강릉지원(가사단독) 귀중

⇨Comment

1. 전형적인 재혼가정의 경우이며 새 아빠(계부)의 성으로 변경하는 경우임.
2. 사건본인의 나이는 만4세이고, 이혼시 친권자,양육권자는 생모가 보유
3. 특이점은 종국인용까지 다소 긴 6개월정도 추측컨대 의견청취서 부도달 (폐문부재) 문제 와 재혼기간이 1년미만.

○○지방법원

심 판

사 건 2009느단73 성본변경

청 구 인 이 ○ ○ (640720-1245781)

주 소 ○○○시 ○○동 2-1 그린빌라 1005

등록기준지 서울 ○○구 ○○동 10-19

송달장소 서울 서초구 서초동 한림빌딩 301호

사건본인 황 ○ ○ (123456-1234567)

사건본인 주 소 위 청구인과 같음

사건본인 등록기준지 ○○ ○구 ○○동 297

주 문

사건본인의 성을 이(李)로, 본을 전주(全州)로 변경할 것을 허가한다.

이 유

이 사건 신청은 이유 있으므로 주문과 같이 심판한다.

2009 . ○. ○.

판 사 김 ○ ○

○ ○ ○ 지 방 법 원

정 본 입 니 다.

2009. 2. 3.

법원주사 서 ○ ○

1. 자의 성본변경 : 심판문을 수령후 30일내 주소지 시.구. 읍.면사무소에 가서
신고하시면됩니다.
송달일로부터 1월 이내에 신고하지않으면 과태료가 부과됩니다.

민소 제 162조 ③ 2-139

사례47. 새 아버지와 부부로 지낸 기간은 4년 정도이고,사건본인은 새 학년

자의 성과 본의 변경허가 심판청구

청 구 인　　임 정 아
사건본인　　정 승 아

송달료　30,200원
인지대　　5,000원

수원지방법원 성남지원(가사단독) 귀중

자의 성과 본의 변경허가 심판청구

청 구 인 임정아 (전화 010-6633-3333)
주민등록번호 740507-2345678
주 소 경기도 광주시 쌍령동 60-1
쌍령2차현대모닝사이드 203-502
등록기준지 서울특별시 중랑구 면목동 42번지의 2
송달장소 서울시 서초구 서초동 1657-2
한림빌딩 301호

사 건 본 인 정승아
주민등록번호 981217-2345678
주소 위와 같은 곳
등록기준지 광주광역시 동구 계림동 76번지의 5

청 구 취 지

사건본인의 성을 "박(朴)"으로, 본을 "밀양(密陽)"으로 변경할 것을 허가한다.
라는 심판을 구합니다.

청 구 원 인

1. 사건본인은 청구인과 청구 외 정갑영 사이의 출생자입니다.

2. 청구인은 청구 외 정갑영과 이혼 후 청구 외 박건필과 2004.03.10 혼인하여 박건필과 함께 사건본인을 잘 양육하고 있습니다. 지금의 남편은 사건본인을 친 딸처럼 여기고 사랑해 주고 있습니다. 모르는 사람에게도 사건본인을 친 딸이라고 이야기 할 정도로 애틋합니다. 그런데 사건본인은 지금의 남편과 성이 다른 이유로 일상생활 및 학교생활에서 어려움을 겪고 있습니다. 병원에 갈 때도 따로 의료보험카드를 제출해야 하고 간호사들의 의아한 시선을 받으며, 의료보험고지서에도 박건필씨댁 정승아로 나오기에 아파트사람들이 볼까봐 얼른 들고 옵니다. 사건본인은 2008년 새 학년으로 진급을 합니다. 성이라도 지금의 남편의 성을 따르게 해주어 사건본인이 부의 정체성으로 큰 혼란을 겪지 않기를 바라고 진학 전에 새로운 시작을 하게 하고 싶습니다. 판사님께서 사건본인의 새학년 진학 전에 저희가족에게의미있는선물을주시기를간절히바랍니다.사건본인을 소개할 때 "저는, 박승아 입니다. "라고 말 할 수 있기를 손꼽아 기다립니다.

3. 사건본인의 복리를 위하여 사건본인의 성과 본을 새 아버지인 박건필의 성과 본으로 변경할 필요가 있으므로, 청구취지와 같은 심판을 구합니다

첨 부 서 류

1. 가족관계증명서(청구인 및 사건본인) 1통
2. 기본증명서(청구인 및 사건본인) 1통
3. 혼인관계증명서 1통

4. 주민등록등본 2통
5. 사진

2008 . 1 . 9.

위 청구인 임 정 아 (인)

수원지방법원 성남지원(가사단독) 귀중

⇨ Comment

1.새 아버지의 성으로 바꾸는 경우임.
2.새 아버지와 부부로 지낸 기간은 4년 정도임.
3.사건본인은 초등학생으로 새 학년을 앞두고 있음.

○○ 지방법원
심 판

사 건 2009느단73 성본변경
청 구 인 임 ○ ○ (640172-1245781)
주 소 ○○○시 ○○동 10-205
등록기준지 서울 ○○구 ○○동 10-19
송달장소 서울 서초구 서초동 한림빌딩 301호

사건본인 정 ○ ○ (123456-1234567)
사건본인 주 소 위 청구인과 같음
사건본인 등록기준지 ○○ ○구 ○○동 297

주 문

사건본인의 성을 ○○로, 본을 ○○로 변경할 것을 허가한다.

이 유

이 사건 신청은 이유 있으므로 주문과 같이 심판한다.

2009 . ○. ○.

판 사 김 ○ ○

○ ○ ○ 지 방 법 원

정 본 입 니 다.

2009. 2. 3.

법원주사 서 ○ ○

1. 자의 성본변경 : 심판문을 수령후 30일내 주소지 시.구. 읍.면사무소에 가서 신고하시면됩니다.

송달일로부터 1월 이내에 신고하지않으면 과태료가 부과됩니다.

민소 제 162조 ③ 2-139

사례48. 새 아버지와의 동거기간은 1년 미만이고,사건본인은 곧 중학교 입학을앞두고있음

자의 성과 본의 변경허가 심판청구

청 구 인 전 경 연
사건본인 김 태 환

송달료 30,200원
인지대 5,000원

의정부지방법원 고양지원(가사단독) 귀중

자의 성과 본의 변경허가 심판청구

청 구 인 전경연 (전화 010-5136-5555)
주민등록번호 780605-2345678
주 소 경기도 고양시 일산동구 백석동 113 (18/1)
백송마을 305-106
등록기준지 경기도 고양시 일산동구 백석동 186번지

사 건 본 인 김 태 환
주민등록번호 951216-1234567
주 소 위와 같은 곳
등록기준지 서울시 중구 명동1가 1번지

청 구 취 지

사건본인의 성을 "구(具)"로, 본을 "능성(綾城)"으로 변경할 것을 허가한다.
라는 심판을 구합니다.

청 구 원 인

1. 사건본인은 청구인과 청구 외 김현 사이의 출생자입니다.

2. 청구인은 청구 외 김현이 가족에 대해 무관심하고 책임감이 없으며, 가족을 부양할능력이부족하여친권은청구인이갖기로하고협의이혼을하였습니다. 이혼 후 청구 외 김현은 양육비를 단 한번도 주지 않았습니다. 그래도청구인은생계를 위해일을하며사건본인을잘양육해왔습니다. 그러던 중 청구 외 구영호를 만나 2007.06.26 혼인하였습니다. 지금의 남편은 안정적인 직장을 갖고있고, 매우 가정적인 사람이어서 퇴근 후엔 집에 일찍 들어와 아이들과 같이 시간을 보내려고 노력을 합니다. 또한 사건본인을 친 자식과 같이 생각하고 사랑해 주고 있습니다. 사건본인도 지금의남편을친아버지와같이생각하고있으며, 친부에게서 받지 못한 사랑을 듬뿍 받고 있습니다. 그런데 사건본인이 지금의 남편과 성이 다름으로 인해 소외감과 어려움을 겪고 있습니다. 사춘기가오는예민한시기에주위의시선과 부의정체성에대한혼란으로불편함을겪고있습니다. 사건본인은 2008.03.02 중학교에 입학을 합니다. 중학교 입학 전에 사건본인의 성을 지금의 남편의 성을 따르게 하여 더 이상친구들사이에서놀림을받지않고새로운시작을하게해주시기를간절히바랍니다.

3. 사건본인의 복리를 위하여 사건본인의 성과 본을 청구 외 구영호의 성과 본으로 변경할 필요가 있으므로, 청구취지와 같은 심판을 구합니다.

첨 부 서 류

1. 가족관계증명서(청구인 및 사건본인) 2통

2. 기본증명서 1통
3. 혼인관계증명서 1통
4. 주민등록등본 1통
5. 가족사진

2008 . 1 . 16.

위 청구인 전 경 연 (인)

의정부지방법원 고양지원(가사단독) 귀중

⇨ Comment

1.새 아버지의 성으로 바꾸는 경우임.
2.새 아버지와의 동거기간은 1년 미만임.
3.사건본인은 곧 중학교 입학을 앞두고 있음.

○ ○ 지방법원
심 판

사 건 2009느단73 성본변경
청 구 인 전 ○ ○ (64027-21245781)
주 소 ○○○시 ○○동 2-1 그린타운 111-1005
등록기준지 서울 ○○구 ○○동 10-19
송달장소 서울 서초구 서초동 한림빌딩 301호

사건본인 김 ○ ○ (123456-1234567)
사건본인 주 소 위 청구인과 같음
사건본인 등록기준지 ○○ ○구 ○○동 297

주 문

사건본인의 성을 구(○)로, 본을 능성(○○)로 변경할 것을 허가한다.

이 유

이 사건 신청은 이유 있으므로 주문과 같이 심판한다.

2009 . ○. ○.

판 사 김 ○ ○

○ ○ ○ 지 방 법 원

정 본 입 니 다.

2009. 2. 3.

법원주사 서 ○ ○

1. 자의 성본변경 : 심판문을 수령후 30일내 주소지 시.구. 읍.면사무소에 가서 신고하시면됩니다.

송달일로부터 1월 이내에 신고하지않으면 과태료가 부과됩니다.

민소 제 162조 ③ 2-139

사례49. 사건본인은 곧 중학교 입학 예정이고,새 아버지의 성으로 바꾸길 간절히 원하고

본의 변경허가 심판청구

청 구 인 정 선 주
사건본인 김 민 성

송달료 30,200원
인지대 5,000원

서울가정법원 귀중

자의 성과 본의 변경허가 심판청구

청 구 인 정 선 주 (전화 011-9962-1234)
주민등록번호 700225-2345678
주 소 서울시 서초구 서초2동 삼풍아파트 2-1307
등록기준지 경기도 안양시 동안구 비산동29번지의 6

송달장소 서울시 서초구 서초동 1657-2
한림빌딩 301호

사 건 본 인 김 민 성
주민등록번호 951104-1234567
주 소 위와 같은 곳
등록기준지 경기도 평택시 서정동 52번지의 24

청 구 취 지

사건본인의 성을 "설(薛)"로, 본을 "순창(淳昌)"으로 변경할 것을 허가한다.
라는 심판을 구합니다.

청 구 원 인

1. 사건본인은 청구인과 청구 외 김용덕 사이의 출생자입니다.

2. 청구인은 청구 외 김용덕과 이혼 후 청구 외 설동욱과 혼인하여 설동욱과 함께 사건본인을 잘 양육하고 있습니다. 그런데 사건본인의 친구들이 사건본인에게 동생의 이름을 물으면 설재원이 아닌 김재원으로 이야기 하는 것을 보고 마음이 아팠습니다. 사건본인은 지금의 남편인 설동욱의 성과 본으로 변경을 원하고 진심으로 지금의 남편 설동욱을 사랑합니다. 사건본인은 2008년 중학교 입학 예정입니다. 입학 전에 성과 본의 혼란을 막고 새로운 시작을 하게하고 싶습니다. 판사님께서 사건본인의 중학교 입학전에 저희 가족에게 의미있는 선물을 주시기를 간절히 바랍니다. 사건본인을 소개할때 "저는, 설민성 이고, 아빠이름은 설동욱, 동생은 설재원 입니다."라고 말 할수 있기를 손꼽아 기다립니다.

3. 사건본인의 복리를 위하여 사건본인의 성과 본을 새 아버지인 설동욱의 성과 본으로 변경할 필요가 있으므로, 청구취지와 같은 심판을 구합니다.

첨 부 서 류

1. 가족관계증명서(청구인 및 사건본인) 1통
2. 혼인관계증명서 1통

3. 주민등록등본(청구인 및 사건본인) 1통

2008 . 0 . 0.

위 청구인 정 선 주 (인)

서울가정법원 귀중

⇨ Comment

1.새 아버지의 성으로 바꾸는 경우임.
2.사건본인은 곧 중학교 입학 예정임.
3.사건본인도 새 아버지의 성으로 바꾸길 간절히 원하고 있음.

○ ○ 지방법원
심 판

사 건 2009느단73 성본변경
청 구 인 정 ○ ○ (640720-1245781)
주 소 ○○○시 ○○동 25
등록기준지 서울 ○○구 ○○동 10-19
송달장소 서울 서초구 서초동 한림빌딩 301호

사건본인 김 ○ ○ (123456-1234567)
사건본인 주 소 위 청구인과 같음
사건본인 등록기준지 ○○ ○구 ○○동 297

주 문

사건본인의 성을 ○○로, 본을 ○○로 변경할 것을 허가한다.

이 유

이 사건 신청은 이유 있으므로 주문과 같이 심판한다.

2009 . ○. ○.

판 사 김 ○ ○

○ ○ ○ 지 방 법 원

정 본 입 니 다.

2009. 2. 3.

법원주사 서 ○ ○

1. 자의 성본변경 : 심판문을 수령후 30일내 주소지 시.구. 읍.면사무소에 가서
신고하시면됩니다.
송달일로부터 1월 이내에 신고하지않으면 과태료가 부과됩니다.

민소 제 162조 ③ 2-139

사례50. 엄마의성으로바꾸는경우이고, 곧성년이되는사건본인이엄마의성.

자의 성과 본의 변경허가 심판청구

청 구 인 정 현 미
사건본인 홍 창 규

송달료 30,200원
인지대 5,000원

대구지방법원 가정지원(가사단독) 귀중

자의 성과 본의 변경허가 심판청구

청 구 인　　정현미　휴대전화 010-9391-1234
집전화 053-636-1234
주민등록번호 620420-2345678

주　　소　　대구시 달서구 월성동 64 월성보성타운 102-1107
등록기준지　대구광역시 달서구 신당동 144번지
송달장소　　서울시 서초구 서초동 1657-2 한림빌딩 301호

사 건 본 인　홍 창 규
주민등록번호 880919-1234567
주소 위와 같은 곳
등록기준지 경북 군위군 효령면 매곡리 589번지

청 구 취 지

사건본인의 성을 "정(鄭) "으로, 본을 "동래(東萊) "로 변경할 것을 허가한다.
라는 심판을 구합니다.

청 구 원 인

1. 사건본인은 청구인과 청구 외 홍오헌 사이의 출생자입니다.

2. 청구인은 청구 외 홍오헌과 1987.12.04. 혼인을 하였으나, 청구 외 홍오헌의 가정폭력 및 가족을 부양할 능력이 부족하고 책임감이 없어 2003.03.16 사건본인에 대한 친권을 청구인이 갖고 재판상 이혼을 하였습니다. 이혼 후 청구 외 홍오헌은 양육비를 단 한번도 준 적이 없으며, 사건본인을 보고 싶어하거나 찾지 않았습니다. 단 한번도 연락이 없었기 때문에 연락처도 알지 못하고 연락이 되지 않습니다.

3. 이혼 후 청구인은 열심히 일을 하며 홀로 생계를 책임지며 사건본인을 양육하였고, 사건본인을 아버지 없이 키웠지만 누구보다 바르게 양육하여 지금은 사건본인이 대학생이 되었습니다. 청구인은 어려운 환경 속에서도 사랑으로 사건본인을 양육하였고, 사건본인도 청구인을 잘 따라주며 청구인의 사랑 속에서 잘 자랄 수 있었습니다. 그런데 사건본인의 성 과 본이 청구인과 달라서 많은 어려움을 겪고 있습니다. 그러던 중 호주제가 폐지된다는 소식을 듣고, 그 시행을 간절히 기다려 왔으며, 오랜결심과 준비 끝에 신청하게 되었습니다. 누구보다 사건본인이 청구인의 성과 본으로 변경을 간절히 원하고 있으며, 친 생부 라는 이유만으로 무책임한아버지의성과본을따르고싶어하지않으며, 자신을 단 한번도 찾지 않는 무정한 아버지를 원망하기도 합니다. 사건본인이 곧 성년이 되지만, 대학교 졸업시에 바뀐 성 과 본으로 졸업장을 받고 싶고, 앞으로 배우자를만남에있어서도문제되지않기를바랍니다. 더 이상아버지의성과본을따르면서고통을겪고싶어하지 않으며, 그 이유로 인해 의기소침해지지않고당당하게살아가길희망합니다. 곧 성년이 되어 사회생활을 하고 있지만, 성과 본으로 인한 문제들은 여전히 걸림돌이 되고 있으며, 일상생활 및 사회생활을 함에 있어서 큰 지장을 주고, 이로 인해

사건본인이 많은 스트레스를 받고 있습니다. 그러므로 사건본인의 성과 본을 청구인의 성과 본으로 변경되기를 간절히 원합니다.

4. 사건본인의 복리를 위하여 사건본인의 성과 본을 청구인의 성과 본으로 변경할 필요가 있으므로, 청구취지와 같은 심판을 구합니다.

첨 부 서 류

1. 가족관계증명서(청구인 및 사건본인) 2통
2. 기본증명서(청구인 및 사건본인) 2통
3. 혼인관계증명서 1통
4. 제적등본 1통
5. 주민등록등본 1통
6. 진술서(청구인 및 사건본인) 2통

2008 . 06. 04.

위 청구인 정 현 미 (인)

대구지방법원 가정지원(가사단독) 귀중

⇨ Comment

1.엄마의 성으로 바꾸는 경우임.
2.약5년 전 생부와 재판상 이혼을 함.
3.곧 성년이 되는 사건본인이 엄마의 성으로 바꾸는 것을 원

○ ○ 지방법원
심 판

사 건 2009느단73 성본변경
청 구 인 정 ○ ○ (640720-1245781)
주 소 ○○○시 ○○동 2-1 ○○타운 1
등록기준지 서울 ○○구 ○○동 10-19
송달장소 서울 서초구 서초동 한림빌딩 301호

사건본인 홍 ○ ○ (123456-1234567)
사건본인 주 소 위 청구인과 같음
사건본인 등록기준지 ○○ ○구 ○○동 297

주 문

사건본인들의 성을 정(鄭)로, 본을 동래(東萊)로 변경할 것을 허가한다.

이 유

이 사건 신청은 이유 있으므로 주문과 같이 심판한다.

2009 . ○. ○.

판 사 김 ○ ○

○ ○ ○ 지 방 법 원

정 본 입 니 다.

2009. 2. 3.

법원주사 서 ○ ○

1. 자의 성본변경 : 심판문을 수령후 30일내 주소지 시.구. 읍.면사무소에 가서
신고하시면됩니다.
송달일로부터 1월 이내에 신고하지않으면 과태료가 부과됩니다.

민소 제 162조 ③ 2-139

사례51. 사건본인 겸 청구인이 성인인 경우,생부가 오래전에 사망

자의 성과 본의 변경허가 심판청구

청구인 겸 사건본인 정 혜 정

송달료 30,200원
인지대 5,000원

의정부지방법원 고양지원(가사단독) 귀중

자의 성과 본의 변경허가 심판청구

청 구 인 겸　　정혜정 (휴대전화 016-267-1234)

사 건 본 인　　주민등록번호 861130-2345678
주　　　 소　　경기도 고양시 덕양구 관산동 65-20
　　　　　　　청솔빌리지A-201

등록기준지　전남 순천시 황전면 죽내리 12번지
송달장소　　서울시 서초구 서초동 1657-2
　　　　　　한림빌딩 301호

청 구 취 지

청구인의 성을 "유(劉) "로, 본을 "강릉(江陵) "으로 변경할 것을 허가한다.
라는 심판을 구합니다.

청 구 원 인

1. 청구인은 청구 외 신영애와 청구 외 정인수 사이의 출생자입니다. 친부인 청구외정인수는1987.06.09 사망하였습니다.

2. 청구인의 어머니인 청구 외 신영애는 청구 외 정인수와 1986.11.18 혼인을 하였으나, 청구인이 태어난지 1년도 되지 않았을 때 교통사고로 청구 외 정인수가 사망하였고, 청구인을 혼자 양육하던 중 새 아버지인 청구 외 유세환을 만나 사실상 함께 살다가 2005.01.19 혼인신고를 하였습니다. 친아버지가 돌아가시고 친할머니가 찾아 오지 말라고 하여 연락을 하지 않고 살았으며, 지금도 전혀 연락이 되지 않습니다.

3. 청구인이 어렸을 때 친아버지가 돌아가셨기 때문에 청구인은 아버지의 정을 느끼지 못하고 자랐습니다. 그런데 새 아버지가 어머니와 재혼 하시고 큰 사랑을 주셨습니다. 새 아버지는 저를 친 딸과 다름없이 생각하고 아껴주셨고, 저도 친아버지로 여기고 잘 따를 수 있었습니다. 또한 새 아버지는 안정적인 직장을 갖고 열심히 생활하시며, 매우 가정적이어서화목한가정을이룰수있었습니다. 어렸을때느껴보지못한아버지의정을느낄수있어서너무행복했습니다. 그런데 청구인이 가족구성원과 성이 다른 이유로 많은 고통을 받고 있습니다. 정신적 스트레스가 심하여 일상생활에도 지장이 있습니다. 아파서 병원에 갈 때면 건강보험증에 청구인의성과아버지의성이다르기때문에주위의따가운시선을받고, 주민등록등본등 서류를제출할때면의기소침해져서정신적으로심한압박을받습니다. 또한 결혼을앞두고청구인의남자친구에게가족을소개할수없으며, 이러한 이유로 시댁에서 결혼을 반대할까봐 매우 걱정이 됩니다. 이런 고통 중에서 호주제폐지의시행소식을뉴스로접하고오랜기다림끝에성과본의변경을신청하게되었습니다. 새 아버지도 간절히 원하고 계시고, 새아버지의사회생활에도많은지장이있어하루빨리성과본의변경허가

심판이 되기를 원합니다. 부디 판사님께서 저희 가족에게 귀한 선물 주시기를 간절히 바랍니다.

4. 청구인의 복리를 위하여 청구인의 성과 본을 의붓아버지인 청구 외 유세환의 성과 본으로 변경할 필요가 있으므로, 청구취지와 같은 심판을 구합니다.

첨 부 서 류

1. 가족관계증명서(청구인 및 친생모) 2통
2. 기본증명서(청구인 및 친생모) 2통
3. 혼인관계증명서 1통
4. 제적등본 2통
5. 주민등록등본 1통
6. 진술서 3통

2008 . 03 . 17 .

위 청구인 정 혜 정 (인)

의정부지방법원 고양지원(가사단독) 귀중

⇨coment

1.사건본인 겸 청구인이 성인인 경우
2.생부가 오래전에 사망하고 의붓아버지 와 오랫동안 생활을 하고 결혼을 앞두고 있음.

○ ○ 지방법원
심 판

사 건 2009느단73 성본변경
청 구 인 지 ○ ○ (640721245781)
주 소 ○○○시 ○○동 111-15
등록기준지 서울 ○○구 ○○동 10-19
송달장소 서울 서초구 서초동 한림빌딩 301호

사건본인 박 ○ ○ (123456-1234567)
사건본인 주 소 위 청구인과 같음
사건본인 등록기준지 ○○ ○구 ○○동 297

주 문

사건본인의 성을 이(李)로, 본을 전주(全州)로 변경할 것을 허가한다.

이 유

이 사건 신청은 이유 있으므로 주문과 같이 심판한다.

2009 . ○. ○.

판 사 김 ○ ○

○ ○ ○ 지 방 법 원

정 본 입 니 다.

2009. 2. 3.

법원주사 서 ○ ○

1. 자의 성본변경 : 심판문을 수령후 30일내 주소지 시.구. 읍.면사무소에 가서 신고하시면됩니다.
송달일로부터 1월 이내에 신고하지않으면 과태료가 부과됩니다.

민소 제 162조 ③ 2-139

사례52. 양부와는 재혼 후 약4년 뒤에 사건본인을 양부의 밑으로 입양을 하였음.

자의 성과 본의 변경허가 심판청구

청 구 인　　지 명 원
사건본인　　박 성 우

송달료　30,200원
인지대　　5,000원

서울가정법원(가사단독) 귀중

자의 성과 본의 변경허가 심판청구

청 구 인　　지명원　휴대전화 011-744-1234
집전화 02-2651-1234
주민등록번호 710802-2345678
주　　소　서울시 양천구 목동 716번지
현대하이페리온 102동 3802호
등록기준지　서울시 양천구 목동 816번지
송달장소　서울시 서초구 서초동 1657-2
한림빌딩 301호

사 건 본 인　　박 성 우
주민등록번호 980103-1234567
주소 위와 같은 곳
등록기준지 위와 같은 곳

청 구 취 지

사건본인의 성을 "이(李) "로, 본을 "전주(全州) "로 변경할 것을 허가한다.
라는 심판을 구합니다.

청 구 원 인

1. 사건본인은 청구인과 청구 외 박정욱 사이의 출생자입니다.

친부의 주소는, 서울시양천구목동 450-118 B01입니다.

2. 청구인은 청구 외 박정욱과 1996.09.12 혼인을 하였으나, 청구 외 박정욱이 신용불량자가 되는 등 가족을 부양할 능력이 부족하고 가정에 책임감이 없어 오랜 기다림 끝에 2000.03.14 협의 이혼을 하였습니다. 이혼 후 청구인은 청구 외 박정욱에게 단 한번도 양육비를 받은적이 없으며, 면접교섭은 사건본인이 지금의 양부 밑으로 입양되기 전까지 1년에 1~2회 간단히 있었습니다. 이혼 후청구외박정욱은중국에오랫동안체류하면서사업을하고있어, 한국에서는 주민등록이 말소되었다가 작년에 사건본인의 입양에 동의하면서 잠시 한국에 돌아와 주민등록을 재등록 하였지만, 주로중국에머물고있기때문에잘연락이되지않으며, 구체적인 행방을 알지 못합니다.

3. 이혼 후 청구인은 열심히 일을 하며 사건본인을 양육하였고 그러던 중 청구 외 이호균을 만나 2003.07.31 부부공동명의로 아파트를 구입(첨부된 등기부등본으로 증명)하고, 이후 2003.09.12 일본에서 결혼식을올리고사실상함께살기시작하였습니다. 혼인신고는 조금 늦게 2007.06.12 하게 되었습니다. 청구 외 이호균은 한국은행조사국에서오랫동안성실하게근무하고있으며, 가정적인 성격에 사건본인을 친자식으로 여기고 사랑을 주고 있습니다. 사건본인도 전에 받아 보지 못한 부의 정을 느끼며 사랑으로 자라고있으며, 저보다 아빠를 너무 좋아해 제가 가끔 소외감을 느낄 정도로 사 이가 좋습니다. 사건본인이 늦게라도 좋은 아버지를 만날 수 있어서 너무 감사하게 생각하고 있습니다. 이혼 후 사건본인은 초등학교 2학년 때까지 외할머니와 청구인과 지금의 남편이 함께 양육(함께 거주한 아파트는 청구인 소유-첨부된 등기부등본 참조)을 하였고 2007.07.08 지금의 남편

말으로 입양을 하였습니다.

4. 청구인은 재혼 후 사건본인과 함께 편안하고 행복하게 살고 있습니다. 그런데 현실은 사건본인이 감당하기에 너무 큰 장벽이었습니다. 사건본인이 지금의 남편과 성이 달라서 소외감 및 고통을 겪고 있습니다. 청구인의 가족은 재혼 후 9차례 해외여행(첨부된 출입국에 관한 증명서 참고)을다녀온 경험이 있는데, 매번 여행을 함께하는 주변 사람들이나 현지 교포 또는 현지인들로부터 "왜 아빠하고 성이 다르냐? 아빠가 새 아빠냐? "는질문을받으며, 이로 인하여 상당히 성격적으로 위축되고 많은 스트레스를 받았습니다. 그리고 지금은 주변사람들에게 알려질 것이 두려워 일부러 집에서 좀 떨어진 초등학교를 다니고 있는데, 내년3월에는 아파트 앞에 초등학교가 개교될 예정이므로 강제전학이 불가피합니다. 주변에서 지금의 남편과 아이가 성이 다르다는 사실을 알게 되어 아이가 놀림을 받고 상처를 입지 않을까 매우 두렵고, 지금의 남편의 사회생활에 있어서 적지 않은 파장이 있을 것이 예상됩니다. 또한 가족모임에 참여 할 때면, 사촌동생들이 성이 다른 이유를 묻곤 하여 사건본인이 의기소침해 지는 등 어려움을 겪고 있습니다. 사건본인이가족구성원과성이다른이유로어린나이에감당해야할정신적고통이매우크기때문에하루빨리아이의성을지금의남편과같게해주고싶고, 지금의 남편 및 시댁식구들도 적극적으로 권해주고 계십니다. 또한 호주제폐지의소식을듣고간절히기다려왔으며, 사건본인이 간절히 희망하고있어오랜준비를마치고신청하게되었습니다. 이러한 이유로 사건본인의 성과 본을 지금의 남편의 성과 본으로 변경을 간절히 원합니다.

5. 사건본인의 복리를 위하여 사건본인의 성과 본을 의붓아버지인 청구 외이호균의 성과 본으로 변경할 필요가 있으므로, 청구취지와 같은 심판을 구합니다.

첨 부 서 류

1. 가족관계증명서(청구인 및 사건본인) 2통
2. 기본증명서 1통

3. 입양관계증명서 1통
4. 혼인관계증명서 1통
5. 제적등본 1통
6. 주민등록등본 1통
7. 주민등록초본(청구인 및 사건본인) 1통
8. 친부의 주민등록초본 1통
9. 진술서
10. 양부의 직원약력표
11. 등기부등본 2통
12. 친권자변경조정조서 사본 1통
13. 출입국사실증명서 원본 및 사본 3통
14. 결혼서약서 사본 1통
15. 건강보험증사본 1통
16. 기타소명자료(가족사진)

2008 . 04 . 16.

위 청구인 지 명 원 (인)

서울가정법원(가사단독) 귀중

⇨ Comment

1.양부의 성으로 바꾸는 경우임.

2.생부와의 면접교섭은 지금의 양부 밑으로 입양되기 전까지 1년에 한 두 번 있었음.

3.양부와는 재혼 후 약4년 뒤에 사건본인을 양부의 밑으로 입양을 하였음.

○ ○ 지방법원

심 판

사 건 2009느단73 성본변경
청 구 인 지 ○ ○ (640721245781)
주 소 ○○○시 ○○동 111-15
등록기준지 서울 ○○구 ○○동 10-19
송달장소 서울 서초구 서초동 한림빌딩 301호

사건본인 박 ○ ○ (123456-1234567)
사건본인 주 소 위 청구인과 같음
사건본인 등록기준지 ○○ ○구 ○○동 297

주 문

사건본인의 성을 이(李)로, 본을 전주(全州)로 변경할 것을 허가한다.

이 유

이 사건 신청은 이유 있으므로 주문과 같이 심판한다.

2009 . ○. ○.

판 사 김 ○ ○

○ ○ ○ 지 방 법 원

정 본 입 니 다.

2009. 2. 3.

법원주사 서 ○ ○

1. 자의 성본변경 : 심판문을 수령후 30일내 주소지 시.구. 읍.면사무소에 가서
신고하시면됩니다.
송달일로부터 1월 이내에 신고하지않으면 과태료가 부과됩니다.

민소 제 162조 ③ 2-139

사례53 재혼 당시에 새 아버지에게는 <u>두 아이</u>가 있었고 2년 전에는 청구인과 새 아버지 사이에 아이가 태어났음.

자의 성과 본의 변경허가 심판청구

청 구 인 차 혜 열

사건본인 조 혜 진

송달료 30,200원
인지대 5,000원

수원지방법원 안산지원(가사단독) 귀중

자의 성과 본의 변경허가 심판청구

청 구 인　　차 혜 열　휴대전화 010-7368-71234

집전화 031-501-1234

주민등록번호 740111-20345678

주　　소　경기도 안산시 본오동 878-5 102호

등록기준지 전남 무안군 산향면 남악리 523번지

송달장소　　서울시 서초구 서초동 1657-2

한림빌딩 301호

사 건 본 인　　조 혜 진

주민등록번호 981225-2346578

주소 위와 같은 곳

등록기준지 서울시 노원구 공릉동 439번지의 35

청 구 취 지

사건본인의 성을 "권(權) "으로, 본을 "안동(安東) "으로 변경할 것을 허가한다.

라는 심판을 구합니다.

청 구 원 인

1. 사건본인은 청구인과 청구 외 조정희 사이의 출생자입니다.

2. 청구인은 청구 외 조정희와 1997.09.27 혼인을 하였으나, 행복할 것이라는 청구인의 생각과 다르게, 청구 외 조정희는 잦은 외박과 도박에 빠져 가족을 부양할 능력이 없었으며, 책임감도 없어 사건본인에 대한 친권 및 양육권은 청구인이 갖기로 하고 2005.07.18 협의 이혼을 하였습니다. 이혼 후 청구인은 청구 외 조정희에게 단 한번도 양육비를 받은적이 없으며, 청구 외 조정희는 사건본인에 대한 정도 없어 단한번도아이를찾거나보고싶어하지않았습니다.

3. 이혼 후 청구인은 열심히 일을 하며 사건본인을 양육하였고 그러던 중 청구 외 권용채를 만나 2006.03.15 혼인을 하였습니다. 청구 외 권용채는 재혼 당시 두 아이를 양육하고 있었고, 안정적인 직장을 갖고 매우 성실하게 일을 하는 사람이었습니다. 성격 또한 가정적이어서 사건본인을 친 딸과 같이 여기고 사랑을 주었습니다. 사건본인도 전에 받아 보지 못한 부의 정을 느끼며 지금의 남편을 친 아버지와 같이 여기고 잘 따릅니다. 저보다 아빠를 너무 좋아해 제가 가끔 소외감을 느낄 정도입니다. 사건본인이 늦게라도 좋은 아버지를 만날 수 있어서 너무 감사하게 생각하고 있습니다. 저희 가정은 재혼가정이지만 매우 행복하게 살고 있습니다. 그런데 현실은 사건본인이 감당하기에 너무 큰 장벽이었습니다. 사건본인이 지금의 남편과 성이 달라서 소외감 및 고통을 겪고 있기 때문입니다. 주위에서 "왜 아빠하고 성이 다르냐? 아빠가 새 아빠냐? "라는 질문을 받으며, 이로 인하여 상당히 위축되고 많은 스트레스를 받습니다. 그리고 2006년 8월에는 사건본인에게 동생이 생겨 더욱 난감한 질문을 받으며,동생의 이름을 잘 이야기 하지 못합니다. 성은빼고 "동생 이름은 소은이 입니다. "라고이야기합니다. 가족들 모두 모이면 모두 권씨인데 혼자만 조씨 성을 갖고 있어서 아이가 느끼는 소외감이 너무 크고, 이로 인해 아이가 많이 힘들어 합니다. 주위의 친구들에게도 놀림을받고상처를받고있어서어린나이에감당해야할고 통이매

우크고, 이를 보는 청구인의 마음도 많이 아픕니다. 또한, 지금의 남편의 사회생활에 있어서도 적지 않은 어려움이 있습니다. 가족모임에 참여 할 때면, 성격적으로 의기소침해 지는 등 어려움을 겪고 있습니다. 이러한 이유로하루빨리아이의성을지금의남편과같게해주고싶고, 지금의 남편 및 시댁식구들도 적극적으로 권해주고 계십니다. 호주제폐지의소식을듣고간절히기다려왔습니다. 사건본인이 간절히 희망하고있어오랜준비를마치고신청하게되었습니다. 이러한 이유로 사건본인의 성과 본을 지금의 남편의 성과 본으로 변경을 간절히 원합니다.

4. 사건본인의 복리를 위하여 사건본인의 성과 본을 의붓아버지인 청구 외 권용채의 성과 본으로 변경할 필요가 있으므로, 청구취지와 같은 심판을 구합니다.

첨 부 서 류

1. 가족관계증명서(청구인 및 사건본인) 2통
2. 기본증명서(청구인 및 사건본인) 2통
3. 혼인관계증명서 1통
4. 제적등본 1통
5. 주민등록등본 1통
6. 진술서

2008 . 05 . 07.

위 청구인 차 혜 열 (인)

수원지방법원 안산지원(가사단독) 귀중

⇨ coment

1.새 아버지의 성으로 바꾸는 경우임.
2.생부와는 8년간의 결혼생활 끝에 협의이혼 하였음.
3.재혼 당시에 새 아버지에게는 두 아이가 있었고 2년 전에는 청구인과 새 아버지 사이에 아이가 태어났음.

○ ○ 지방법원
심 판

사 건 2009느단73 성본변경
청 구 인 차 ○ ○ (640702-1245781)
주 소 ○○○시 ○○동 205
등록기준지 서울 ○○구 ○○동 10-19
송달장소 서울 서초구 서초동 한림빌딩 301호

사건본인 조 ○ ○ (123456-1234567)
사건본인 주 소 위 청구인과 같음
사건본인 등록기준지 ○○ ○구 ○○동 297

주 문

사건본인의 성을 "권(權)"로, 본을 "안동(安東)"로 변경할 것을 허가한다.

이 유

이 사건 신청은 이유 있으므로 주문과 같이 심판한다.

2009 . ○. ○.

판 사 김 ○ ○

○ ○ ○ 지 방 법 원

정 본 입 니 다.

2009. 2. 3.

법원주사 서 ○ ○

1. 자의 성본변경 : 심판문을 수령후 30일내 주소지 시.구. 읍.면사무소에 가서
신고하시면됩니다.
송달일로부터 1월 이내에 신고하지않으면 과태료가 부과됩니다.

민소 제 162조 ③ 2-139

사례54. 두아이를 청구인 혼자 양육하고 있었음. 사건본인 1.2.청구함

자의 성과 본의 변경허가 심판청구

청 구 인 최 경 숙
사건본인1 김 수 진
사건본인2 김 예 진

송달료 60,400원
인지대 10,000원

전주지방법원 군산지원(가사단독) 귀중

자의 성과 본의 변경허가 심판청구

청 구 인　　최 경 숙 (전화 011-1213-0000)
주민등록번호 720720-1234567
주　　소　전북 익산시 영등동 51-2 비사벌아파트 101-601
등록기준지　전북 익산시 황등면 죽촌리 118번지의 1
송달장소　서울시 서초구 서초동 1657-2 한림빌딩 301호

사 건 본 인1　　김 수 진
주민등록번호 920626-1234567
주소 위와 같은 곳
등록기준지　전북 군산시 서수면 축동리 24번지

사 건 본 인2　　김 예 진
주민등록번호 970602-2345678
주소 위와 같은 곳
등록기준지 위와 같은 곳

청 구 취 지

사건본인1과 사건본인2의 성을 "소(蘇) "로, 본을 "진량 "으로 변경할 것을 허가한다.
라는 심판을 구합니다.

청 구 원 인

1. 사건본인1,2는 청구인과 청구 외 김동현 사이의 출생자입니다.

2. 청구인은 청구 외 김동현이 가족을 부양할 능력이 부족하고, 책임감이 없으며 무관심하여 친권은 청구인이 갖기로 하고 2000.08.12 재판상 이혼을 하였습니다. 이혼 후 청구 외 김동현은 아이들에게 정이 없어 찾거나보고싶어하지않았으며, 단 한번의 연락도 없었습니다. 양육비 또한 한번도 받아 보지 못했습니다. 청구인은 생계를 위해 일을 하며 아이들을 양육하였고, 그러던 중 청구 외 소성환을 만나 2000.09.14 혼인을 하였고, 셋째 아이, 청구 외 소정인(2002.03.18 출생)을 낳았습니다.

3. 청구 외 소성환은 안정된 직장을 갖고 있고, 매우 가정적 이어서 두 아이가 지금의 남편을 잘 따르고, 지금의 남편도 아이들을 친 자식과 같

이 생각하며 사랑해 주고 있습니다. 둘째 아이는 첫째 아이와 달리 친 아버지에 대한 기억이 없으며 지금의 남편을 친 아버지로 알고 있습니다. 그런데 두 아이의 성이 동생과 성이 달라서 "너는 왜 동생과 성이 다르냐? "며주위의놀림과 의심을많이받고있으며병원에갈때도간호사들이의아한시선으로바라봅니다. 사건본인1은 곧고등학교에 입학을 하고, 사건본인2는 초등학교 5학년이 됩니다. 사춘기가오는예민한시기에가족구성원과성이다른데서오는불편을겪고있습니다. 청구인은 사건본인2가 지금의 남편이 친 아버지가 아니라는 사실을 알게 되어 받을 충격이 매우 두렵습니다. 성씨라도지금의남편의성을따르게하여부의정체성에대한혼란을겪지않기를간절히바라고사건본인1,2가 새로운 시작을 할 수 있기를 간절히 원합니다. 판사님께서저희가족에게귀한선물을주시기를바랍니다.

4. 사건본인1,2의 복리를 위하여 사건본인1,2의 성과 본을 청구 외 소성환의 성과 본으로 변경할 필요가 있으므로, 청구취지와 같은 심판을 구합니다.

첨 부 서 류

1. 가족관계증명서(청구인 및 사건본인) 3통
2. 기본증명서(청구인 및 사건본인) 2통
3. 혼인관계증명서 1통
4. 제적등본 1통

5. 주민등록등본(청구인 및 친생부) 2통
6. 진술서(청구인,계부, 사건본인1)
7. 신분증사본(사건본인1)

2008 . 1 . 28

위 청구인 최 경 숙 (인)

전주지방법원 군산지원(가사단독) 귀중

⇨ Comment

1.새 아버지의 성으로 바꾸는 경우임.
2.8년 전 생부와 재판상 이혼을 하고 두 아이를 청구인 혼자 양육하고 있었음.
3.청구인과 새 아버지 사이에 아이가 태어났음.

○ ○ 지방법원

심 판

사 건 2009느단73 성본변경
청 구 인 최 ○ ○ (634072-1245781)
주 소 ○○○시 ○○동 11-1005
등록기준지 서울 ○○구 ○○동 10-19
송달장소 서울 서초구 서초동 한림빌딩 301호

사건본인 1.김 ○ ○ (123456-1234567)
2.김 ○ ○ (123456-1234567)
사건본인 주 소 위 청구인과 같음
사건본인 등록기준지 ○○ ○구 ○○동 297

주 문

사건본인들의 성을 "소(蘇)"로, 본을 "진량"으로 변경할 것을 허가한다.

이 유

이 사건 신청은 이유 있으므로 주문과 같이 심판한다.

2009. ○. ○.

판 사 김 ○ ○

○ ○ ○ 지 방 법 원

정 본 입 니 다.

2009. 2. 3.

법원주사 서 ○ ○

1. 자의 성본변경 : 심판문을 수령후 30일내 주소지 시.구. 읍.면사무소에 가서 신고하시면됩니다.
송달일로부터 1월 이내에 신고하지않으면 과태료가 부과됩니다.

민소 제 162조 ③ 2-139

사례55. <u>성인이 된 사건본인</u>들이 양아버지의 성으로 바꾸고자 신청하는 경우임.

자의 성과 본의 변경허가 심판청구

청 구 인 1 송 수 현
청 구 인 2 송 주 현

송달료 60,400원
인지대 10,000원

의정부지방법원(가사단독) 귀중

자의 성과 본의 변경허가 심판청구

청 구 인 1 겸　송수현 (전화010-3171-1234)

사 건 본 인　주민등록번호 771211-2345678
주　　　소　경기도 남양주시 별내면 청학리 344
청학주공아파트 101-501
등록기준지　경기도 남양주시 별내면 청학리 410번지
송달장소 서울시 서초구 서초동 1657-2 한림빌딩 301호

청 구 인 2 겸　송주현

사 건 본 인　주민등록번호 800819-2345678
주소 위와 같은 곳
등록기준지 서울시 서대문구 현저동 107번지의 83
송달장소 서울시 서초구 서초동 1657-2 한림빌딩 301호

청 구 취 지

청구인1과 청구인2의 성을 "조(趙)"로, 본을 "함안(咸安)"으로 변경할 것을 허가한다.
라는 심판을 구합니다.

청 구 원 인

1. 청구인1,2는 친생모인 청구 외 최오섭과 청구 외 송현궁 사이의 출생자입니다.

2. 청구 외 최오섭은 청구 외 송현궁과 1977.07.29 혼인을 하였으나, 청구 외 송현궁이 1981.06.15 사망하여 청구인1, 2를 혼자 양육하였습니다.

3. 청구 외 최오섭은 열심히 일을 하며 청구인1,2를 양육하였고, 그러던 중 청구 외 조태기를 만나 1988.08.05 혼인을 하고, 혼인과 동시에 청구인1,2를 1988.08.30 입양하였습니다. 청구 외 조태기는 안정적인 직장을 갖고 성실한 생활을 하였고, 우리들을 친 딸과 같이 사랑해주셔서 양아버지라는 느낌조차 받지 못하고 자랐습니다. 재혼 가정이지만 행복한 가정을 이룰 수 있었습니다.

4. 그런데, 청구인1,2가 사회생활 및 학교생활을 함에 있어 많은 고통과 소외감을 겪어야 했습니다. 입양을 통해 새 아빠가 양부로 되었지만, 여전히 양아버지와 성이 다른 관계로 어려움을 겪었습니다. 학교생활을 할 때에는 담임선생님의 재혼가정에대한편견으로상처를받은적이있고, 아이들의 놀림을 받기도 했습니다. 어렸을 때부터 상처가 되어 성년이 된 지금까지도 사회생활을 하는데 걸림돌이 되고 있고, 청구인1에게는 혼인 후, 성이다른문제가이혼의한사유가되기도했습니다. 청구인2는 결혼을앞두고있어더욱이러한상황들이많은정신적고통을받고있습니다. 진작부터 성변경을 간절히 원했으나 제도적인 미비로 할 수 없었고, 호주제폐지시행을기다려신청하게되었습니다. 이러한 이유로 청구인1,2의 성과 본을 양아버지의 성과 본으로 변경되기를 간절히 원합니다

5. 청구인1,2의 복리를 위하여 청구인1,2의 성과 본을 양아버지인 청구 외 조태기의 성과 본으로 변경할 필요가 있으므로, 청구취지와 같은 심판을 구합니다.

첨 부 서 류

1. 가족관계증명서(청구인 및 친생모) 3통
2. 기본증명서(청구인) 2통
3. 입양관계증명서 2통
4. 혼인관계증명서 1통
5. 제적등본 2통
6. 주민등록등본 2통
7. 동의서 1통
8. 진술서(청구인 및 친생모) 3통

2008 . 02 . 25 .

위 청구인1 송 수 현 (인)
청구인2 송 주 현 (인)

의정부지방법원(가사단독) 귀중

⇨ Comment

1.생부의 사망으로 홀로 사건본인들을 양육하던 어머니는 재혼을 하였고 그와 동시에 양 아버지는 사건본인들을 입양하였음.
2.사건본인들 중 한 명은 이혼의 아픔을 겪었고, 다른 한 명은 현재 결혼을 앞두고 있음.

○○ 지방법원
심 판

사 건 2009느단73 성본변경
청구인1겸 송 ○ ○ (640732-1245781)
사건본인 주 소 ○○○시 ○○동 111-1005
등록기준지 서울 ○○구 ○○동 10-19
송달장소 서울 서초구 서초동 한림빌딩 301호
청구인2겸
사건본인 송 ○ ○ (123456-1234567)
사건본인 주 소 위주소와 같은곳
사건본인 등록기준지 ○○시 ○구 ○○동 297
송달장소 서울 서초구 서초동 한림빌딩 301호

주 문

사건본인들의 성을 ○○로, 본을 ○○로 변경할 것을 허가한다.

이 유

이 사건 신청은 이유 있으므로 주문과 같이 심판한다.

2009 . ○. ○.

판 사 김 ○ ○

○ ○ ○ 지 방 법 원

정 본 입 니 다.

2009. 2. 3.

법원주사 서 ○ ○

1. 자의 성본변경 : 심판문을 수령후 30일내 주소지 시.구. 읍.면사무소에 가서 신고하시면됩니다.
송달일로부터 1월 이내에 신고하지않으면 과태료가 부과됩니다.

민소 제 162조 ③ 2-139

사례56. 새 아버지와는 몇 달 전 재혼하여 사건본인은 곧 초등학교에 입학 예정임.

자의 성과 본의 변경허가 심판청구

청 구 인 탁 선 희
사건본인 오 유 미

송달료 30,200원
인지대 5,000원

인천지방법원(가사단독) 귀중

자의 성과 본의 변경허가 심판청구

청 구 인　　탁 선 희 (전화 010-5328-7777)
주민등록번호 740817-12345678
주　　소　인천시 서구 석남3동 31-13 동진아파트 다-309
등록기준지　충청남도 아산시 영인면 역리 116번지
송달장소　서울시 서초구 서초동 1657-2
한림빌딩 301호

사건본인　　오 유 미
주민등록번호 010518-12345678
주소 위와 같은 곳
등록기준지 인천시 남동구 간석동 224번지의541

청 구 취 지

사건본인의 성을 "최(崔)"로, 본을 "경주(慶州)"로 변경할 것을 허가한다.
라는 심판을 구합니다.

청 구 원 인

1. 사건본인은 청구인과 청구 외 오만영 사이의 출생자입니다.

2. 청구인은 청구 외 오만영과 이혼 후 청구 외 최군식과 2007.10.10 혼인하여 최군식과 함께 사건본인을 잘 양육하고 있습니다. 그런데 사건본인의 친구들이 사건본인에게 이름을 물으면 오유미가아닌최유미로이야기하는것을보고마음이 아팠습니다. 사건본인은 지금의 남편인 최군식의 성과 본으로 변경을 원하고 진심으로 지금의 남편 최군식을 사랑합니다. 사건본인은 2008년 3월 초등학교 입학 예정입니다. 입학 전에 성과 본의 혼란을 막고 새로운 시작을 하게하고 싶습니다. 판사님께서사건본인의초등학교입학전에저희가족에게의미있는선물을주시기를간절히바랍니다. 사건본인을소개할때 "저는, 최유미 입니다. "라고 말 할 수 있기를 손꼽아 기다립니다.

3. 사건본인의 복리를 위하여 사건본인의 성과 본을 새 아버지인 최군식의 성과 본으로 변경할 필요가 있으므로, 청구취지와 같은 심판을 구합니다.

첨 부 서 류

1. 가족관계증명서(청구인 및 사건본인) 1통
2. 기본증명서 1통
3. 혼인관계증명서 1통
4. 주민등록등본 1통

2008 . 1 . 8.

위 청구인 탁 선 희 (인)

인천지방법원(가사단독) 귀중

⇨ Comment

1.새 아버지의 성으로 바꾸는 경우임.
2.새 아버지와는 몇 달 전 재혼하여 함께 사건본인을 양육하고 있음.
3.사건본인은 곧 초등학교에 입학 예정임.

○ ○ 지방법원
심 판

사 건 2009느단73 성본변경
청 구 인 탁 ○ ○ (640721-1245781)
주 소 ○○○시 ○○동 2-1 그린타운 111-1005
등록기준지 서울 ○○구 ○○동 10-19
송달장소 서울 서초구 서초동 한림빌딩 301호

사건본인 오 ○ ○ (123456-1234567)
사건본인 주 소 위 청구인과 같음
사건본인 등록기준지 ○○ ○구 ○○동 297

주 문

사건본인의 성을 최(崔)로, 본을 경주(慶州)로 변경할 것을 허가한다.

이 유

이 사건 신청은 이유 있으므로 주문과 같이 심판한다.

2009 . ○. ○.

판 사 김 ○ ○

○ ○ ○ 지 방 법 원

정 본 입 니 다.

2009. 2. 3.

법원주사 서 ○ ○

1. 자의 성본변경 : 심판문을 수령후 30일내 주소지 시.구. 읍.면사무소에 가서 신고하시면됩니다.
송달일로부터 1월 이내에 신고하지않으면 과태료가 부과됩니다.

민소 제 162조 ③ 2-139

사례57. 생부와는 약5년 전 이혼하였고 혼인신고를 늦게 하여 주민등록등본 상 동거인.

자의 성과 본의 변경허가 심판청구

청 구 인　　함 영 지
사건본인　　문 새 봄

송달료　30,200원
인지대　 5,000원

수원지방법원 성남지원(가사단독) 귀중

자의 성과 본의 변경허가 심판청구

청 구 인　　함 영 지 (전화 010-2222-0000)
　　　　　　주민등록번호 801020-1234567
주　　소　　경기도 성남시 수정구 단대동 34-10 태양빌리지 B0
등록기준지 경남 의령군 정곡면 죽전리 25번지
송달장소　　서울시 서초구 서초동 1657-2 한림빌딩 301호

사 건 본 인　　문 새 봄
　　　　　　주민등록번호 020429-1234567
주　　소　　위와 같은 곳
등록기준지　　경기도 성남시 중원구 금광동 2454번지의 1

청 구 취 지

사건본인의 성을 "김(金) "으로, 본을 "강릉(江陵) "으로 변경할 것을 허가한다.

라는 심판을 구합니다.

청 구 원 인

1. 사건본인은 청구인과 청구 외 박상주 사이의 출생자입니다.

2. 청구인은 청구 외 박상주와 결혼생활을 유지하면서생활비를단한번도 받은 적이 없고, 사업을 이유로 온갖 빚에 시달려야 했으며,청구외박상주는 청구인에게 폭력을 행사하기까지 했습니다. 이러한 이유로 청구 외 박상주가 가족을 부양할 능력이 부족하여 친권은 청구인이 갖기로 하고 2004.09.12 이혼을 하였습니다. 이혼 후 청구 외 박상주는 사건본인을찾거나보고싶어하지않았으며, 양육비를 단 한번도 주지 않았습니다. 이혼 당시부터 지금까지 연락도 한 번 한적이 없고, 연락처도 알지 못합니다. 이혼 후 청구인은 생계를 위하여 일을 하며 사건본인을 잘 양육하던 중, 청구 외 정진선을 만나 2006.06.30 혼인을 하였습니다. 청구 외 정진선은 안정적인직장을갖고있고, 매우 가정적인사람입니다. 자상한 성격에 사건본인을 매우 사랑해 주고 있으며, 사건본인은지금의남편을친아버지로알고있습니다. 그런데사건본인이지금의남편과성이다른이유로많은어려움을겪고있습니다. 사건본인이 받을 충격이 두려워 유치원에 부탁을 드려 사건본인을 '정형민' 으로 불러 주고 있으며, 주변 사람들 모두 그렇게 알고 있습니다. 그런데 사건본인이 곧 초등학교에 입학을 합니다. 학교생활을 하면서 사건본인이 지금의 남편과 성이 달라서 놀림을 받을 것이 걱정되고, 지금의남편이친아버지가아니라는사실을알게되어사건본인이받을충격이매우두렵습니다. 부디 사건본인이 초등학교 입학 전에 청구 외 정진선의 성과 본을 따르게하여, 부의 정체성에 대한 혼란을 겪지 않기를 간절히 바랍니다.

3. 사건본인의 복리를 위하여 사건본인의 성과 본을 청구 외 정진선의 성과 본으로 변경할 필요가 있으므로, 청구취지와 같은 심판을 구합니다.

첨 부 서 류

1. 가족관계증명서(청구인 및 사건본인) 2통
2. 기본증명서(청구인 및 사건본인) 2통
3. 혼인관계증명서 1통
4. 제적등본 1통
5. 주민등록등본 1통
6. 진술서(청구인 및 계부)

2008 . 1 . 25.

위 청구인 함 영 지 (인)

수원지방법원 성남지원(가사단독) 귀중

⇨Comment

1.새 아버지의 성으로 바꾸는 경우임.

2.생부와 이혼 한지는 3년이 넘었으나 아이를 보러 온 적도 없으며 양육비도 한번도 주지 않음.

3.사건본인이 곧 초등학교 입학을 앞두고 있음.

○ ○ 지방법원

심 판

사 건 2009느단73 성본변경
청 구 인 함 ○ ○ (640720-1245781)
주 소 ○○○시 ○○동 2-1 그린타운 111-1005
등록기준지 서울 ○○구 ○○동 10-19
송달장소 서울 서초구 서초동 한림빌딩 301호

사건본인 문 ○ ○ (123456-1234567)
사건본인 주 소 위 청구인과 같음
사건본인 등록기준지 ○○ ○구 ○○동 297

주 문

사건본인의 성을 김(金)으로, 본을 강릉(江陵)으로 변경할 것을 허가한다.

이 유

이 사건 신청은 이유 있으므로 주문과 같이 심판한다.

2009 . ○. ○.

판 사 김 ○ ○

○ ○ ○ 지 방 법 원

정 본 입 니 다.

2009. 2. 3.

법원주사 서 ○ ○

1. 자의 성본변경 : 심판문을 수령후 30일내 주소지 시.구. 읍.면사무소에 가서
신고하시면됩니다.
송달일로부터 1월 이내에 신고하지않으면 과태료가 부과됩니다.

민소 제 162조 ③ 2-139

사례58. <u>성인</u>이 된 사건본인이 <u>친 생모의 성</u>으로 바꾸고자 직접 신청한 경우임.

자의 성과 본의 변경허가 심판청구

청구인 겸 사건본인 홍 창 규

송달료 30,200원
인지대 5,000원

대구지방법원 가정지원(가사단독) 귀중

자의 성과 본의 변경허가 심판청구

청 구 인 겸 홍 창 규 휴대전화 010-9391-2345
집전화 053-636-1234

사 건 본 인 주민등록번호 880919-12345678
주 소 대구시 달서구 월성동 364
월성보성타운 152-1107

등록기준지 경북 군위군 효령면 매곡리 789번지
송달장소 서울시 서초구 서초동 1657-2
한림빌딩 301호

청 구 취 지

청구인의 성을 "정(鄭)"으로, 본을 "동래(東萊)"로 변경할 것을 허가한다.
라는 심판을 구합니다.

청 구 원 인

1. 청구인은 청구 외 정현미와 청구 외 홍오현 사이의 출생자입니다.

2. 청구인의 어머니인 청구 외 정현미는 청구 외 홍오현과 1987.12.04 혼인을 하였으나, 청구 외 신효섭의 가정폭력 및 가족을 부양할 능력이 부족하고 책임감이 없어 2003.03.16 청구인에 대한 친권을 청구 외 정현미가 갖고 재판상 이혼을 하였습니다. 이혼 후 청구 외 홍오현은 양육비를 단 한번도 준 적이 없으며, 청구인을 보고 싶어 하거나 찾지 않았습니다. 단 한번도 연락이 없었기 때문에 연락처도 알지 못하고 연락이 되지 않습니다.

3. 이혼 후 청구 외 정현미는 열심히 일을 하며 홀로 청구인을 양육해 주셨고, 아버지없이 자랐지만 누구보다 바르게 양육해 주셔서 지금은 대학생이 되었습니다. 청구인은 어려운 환경 속에서도 어머님의 사랑으로 잘 자랄 수 있었으며, 호주제가 폐지된다는 소식을 듣고, 그 시행을 간절히 기다려 왔습니다. 청구인의 어머니인 청구 외 정현미도 청구인의 성과 본의 변경을 간절히 원하고 있으며, 친 생부라는 이유만으로 무책임한 아버지의 성 과 본을 따르고 싶지않고 원망 스럽기만 합니다. 아버지의 성 과본을 따르면서 받는고통을 더 이상은 겪고싶지 않으며, 그 이유로 인해 의기소침해 지지 않고 당당하게 살아가고 싶습니다. 이러한 이유로 청구인의 성과 본을 청구인의 친생모인 청구 외 정현미의 성과 본으로 변경되기를 간절히 원합니다.

4. 청구인의 복리를 위하여 청구인의 성과 본을 친생모인 청구 외 정현미의 성과 본으로 변경할 필요가 있으므로, 청구취지와 같은 심판을 구합니다.

첨 부 서 류

1. 가족관계증명서 2통
2. 기본증명서 2통
3. 혼인관계증명서 1통
4. 제적등본 1통
5. 주민등록등본 1통
6. 진술서(청구인 및 친생모) 2통

2008 . 04 . 10 .

위 청구인 홍 창 규 (인)

대구지방법원 가정지원(가사단독) 귀중

⇨ Comment

1.성인이 된 사건본인이 친 생모의 성으로 바꾸고자 직접 신청한 경우임.
2.생부와는 면접교섭이 없었으며 양육비도 한번도 받지 못함.
3.여지껏 친 생모가 사건본인을 양육하였음.

의정부 지방법원

심 판

사 건 2009느단73 성본변경

청 구 인 홍 창 규 (640720-1245781)

주 소 ○○주시 도농동 2-1 부영그린타운 5131-1005

등록기준지 서울 서대문구 홍은동 10-19

송달장소 서울 서초구 서초동 한림빌딩 301호

사건본인 1홍 ○ ○ (123456-1234567)

2.오 ○ ○ (123456-1234567)

사건본인들 주 소 위 청구인과 같음

사건본인들 등록기준지 대전 중구 순화동 297

주 문

사건본인들의 성을 이(李)로, 본을 전주(全州)로 변경할 것을 허가한다.

이 유

이 사건 신청은 이유 있으므로 주문과 같이 심판한다.

2009 . 2. 3.

판 사 김 ○ ○ ○

○ ○ ○ 지 방 법 원

정 본 입 니 다.

2009. 2. 3.

법원주사 서 ○ ○

1. 자의 성본변경 : 심판문을 수령후 30일내 주소지 시.구. 읍.면사무소에 가서 신고하시면됩니다.
송달일로부터 1월 이내에 신고하지않으면 과태료가 부과됩니다.

민소 제 162조 ③ 2-139

사례59. 친부의 동의가 있다면 친부에 대한 의견청취절차가 생략되어 신속한 처리가 가능한경우임.

자의 성과 본의 변경허가 심판청구

청 구 인　황　　○
사건본인　최　○ ○

송달료　30,200원
인지대　5,000원

대구지방법원 가정지원(가사단독) 귀중

자의 성과 본의 변경허가 심판청구

청 구 인 황 현 (전화 010-6270-0000)
주민등록번호 650801-1234567
주 소 서울시 서대문구 북가좌동 52-119 충우주택 B03
등록기준지 서울시 서대문구 북가좌동 544번지의 72

사건본인 최 신 혜
주민등록번호 940121-1234567
주 소 위와 같은 곳
등록기준지 서울시 서대문구 북가좌동 68번지의 72

청 구 취 지

사건본인의 성을 "황(黃)"으로, 본을 "창원(昌原)"으로 변경할 것을 허가한다.
라는 심판을 구합니다.

청 구 원 인

1. 사건본인은 청구 외 박지은과 청구 외 최정훈 사이의 출생자입니다.

2. 청구 외 박지은은 청구 외 최정훈이 가족을 부양할 능력이 부족하고 가정에 대한 책임감이 부족하여 청구 외 최정훈과 이혼 후 청구인과 1998.12.19 혼인하였습니다. 그리고 청구인과 청구 외 박지은은 1999.12.03 청구 외 황혜수를 낳았습니다. 청구인은 사건본인의 새 아버지 이지만, 친 딸과 같이 생각하고 있으며 사건본인도 저를 잘 따라주고 있습니다. 그런데 사건본인은 동생과 성이 달라서 사회생활 및 학교생활 등에서 많은 괴로움을 겪고 있습니다. 학교에서는 청구인이 부탁하여 황신혜로 불러주고 계시지만 사춘기가오는예민한시기이기때문에부의정체성에대한혼란을겪고있습니다. 병원에 갈 때에도 동생과 다른 성으로 부르고 있고, 학교에 서류를 제출 할 때면 청구인과 성이 달라서 가져가지 않겠다고 하여 마음이 많이 아팠습니다. 부모의 이혼으로 인해 아이가 받은 상처를 생각하면 가슴이 아픕니다. 사건본인이청구인의성으로변경을진심으로원하고, 늦었지만 행복한 가정 속에서 자랄 권한이 있는 아이에게 하루 빨리 정착된 삶을 살게 해주고 싶습니다.

3. 사건본인의 복리를 위하여 사건본인의 성과 본을 청구인인 황현의 성과 본으로 변경할 필요가 있으므로, 청구취지와 같은 심판을 구합니다.

첨 부 서 류

1. 가족관계증명서(청구인 및 사건본인) 1통
2. 기본증명서(청구인 및 사건본인) 1통
3. 혼인관계증명서 1통
4. 주민등록등본 1통

2008 . 1 . 11.

위 청구인 황 현 (인)

서울가정법원 귀중

⇨Comment

1.새 아버지가 사건본인의 성을 자신의 성으로 바꾸고자 신청하는 경우임.
2.중학생인 사건본인도 새 아버지의 성을 따르기를 간절히 원하고 있음.
3.친부의 동의가 있다면 친부에 대한 의견청취절차가 생략되어 신속한 처리가 가능한 경우였음.

○○○ 지방법원
심 판

사　　건　　2009느단73　성본변경
청 구 인　　황 ○ ○ (640721-245781)
　　　　　　주　소 ○○○시 ○○동 2-1 그린타운 111-1005
　　　　　　등록기준지　서울 ○○구 ○○동 10-19
　　　　　　송달장소 서울 서초구 서초동 한림빌딩 301호

사건본인　　최 ○ ○ (123456-1234567)
　　　　　　사건본인 주 소 위 청구인과 같음
　　　　　　사건본인 등록기준지 ○○　○구 ○○동 297

주 문

사건본인의 성을 황(黃)로, 본을 창원(蒼遠)로 변경할 것을 허가한다.

이 유

이 사건 신청은 이유 있으므로 주문과 같이 심판한다.

2009 .　○. ○.

판 사　　김 ○ ○

○ ○ ○ 지 방 법 원

정 본 입 니 다.

2009. 2. 3.

법원주사 서 ○ ○

1. 자의 성본변경 : 심판문을 수령후 30일내 주소지 시.구. 읍.면사무소에 가서
신고하시면됩니다.
송달일로부터 1월 이내에 신고하지않으면 과태료가 부과됩니다.

민소 제 162조 ③ 2-139

사례60. 제일교포 3세이고,현재 한국국적을 소지하면서, 일본국의 특별영주권 소지한 경우

사 유 서

신청인은 일본에서 出生한 在日僑胞 3세이며, 지금까지 일본의 사회.문화.습관 속에서 살아왔습니다. 현재 韓國國籍을 소지하면서 日本國의 特別永住權도 가지고 있습니다.

신청인의 父母는 서기 2003년 02월 12일에 結婚하였습니다. 母는 離婚하기 전에 교통사고를 당해 다리에 깊은 상처가 남은 정도록 크게 다쳤습니다. 신청인은 母가 입원하였을 때부터 퇴원하였을 때까지, 그리고 父와 結婚한 후에 있어도 항상 곁에서 母를 구완하면서 살아왔습니다. 게다가 상기한 바와 같은 다리의 장애 때문에 일도 제대로 할 수 없는 母의 살림도 신청인이 지탱 하였습니다.

이러한 사정만으로도 저희 母子가 정신적으로도 경제적으로도 얼마나 심한 고통을 견디면서 살아 왔는지 충분히 헤아려 주실 수 있는 것으로 생각합니다. 그러나 저희 母子가 겪어 온 고통의 원인은 상기한 바와 같은 사정뿐만 아니라 저희가 在日僑胞이라는 처지에도 있습니다.

저희 在日僑胞들이 일본의 사회 속에서 살아가려고 하면 여러 방면에서 지장이 생길 기회가 많이 있습니다.

예를들면.... 한국에서는 母와 子의 姓이 일치하지 않는다는 것은 법률상의 원칙이고, 또한 문화.풍습상에 있어도 당연한 일이므로 그것으로 인하여 특별한 사회적 차별이나 고통을 받을 기회는 전혀 없으나, 일본에서는 그것(즉 母子간의 姓의 불일치)으로 인하여 지극히 큰 사회적 차별을 받게 되거나, 그 결과로 심대한 정신적 고통을 겪게 되는 경우도 적지 않습니다.

그러므로 신청인으로서도 현재 사용하고 있는 父의 姓(즉 金씨)을 이대로 계속 사용하는 것으로 앞으로도 사회생활상에 있어서 얼마나 많은 불이익을 입을까 봐 너무 걱정되는 바입니다.

일본에서는 婚姻중인 父母와 未婚인 子의 姓이 동일한다는 것이 법률상의 원칙입니다. (그 구체적(법적) 근거는 일본국 민법 제790조 제1항에 규정되어 있습니

다.)

다만, 父母가 離婚한 경우, 그 시점에서 子의 年齡이 이미 만 15 세 이상에 달하여 있으면 子는 스스로 "씨(氏)의 변경 허가신청 "을 가정재판소로 할 수 있으며, 그 결과로서 재판소로부터 허가를 얻으면 母의 姓을 사용하는 것이 가능하게 됩니다. (그 구체적(법적)근거는 일본국 민법 제791조 제1 항에 규정되어 있습니다.)

그래서 일본 국내 사람들은 아무런 문제도 없이 생활할 수 있으나 신청인은 韓國國籍者이므로 당연히 한국의 법률에 따라야 하기 때문에 상기한 바와 같은 일본국 민법에 규정되어 있는 "씨(氏)의 변경 허가신청 "에 관하여는 通用除外되는 입장에 있습니다.

반복이 되지만, 일본에서는 父母와 子의 姓이 동일하다는 점은 일반적 상식 때문에 父母와 子의 姓이 동일하지 않다는 점 자체가 사회생활상에 있어서 여러 가지 불이익을 초래합니다.

구체적인 예를 들면.....

어느날에 신청인이 집을 임차하려고 계약을 맺었을 때, 계약서에 동거인으로서 母 의 姓名을 기재하였던바, 분명히 親生子關係임에도 불구하고 姓이 동일하지 않다는 점으로 인하여 親生子關係임이 인식될 때까지 시간이 많이 걸렸다는 적이 있었습니다.

또 다른 날에 신청인이 가입중인 건강보험에 母를 자신의 부양가족으로서 추가로 가입시키려고 그 절차를 밟았을 때도 위 사례와 거의 같은 사태가 생겼습니다.

가입시키기에 필요한 서류를 불비도 없이 적절하게 제출하였던 바, 가입업무를 담당하는 직원으로부터는 양자(즉 母와 신청인)간의 姓이 동일하지 않다는 점만으로 터무니없는 의심을 받고 親生子關係임이 인정될 때까지는
많은 시간을 낭비하여야 되었습니다.

상기한 사례와 같이 저희는 어떤 민사적인 계약을 맺을 때나 공적인 절차를 밟을 때에 있어서는, 보통이라면 전혀 필요도 없는 설명까지 요구되거나, 심지어는 터무니없는 의심을 받거나 까닭 없는 편견까지 받거나... 사회적으로 늘 나쁜 이미지가 붙어 다닙니다.

이러한 불이익은 일상생활에 있어 생길 뿐만이 아닙니다.

사람의 평생 속에는 취직이나 결혼 등을 비롯하여 각별한 중요성을 가지는 장면이 꼭 여러번 찾아오는 바인데, 저희 在日僑胞들의 경우에는 이러한 장면에서도 중

대한 불이익을 입게 되었다는 사례도 적지 않습니다. 신청인에게도 앞으로 그러한 문제가 초래될까 봐 항상 깊이 우려하고 있습니다.

신청인의 父母는 서기 1976 년 01 월 10 일에 婚姻하였습니다. 즉 현행 한국 민법이 시행되기 전에 婚姻申告를 하였기 때문에 그 당시에 있어서는 子의 姓과 本을 母의 姓과 本에 따르게 한다는 선택권은 아직 없었습니다,

그러므로 신청인은 出生과 동시에 무조건 父의 성(즉 金씨)을 사용하게 되었고, 父母가 離婚한 후에 있어도 母의 성(즉 李씨)을 사용할 없었으며, 역시 무조건 부의 성(즉 金씨)을 사용할 수밖에 없었습니다.

그러나 개정 민법이 시행하게 된 현재, 신청인이 오랫동안에 걸쳐 바라고 온 "새로운 길 "이 열릴 기회가 겨우 찾아왔다고 생각합니다.

즉 신청인은 지금 자신의 희망(즉 자신의 姓과 本을 母의 姓과 本으로 변경함)이 이루에질 가능성이 생겼다는 바가 아닐까라는 큰 기대를 가지고 있고, 그 마음은 母도 마찬가지입니다.

그러하게 기대하는 근거는 현행 민법 제781 조 제 6 항의 규정에 있습니다.

"子의 福利를 위하여 子의 姓과 本을 변경할 필요가 있을 때... "라는 그 규정은 폭넓게 해석될 여지가 있는 것으로 생각합니다.

그렇다고 물론 무조건 姓과 本의 변경이 인정된다는 것이 아니고 그것을 실현하기 위하여 는 법원의 허가가 꼭 필요하다는 것도 신청인은 이해하고 있습니다.

그리고 허가를 얻기 위해서는 당연히 "子의 福利를 위하여 子의 姓과 本을 변경할 필요가 있을 때... "라는 법적 조건을 충족시켜야 한다는 것도 신청인은 이해하고 있습니다.

신청인의 경우, 과연 상기 조건에 調合한다는 인정을 얻게 될지 어떤지에 관하여는 물론 자신으로서는 상상도 추측도 할 리가 없습니다.

신청인 자신에게는 그것을 판단할 능력도 권한도 없기 때문입니다.

그러므로 신청인이 지금할수 있는 일은 좋은(즉 법적 조건에 調合한다는)판단이 내리는 것을 오로지 빌면서 그 결과를 기다리는 것뿐입니다.

신청인은 일본에 있는 생활 기반 속에서 다년간에 걸쳐 母와 함께 서로를 의지하면서, 그리고 서로를 격려하면서 생활하여 왔습니다.

신청인은 일본이라는 이국 땅 속에서도 저의 在日僑胞들이 한국의 법에 규정되어 있는 일정의 福利를 향수하면서 안심하게 미래로 이어지는 길을 걸어 갈 수 있

게 되기를 진심으로 바라고 있습니다.

신청인에게는 그 미래로 이어지는 길의 第一步로 "母의 姓과 本으로의 변경"입니다.

아무쪼록 상술한 바와 같은 저희 在日僑胞들이 놓인 "특수 "한 처지를 감안하여 주시고, 그리고 이러한 처지 속에서 신청인이 직면하는 큰 고통과 어려움에 대하여 충분한 이해를 하여 주셔서, 부디 허가의 판단을 내려 주시기를 간전히 바랍니다.

진심으로 부탁드리겠습니다.

2009. 09월 09일

김 미 화(金美和)

3. 관련서류

- 법원심판서예시
- 계속사용허가 심판서예시
- 사유서
- 진술서
- 계부의 진술서
- 사건본인의 진술서
- 협의서
- 신고서

자의 성과 본의 변경허가 심판청구

청 구 인 성명 : 이 호 균 (휴대전화 : 011-1741-0000)
집전화 : 2651-1213)
주민등록번호 : 630708 - 1234567
주 소 : 서울시 양천구 목동 916번지
현대하이페리온 102동 3802호
등록기준지 : 서울시 양천구 목동 916번지

사 건 본 인 성명 : 박 성 우
주민등록번호 : 980103 - 1234567
주 소 : 서울시 양천구 목동 916번지
현대하이페리온 102동 3802호
등록기준지 : 서울시 양천구 목동 916번지

청 구 취 지

'사건본인의 성을 " 이 (한자: 李) "로, 본을 " 전주 (한자: 全州) "로 변경할 것을 허가한다.' 라는 심판을 구합니다.

청 구 원 인

1. 사건본인의 가족관계 등 (해당 □안에 √ 표시, 내용 추가)

가. 사건본인은 (친부 박정욱)과(와) (친모 지명원) 사이에 출생한 자입니다.

☑ 친부의 주소는 (서울시 양천구 목동 406-118 B01
)입니다.

나. ☑ (친부 박정욱)과(와) (친모 지명원)는(은)(1999년12월일)
이혼하였습니다.

☐ (친부)는(은) (년 월 일)사망하였습니다.

☑ (양부 이호균)는(은) (2007년6월12일)사건본인을입양하였습니다.

2. 성과 본의 변경을 청구하는 이유(해당☐안에√표시,내용추가)사건본인이 현재의성과본으로인하여학교나사회생활등에서많은어려움을겪고있으므로사건본인의 복리를 위하여 다음과 같이 청구합니다.

☐ (친모)과(와) (년 월 일) 혼인하여 사건본인의 의붓아버지(계부)가 된 ( )의 "성 "과 "본 "으로바꾸고싶습니다.

☐ 어머니의 "성 "과 "본 "으로 바꾸고 싶습니다.

☑ 양부 또는 양모의 "성 "과 "본 "으로 바꾸고 싶습니다.

☐ 위 각 경우에 해당하지 않는 경우의 이유(서술식으로 기재)
:

첨 부 서 류

1. 진술서(청구인) 1통
2. 가족관계증명서(청구인 및 사건본인) 각 1통
3. 기본증명서(사건본인) 1통
4. 혼인관계증명서(청구인) 1통
5. 주민등록등본(청구인 및 사건본인) 각 1통

(청구인과 사건본인의 주소지가 같은 경우에는 1통만 제출하면 됩니다)

6. 기타(해당사항이 있는 경우에 ☐안에 √ 표시를 하고 해당 서류를 첨부해 주십시오)

☑ 입양관계증명서 1통(사건본인이 입양된 경우)

☐ 제적등본(친부) 1통(친부가 사망한 경우, 단 2008. 1. 1. 이후에 사망신고가 된 경우에는 폐쇄가족관계등록부에 따른 친부의 기본증명서)

2008. 4. 15

청구인　　이 호 균 (인)

가정법원{　　　지방법원(지원)} 귀중

☞	유의사항

1. 청구서에는 사건본인 1명당 수입인지 5,000원을 붙여야 합니다.
2. 송달료는 청구인수 × 3,020원(우편료) × 8회분을 송달료취급은행에 납부하고 영수증을 첨부하여야 합니다.
3. 관할법원은 사건본인의 주소지의 가정법원(가정법원 또는 가정지원이 설치되지 아니한 지역은 해당 지방법원 또는 지방법원 지원)입니다.
4. 사건본인의 아버지에게 의견청취서를 보내어 의견을 들을 필요가 있을 수 있으므로 신속한 심리를 위하여, 사건본인의 아버지의 주소는 알고 있는 경우에 기재하되, 기재하지 아니한 경우 주소를 밝히라는 법원의 보정명령을 나중에 받을 수 있습니다.
5. ‘성’과 ‘본’이 변경된다고 하여, 의붓아버지와 사이에 친족관계가 생기거나 종전 부모와의 친족관계가 소멸되는 것은 아니며 가족관계등록부에는 여전히 친아버지가 아버지로 기재됩니다. 또한 친권자가 변경되는 것도 아닙니다.

자의 종전의 성과 본의 계속사용허가 심판청구

청 구 인 겸　　김○○ (전화　　　　)
사 건 본 인　　주민등록번호　　　-
주소
등록기준지
위 청구인은 미성년자이므로 그 법정대리인1)
친권자 모 ○ ○ ○
주민등록번호　　　-
주소 및 등록기준지 위와 같은 곳

청 구 취 지

청구인 겸 사건본인의 종전의 성인 "김(金)"과 본인 "○○(한자)"를 계속하여 사용할 것을 허가한다.

라는 심판을 구합니다.

청 구 원 인

사건본인의 아버지인 청구 외 ○○○가 200○년 ○월 ○일 청구인 겸 사건본인에 대한 인지신고를 하였는바, 청구인의 모인 ○○○와 청구인의 성과 본의 계속사용에 관한 협의가 이루어지지 아니하여 본건 청구를 하기에 이르렀습니다.

---

1) 법정대리인이 '자의 종전의 성과 본의 계속사용'에 반대하는 인지한 부(父)인 경우 '특별대리인' 선임 신청을 하여 '특별대리인'이 자를 대리하여야 함

첨 부 서 류

1. 가족관계증명서　1통
2. 주민등록등본　1통

20 . . .

청구인 김 ○ ○
청구인은 미성년자이므로 법정대리인

친권자 모 ○ ○ ○ (인)

○○가정법원{○○지방법원(지원)} 귀중

☞	유의사항

1. 청구서에는 사건본인 1명당 수입인지 5,000원을 붙여야 합니다.
2. 송달료는 청구인수 × 3,020원(우편료) × 8회분을 송달료취급은행에 납부하고 영수증을 첨부하여야 합니다.
3. 관할법원은 사건본인의 주소지의 가정법원(가정법원 및 가정지원이 설치되지 아니한 지역은 해당 지방법원 및 지방법원 지원)입니다.

사 유 서

1. 사건본인은 청구인과 청구 외 박상주 사이의 출생자입니다.
2. 청구인은 청구 외 박상주와 결혼생활을 유지하면서 생활비를 단 한번도 받은 적이 없고, 사업을 이유로 온갖 빚에 시달려야 했으며, 청구 외 박상주는 청구인에게 폭력을 행사하기까지 했습니다. 이러한 이유로 청구 외 박상주가 가족을 부양할 능력이 부족하여 친권은 청구인이 갖기로 하고 2004.09.12 이혼을 하였습니다. 이혼 후 청구 외 박상주는 **사건본인을 찾거나 보고 싶어하지 않았으며, 양육비를 단 한번도 주지 않았습니다.** 이혼 당시부터 지금까지 연락도 한 번 한적이 없고, 연락처도 알지 못합니다. 이혼 후 청구인에게 남은 것은 오천만원이 넘는 빚과 성처였습니다. 그러나 생계를 위하여 일을 하며 사건본인을 잘 양육하였습니다. 그러던 중, 청구 외 정진선을 만나 2006.06.30 혼인을 하였습니다. 청구 외 정진선은 **안정적인 직장**을 갖고 있고, 매우 **가정적인 사람**입니다. 자상한 성격에 사건본인을 매우 사랑해 주고 있으며, **사건본인은 지금의 남편을 친 아버지로 알고 있습니다.** 그런데 사건본인이 지금의 남편과 성이 다른 이유로 많은 어려움을 겪고 있습니다. 사건본인이 받을 충격이 두려워 유치원에 부탁을 드려 사건본인을 '정형민' 으로 불러 주고 있으며, 주변 사람들 모두 그렇게 알고 있습니다 그런데 사건본인이 곧 초등학교에 입학을 합니다. 학교생활을 하면서 사건본인이 지금의 남편과 성이 달라서 놀림을 받을 것이 걱정되고, **지금의 남편이 친 아버지가 아니라는 사실을 알게 되어 사건본인이 받을 충격이 매우 두렵습니다.** 부디 사건본인이 초등학교 입학 전에 청구 외 정진선의 성과 본을 따르게 하여, 부의 정체성에 대한 혼란을 겪지 않기를 간절히 바랍니다.

진 술 서

청구인은 다음과 같은 내용을 **사실대로** 진술합니다.

1. 청구인과 사건본인의 가족관계 등

가. 기본 사항(사건본인과 관계있는 해당 사항만 기재하시면 됩니다.)

구 분	연 월 일	참 고 사 항
(강성덕)과(와) 혼인 신고일	1996년 9월 1일	동거 시작일 년 월 일
사건본인 (강유빈)출생일자	1998년 1월 3일	
(강성덕)과(와) 이혼 신고일	2000년 3월 14일	□협의이혼, ☑ 재판상이혼
(이박문)과(와) 재혼 신고일	2007년 6월 12일	동거 시작일2003년 9월12일

나. 사건본인의 현재 생활, 친권자, 양육자 등

구 분	내 용
(1) 사건본인의 나이, 학교 등	만 27 세, □유치원, □ 초등학교 학년 재학 중
(2) 이혼시 지정된 친권자	□ 사건본인의 아버지, ☑ 사건본인의 어머니
(3) 이혼시 지정된 양육자	□ 사건본인의 아버지, ☑ 사건본인의 어머니
(4) 현재의 실제 양육자와 양육기간	□ 사건본인의 아버지, ☑ 사건본인의 어머니 양육기간 : 약27년 3개월(1981년9월 무렵 → 현재)
(5) 양육비용을 부담하고 있는 사람	
(6) 친아버지가 사건본인 또는 사건본인의 어머니에게 양육비를 지급하고 있는지 여부	□ 양육비를 지급하고 있음 ☑ 양육비를 지급하고 있지 아니함 ※ 양육비를 지급하고 있는 경우 그 액수 월 평균으로 따져보면 약 원

(7) 사건본인이 친아버지와 면접교섭하는지(정기적 또는 부정기적으로 만나는지) 여부	□면접교섭함, ☑면접교섭하지아니함 면접교섭의 내용(면접교섭하는 경우에만 기재하여 주십시오.) □ 1년에 약 1 ~ 3회 □ 매월 약 1회, □ 매월 약 2회 이상 □ 기타( )

2. 사건본인이 현재의 성과 본으로 인하여 사회생활 등에서 어려움을 겪고 있는 구체적 사례

어려서부터 형제간 성과 본이 다른 이유로 놀림 등 고통을 받고, 주변의
따가운 시선 및 선입견으로부터 자유로울 수 없었음. 지금 남편의
큰 사랑으로 정신적 스트레스를 극복하고 있음

3. 사건본인의 성과 본의 변경이 필요한 이유(□안에 √ 표시, 내용 기재)

□ 의붓아버지(계부)의 성과 본으로 변경하려는 경우

(1) 의붓아버지가 사건본인을 양육하고 있는지 : □ 양육하고 있음, □ 양육하고 있지 아니함

(2) 의붓아버지가 사건본인을 실제 양육한 기간

약 년 개월 (년 월 무렵부터 → 년 월 무렵까지)

(3) 성과 본의 변경이 사건본인의 행복과 이익을 위하여 필요한 이유

아이가 곧 결혼을 앞두고 극심한 스트레스를 받고 있음. 성년이 되어서도 가족구성원과 성이 다른 이유로 고통을 받음. 아이의 장래를 위해, 선입견으로부터
자유롭게 해주고 싶음.

□ 어머니의 성과 본으로 변경하려는 경우

(1) 어머니가 이혼 후 사건본인을 실제 양육한 기간

약 년 개월 (년 월 무렵부터 → 년 월 무렵까지)

(2) 성과 본의 변경이 사건본인의 행복과 이익을 위하여 필요한 이유

☑ **양부 또는 양모의 성과 본으로 변경하려는 경우**

(1) 사건본인을 양육하고 있는지 : ☑ 양육하고 있음, ☐ 양육하고 있지 아니함

(2) 양부 또는 양모가 사건본인을 실제 양육한 기간

약 4 년 7 개월 (2003 년 9월 무렵부터 → 현재까지)

(3) 성과 본의 변경이 사건본인의 행복과 이익을 위하여 필요한 이유

4. 그 밖에 법원에 진술하고 싶은 사정

딸아이가 곧 결혼을 앞두고, 양가 상견례 등 많은 어려움에 고통을 받고 있으므로 하루 빨리 성과 본을 변경하기를 희망하며 부탁드립니다.

2008년 12월 18일 친생모 박 창 임 (인)

서울가정법원(가사단독)

계부의 진술서

사건 본인의 계부는 사건본이의 성과 변경허가 심판청구와 관련하여 다음 사실을 진술합니다. 다음의 진술과 고의로 빠뜨리거나 허위로 진술한 내용이 발견된 경우, 그로 인하여 심판청구가 기각되거나 불이익을 받을수 있음을 잘 알고 있습니다.

2008.12.24.

계부 이 박 문 (날이 또는 서명)

◇다 음◇

1. 사건본인이 자신의 성과 본을 따르는 것에 동의합니까?

네

1-1. 동의하지 않는다면 그 의견을 기재하여 주시기 바랍니다.

2. 사건본인을 입양(친양자)할 의사가 있습니까?

가능하다면 진행하고 싶습니다.

3. 성과 본의 변경을 희망하는 이유를 간략하게 기재하여 주시기 바랍니다.

아이의 더 나은 장래를 위하여,,,, 더 이상 고통 받지 않기를 바랍니다.

4. 기타의견 : 결혼을 앞둔 저의 예쁜 딸 아이 입니다.

마음으로, 가슴으로 낳아 사랑으로 키운 아이입니다.

부탁드립니다, 저의 가정에 큰 선물을 주십시오.

시일이 급하므로, 빠른 진행과 판결을 부탁드립니다.

사건본인 진술서

사건본인은 성과 본의 변경허가 심판청구와 관련하여 다음 사실을 진술합니다. 다음의 진술과 관련하여 고의로 빠뜨리거나 허위로 진술한 내용이 발견된 경우, 그로 인하여 심판청구가 기각되거나 불이익을 받을 수 있음을 잘 알고 있습니다.

2008.12.24.

사건본인 강 유 빈 (날인 또는 서명)

◇다 음◇

1,사건본인은 자신의 성과 본의 변경에 동의합니까?

동의합니다.

2. 사건본인이 자신의 성과 본의 변경하는 것에 동의하는 이유는 무엇입니까?

어렸을 때부터 '나만 왜 가족과 성이 다를까' 하며 많은 고민을 하였고,

성년이 되어 결혼을 앞두고, 큰 흠이 되어 또 다른 어려움을 겪게 될것이 두렵습니다.

3. 사건본인은 친부 및 친족과 연락을 하고 있습니까?

아닙니다.

4. 사건본인이 종전의 성을 사용함에 따른 구체적 불편 내용과 곤란 사례를 자세하게 기재하시기 바랍니다.(별지로 첨부가능)

어려서부터 받았던 정신적 고통은 성년이 되어서도 지속되고 있습니다. 사회생활에도 여전히 걸림돌이 되고 있고, 결혼을 앞두고 흠이 되지 않을까 두려워 잠을 이룰 수 없습니다. 친아빠와 다름없는 지금의 아버지의 큰 사랑에 보답을 드리진 못할 망정, 혼인문제로 본인과 가족에게 고통을 주고 싶지 않으며, 형제끼리 성, 본이 달라서 느껴야만 하는 설움을 더 이상 느끼지 않기를 바랍니다.

[제3호서식]

자의 양육과 친권자결정에 관한 협의서

사 건 호 협의이혼의사확인신청

당사자 부 성 명
주민등록번호 -

모 성 명
주민등록번호 -

협 의 내 용

1. 친권자 및 양육자의 결정
(□에 ✔표시를 하거나 해당 사항을 기재하십시오).

자녀 이름	성별	생년월일(주민등록번호)	친권자	양육자
	□ 남 □ 여	년 월 일 (-)	□ 부 □ 모 □ 부모공동	□ 부 □ 모 □ 부모공동
	□ 남 □ 여	년 월 일 (-)	□ 부 □ 모 □ 부모공동	□ 부 □ 모 □ 부모공동
	□ 남 □ 여	년 월 일 (-)	□ 부 □모 □ 부모공동	□ 부 □ 모 □ 부모공동
	□ 남 □ 여	년 월 일 (-)	□ 부 □ 모 □ 부모공동	□ 부 □ 모 □ 부모공동

2. 양육비용의 부담 (□에 ✔표시를 하거나 해당 사항을 기재하십시오.)

<table>
<tr><td>지급인</td><td colspan="2"></td></tr>
<tr><td rowspan="2">지급방식</td><td colspan="2">□ 정기금 □ 일시금</td></tr>
<tr><td colspan="2">( ) 은행 예금주 :
계좌번호 :</td></tr>
<tr><td rowspan="2">지급액</td><td>정기금</td><td>금 원(한글병기)</td></tr>
<tr><td>일시금</td><td>금 원(한글병기)</td></tr>
<tr><td rowspan="2">지급일</td><td>정기금</td><td>년 월 일부터 년 월 일까지 (매월 일)</td></tr>
<tr><td>일시금</td><td>년 월 일</td></tr>
<tr><td>기타</td><td colspan="2"></td></tr>
</table>

3. 면접교섭권의 행사 여부 및 그 방법
(□에 ✔표시를 하거나 해당 사항을 기재하십시오.)

<table>
<tr><td>일 자</td><td>시 간</td><td>인도 장소</td><td>면접 장소</td><td>기타(면접교섭시 주의사항)</td></tr>
<tr><td>□ 매월
_______째 주
_______요일</td><td>시 분 부터
시 분 까지</td><td></td><td></td><td rowspan="3"></td></tr>
<tr><td>□ 매주
_______요일</td><td>시 분 부터
시 분 까지</td><td></td><td></td></tr>
<tr><td colspan="2">□ 기타</td><td></td><td></td></tr>
</table>

첨 부 서 류

1. 근로소득세 원천징수영수증, 사업자등록증 및 사업자소득금액 증명원 등 소득금액을 증명하기 위한 자료 - 부, 모별로 각 1통
2. 부・모 소유 부동산등기부등본 또는 부・모 명의의 임대차계약서, 재산세 납세영수증(증명)
3. 위자료나 재산분할에 관한 합의서가 있는 경우 그 합의서 사본 1통
4. 자의 양육과 친권자결정에 관한 협의서 사본 2통

협의일자 : 년 월 일

부 : (인/서명) **모 :** (인/서명)

○ ○ 가정(지방)법원		판사 확인인
사건번호		
확인일자	. . .	

자의 양육과 친권자결정에 관한 협의서 작성요령

※ 미성년인 자녀(임신 중인 자를 포함하되, 이혼에 관한 안내를 받은 날부터 3개월 또는 법원이 별도로 정한 기간 내에 성년이 되는 자는 제외)가 있는 부부가 협의이혼을 할 때는 자녀의 **양육(양육자의 결정, 양육비용의 부담, 면접교섭권의 행사 여부 및 그 방법)과 친권자결정**에 관한 협의서를 확인기일 1개월 전까지 제출하여야 합니다.

※ 성년인 자녀의 경우에도 예상되는 교육비 등의 부담을 자유롭게 협의하여 기재할 수 있습니다.

※ 이혼의사확인신청후 양육과 친권자결정에 관한 협의가 원활하게 이루어 지지 않는 경우에는 신속하게 가정법원에 심판을 청구하여야 합니다. 확인기일까지 협의서를 제출하지 아니한 경우 이혼의사확인이 지연되거나 불확인 처리될 수 있습니다.

※ 만일 양육에 관한 사항이나 친권자결정에 관한 협의가 **자녀의 복리**에 반하는 경우 가정법원은 보정을 명할 수 있으며 보정에 응하지 않는 경우 불확인 처리됩니다.

※ 만일 협의서에 의해 약정한 사항을 부 또는 모가 이행하지 아니한 경우(특히 양육비 부담) **'별도의 재판절차'**를 통하여 과태료, 감치 등의 제재를 받을 수 있고, 강제집행을 할 수 있습니다.

※ 협의서 작성 전에 가정법원의 상담위원의 상담을 먼저 받아 보실 것을 권고합니다.

1. 친권자 및 양육자의 결정

친권자는 자녀의 재산관리권, 법률행위대리권 등이 있고, 양육자는 자녀와 공동생활을 하며 각종의 위험으로부터 자녀를 보호하는 역할을 합니다. 협의이혼시 친권자 및 양육자는 자의 복리를 우선적으로 고려하여 부 또는 모 일방으로 정할 수도 있고, 부·모 공동으로 지정할 수도 있으며, 친권자와 양육자를 분리하여 지정할 수도 있습니다(공동친권, 공동양육의 경우는 부모 사이에 갈등이 심하지 않은 경우에만 바람직하며, 각자의 권리·의무, 역할, 동거기간 등을 별도로 명확히 정해두는 것이 장래의 분쟁을 예방할 수 있습니다).

임신 중인 자의 특정은 자녀이름란에 '모가 임신 중인 자'로 기재하고 생년월일란에 '임신 ○개월'로 기재함으로 하고, 성별란은 기재할 필요가 없습니다.

2. 양육비용의 부담

자녀에 대한 양육의무는 친권자나 양육자가 아니어도 부모로서 반드시 부담하여야 할 법률상 의무입니다. 양육비는 자녀의 연령, 자녀의 수, 부모의 재산상황 등을 고려하여 적정한 금액을 협의하여야 합니다. 이는 정기적으로 매월 지급하도록 정할 수도 있고, 일시금으로 지급할 수도 있습니다. 정기적으로 지급하는 경우 지급날짜, 지급액수, 지급방법을 구체적으로 정하여야 합니다.

3. 면접교섭권의 행사 여부 및 그 방법

「민법」 제837조의2 규정에 따라 이혼 후 자녀를 직접 양육하지 않는 부모(비양육친)의 일방과 자녀는 서로를 만날 권리가 있고, 양육하는 부모(양육친)는 비양육친과 자녀를 서로 만나게 해 줄 의무가 있습니다. 그리고 면접교섭은 자녀가 양쪽 부모의 사랑을 받고 올바르게 자랄 수 있기 위해 꼭 필요합니다. 면접교섭 일시는 자녀의 일정을 고려하여 정기적·규칙적으로 정하는 것이 자녀의 안정적인 생활에 도움이 되고, 자녀의 인도장소 및 시간, 면접교섭 장소, 면접교섭시 주의사항(기타 란에 기재하거나 별지를 사용) 등을 자세하게 정해야 장래의 분쟁을 방지할 수 있습니다.

4. 첨부서류

협의서가 자녀의 복리에 부합하는지 여부를 판단하기 위해 부, 모의 월 소득액과 재산에 관한 자료, 양육비 지출내역이 필요하므로 증빙서류를 제출합니다.

5. 기타 유의사항

협의서원본은 법원에서 1년간만 보존하므로 이혼의사확인 때 법원으로부터 교부받은 협의서등본은 이혼신고 때 제출하기 전에 당사자가 그 복사본을 별도로 보관하도록 합니다.

3.관련서류 (진술서등)

[양식 제34호]

<table>
<tr><td colspan="4">성 · 본 변 경 신 고 서
(년 월 일)</td><td colspan="8">※아래의 작성방법을 읽고 기재하시되 선택항 목은 해당번호에 "○"으로 표시하여 주시기 바랍니다.</td></tr>
<tr><td rowspan="4">①
사건본인</td><td rowspan="2">성 명</td><td>한글</td><td colspan="3"></td><td rowspan="2">주민등록번호</td><td rowspan="2" colspan="5">-</td></tr>
<tr><td>한자</td><td colspan="3"></td></tr>
<tr><td>등 록
기준지</td><td colspan="10"></td></tr>
<tr><td>주 소</td><td colspan="10"></td></tr>
<tr><td rowspan="2">②
성·본</td><td>변경전
성(姓)</td><td>한글</td><td></td><td>한자</td><td></td><td>변경전
본(本)</td><td>한글</td><td></td><td>한자</td><td colspan="2"></td></tr>
<tr><td>변경한
성(姓)</td><td>한글</td><td></td><td>한자</td><td></td><td>변경한
본(本)</td><td>한글</td><td></td><td>한자</td><td colspan="2"></td></tr>
<tr><td colspan="2">③허가일자</td><td colspan="4">년 월 일</td><td>법원명</td><td colspan="5"></td></tr>
<tr><td colspan="2">④기타사항</td><td colspan="10"></td></tr>
<tr><td rowspan="3">⑤
신고인</td><td>성 명</td><td colspan="4">㊞ 또는 서명</td><td>주민등록
번 호</td><td colspan="5">-</td></tr>
<tr><td>자 격</td><td colspan="10">1본인 2법정대리인 3기타(자격 :)</td></tr>
<tr><td>주 소</td><td colspan="4"></td><td>전화</td><td colspan="2"></td><td>이메일</td><td colspan="2"></td></tr>
<tr><td>⑥
제출인</td><td>성명</td><td colspan="3"></td><td colspan="2">주민등록번호</td><td colspan="5">-</td></tr>
</table>

작 성 방 법

※ 본 신고는 성·본변경허가결정등본을 받은 날로부터 1개월 이내에 신고하여야 합니다.

②란 : 사건본인의 성·본은 변경 전의 성·본과 변경한 성·본을 나누어 기재합니다.

③란 : 성·본 변경허가일자는 성·본 변경허가결정등본에 기재된 연월일을 기재합니다.

④란 : 가족관계등록부에 기록을 분명하게 하는데 특히 필요한 사항을 기재합니다.

⑤란 : 신고인이 외국인인 경우에는 외국인등록번호(국내거소신고번호 또는 출생연월일)를 기재합니다.

⑥란 : 제출자(신고인 여부 불문)의 성명 및 주민등록번호 기재
[접수담당공무원은 신분증과 대조]

첨 부 서 류

1. 성·본 변경허가결정등본 1부.
2. 신분확인[가족관계등록예규 제23호에 의함]
 - 신고인이 출석한 경우 : 신분증명서
 - 제출인이 출석한 경우 : 제출인의 신분증명서
 - 우편제출의 경우 : 신고인의 신분증명서 사본

[양식 제13호]

친권자(1지정 2변경)신고서
(　　년　　월　　일)

※ 뒷면의 작성방법을읽고 기재하시되, 선택항목은 해당번호에"○"으로표시하여 주시기바랍니다.

①미성년 자녀	성 명	한글		한자	주민등록번호	-
	등록기준지				출생연월일	
	주 소					
	성 명	한글		한자	주민등록번호	-
	등록기준지				출생연월일	
	주 소					
	성 명	한글		한자	주민등록번호	-
	등록기준지				출생연월일	
	주 소					
②부	성 명	한글		한자	주민등록번호	-
	등록기준지					
	주 소					
③모	성 명	한글		한자	주민등록번호	-
	등록기준지					
	주 소					

④친권자	성 명		미성년자와의 관계	1부 2 모 3부모
	미성년자 성명			
	1지정일자	년 월 일	1지정원인	1 협의 2 (　　　　)법원의 결정
	2변경일자	년 월 일	2변경원인	(　　　　)법원의 결정
	성 명		미성년자와의 관계	1부 2 모 3부모
	미성년자 성명			
	1지정일자	년 월 일	1지정원인	1 협의 2 (　　　　)법원의 결정
	2변경일자	년 월 일	2변경원인	(　　　　)법원의 결정
⑤기타사항				

협의의 친권자 지정 신고 시 신고인 쌍방이 모두 출석하였습니까?　예(　)　아니오(　)

⑥신고인	성 명	㉿ 또는 서명	주민등록번호	-	자격	1부 2모
	주 소		전 화			
			이메일			
	성 명	㉿ 또는 서명	주민등록번호	-	자격	1부 2모
	주 소		전 화			
			이메일			
⑦제출인	성 명		주민등록번호	-		

작 성 방 법	이혼신고 시 친권자지정신고는 이혼신고서의 양식을 이용합니다.

※ 등록기준지 : 각 란의 해당자가 외국인인 경우에는 그 국적을 기재합니다.

※ 주민등록번호 : 각 란의 해당자가 외국인인 경우에는 외국인등록번호(국내거소신고번호 또는 출생연월일)를 기재합니다.

①란 : 2명 이상의 미성년자에 대해 친권자가 동일하게 지정(변경)된 경우에는 순서대로 기재합니다.

: 법 제25조제2항에 따라 주민등록번호란에 주민등록번호를 기재한 때에는 출생연월일의 기재를 생략할 수 있습니다.

④란 : 새롭게 친권자로 지정·변경된 자를 의미하며, 지정일자는 협의의 경우에는 협의성립일, 재판의 경우에는 결정 확정된 일자를 기재합니다. 친권자변경에 관한 사항은 재판에 의한 경우에만 기재합니다.

⑤란 : 친권자변경신고의 경우에 종전의 친권자를 기재합니다.

⑦란 : 제출자(신고인 여부 불문)의 성명 및 주민등록번호 기재[접수담당공무원은 신분증과 대조]

※ 타인의 서명 또는 인장을 도용하여 허위의 신고서를 제출하거나, 허위신고를 하여 가족관계등록부에 부실의 사실을 기록하게 하는 경우에는 형법에 의하여 5년 이하의 징역 또는 1천만원 이하의 벌금에 처해집니다.

첨 부 서 류

1. 법원이 친권자를 지정·변경한 경우
   - 재판서등본 및 확정증명서 각 1부.
   - 조정·화해 성립 : 조정(화해)조서등본 및 송달증명서 각 1부.
2. 부모의 협의에 의하여 친권자를 지정한 경우
   - 부모 중 한쪽이 신고할 경우: 협의사실을 증명하는 서류 1부.
   - 부모가 함께 신고할 경우: 협의사실 증명하는 서류를 첨부할 필요가 없음.

※ 아래 3항은 가족관계등록관서에서 전산으로 그 내용을 확인할 수 있는 경우 첨부를 생략합니다.

3. 당사자의 가족관계등록부의 기본증명서, 가족관계증명서 각 1통.
4. 신분확인[가족관계등록예규 제23호에 의함]

① 재판에 의한 친권자 지정 • 변경
- 신고인이 출석한 경우 : 신분증명서
- 제출인이 출석한 경우 : 제출인의 신분증명서
- 우편제출의 경우 : 신고인의 신분증명서 사본

② 협의에 의한 친권자 지정신고
- 신고인이 출석한 경우 : 신고인 모두의 신분증명서
- 신고인 불출석, 제출인 출석의 경우 : 제출인의 신분증명서 및 신고인 모두의 신분증명서 또는 서명공증 또는 인감증명서(신고인의 신분증명서 없이 신고서에 신고인이 서명한 경우 서명공증, 신고서에 인감 날인한 경우 인감증명)
- 우편제출의 경우 : 신고인 모두의 서명공증 또는 인감증명서(신고서에 서명한 경우 서명공증, 인감을 날인한 경우는 인감증명서)

4.준비서류(도표)

의뢰인 준비서류

<table>
<tr><th colspan="2">서 류</th><th>부 수</th><th colspan="2">준 비 사 항</th></tr>
<tr><td rowspan="11">필
수
서
류</td><td>(본인) 가족관계증명서</td><td>1</td><td rowspan="5">주민번호는
모두 공개로
발급해야하고,
최근 3개월
이내의
것이어야 함</td><td rowspan="5">구청이나
읍,면,동사무소
에서 발급</td></tr>
<tr><td>(본인) 기본증명서</td><td>1</td></tr>
<tr><td>(본인) 주민등록등본</td><td>1</td></tr>
<tr><td>(어머니)가족관계증명서</td><td>1</td></tr>
<tr><td>(어머니) 기본증명서</td><td>1</td></tr>
<tr><td>(어머니)혼인관계증명서</td><td>1</td><td colspan="2"></td></tr>
<tr><td>(어머니) 제적등본</td><td>1</td><td colspan="2">전 남편호적에서 제적 된 것</td></tr>
<tr><td>(생부) 주민등록초본</td><td>1</td><td colspan="2"></td></tr>
<tr><td>주민등록증사본</td><td>각 1</td><td colspan="2">어머니, 지금의 아버님 앞뒤로
선명하게 복 사</td></tr>
<tr><td>사 유 서</td><td colspan="3">형식은 없으며 간단히 청구사유를 적어주세요 !</td></tr>
<tr><td>기타 소명자료</td><td colspan="3">변경 대사장가 성년인 경우 범죄,수사경력조회서</td></tr>
</table>

1. 필수서류는 성변경신청시 반드시 제출해야 합니다. (법원에 따라 필수서류의 변동 있음)
2. 기본증명서와 가족관계증명서는 2008년도가 되면서 호주제 폐지로 호적등본 대신 만들어진 것으로 꼭 성변경당사자의 것을 발급 받으셔야 합니다.
3. 사유에 따라서 준비서류는 달라지며 성변경허가를 받는데 중대한 역할을 합니다.
4. 개명과 동시진행가능 하며, 동시진행시 선 결정문은 진행법원에 반영처리됩니다.

제3장 친양자입양

1. 제도
2. 사례
3. 관련서류
4. 준비서류

1.제 도 개 관

(1)친양자 (완전양자)

1)개념

친양자를 하려는 자가 민법 제908조의2에 따라 가정법원에 친양자입양을 청구하여 그 판결이 확정되면 법률상 친생부모 및 그 혈족과의 친족관계가 종료되고 친양자를 재판확정시부터 법률상 양친의 친생자 처럼 취급하여 혼인중 출생자로 보게 되며, 친양자입양신고에 의하여 양친의 가족관계증명서에는 친양자를 친생자로, 친양자의 가족관계증명서에는 양친을 친생부모로 가가각 공시된다.

2) 제도신설의 배경

입양제도가 입양신고에 의하여 양자의 신분이 양부모의 호적에 양자로 그대로 공시되는 반면에 법률상의 효과가 제한적이었기 때문에 입양의 방식을 기피하고 결국 양자가 친생자처럼 취급되기를 원하는 양자를 입양신고의 방식이 아닌 양친의 친생자임을 가장한 친생자출생고를 하는 방법에 의하고 있었는 바, 이러한 현실을 고려하여 종전의 양자제도의 문제점을 제거함으로써 입양촉진효과를 기대하는 한편, 재혼가정에 있어 그 배우자의 자녀와 친자관계를 형성할 수 있는 길을 열어줌으로써 재혼가정의 평화와 안정을 도모하기 위한 것이다.

3)친양자 입양요건

민법제908조의2는 친양자 입양의 요건을 규정하고 있다.① 친양자는 3년 이상 혼인중인 부부가 공동으로 입양하여야 하나, 배우자의 전혼의 자녀를 입양하는 경우에는 1년이상 혼인중인 부부의 일방이 그 배우자의 친생자를 친양자로 할 수 있고,② 친양자로 될 자의 연령은 15세미만이어야 하며,③ 친양자로 될 자의 친생부모가 친양자 입양에 동의하여야 하고,④ 민법제869조의 규정에 의한 법정대리인의 입양승낙이 있어야 한다.

4)심판절차

(가)관할법원- 친양자가 될 자의 주소지 가정법원

(나)심리

(다)심판 전의 관계자의 의견청취(가사소송규칙 제62조의3 제1항,2항)

(라)신고-등록기준지, 주소지, 현재지에 확정일로부터 1개월이내.

(마)등록부기록

가정법원은 친양자로 될 자의 복리를 위하여 그 양육상황, 입양동기, 양친의 양육능력 그 밖의 사정을 고려하여 친양자 입양이 적당하지 아니하다고 인정되는 경우에는 청구기각 할 수 있고(제908조의2②항),청구인은 친양자 입양재판의 확정일부터 1개월 이내에 재판의 등본 및 확정증명서를 첨부하여 입양신고를 하여하야한다.

(2) 일반입양 과 비교

	일반입양	친양자입양
*근거조항	민법 제908조의2내지8	민법 제866조내지제908조
1)성립요건	협의 ①연령제한은 없다. ②친생부모의동의	재판(허가) ①15세미만 ②친생부모의동의 ③공동입양(3년),단독(1년)
2)자녀의 姓 과 本	친생부의 성과본 유지	양부의 성과본으로변경
3)친생부모 와의관계	유지	단절
4)효력	입양시부터 혼인중의자로 간주되지만 친생부모와의관계에서도 친권을 제외하고는 변함이 없습니다. 당사자사이에 양친자관계를 창설하려는 명백한 의사가 있고 나아가 기타 입양의 성립요건이 모두구비된 경우 입양신고 대신 친생자출생신고가 있다면 형식에 다소 잘못이 있더라도 입양의효력있다. (대판(全合)1977.7.26.77다492)	재판확정시부터 혼인중의 자로되며 친생부모와의 법적관계가 모두 소멸됩니다.

2. 사례나열

사례1.사건본인의 **<u>고모부부</u>**가신들의 **<u>친양자로</u>** <u>입양</u>하고자 하는

친양자 입양의 심판청구

청 구 인 1　가 창 운
청 구 인 2　김 영 희

사 건 본 인　김 진 영

송달료　30,200원
인지대　5,000원

서울가정법원(가사단독) 귀중

친양자 입양의 심판청구

청 구 인1 가창운 휴대전화 011-257-1234
집전화 02-3664-1234
주민등록번호 631015-1234567

주 소 서울시 강서구 내발산동 430
길성그랑프리텔아파트 101-1102
등록기준지 대전광역시 유성구 자운동 450번지

송달장소 서울시 서초구 서초동 1657-2
한림빌딩 301호

청 구 인2 김영희 휴대전화 011-257-7777
집전화 02-3664-7777
주민등록번호 641026-1234567
주소 위와 같은 곳
등록기준지 위와 같은 곳

사 건 본 인 김진영
주민등록번호 010104-1234567
주소 위와 같은 곳
등록기준지 서울시 강서구 내발산동 730번지

청 구 취 지

사건본인을 청구인들의 친양자로 한다.
라는 심판을 구합니다.

청 구 원 인

1. 청구인들은 1999.11.29 혼인을 하여, 3년 이상 혼인 중인 부부로서 공동으로 사건본인을 친양자로 입양하고자 합니다.

2. 청구인 김영희는 사건본인의 고모로서 사건본인의 부인 청구인의 남동생 김병길이 일본 유학 중에 낳은 아이 입니다. 사건본인은 청구 외 김병길과 청구 외 윤선미 사이의 출생자입니다. 그런데 청구 외 김병길이 청구 외 윤선미의 외도로 인하여 이혼을 하였고, 이혼 후 청구인 김영희는 사건본인의 고모로서 사건본인이 생후20일도 안 됐을 때부터 청구인 가창운과 함께 잘 양육하고 있습니다. 현재 청구 외 윤선미는 연락조차 되지 않으며, 일본 또는 호주에 거주하는 것으로 추정되지만 정확한 연락처 및 거주지를 알 수 없습니다.

3. 청구인 가창운은 안정적인 직장을 갖고 성실하게 살고 있습니다. 그리고 사건본인은 청구인 가창운의 성을 따르고 있으며, 저희 부부도 사건본인을 친자식처럼 생각하고 양육하고 있습니다. 이웃주민들 모두 저희 부부의 친자로 알고 있으며, 사건본인도 친부모로 알고 있습니다. 처음부터 사건본인의 이름을 '가진영' 으로 불렀으며, 유치원 등에서도 '가진영으로 등록하여 생활하였습니다. 청구인들의 두 딸도 사건본인을 친동생과 같이 생각하고 사랑해 주고 있습니다. 또한 청구 외 김병길과 청구인 김영희의 친정어머니도 청구인들이 사건본인을 양육함에 있어서 매우 고마워 하고 있습니다.

그런데 사건본인이 가족구성원과 성이 다르다는 이유로 사회 생활 등에 곤란을 겪고 있습니다. 아파서 병원에 가게 될 때엔 가진영이 아닌 김진영으로 이름을 부르기 때문입니다. 작년에 사건본인의 취학통지서가 나왔지만 호주제폐지법률시행을 기다려 취학을 1년 미뤘습니다. 사건본인의 초등학교 입학 전에 성과 본이라도 바꿔 주려 법원에 성본변경을 신청하였으나, 법원에서 친양자입양을 통해 가능하다는 말씀을 듣고 먼저 접수한 성변경을 취소하고 친양자입양을 신청하게 되었습니다. 그런데 사건본인이 초등학교에 입학을 하면서 친구들에게 놀림을 받고있습니다. 사건본인이 모든 사실을 알게 되어 상처를 받을 것이 두렵습니다. 그러므로 하루빨리 사건본인을 청구인들의 친양자로 입양되기를 간절히 바랍니다. 청구인들은, 사건본인이 더 행복하고 구김살 없게 자랄 수 있도록 하기 위하여, 사건본인을 친양자로 입양하는 것이 좋겠다고 생각하여 이 사건 청구를 하게 되었습니다. 부디 판사님께서 저희 가족에게 의미 있는 선물을 주시기를 간절히 바랍니다.

4. 이 사건 청구와 관련된 사항(가사소송규칙 제62조의2 규정 사항)은 별지 목록 기재와 같습니다.

첨 부 서 류

1. 청구 관련 사항 목록	1통
2. 가족관계증명서	4통
3. 기본증명서	2통

4. 혼인관계증명서 3통
5. 주민등록등본 1통
6. 친생부의 주민등록등본 1통
7. 친양자 입양 동의서 1통
8. 친생부의 진술서 3통
9. 상장 및 기타소명자료
10. 가족사진

2008 . 03. 19.

위 청구인1 가 창 운 (인)

위 청구인2 김 영 희 (인)

서울가정법원(가사단독) 귀중

⇨ Comment

1.생후20일도 안된 사건본인을 고모가 입양한 경우임.
2.생부모가 유학도중 청구인의 가족사진입니다.(1999년)
"남동생 태연이와 민지"

위 임 장

법무사 정 택 근
서울 서초구 서초동 1657-2 한림빌딩301호
전화 : 02 3486-9277
팩스 : 02 798-5537

위 사람을 대리인으로 정하고 다음 사항을 위임함.

다 음

1. 친양자 입양의 심판청구서 작성 및 제출하는 행위.

2. 위에 부대하는 일체의 사항.

2008. 01. 30.

위 위임인
청구인1 가 ○○
청구인2 김 ○○

송달장소 및 송달영수인 신고서

청구인 : 가 창 운(011-330-1234)

위 사건에 관하여 청구인은 민사소송법제184조에 근거하여 청구인은 다음 과 같이 송달장소 및 송달영수인을 신고합니다.

- 다 음-

청구인 의 송달장소 및 송달영수인

송 달 장 소 : (137-070) 서울시 서초구 서초동 1657-2
한림빌딩301호

송달 영수인: 정 택 근

위 청구인 가 ○○ (인)
위 청구인 김 ○○ (인)

의정부지방법원(가사단독) 귀중

○○ 지방법원

심　　　판

사　　건　　2008느단347 친양자 입양신청
청 구 인　　1.가 ○○ (760203-2365481)
　　　　　　2.김 ○○ (612345-1234567)
　　　　　　주　　소 ○○시 ○○구 ○○동 156-15
　　　　　　송달장소 서울 서초구 서초동 1657-15
　　　　　　등록기준지 ○○시 ○○면 ○○리 15
사건본인　　김○○ (010326-1235467)
　　　　　　사건본인들 주 소 ○○시 ○○구 ○○동 156-15
　　　　　　사건본인들 등록기준지 사울 ○○구 ○○동 64-12

주　　　문

사건본인들을 청구인의 친양자로 한다.

이　　　유

이 사건 신청은 이유 있으므로 주문과 같이 심판한다.

2008 .　3.　15.

판　사　　조　○　○

사례2. 새 아버지가 자신의 친부라고 알고 있으며, 얼마 전 새 아버지 사이에 아이가 출생

친양자 입양의 심판청구

청 구 인 강 동 준
사건본인 김 민 지

송달료 30,200원
인지대 5,000원

의정부지방법원(가사단독) 귀중

친양자 입양의 심판청구

청 구 인 강 동 준 휴대전화 011-330-1234
집전화 02-549-1234
주민등록번호 701218-1234567
주 소 경기도 남양주시 와부읍 덕소리 712
덕소아이 파크154-1304
등록기준지 서울시 용산구 신계동 5번지
송달장소 서울시 서초구 서초동 1657-2
한림빌딩 301호

사 건 본 인 김 민 지
주민등록번호 960805-2345678
주 소 위와 같은 곳
등록기준지 충남 부여군 부여읍 송곡리 301번지

청 구 취 지

사건본인을 청구인의 친양자로 한다.
라는 심판을 구합니다.

청 구 원 인

1. 청구인은 사건본인을 친양자로 입양하고자 합니다.

2. 사건본인의 모인 청구 외 황경희는 청구 외 김희두와 1994.04.11 혼인을 하였으나 가정에 대한 책임감이 부족하고, 가족을 부양할 능력이 없으며, 유흥비로 인한 채무 및 1997년 2월부터 1998년 1월까지 약 1년간 의 가출 등을 이유로 더 이상 혼인관계를 지속할 수가 없어 1998.02.20 친권은 청구 외 황경희가 갖기로 하고 협의 이혼을 하였습니다. 청구 외 황경희는 이혼 후 청구 외 김희두에게 양육비 및 위자료를 단 한번도 받지 못하고 생계를 위해 일을 하며 사건본인을 양육하던 중 청구인을 만나 1999.06.02 혼인을 하고 둘째 아이 청구 외 강태연(1999.11.18 출생)을 낳았습니다.

3. 청구인은 안정적인 직장을 갖고 성실하게 살고 있으며, 재혼가정이지만 어느 가정 부럽지 않게 행복하게 지내고 있습니다. 또한 청구인은 사건본인을 친자식과 같이 사랑하고 있으며, 사건본인은 청구인을 친 아버지로 알고 있습니다. 그런데 사건본인이 동생과 성이 달라서 학교생활 및 일상생활에서 소외감 및 고통을 겪고 있습니다. 사건본인의 반 친구들에게 놀림을 당하여 정신적 고통을 받고 있고, 학업에도 지장이 있어 가족 모두가 걱정하고 있습니다. 학교에는 새 학기 마다 담임선생님께 부탁을 드려 사건본인을 '강민지' 로 불러주고 계십니다. 사건본인은 곧 새 학년에 진학을 합니다. 청구인은 사건본인이 새 학년이 되기 전에 친양자 입양의 심판이 되어, 더 이상 재혼가정이라는 선입견에 따른 주위의 시선을 받지 않고, 새로운 환경에서 새로운 삶을 살아가길 간절히 원합니다. 이러한 이유로, 사 건본인을 친양자로 입양하는 것이 좋겠다고 생각하여 이 사건 청구를 하게 되었습니다.

판사님께서 사건본인의 새 학년으로 진학 전에 더 이상 새 아버지라는 말을 듣지 않고, 행복한 가정을 이룰 수 있도록 저희 가정에게 큰 선물을 주시기를 바랍니다.

4. 청구원인을 청구 외 황경희의 사유서로 별지 첨부 합니다.

5. 이 사건 청구와 관련된 사항(가사소송규칙 제62조의2 규정 사항)은 별지 목록 기재와 같습니다.

첨 부 서 류

1. 친양자 신청 사유서 1통
2. 청구 관련 사항 목록 1통
3. 기본증명서 1통
4. 가족관계증명서 3통
5. 혼인관계증명서 1통
6. 주민등록등본 1통
7. 제적등본(청구인 및 친생모) 2통
8. 친양자 입양 동의서(친생부모) 1통
9. 사업자등록증사본(청구인)1통
10. 진술서(청구인,사건본인,친생모) 3통
11. 상장
12. 가족사진

2008 . 1 . 30.

위 청구인 강 동 준 (인)

의정부지방법원(가사단독) 귀중

청구인의 가족사진입니다.(1999년)

"남동생 태연이와 민지"

위 임 장

법무사 정 택 근
서울 서초구 서초동 1657-2 한림빌딩301호
전화 : 02 3486-9277
팩스 : 02 798-5537

위 사람을 대리인으로 정하고 다음 사항을 위임함.

다 음

1. 친양자 입양의 심판청구서 작성 및 제출하는 행위.

2. 위에 부대하는 일체의 사항.

2008. 01. 30.

위 위임인
청구인 강 동 준

송달장소 및 송달영수인 신고서

청구인 : 강 동 준(011-330-1234)

위 사건에 관하여 청구인은 민사소송법제184조에 근거하여청구인은 다음과같이송달장소및송달영수인을신고합니다.

-다 음-

청구인 의 송달장소 및 송달영수인

송 달 장 소 : (137-070) 서울시 서초구 서초동 1657-2
한림빌딩301호

송달 영수인: 정 택 근

위 청구인 강 동 준 (인)

의정부지방법원(가사단독) 귀중

○○ 지방법원

심　　판

사　　건　2008느단347 친양자 입양신청
청 구 인　강○○ (760203-2365481)
주　소 ○○시 ○○구 ○○동 156-15
송달장소 서울 서초구 서초동 1657-15
등록기준지 ○○시 ○○면 ○○리 15
사건본인　김○○ (010326-1235467)
사건본인들 주 소 ○○시 ○○구 ○○동 156-15
사건본인들 등록기준지 사울 ○○구 ○○동 64-12

주　　문

사건본인을 청구인의 친양자로 한다.

이　　유

이 사건 신청은 이유 있으므로 주문과 같이 심판한다.

2008 . 3. 15.

판 사　조 ○ ○

사례3. 사건본인이 사춘기를 겪고 있고, 더늦기 전에 새아버지가 자신의 친양자로 입양하려고 하는 경우.

입양의 심판청구

청 구 인 권 오 현
사건본인 김 진

송달료 30,200원
인지대 5,000원

인천지방법원(가사단독) 귀중

친양자 입양의 심판청구

청 구 인　　권 오 현　휴대전화 011-9941-1234
집전화 032-522-1234
주민등록번호 730218-1234567
주　　소　인천시 서구 검암동 555-3
서해그랑블아파트151-1303

등록기준지 충북 제천시 중앙로2가 83번지
송달장소　서울시 서초구 서초동 1657-2
한림빌딩 301호

사 건 본 인　　김　진
주민등록번호 960924-1234567
주　　소　위와 같은 곳
등록기준지　인천시 부평구 삼산동 406번지의 2

청 구 취 지

사건본인을 청구인의 친양자로 한다.
라는 심판을 구합니다.

청 구 원 인

1. 청구인은 사건본인을 친양자로 입양하고자 합니다.

2. 사건본인의 모인 청구 외 김정연은 청구 외 김정열과 1996.08.22 혼인을 하였으나, 청구 외 김정열은 가정에 대한 책임감이 부족하고, 가족을 부양할 능력이 없어 1999.02.23 사건본인에 대한 친권 및 양육권은 청구 외 김정연이 갖기로 하고 협의 이혼을 하였습니다. 청구 외 김정연은 이혼 후 청구 외 김정열에게 양육비 및 위자료를 단 한번도 받지 않았고, 청구 외 김정열은 사건본인에 대한 정이 없어 아이를 찾거나 보고 싶어하지 않았습니다. 청구 외 김정연은 사건본인이 2살 때부터 사실상 청구인과 함께 지내고 있다가 주택마련 등의 이유로 2005.12.12 혼인신고를 하였습니다.

3. 청구인은 안정적인 직장을 갖고 성실하게 살고 있으며, 재혼가정이지만 어느 가정 부럽지 않게 행복하게 지내고 있습니다. 또한 청구인은 사건본인을 어렸을 때부터 양육하였으며 친 자식과 같이 사랑하고 있습니다. 사건본인도 청구인을 친 아버지로 알고 있으며 어려서부터 '권진' 으로 생활하고 있습니다.

그런데 사건본인이 가족 구성원과 성이 달라서 사회생활 및 일상생활에서 소외감 및 고통을 겪고 있습니다. 저희 가족은 너무나 행복하고 서로 아껴주며 어느 가정 부러울 것 없이 지내고 있는데, 아직 사회적인 시선은 다른 성을 갖고 있는 아이를 키운다는 것이 사람들에게 냉담하기만 합니다. 지금 사건본인은 초등학교 6학년에 재학 중 인데 새 학년에 올라갈 때 마다 담임선생님께 부탁을 드려 '권진' 으로 불러주고 계시고, 친구들도 모두 '권진' 으로 알고 있습니다. 그런데 학교에 등본 등의 서류를 제출 할 때면 아이가 많은 스트레스를 받고 가지고 가지 않겠다고 하여 청구인과 지금의 아내의 마음이 많이 아팠습니다. 하지만 아이가 받는 고통이 이보다 더 큰 것을 알기에 호주제폐지를 오랫동안기다려

신청하게 되었습니다. 사건본인은 청구인을 친 아버지로 알고 있는데, 이 모든 사실을 알게 되어 받을 충격이 너무 두렵습니다. 아이가 지금 사춘기가 오는

예민한 시기에 있기 때문에 더욱 조심스러운 마음입니다. 또한 청구인도 사회생활을 함에 있어서 적지 않은 정신적 고통을 받고 있으며, 의기소침해 지는 등 성격적으로 위축되는 문제가 발생하고 있습니다. 청구인은 하루빨리 사건본인이 청구인의 친양자로 입양이 되어, 더 이상 재혼가정이라는 선입견에 따른 주위의 시선을 받지 않고, 새로운 환경에서 새로운 삶을 살아가길 간절히 원합니다. 이러한 이유로, 사건본인을 친양자로 입양하는 것이 좋겠다고 생각하여 이 사건 청구를 하게 되었습니다. 판사님께서 사건본인이 주위에서 더 이상 새 아버지라는 말을 듣지 않고, 행복한 가정을 이룰 수 있도록 저희 가정에게 큰 선물을 주시기를 바랍니다.

4. 이 사건 청구와 관련된 사항(가사소송규칙 제62조의2 규정 사항)은 별지 목록 기재와 같습니다.

첨 부 서 류

1. 청구 관련 사항 목록	1통
2. 가족관계증명서	2통
3. 기본증명서	1통
4. 혼인관계증명서	2통
5. 제적등본	1통
6. 주민등록등본	1통
7. 친부의 주민등록등본	1통
8. 친양자 입양 동의서(친생부모)	1통
9. 재직증명서	1통
10. 진술서	2통
11. 사실확인서	2통
12. 가족사진	

2008 . 04. 29.

위 청구인 권 오 현 (인)

인천지방법원(가사단독) 귀중

송달장소 및 송달영수인 신고서

청구인 : 권 오 현(011-9941-0000)

위 사건에 관하여 청구인은 민사소송법 제184조에 근거하여 청구인은 다음과 같이 송달장소 및 송달영수인을 신고합니다.

-다 음-

청구인 의 송달장소 및 송달영수인

송 달 장 소 : (137-070) 서울시 서초구 서초동 1657-2 한림빌딩301호

송달 영수인: 정 택 근

위 청구인 권 오 현 (인)

인천지방법원(가사단독) 귀중

위　임　장

법무사 정 택 근
서울 서초구 서초동 1657-2 한림빌딩301호
전화: 02-3486-1234
팩스: 02-798-1234

위 사람을 대리인으로 정하고 다음 사항을 위임함.

다　음

1. 친양자 입양의 심판청구서 작성 및 제출하는 행위.

2. 위에 부대하는 일체의 사항.

2008. 04. 29.

위 위임인

청구인　권 오 현

○○지방법원 ○○지원

심　　　판

사　　건　　2008느단347 친양자 입양신청
청 구 인　　권○○ (760203-2365481)
　　　　　　주　　소 ○○시 ○○구 ○○동 156-15
　　　　　　송달장소 서울 서초구 서초동 1657-15
　　　　　　등록기준지 ○○시 ○○면 ○○리 15
사건본인　　김○○ (010326-1235467)
　　　　　　사건본인들 주 소 ○○시 ○○구 ○○동 156-15
　　　　　　사건본인들 등록기준지 사울 ○○구 ○○동 64-12

주　　문

사건본인을 청구인의 친양자로 한다.

이　　유

이 사건 신청은 이유 있으므로 주문과 같이 심판한다.

2008 . 3. 15.

판　사　　조　○　○

친양자 입양의 심판청구

청 구 인　　박 흥 순
사건본인　　정 예 찬

송달료　30,200원
인지대　　5,000원

춘천지방법원 원주지원(가사단독) 귀중

친양자 입양의 심판청구

청 구 인　　박흥순 (전화 010-4568-1234)
주민등록번호 620105-1234567
주　소 강원도 원주시 무실동 5140 (11/4)
요진@ 102-1701
등록기준지　강원도 원주시 태장동 652번지
송달장소　　서울시 서초구 서초동 1657-2
한림빌딩 301호

사 건 본 인　　정예찬
주민등록번호 000417-3123456
주소 위와 같은 곳
등록기준지 경북 영덕군 강구면 오포리 7150번지

청 구 취 지

사건본인을 청구인의 친양자로 한다.
라는 심판을 구합니다.

청 구 원 인

1. 청구인은 사건본인을 친양자로 입양하고자 합니다.

2. 사건본인의 모인 청구 외 김병해는 청구 외 정인환을 교통사고로 2003.08.17 사별하고 혼자 생계를 위해 일을 하며 사건본인을 양육하던 중 청구인을 만나 2004.12.01 혼인을 하였습니다. 현재 사건본인은 주민등록상 개인 호주로 되어있어, 청구인의 동거인으로 되어있습니다.

3. 청구인은 안정적인 직장을 갖고 성실하게 살고 있으며, 재혼가정이지만 어느 가정 부럽지 않게 행복하게 지내고 있습니다. 또한 청구인은 사건본인을 친자식과 같이 사랑하고 있으며, 사건본인도 청구인을 잘 따릅니다. 그런데 청구인과 사건본인의 성이 달라서 학교생활 및 일상생활에서 소외감 및 고통을 겪고 있습니다. 사건본인의 반 친구들에게 놀림을 당하여 정신적 고통을 받고 있고, 학업에도 지장이 있어 가족 모두가 걱정하고 있습니다. 담임선생님께 부탁을 드려 사건본인을 '박예찬' 으로 불러주고 있지만, 상장과 태권도 품증에는 이름이 다르게 기재되어 있어 아이가 많은 상처를 받고 있습니다. 앞으로 사건본인의 학교생활 및 사회생활에서 더 큰 어려움이 예상되고, 사건본인도 청구인의 친양자로 입양되어 청구인의 성과 본을 따르기를 진심으로 원하고 있습니다. 사건본인은 곧 새 학년에 진학을 합니다. 청구인은 사건본인이 새 학년이 되기 전에 친양자 입양의 심판이 되어, 더 이상 재혼가정이라는 선입견에 따른 주위의 시선을 받지 않고, 새로운 환경에서 새로운 삶을 살아가길 간절히 원합니다. 이러한 이유로, 사건본인을 친양자로 입양하는 것이 좋겠다고 생각하여 이 사건 청구를 하게 되었습니다.판사님께서 사건본인의 새 학년으로진학 전에 더 이상 새 아버

지라는 말을 듣지 않고, 행복한 가정을 이룰 수 있도록 저희 가정에게 큰 선물을 주시기를 바랍니다.

첨 부 서 류

1. 기본증명서(청구인 및 사건본인) 3통
2. 가족관계증명서(청구인 및 사건본인) 3통
3. 혼인관계증명서 2통
4. 주민등록등본 1통
5. 제적등본 1통
6. 친양자 입양 동의서(친생부모) 1통
7. 재직증명서
8. 진술서(청구인 및 친생모)
9. 상장 및 기타소명자료
10. 가족사진

2008 . 1 . 28.

위 청구인 박 흥 순 (인)

춘천지방법원 원주지원(가사단독) 귀중

위 임 장

법무사 정 택 근
서울 서초구 서초동 1657-2 한림빌딩301호
전화 : 02 3486-1234
팩스 : 02 798-1234

위 사람을 대리인으로 정하고 다음 사항을 위임함.

다 음

1.친양자 입양의 심판청구서 작성 및 제출하는 행위.

2.위에 부대하는 일체의 사항.

2008. 01. 28.

위 위임인
청구인 박 흥 순

송달장소 및 송달영수인 신고서

청구인 : 박 흥 순(010-4568-1234)

위 사건에 관하여 청구인은 민사소송법 제184조에 근거하여 청구인은 다음과 같이 송달장소 및 송달영수인을 신고합니다.

-다 음-

청구인 의 송달장소 및 송달영수인

송 달 장 소 :(137-070) 서울시 서초구 서초동 1657-2
한림빌딩301호

송달 영수인 : 정 택 근

위 청구인 박 흥 순 (인)

춘천지방법원 원주지원(가사단독) 귀중

○○지방법원 ○○지원

심 판

사 건 2008느단347 친양자 입양신청

청 구 인 박○○ (760203-2365481)

주 소 ○○시 ○○구 ○○동 156-15

송달장소 서울 서초구 서초동 1657-15

등록기준지 ○○시 ○○면 ○○리 15

사건본인 정○○ (010326-1235467)

사건본인 주 소 ○○시 ○○구 ○○동 156-15

사건본인 등록기준지 사울 ○○구 ○○동 64-12

주 문

사건본인을 청구인의 친양자로 한다.

이 유

이 사건 신청은 이유 있으므로 주문과 같이 심판한다.

2008 . 3. 15.

판 사 조 ○ ○

친양자 입양의 심판청구

청 구 인　　유 효 열
사건본인　　양 준 하

송달료　30,200원
인지대　　5,000원

수원지방법원 가사비송2단독 귀중

친양자 입양의 심판청구

청 구 인 유효열 (전화 010-2455-1234)
주민등록번호 660502-1234567
주 소 경기도 안산시 단원구 초지동 7141
행복한마을아파트 2109-903
등록기준지 서울시 영등포구 신길동177번지
송달장소 서울시 서초구 서초동 1157-2
한림빌딩 301호

사 건 본 인 양 준 하
주민등록번호 980718-1234567
주소 위와 같은 곳
등록기준지 부산광역시 금정구 두구동194번지

청 구 취 지

사건본인을 청구인의 친양자로 한다.
라는 심판을 구합니다.

청 구 원 인

1. 청구인은 사건본인을 친양자로 입양하고자 합니다.

2. 사건본인의 모인 청구 외 김희숙은 청구 외 양현도와 1998.01.16 혼인하여 사건본인을 낳았습니다. 그런데 청구 외 양현도는 양육뿐만 아니라 가정에 무책임하고 관심도 없었습니다. 그래도 사건본인을 아빠 없이 자라게 할 수는 없어 참고 살았으나, 청구 외 양현도의 계속되는 양육에 대한 무책임과 잦은 음주, 외도를 문제로 친권과 양육권을 청구 외 김희숙이 갖기로 하고 2003.03.11 협의 이혼을 하였습니다. 이혼 후 청구 외 김희숙은 청구 외 양현도에게 양육비를 단 한 번도 받지 못했으며, 청구 외 양현도는 사건본인을 찾거나 보고 싶어하지 않았습니다.

3. 이혼 후 청구 외 김희숙은 생계를 책임지며 열심히 살던 중 청구인을 만나 2003.10.04 혼인하였습니다. 청구인은 안정적인 직장을 갖고 열심히 살고 있으며, 사건본인을 친 자식처럼 여기고 사랑합니다. 또한 사건본인의 형인 청구 외 유민철과 사건본인은 친형제 못지 않게 사이가 좋습니다.

4. 사건본인은 청구인을 친 아버지로 알고 있습니다. 그런데 주위의 따가운 시선과 사건본인이 청구인과 성이 다른 문제로 겪을 혼란이 두렵습니다. 사건본인은 이제 초등학교 4학년이되며, 매우 여린 성격을 갖고 있어 예민한 시기에사건본인이 고통을 받지 않기를 간절히 바랍니다. 여느 가정 못지 않게 최고로 사랑 받는 아이로 키우고 싶고, 더 이상 주위에 재혼가정이라는 선입견을 갖게 하고 싶지 않습니다.

이러한 이유로 사건본인이 정신적 혼란과 고통 중에 있어, 사건본인을 친양자로 입양하는 것이 좋겠다고 생각하여 이 사건 청구를 하게 되었습니다. 판사님께서 사건본인이 더 이상 새 아버지라는 말을 듣지 않고, 행복한 가정을 이룰 수 있도록 저희 가정에게 큰 선물을 주시기를 바랍니다.

첨 부 서 류

1. 청구 관련 사항 목록 1통
2. 가족관계증명서(청구인 및 사건본인) 2통
3. 기본증명서(청구인 및 사건본인) 2통
4. 혼인관계증명서(청구인 및 친생모) 2통
5. 제적등본(청구인 및 친생모) 2통
6. 주민등록등본 1통
7. 친양자입양동의서(친생부모) 1통
8. 진술서(청구인,사건본인,친생모) 3통
9. 가족사진

2008 . 2 . 18.

위 청구인 유 효 열 (인)

수원지방법원 안산지원(가사단독) 귀중

위 임 장

법무사 정 택 근
서울 서초구 서초동 1657-2 한림빌딩301호
전화 : 02 3486-1234
팩스 : 02 798-1234

위 사람을 대리인으로 정하고 다음 사항을 위임함.

다 음

1.친양자 입양의 심판청구서 작성 및 제출하는 행위.

2.위에 부대하는 일체의 사항.

2008. 02. 18.

위 위임인
청구인 유 효 열

송달장소 및 송달영수인 신고서

청구인 : 유 효 열(010-2455-1234)

위 사건에 관하여 청구인은 민사소송법 제184조에 근거하여 청구인은 다음과 같이 송달장소 및 송달영수인을 신고합니다.

- 다 음-

청구인 의 송달장소 및 송달영수인

송 달 장 소 :(137-070) 서울시 서초구 서초동 1657-2 한림빌딩301호
송달 영수인: 정 택 근

위 청구인 유 효 열 (인)

수원지방법원 가사비송2단독 귀중

○○ 지방법원

심　　판

사　　건　　2008느단347 친양자 입양신청

청 구 인　　유○○ (560203-2365481)

주　　소 ○○시 ○○구 ○○동 156-15

송달장소 서울 서초구 서초동 1657-15

등록기준지 ○○시 ○○면 ○○리 15

사건본인　　양○○ (010326-1235467)

사건본인 주 소 ○○시 ○○구 ○○동 156-15

사건본인 등록기준지 사울 ○○구 ○○동 64-12

주　　문

사건본인을 청구인의 친양자로 한다.

이　　유

이 사건 신청은 이유 있으므로 주문과 같이 심판한다.

2008 . 3. 15.

판　사　　조　○　○

사례4. **재혼가정**으로 사건본인을 자신의 친양자로 입양하려고 하는 경우.

친양자 입양의 심판청구

청 구 인　　김 부 철
사건본인　　장 은 비

송달료 30,200원
인지대 5,000원

서울가정법원(가사단독) 귀중

친양자 입양의 심판청구

청 구 인　　김부철 (휴대전화 010-4631-1234)
주민등록번호 741001-1234567
주　　소　서울시 은평구 신사동 174-49 강남빌라 402호
등록기준지　경남 남해군 남해읍 입현리 224번지의 3
송달장소　서울시 서초구 서초동 1657-2
한림빌딩 301호

사 건 본 인　　장 은 비
주민등록번호 020322-1234567
주　소　위와 같은 곳
등록기준지　서울시 서대문구 북가좌동 3503번지의 3

청 구 취 지

사건본인을 청구인의 친양자로 한다.
라는 심판을 구합니다.

청 구 원 인

1. 청구인은 사건본인을 친양자로 입양하고자 합니다.

2. 사건본인의 모인 청구 외 최경윤은 청구 외 장하계와 2001.03.22 혼인을 하였으나, 청구 외 장하계는 하루가 멀다 하고 외박을 하고, 잦은 음주로 인해 가정을 돌보지 않는 등 가정에 대한 책임감이 부족하고, 가족을 부양할 능력이 없었습니다. 또한 알코올중독으로 몇 달간 입원치료를 받았으나 전해 개선의 의지가 없고 음주에 빠져 잦은 가출만 반복 될 뿐이었습니다. 이러한 이유로 더 이상 혼인관계를 지속할 수가 없어 약 1년의 별거 끝에 2005.05.10 사건본인에 대한 친권 및 양육권은 청구 외 최경윤이 갖기로 하고 협의 이혼을 하였습니다. 청구 외 최경윤은 이혼 후 청구 외 장하계에게 양육비 및 위자료를 단 한번도 받지 않았고, 청구 외 장하계는 사건본인에 대한 정이 없어 아이를 찾거나 보고 싶어하지 않았습니다. 청구 외 최경윤은 생계를 위해 일을 하며 사건본인을 양육하던 중 2005년 10월경 소개로 청구인을 만나 양가 가족들의 축복 속에서 2007.03.26 혼인을 하였습니다.

3. 청구인은 안정적인 직장을 갖고 성실하게 살고 있으며, 재혼가정이지만 어느 가정 부럽지 않게 행복하게 지내고 있습니다. 또한 청구인은 사건본인을 친자식과 같이 사랑하고 있으며, 사건본인도 청구인을 친 아버지와 같이 따르고 사랑합니다. 그런데 사건본인이 가족 구성원과 성이 달라서 사회생활 및 일상생활에서 소외감 및 고통을 겪고 있습니다. 저희 가족은 너무나 행복하고 서로 아껴주며 어느 가정 부러울 것 없이 지내고 있는데, 아직 사회적인 시선은 다른 성을 갖고 있는 아이를 키운다는 것이사람들에게 냉담하기만 합니다. 사건본인이 유치원에서 한 학급씩 진학을 할 때마다 등본을 제출하는데, 그 시기만 돌아오면 청구인과 지금의 아내는 너무 힘이 듭니다. 유치원에서는 담임선생님께 부탁을 드려 '김은비' 로 불러 주고 있지만, 곧 초등학교에 진학을 할 예정이기 때문에 같은 반 친구들에게 놀림을 당하여 상처를 받지 않을까 가족 모두가 걱정하고

있습니다. 또한 청구인도 사회생활을 함에 있어서 등본 등의 서류를 제출할 때마다 적지 않은 정신적 고통을 받고 있으며, 의기소침해 지는 등 성격적으로 위축되는 문제가 발생하고 있습니다. 청구인은 하루빨리 사건본인이 청구인의 친양자로 입양이 되어, 더 이상 재혼가정이라는 선입견에 따른 주위의 시선을 받지 않고, 새로운 환경에서 새로운 삶을 살아가길 간절히 원합니다. 이러한 이유로, 사건본인을 친양자로 입양하는 것이 좋겠다고 생각하여 이 사건 청구를 하게 되었습니다. 판사님께서 사건본인이 주위에서 더 이상 새 아버지라는 말을 듣지 않고, 행복한 가정을 이룰 수 있도록 저희 가정에게 큰 선물을 주시기를 바랍니다.

4. 이 사건 청구와 관련된 사항(가사소송규칙 제62조의2 규정 사항)은 별지 목록 기재와 같습니다.

첨 부 서 류

1. 청구 관련 사항 목록	1통
2. 가족관계증명서	2통
3. 기본증명서	2통
4. 혼인관계증명서	2통
5. 제적등본	1통
6. 주민등록등본	2통
7. 친부의 주민등록등본	1통
8. 친양자 입양 동의서(친생부모)	1통
9. 재직증명서	1통
10. 진술서	2통
11. 가족사진	

2008 . 04. 25.

위 청구인 김 부 철 (인)

서울가정법원(가사단독) 귀중

위　임　장

법무사 정 택 근
서울 서초구 서초동 1657-2
한림빌딩301호
전화: 02 3486-1234
팩스: 02 798-1234

위 사람을 대리인으로 정하고 다음 사항을 위임함.

다　　음

1. 친양자 입양의 심판청구서 작성 및 제출하는 행위.

2. 위에 부대하는 일체의 사항.

2008. 04. 25.

위 위임인
청구인 김 부 철

송달장소 및 송달영수인 신고서

청구인 : 김 ○○(017-218-1234)

위 사건에 관하여 청구인은 민사소송법제184조에 근거하여 청구인은 다음과같이송달장소및송달영수인을신고합니다.

-다 음-

청구인 의 송달장소 및 송달영수인

송 달 장 소 : (137-070) 서울시 서초구 서초동 1657-2
한림빌딩301호

송달 영수인: 정 택 근

위 청구인 김 ○○ (인)

인천지방법원 부천지원(가사단독) 귀중

○ ○ 지방법원 ○○지원

심　　판

사　　건　　2008느단347 친양자 입양신청
청 구 인　　김○○ (760203-2365481)
　　　　　　주　　소 ○○시 ○○구 ○○동 156-15
　　　　　　송달장소 서울 서초구 서초동 1657-15
　　　　　　등록기준지 ○○시 ○○면 ○○리 15
사건본인　　장○○ (010326-1235467)
　　　　　　사건본인　주 소 ○○시 ○○구 ○○동 156-15
　　　　　　사건본인　등록기준지 서울 ○○구 ○○동 64-12

주　　문

사건본인들을 청구인의 친양자로 한다.

이　　유

이 사건 신청은 이유 있으므로 주문과 같이 심판한다.

2008 . 3. 15.

판　사　　조　○　○

친양자 입양의 심판청구

청 구 인 정 종 화

사건본인 한 효 정

송달료 12,080원
인지대 5,000원

대구지방법원 포항지원 귀중

친양자 입양의 심판청구

청 구 인 정 종 화 (전화 010-4112-1234)
주민등록번호 650912-1234567
주 소 포항시 남구 연일읍 생지리 형산강변 106동 1110호
등록기준지 ○○시 ○○동 868
송달장소 서울시 서초구 서초동 1657-2 한림빌딩 301호

사 건 본 인 한 효 정
주민등록번호 940906-1234567
주소 위와 같은 곳
등록기준지 위와 같은 곳

청 구 취 지

사건본인을 청구인의 친양자로 한다.
라는 심판을 구합니다.

청 구 원 인

1. 청구인은 사건본인을 친양자로 입양하고자 합니다.

2. 청구인과 사건본인의 모인 청구외 구종옥은 법률상 부부로서
20 . . . 혼인한 이후 사건본인을 잘 양육하고 있습니다.

3. 혼인 당시 청구외 구종옥은 전 남편이 교통사고로 사망하고 전 남편과의 사이에서 태어난 사건본인을 양육하고 있었습니다. 이후 청구인과 청구외 구종옥 사이에서도 자식이 태어났습니다. 그러나 사건본인이 동생과 성이 다르다는 이유로 학교생활에 어려움이 많습니다. 현재 사건본인은 아직 아무것도 모르고 친남매라고 믿고 있으나 성이 다른 이유로 정신적 혼란과 고통중에 있어, 사건본인을 친양자로 입양하는 것이 좋겠다고 생각하여 이 사건 청구를 하게 되었습니다.

4. 이 사건 청구와 관련된 사항(가사소송규칙 제62조의2 규정 사항)은 별지목록 기재와 같습니다.

첨 부 서 류

1. 청구 관련 사항 목록 1통
2. 가족관계증명서(사건본인) 1통
3. 혼인관계증명서(청구인) 1통
4. 주민등록등본(사건본인) 1통

2008 . 0 . 0.

위 청구인 정 종 화 (인)

대구지방법원 포항지원 귀중

위 임 장

법무사 정 택 근
서울 서초구 서초동 1657-2 한림빌딩301호
전화 : 02 3486-9277
팩스 : 02 798-5537

위 사람을 대리인으로 정하고 다음 사항을 위임함.

다 음

1. 친양자 입양의 심판청구서 작성 및 제출하는 행위.

2. 위에 부대하는 일체의 사항.

2008. 01. 31.

위 위임인
청구인 정 종 화

송달장소 및 송달영수인 신고서

청구인 : 정 종 화(017-218-1234)

위 사건에 관하여 청구인은 민사소송법제184조에 근거하여 청구인은 다음과같이송달장소및송달영수인을신고합니다.

-다 음-

청구인 의 송달장소 및 송달영수인

송 달 장 소 : (137-070) 서울시 서초구 서초동 1657-2
한림빌딩301호

송달 영수인: 정 택 근

위 청구인 정 종 화 (인)

인천지방법원 부천지원(가사단독) 귀중

○ ○ 지방법원 ○○지원

심 판

사 건 2008느단347 친양자 입양신청
청 구 인 이○○ (760203-2365481)
주 소 ○○시 ○○구 ○○동 156-15
송달장소 서울 서초구 서초동 1657-15
등록기준지 ○○시 ○○면 ○○리 15
사건본인 한○○ (010326-1235467)
사건본인들 주 소 ○○시 ○○구 ○○동 156-15
사건본인들 등록기준지 사울 ○○구 ○○동 64-12

주 문

사건본인을 청구인의 친양자로 한다.

이 유

이 사건 신청은 이유 있으므로 주문과 같이 심판한다.

2008 . 3. 15.

판 사 조 ○ ○

사례5. 사건본인의 고모가 사건본인을 자신의 친양자로 입양하고자 하는경우.

친양자 입양의 심판청구

청 구 인　　김 영 희
사건본인　　김 진 영

송달료　30,200원
인지대　　5,000원

서울가정법원 귀중

친양자 입양의 심판청구

청 구 인 김 영 희 휴대전화 011-257-1234
집전화 02-3664-1234
주민등록번호 641026-1234567
주 소 서울시 강서구 내발산2동 530번지
길성그랑프리텔101동 102호

등록기준지 대전광역시 유성구 자운동 1250번지
송달장소 서울시 서초구 서초동 1657-2
한림빌딩 301호

사 건 본 인 김 진 영
주민등록번호 010104-1234567
주소 위와 같은 곳
등록기준지 충남 부여군 부여읍 송곡리 301번지

청 구 취 지

사건본인을 청구인의 친양자로 한다.
라는 심판을 구합니다.

청 구 원 인

1. 청구인은 사건본인을 친양자로 입양하고자 합니다.

2. 사건본인은 청구인의 남동생 청구 외 김병길과 청구 외 윤선미 사이의 출생자입니다. 그런데 청구 외 김병길은 청구 외 윤선미의 외도로 인하여 이혼하였습니다. 이혼 후 청구인은 사건본인의 고모로서 사건본인이 생후20일도 안 됐을 때부터 청구인과 청구인의 배우자인 청구 외 가창운과 함께 잘 양육하고 있습니다.

3. 사건본인은 청구인의 배우자인 가창운의 성을 따르고 있으며, 저희 부부도 사건본인을 친자식처럼 생각하고 양육하고 있습니다. 이웃주민들 모두 저희 부부의 친자로 알고 있으며 사건본인도 친부모로 알고 있습니다. 또한 남동생과 친정어머니도 사건본인을 양육함에 있어서 매우 고마워 하고 있습니다. 그런데 사건본인은 성이 다르다는 이유로 사회생활 등에 곤란을 겪고 있습니다. 아파서 병원에 가게 될 때엔 가진영이 아닌 김진영으로 이름을 부르기 때문입니다. 작년에 사건본인의 취학통지서가 나왔지만 호주제 폐지 법률시행을 기다려 취학을 1년 미뤘습니다. 부디 사건본인 이 초등학교에 입학하기 전에 친양자 입양이 되기를 바랍니다. 입학 전에 성과 본의 혼란을 막고 새로운 시작을 하게하고 싶습니다. 판사님께서 사건본인의 초등학교 입학 전에 저희 가족에게 의미 있는 선물을 주시기를 간절히 바랍니다.

4. 이 사건 청구와 관련된 사항(가사소송규칙 제62조의2 규정 사항)은 별지 목록 기재와 같습니다.

첨 부 서 류

1. 청구 관련 사항 목록 1통
2. 2008느단446 자의 성과 본의 변경허가 심판청구 사건에서 기 제출한 첨부서류를 원용합니다.

2008 . 02 . 04.

위 청구인 김 영 희 (인)

서울가정법원 귀중

위 임 장

법무사 정 택 근
서울 서초구 서초동 1657-2 한림빌딩301호
전화 : 02 3486-9277
팩스 : 02 798-5537

위 사람을 대리인으로 정하고 다음 사항을 위임함.

다 음

1. 친양자 입양의 심판청구서 작성 및 제출하는 행위.

2. 위에 부대하는 일체의 사항.

2008. 02. 01.

위 위임인

청구인 김 영 희

송달장소 및 송달영수인 신고서

청구인 :김 영 희(010-2455-1234)

위 사건에 관하여 청구인은 민사소송법제184조에 근거하여 청구인은 다음과같이송달장소및송달영수인을신고합니다.

-다 음-

청구인 의 송달장소 및 송달영수인

송 달 장 소 :(137-070) 서울시 서초구 서초동 1657-2
한림빌딩301호

송달 영수인: 정 택 근

위 청구인 김 영 희 (인)

수원지방법원 가사비송2단독 귀중

○ ○ 지방법원

심 판

사 건 2008느단347 친양자 입양신청

청 구 인 김○○ (760203-2365481)

주 소 ○○시 ○○구 ○○동 156-15

송달장소 서울 서초구 서초동 1657-15

등록기준지 ○○시 ○○면 ○○리 15

사건본인 김○○ (010326-1235467)

사건본인 주 소 ○○시 ○○구 ○○동 156-15

사건본인 등록기준지 사울 ○○구 ○○동 64-12

주 문

사건본인을 청구인의 친양자로 한다.

이 유

이 사건 신청은 이유 있으므로 주문과 같이 심판한다.

2008 . 3. 15.

판 사 조 ○ ○

사례6. <u>자의 성과 본의 변경허가</u> 신청을 하여 <u>허가결정</u>을 받았고 친생부 모두의 동의를 받은 상태.

친양자 입양의 심판청구

청 구 인　　김 종 헌
사건본인　　김　　솔

송달료　30,200원
인지대　5,000원

서울가정법원(가사단독) 귀중

친양자 입양의 심판청구

청 구 인　김 종 헌 (휴대전화 011-412-1234)
　　　　　주민등록번호 660710-1234567
주　　소　서울시 강동구 성내동 132-35 2층
등록기준지　충북 단양군 단성면 하방리1811번지
송달장소　서울시 서초구 서초동 1657-2
　　　　　한림빌딩 301호

사 건 본 인　김　솔
　　　　　주민등록번호 960916-2345678
주　　소　위와 같은 곳
등록기준지　충남 공주시 우성면 대성리6133번지

청 구 취 지

사건본인을 청구인의 친양자로 한다.
라는 심판을 구합니다.

청 구 원 인

1. 청구인은 사건본인을 친양자로 입양하고자 합니다.

2. 사건본인의 모인 청구 외 박미선은 청구 외 정덕환과 1995.12.26 혼인을 하였으나, 청구 외 정덕환과 결혼 초부터 성격차이로 갈등이 심했고, 시댁과의 원활하지 않은 관계도 문제가 됐으며, 잦은 음주와 사업을 이유로 진 빚 때문에 가출을 하여 시달려야 하는 등 가정에 대한 책임감이 부족하고, 가족을 부양할 능력이 없었습니다. 이러한 이유로 더 이상 혼인관계를 지속할 수가 없었던 청구 외 박미선은 1999.10.04 사건본인에 대한 친권 및 양육권은 청구 외 박미선이 갖기로 하고 협의 이혼을 하였습니다. 청구 외 박미선은 이혼 후 청구 외 정덕환에게 양육비 및 위자료를 단 한번도 받지 않았고, 청구 외 정덕환은 사건본인에 대한 정이 없어 아이를 찾거나 보고 싶어하지 않았습니다. 청구 외 박미선은 생계를 위해 일을 하며 사건본인을 양육하던 중 청구인을 만나 2001.12.10 혼인을 하였습니다.

3. 청구인은 안정적인 직장을 갖고 성실하게 살고 있으며, 재혼가정이지만 어느 가정 부럽지 않게 행복하게 지내고 있습니다. 또한 청구인은 사건본인을 친자식과 같이 사랑하고 있으며, 사건본인도 청구인을 친 아버지와 같이 따르고 사랑합니다. 그런데 사건본인이 가족 구성원과 성이 달라서 사회생활 및 일상생활에서 소외감 및 고통을 겪었고, 놀림을 당 하여 상처를 받는 일이 많아지면서 2008.01.16 서울가정법원에 '자의 성과본의변경허가' 신청을 하고, 2008.03.04 허가결정을 받았습니다(사건번호 2008느단971). 하지만 성과본의 변경만으로는 호적관계가 변하지 않기 때문에 학자금혜택 등 당연히 받을 수 있는 혜택들을 받지 못하고, 호적관계는 변하지 않기 때문에 여전히 어려움이 있습니다.

사건본인이 청구인을 너무 좋아하고 잘 따르는 모습을 보면, 호적으로 인한 아픔이 느껴져 마음이 안타깝습니다. 그리고 사건본인은 청구인을 친아버지로 알고 있으며, 초등학교 입학 때부터 선생님들의 양해를 구해 '김정수' 로 불리고 있습니다. 청구인은 사건본인이 부모의 잘못으로 더 이상 어려움을 겪지 않기를 간절히 바랍니다. 성변경을 진행하면서 사건본인의 친부에게 동의를 받을 수 있었고, 오랜 기다림끝에 친양자 입양을 신청합니다. 청구인은 하루빨리 사건본인이 청구인의 친양자로 입양이 되어, 더 이상 재혼가정이라는 선입견에 따른 주위의 시선을 받지 않고, 새로운 환경에서 새로운 삶을 살아가길 간절히 원합니다. 이러한 이유로, 사건본인을 친양자로 입양하는 것이 좋겠다고 생각하여 이 사건 청구를 하게 되었습니다. 판사님께서 사건본인이 주위에서 더 이상 새 아버지라는 말을 듣지 않고, 행복한 가정을 이룰 수 있도록 저희 가정에게 큰 선물을 주시기를 바랍니다.

4. 이 사건 청구와 관련된 사항(해당 □안에 √표시, 내용 추가)

가. 친양자로 될 자의 친생부가 친양자 입양에 동의☑ 부동의□
(이름 : 정덕환 , 주소 : 경기도 여주군 북내면 서원리 15)
(연락처 : 011-973-1234)

나. 친양자로 될 자의 친생모가 친양자 입양에 동의☑ 부동의□
(이름 : 박미선 , 주소 : 서울시 강동구 성내동 12-35)

첨 부 서 류

1. 가족관계증명서 2통
2. 기본증명서 1통

3. 혼인관계증명서 2통
4. 제적등본 1통
5. 주민등록등본 2통
6. 친양자 입양 동의서(친생부모) 1통
7. 재직증명서 1통
8. 진술서 2통
9. 가족사진

2008 . 05. 21.

위 청구인 김 종 헌 (인)

서울가정법원(가사단독) 귀중

청구인의 가족사진입니다.
성본변경을 하고, 친부의 동의를 얻어 친양자입양을 신청합니다.
부디 판사님께서 저희 가정에 크고 귀한 선물 주시기를 바랍니다.

위 임 장

법무사 정 택 근
서울 서초구 서초동 1657-2 한림빌딩301호
전화 : 02 3486-9277
팩스 : 02 798-5537

위 사람을 대리인으로 정하고 다음 사항을 위임함.

다 음

1. 친양자 입양의 심판청구서 작성 및 제출하는 행위.

2. 위에 부대하는 일체의 사항.

2008. 05. 21.

위 위임인
청구인 김 종 헌

송달장소 및 송달영수인 신고서

청구인 : 김 종 헌(011-412-1234)

위 사건에 관하여 청구인은 민사소송법 제184조에 근거하여 청구인은 다음과 같이 송달장소 및 송달영수인을 신고합니다.

-다 음-

청구인 의 송달장소 및 송달영수인

송 달 장 소 :(137-070) 서울시 서초구 서초동 1657-2 한림빌딩301호

송달 영수인: 정 택 근

위 청구인 김 종 헌 (인)

서울가정법원(가사단독) 귀중

○ ○ 지방법원 ○○지원

심 판

사 건 2008느단347 친양자 입양신청

청 구 인 김○○ (760203-2365481)

주 소 ○○시 ○○구 ○○동 156-15

송달장소 서울 서초구 서초동 1657-15

등록기준지 ○○시 ○○면 ○○리 15

사건본인 김○○ (020326-1235467)

사건본인 주 소 ○○시 ○○구 ○○동 156-15

사건본인 등록기준지 서울 ○○구 ○○동 64-12

주 문

사건본인을 청구인의 친양자로 한다.

이 유

이 사건 신청은 이유 있으므로 주문과 같이 심판한다.

2010 . 3. 15.

판 사 조 ○ ○

사례7. 생부가 사망, 재혼기간이 장기간(10년)으로 안정적인 새 가정으로서 입양 경우종국인용결정32일

친양자 입양의 심판청구

청 구 인 이 찬 규
사건본인1 최 하 영
사건본인2 최 주 영

송달료 60,400원
인지대 10,000원

인천지방법원 부천지원(가사단독) 귀중

친양자 입양의 심판청구

청구인　　이 찬 규　휴대전화017-218-1234
집전화　032-349-1234)
주민등록번호 580125-12345678
주　소 경기도 부천시 소사구 범박동 현대홈타운 310-250
등록기준지　충북 보은군 보은읍 교사리 82번지의 13
송달장소　　서울시 서초구 서초동 1657-2 한림빌딩 301호

사 건 본 인 1　최 하 영
주민등록번호 930423-1234567
주소 위와 같은 곳
등록기준지 인천시 동구 만석동 212번지

사 건 본 인 2　최 주 영
주민등록번호 930423-1234567
주소 위와 같은 곳
등록기준지 위와 같은 곳

청 구 취 지

사건본인1,2를 청구인의 친양자로 한다.
라는 심판을 구합니다.

청 구 원 인

1. 청구인은 사건본인1,2를 친양자로 입양하고자 합니다.

2. 사건본인의 모인 청구 외 노수자는 청구 외 최연하와 1992.07.08 혼인을 하였으나 1993.05.28 청구 외 최연하가 사망하였습니다. 그 후 청구 외 노수자는 청구인을 만나 2000.01.02 혼인을 하였습니다.

3. 청구인은 '경기도과학교육원' 에 재직중이고, 사건본인1,2를 친딸과 같이 생각하고 사랑해주며 재혼가정이지만 어느 가정 부럽지 않게 행복하게 지내고 있습니다. 또한 사건본인1,2도 태어난지 한달 만에 친부가 사망하였기 때문에 친부의 기억이 없으며, 청구인과는 아이들이 어렸을 때부터 이웃하여 살다가 혼인을 하였기 때문에 본인을 친 아버지로 생각하고 잘 따르고 있습니다. 그런데 아이들이 청구인과 성이 달라서 학교생활 및 일상생활에서 소외감 및 고통을 겪고 있습니다. 사건본인의 반 친구들에게 놀림을 당하여 정신적 고통을 받고 있고, 학업에도 지장이 있습니다. 예민한 시기에 있기 때문에 더욱 걱정이 되고 있고, 하루 빨리 친 아버지, 친 딸이 되어 안정적인 삶을 살게 되기를 간절히 원합니다. 사건본인1,2도 친 아버지와 다름없는 청구인의 성과 본을 따르게 되길 바라고 있습니다. 청구인은 사건본인1,2가 새 학년이 되기 전에 친양자 입양의 심판이 되어, 더 이상 재혼가정이라는 선입견에 따른 주위의 시선을 받지 않고, 새로운환경에서 새로운 삶을 살아가길 간절히 원합니다. 이러한 이유로,사건본인1,2를

친양자로 입양하는 것이 좋겠다고 생각하여 이 사건 청구를 하게 되었습니다. 판사님께서 사건본인1,2의 새 학년으로 진학 전에 더 이상 새 아버지라는 말을 듣지 않고, 행복한 가정을 이룰 수 있도록 저희 가정에게 큰 선물을 주시기를 바랍니다.

4. 이 사건 청구와 관련된 사항(가사소송규칙 제62조의2 규정 사항)은 별지 목록 기재와 같습니다.

첨 부 서 류

1. 청구 관련 사항 목록 1통
2. 기본증명서 2통
3. 가족관계증명서 4통
4. 혼인관계증명서 1통
5. 주민등록등본 1통
6. 제적등본 2통
7. 친양자 입양 동의서(친생부모) 2통
8. 재직증명서(청구인) 1통
9. 진술서(청구인 및 친생모) 2통
10. 가족사진

2008 . 1 . 31.

위 청구인 이 찬 규 (인)

인천지방법원 부천지원(가사단독) 귀중

위 임 장

법무사 정 택 근
서울 서초구 서초동 1657-2
한림빌딩301호
전화: 02 3486-9277
팩스: 02 798-5537

위 사람을 대리인으로 정하고 다음 사항을 위임함.

-다 음-

1.친양자 입양의 심판청구서 작성 및 제출하는 행위.

2.위에 부대하는 일체의 사항.

2008. 01. 31.

위 위임인
청구인 이 찬 규

송달장소 및 송달영수인 신고서

청구인 : 이 찬 규(017-218-1234)

위 사건에 관하여 청구인은 민사소송법 제184조에 근거하여 청구인은 다음과 같이 송달장소 및 송달영수인을 신고합니다.

-다　　음-

청구인 의 송달장소 및 송달영수인

송 달 장 소 : (137-070) 서울시 서초구 서초동 1657-2
한림빌딩301호

송달 영수인 : 정 택 근

위 청구인 이 찬 규 (인)

인천지방법원 부천지원(가사단독) 귀중

○○지방법원 ○○지원

심 판

사 건 2008느단347 친양자 입양신청
청 구 인 이○○ (760203-2365481)
청구인 주소 안산시 단원구 신길동 156-15
청구인 송달장소 서울 서초구 서초동1657-15
청구인 등록기준지 공주시 이인면 이곡리 15
사건본인 1.성○○ (010326-1235467)
2.이○○ (750603-1234567)
주 소 청구인과 주소와 같습니다.
등록기준지 사울 은평구 역촌동 64-12

주 문

사건본인들을 청구인의 친양자로 한다.

이 유

이 사건 청구는 이유 있으므로 주문과 같이 심판한다.

2008 . 3. 15.

판 사 조 은 ○

사례8. 재혼기간 6년정도이고, 중학교 입학을 앞둔 , **재혼 당시소생 자녀가 있었음.**
1.2달정도 소요됨.

친양자 입양의 심판청구

청 구 인 노 종 원
사건본인 이 민 경

송달료 30,200원
인지대 5,000원

수원지방법원 성남지원(가사단독) 귀중

친양자 입양의 심판청구

청 구 인　노 종 원 (전화 010-6735-1234)
주민등록번호 650827-11234567
주　　소　경기도 성남시 분당구 수내동 53
파크타운 541-2101
등록기준지　서울시 관악구 신림동 470번지의 95
송달장소　서울시 서초구 서초동 1657-2
한림빌딩 301호

사 건 본 인　이 민 경
주민등록번호 951113-1234567
주소 위와 같은 곳
등록기준지 서울시 마포구 신수동 917번지

청 구 취 지

사건본인을 청구인의 친양자로 한다.
라는 심판을 구합니다.

청 구 원 인

1. 청구인은 사건본인을 친양자로 입양하고자 합니다.

2. 사건본인의 모인 청구 외 임경란은 청구 외 이석원의 가정에 대한 무책임과 무관심 및 가족을 부양할 능력이 부족하여 사건본인에 대한 양육권은 청구 외 임경란이 갖기로 하고 협의 이혼을 하였습니다. 이혼 후 청구 외 이석원은 사건본인에 대한 정이 없어 찾거나 보고 싶어하지 않았으며, 양육비 또한 단 한번도 준 적이 없습니다. 청구 외 임경란이 생계를 책임지며 열심히 살던 중 청구인을 만나 2002.02.14 혼인을 하였습니다.

3. 혼인 당시 청구 외 임경란은 전 남편과의 사이에서 태어난 사건본인을양육하고 있었고, 청구인도 전 부인과의 사이에서 태어난 청구 외 노관영(1992.12.19 출생)을 양육하고 있었습니다. 청구인은 안정적인 직장을 갖고 성실하게 살고 있으며, 재혼가정이지만 어느 가정 부럽지 않게 행복하게 지내고 있습니다. 그런데 두 아이의 성이 서로 달라서 사건본인이 많은 어려움을 겪고 있습니다. 사건본인이 예민한 시기에 있어 반 친구들의 놀림에도 극심한 정신적 고통을 받고 있고, 학업에도 지장이 있어 가족 모두가 걱정하고 있습니다. 청구인은 사건본인이 청구인의 친양자로 입양이 되어 온전한 가족구성원이 되길 진심으로 바라며, 사건본인 또한 청구인의 성과 본을 따르기를 원합니다. 사건본인은 곧 중학교에 입학을 합니다. 청구인은 사건본인이 더 이상 재혼가정이라는 선입견에 따른 주위의 시선을 받지 않고, 새로운 환경에서 새로운 삶을 살아가길 간절히 원합니다. 이러한 이유로, 사건본인을 친양자로 입양하는 것이 좋겠다고 생각하여 이 사건

청구를 하게 되었습니다. 판사님께서 사건본인의 중학교 입학 전에 더 이상 새 아버지라는 말을 듣지 않고, 행복한 가정을 이룰 수 있도록 저희 가정에게 큰 선물을 주시기를 바랍니다.

첨 부 서 류

1. 기본증명서(청구인 및 사건본인) 2통
2. 가족관계증명서(청구인 및 사건본인) 2통
3. 혼인관계증명서 1통
4. 주민등록등본 1통
5. 제적등본 1통
6. 친양자 입양 동의서(친생부모) 1통
7. 진술서(청구인 및 친생모)

2008 . 1 .24.

위 청구인 노 종 원 (인)

수원지방법원 성남지원(가사단독) 귀중

위 임 장

법무사 정 택 근
서울 서초구 서초동 1657-2 한림빌딩301호
전화 : 02 3486-9277
팩스 : 02 798-5537

위 사람을 대리인으로 정하고 다음 사항을 위임함.

다 음

1. 친양자 입양의 심판청구서 작성 및 제출하는 행위.

2. 위에 부대하는 일체의 사항.

2008. 04. 25.

위 위임인
청구인 노 종 원

송달장소 및 송달영수인 신고서

청구인 : 노 종 원 (010-4631-1234)

위 사건에 관하여 청구인은 민사소송법제184조에 근거하여 청구인은 다음과같이송달장소및송달영수인을신고합니다.

-다 음-

청구인 의 송달장소 및 송달영수인

송 달 장 소 :(137-070) 서울시 서초구 서초동 1657-2
한림빌딩301호

송달 영수인: 정 택 근

위 청구인 노 종 원 (인)

서울가정법원(가사단독) 귀중

○ ○ 지방법원 ○○지원

심 판

사 건 2008느단347 친양자 입양신청

청 구 인 1.노○○ (760203-2365481)

주 소 ○○시 ○○구 ○○동 156-15

송달장소 서울 서초구 서초동 1657-15

등록기준지 ○○시 ○○면 ○○리 15

사건본인 이○○ (010326-1235467)

사건본인 주 소 ○○시 ○○구 ○○동 156-15

사건본인 등록기준지 사울 ○○구 ○○동 64-12

주 문

사건본인들을 청구인의 친양자로 한다.

이 유

이 사건 신청은 이유 있으므로 주문과 같이 심판한다.

2008 . 3. 15.

판 사 조 ○ ○

사례9. 새 아버지가 자신의 친부라고 알고 있고, 양아버지의 성으로 사용하고 있음

친양자 입양의 심판청구

청 구 인　　최 선 영
사건본인　　성 민 정

송달료　30,200원
인지대　　5,000원

수원지방법원 안산지원(가사단독) 귀중

친양자 입양의 심판청구

청 구 인　　최 선 영 (전화 010-4530-1234)
주민등록번호 760102-1234567
주소 경기도 안산시 단원구 신길동 71-1 (2/2)
등록기준지　　충남 공주시 이인면 이곡리 246번지
송달장소　　서울시 서초구 서초동1657-2
한림빌딩 301호

사 건 본 인　　성 민 정
주민등록번호 010327-1234567

청 구 취 지

사건본인을 청구인2의 친양자로 한다.
라는 심판을 구합니다.

청 구 원 인

1. 청구인1은 청구 외 성명규와 혼인하여 사건본인을 낳았습니다. 그런데 청구 외 성명규는 양육 뿐 만 아니라 가정에 무책임하고 관심도 없었으며 가정을 부양할 만한 능력도 부족하였습니다. 그래도 사건본인을 위해 가정을 지키려고 노력하였으나 청구 외 성명규의 계속되는 양육에 대한 무책임과 잦은 음주, 외도가 문제가 되었고 이러한 이유 때문에 오랜 법정 다툼 끝에 친권과 양육권을 청구인이 갖기로 하고 협의 이혼을 하였습니다.

2. 이혼 후 청구인1은 생계를 책임지며 열심히 사건본인을 양육하였습니다. 그러던 중 2006.07 청구인2를 만나 사실상 함께 살았으나 내 집 마련이 늦어져 2006.12.06 혼인 신고를 하였습니다. 청구인2는 안정적인 직장을 갖고 있고, 매우 가정적이며 자상한 사람이어서 퇴근 후엔 일찍 귀가하여 가족과 함께 하려고 노력합니다. 사건본인을 친 자식처럼 여기고

3. 사건본인은 청구인이 재혼한 후부터 '이나현' 으로 바꿔 부르고 있습니다. 유치원, 미술학원, 교회 등에서 '이나현' 으로 등록하였고 주위에서도 지금의 남편의 성을 따라 부르고 있습니다. 그런데 사건본인이 곧 초등학교 입학을 앞두고 있어서 주위의 따가운 시선과 사건본인이 지금의 남편과 성이 다른 문제로 겪을 혼란이 두렵습니다. 청구인과 청구 외 이무영은 사건본인을 최고로 사랑받는 아이로 키우고 싶고, 더 이상 주위에 재혼가정이라는 선입견을 갖게 하고 싶지 않습니다. 이러한 이유로 사건본인을 청구 외 이무영의 친양자로 입양하는 것이 좋겠다고 생각하여 이 사건 청구를 하게 되었습니다.

판사님께서 사건본인의 초등학교 입학 전에 더 이상 새 아버지라는 말을 듣지 않고, 행복한 가정을 이룰 수 있도록 저희 가정에게 큰 선물을 주시기를 바랍니다.

첨 부 서 류

1. 기본증명서(사건본인) 1통
2. 가족관계증명서 3통
3. 혼인관계증명서 2통
4. 주민등록등본 2통
5. 친양자 입양 동의서(친생부모) 1통

2008 . 1 . 18.

위 청구인 최 선 영 (인)

수원지방법원 안산지원(가사단독) 귀중

위 임 장

법무사 정 택 근
서울 서초구 서초동 1657-2 한림빌딩301호
전화 : 02 3486-9277
팩스 : 02 798-5537

위 사람을 대리인으로 정하고 다음 사항을 위임함.

다 음

1. 친양자 입양의 심판청구서 작성 및 제출하는 행위.

2. 위에 부대하는 일체의 사항.

2008. 04. 25.

위 위임인
청구인 최 ○ ○

송달장소 및 송달영수인 신고서

청구인 : 최 선 영 (010-4631-1234)

위 사건에 관하여 청구인은 민사소송법제184조에 근거하여 청구인은 다음과같이송달장소및송달영수인을신고합니다.

- 다 음-

청구인 의 송달장소 및 송달영수인

송 달 장 소 :(137-070) 서울시 서초구 서초동 1657-2
한림빌딩301호

송달 영수인: 정 택 근

위 청구인 최 선 영 (인)

서울가정법원(가사단독) 귀중

친양자 입양의 심판청구

청 구 인1 최 선 영
청 구 인2 이 무 영
사건본인 성 민 정

송달료 30,200원
인지대 5,000원

수원지방법원 안산지원(가사단독) 귀중

친양자 입양의 심판청구

청 구 인1 최선영 (전화 010-4530-1234)
주민등록번호 760102-1234567
주소 경기도 안산시 단원구 신길동 571-1 (2/2)
등록기준지 충남 공주시 이인면 이곡리 216번지

청 구 인2 이무영 (전화 010-9669-1234)
주민등록번호 730812-1234567
주소 위와 같은 곳

등록기준지 위와 같은 곳
송달장소 서울시 서초구 서초동 1657-2 한림빌딩 301호

사 건 본 인 성민정
주민등록번호 010327-1234567
주소 위와 같은 곳
등록기준지 서울시 은평구 역촌동 64번지의 11

청 구 취 지

사건본인을 청구인2의 친양자로 한다.
라는 심판을 구합니다.

청 구 원 인

1. 청구인1은 청구 외 성명규와 혼인하여 사건본인을 낳았습니다. 그런데 청

구 외 성명규는 양육 뿐 만 아니라 가정에 무책임하고 관심도 없었으며 가정을 부양할 만한 능력도 부족하였습니다. 그래도 사건본인을 위해 가정을 지키려고 노력하였으나 청구 외 성명규의 계속되는 양육에 대한 무책임과 잦은음주, 외도가 문제가되었고이러한이유때문에오랜법정다툼끝에친권과양육권을청구인이갖기로하고협의이혼을하였습니다.

2. 이혼 후 청구인1은 생계를 책임지며 열심히 사건본인을 양육하였습니다. 그러던 중 2006.07 청구인2를 만나 사실상 함께 살았으나 내 집 마련이 늦어져 2006.12.06 혼인 신고를 하였습니다. 청구인2는 안정적인 직장을 갖고 있고, 매우 가정적이며 자상한 사람이어서 퇴근 후엔 일찍 귀가하여 가족과 함께 하려고 노력합니다. 사건본인을 친자식처럼 여기고 사랑하며, 사건본인도 청구인2를 친 아버지로 알고 잘 지내고 있습니다.

3. 사건본인은 청구인1이 청구인2와 재혼한 후부터 '이나현' 으로 바꿔 부르고 있습니다. 유치원, 미술학원, 교회 등에서 '이나현' 으로 등록하였고 주위에서도 지금의 남편의 성을 따라 부르고 있습니다. 그런데 사건본인이 곧 초등학교 입학을 앞두고 있어서 주위의 따가운 시선과 사건본인이 청구인2와 성이 다른 문제로 겪을 혼란이 두렵습니다. 청구인1과 청구인2는 사건본인을 최고로 사랑 받는 아이로 키우고 싶고, 더 이상 주위에 재혼가정이라는 선입견을 갖게 하고 싶지 않습니다. 이러한 이유로 사건본인을 청구인2의 친양자로 입양하는 것이 좋겠다고 생각하여 이 사건 청구를 하게 되었습니다. 판사님께서 사건본인의 초등학교 입학 전에 더 이상 새 아버지라는 말을 듣지 않고, 행복한 가정을 이룰 수 있도록 저희 가정에게 큰 선물을 주시기를 바랍니다.

2008 . 03. 06.

위 청구인1 최 선 영 (인)
청구인2 이 무 영 (인)

수원지방법원 안산지원(가사단독) 귀중

위 임 장

법무사 정 택 근
서울 서초구 서초동 1657-2 한림빌딩301호
전화 : 02 3486-9277
팩스 : 02 798-5537

위 사람을 대리인으로 정하고 다음 사항을 위임함.

다 음

1.친양자 입양의 심판청구서 작성 및 제출하는 행위.

2.위에 부대하는 일체의 사항.

2008. 03. 06.

위 위임인
청구인1 최 선 영
청구인2 이 무 영

송달장소 및 송달영수인 신고서

청구인1 : 최 선 영(010-4530-1234)
청구인2 : 이 무 영

위 사건에 관하여 청구인은 민사소송법 제184조에 근거하여 청구인은 다음과 같이 송달장소 및 송달영수인을 신고합니다.

-다 음-

청구인 의 송달장소 및 송달영수인

송 달 장 소 :(137-070) 서울시 서초구 서초동 1657-2
한림빌딩301호
송달 영수인 : 정 택 근

위 청구인1 최 선 영 (인)
위 청구인2 이 무 영 (인)

수원지방법원 안산지원(가사단독) 귀중

○○지방법원 ○○지원

심 판

사 건 2008느단347 친양자 입양신청

청 구 인 1.최○○ (760203-2365481)

2.이○○ (750603-1234567)

청구인들의 주소 안산시 단원구 신길동 156-15

청구인들의 송달장소 서울 서초구 서초동1657-15

청구인들의 등록기준지 공주시 이인면 이곡리 15

사건본인 성○○ (010326-1235467)

주 소 안산시 단원구 신길동 156-15

등록기준지 사울 은평구 역촌동 64-12

주 문

사건본인을 청구인들의 친양자로 한다.

이 유

이 사건 청구는 이유 있으므로 주문과 같이 심판한다.

2008 . 3. 15.

판 사 조 은 ○

3. 관련서류

- 동의서
- 신고서
- 사유서

3.관련서류(동의서등)

친양자입양허가심판청구 사유서 샘플

1. 청구인은 청구외 이○○◆ 20 년 0월0일 결혼을 하여 남자아이인 사건본인을 낳았습니다. 그리고 사건본인의 친부인 위 청구외 이○○◆ 도박에 빠져 가정도 돌보지 아니하여 사건본인의 친권은 청구인이 갖기로 하고 20 년0월0일 결혼생활 3년만에 협의 이혼을 하였습니다.
2. 그후 청구인은 직장을 다니면서 지금의 남편인 청구외 박○○◆ 만나200 .10.11 혼인신고를 마친 법률상 부부입니다. 그런데 결혼생활 7년동안 임신이 되지 않아 병원에 가서 검사를 해본 결과 남편의 무정자증으로 지금의 남편과는 자식을 갖지 못하고 있습니다.
3. 지금의 남편은 과거 부모를 일찍이 여의고 형제 없이 살아온 이유로 남달리 가족에 대한 애착이 강하고, 따라서 자식에 대한 욕심 또한 많을 수밖에 없었고 사건본인과는 친자식과 같이 정을 주고받으며 사건본인의 양육에 정성을 다하여 그것으로 삶의 보람을 느끼고 있습니다. 지금의 남편은 사건본인을 친자식처럼 생각하고 있고 사건본인도 친아버지로 알고 있습니다.
4. 그리고 사건본인에게는 큰 문제가 발생하고 있습니다. 사건본인은 가족등록부상에 이씨로 되어있으나 3살 때부터 지금의 아빠의 성을 따서 박씨로 불러왔습니다. 초등학교 1,2학년 때는 선생님께 부탁드려서 박씨로 불러 달라고 하여 그렇게 불러줘서 아무문제가 없었으나, 고학년으로 진학해서는 학교에서 받아오는 상장에는 이○○藺紛◆ 적혀있는 것에 대하여 왜 내 성이 박씨인데 상장에는 이씨로 되어 있냐고 따지는 것입니다. 얼마 전에는 상장에 이씨 성을 까맣게 색을 칠해 온 것입니다. 그리고 아이 친구가 놀러왔는데 아들의 진짜이름이 뭔지 알고 있다며 이○○◆ 아니냐고 선생님의 서류에서 다 봤다고 그러니까 사건본인은 표정이 굳어져서 땅바닥만 쳐다보는데, 가슴이 너무 아팠습니다. 선생님께서는 서류상으로 사건본인을 박씨로 보호받을 수 있도록 하라고 그러셨습니다. 아들이 너무 가엽습니다.
5. 지금의 남편의 직업은 회계사입니다. 따라서 양육능력을 갖추었으므로 자의 복리를 위하여 이 건 청구에 이른 것입니다.

친양자입양허가심판청구 사유서 샘플

1. 청구인은 청구외 이○○과 20 년 0월0일 결혼을 하여 남자아이인 사건본인을 낳았습니다. 그리고 사건본인의 친부인 위 청구외 이○○이 도박에 빠져 가정도 돌보지 아니하여 사건본인의 친권은 청구인이 갖기로 하고 20 년0월0일 결혼생활 3년만에 협의 이혼을 하였습니다.

2. 그후 청구인은 직장을 다니면서 지금의 남편인 청구외 박○○을 만나 200 .10.11 혼인신고를 마친 법률상 부부입니다. 그런데 결혼생활 7년동안 임신이 되지 않아 병원에 가서 검사를 해본 결과 남편의 무정자증으로 지금의 남편과는 자식을 갖지 못하고 있습니다.

3. 지금의 남편은 과거 부모를 일찍이 여의고 형제 없이 살아온 이유로 남달리 가족에 대한 애착이 강하고, 따라서 자식에 대한 욕심 또한 많을 수밖에 없었고 사건본인과는 친자식과 같이 정을 주고받으며 사건본인의 양육에 정성을 다하여 그것으로 삶의 보람을 느끼고 있습니다. 지금의 남편은 사건본인을 친자식처럼 생각하고 있고 사건본인도 친아버지로 알고 있습니다.

4. 그리고 사건본인에게는 큰 문제가 발생하고 있습니다. 사건본인은 가족등록부상에 이씨로 되어있으나 3살 때부터 지금의 아빠의 성을 따서 박씨로 불러왔습니다. 초등학교 1,2학년 때는 선생님께 부탁드려서 박씨로 불러 달라고 하여 그렇게 불러줘서 아무문제가 없었으나, 고학년으로 진학해서는 학교에서 받아오는 상장에는 이○○이라고 적혀있는 것에 대하여 왜 내 성이 박씨인데 상장에는 이씨로 되어 있냐고 따지는 것입니다. 얼마 전에는 상장에 이씨 성을 까맣게 색을 칠해 온 것입니다. 그리고 아이 친구가 놀러왔는데 아들의 진짜이름이 뭔지 알고 있다며 이○○이 아니냐고 선생님의 서류에서 다 봤다고 그러니까 사건본인은 표정이 굳어져서 땅바닥만 쳐다보는데, 가슴이 너무 아팠습니다. 선생님께서는 서류상으로 사건본인을 박씨로 보호받을 수 있도록 하라고 그러셨습니다. 아들이 너무 가엽습니다.

5. 지금의 남편의 직업은 회계사입니다. 따라서 양육능력을 갖추었으므로 자의 복리를 위하여 이 건 청구에 이른 것입니다.

[양식 제4호]

입 양 신 고 서
(년 월 일)

※ 뒷면의 작성방법을 읽고 기재하시되, 선택 항목은
해당번호에 "○"으로 표시하여 주시기 바랍니다.

구분		양 부				양 모			
① 양친	성명	한글		본(한자)		한글		본(한자)	
		한자		출생연월일		한자		출생연월일	
		주민등록번호		-		주민등록번호		-	
	등록기준지								
	주소								
② 양자	성명	한글		본(한자)		주민등록번호	-		
		한자		성 별	①남 ②여	출생연월일			
	등록기준지								
	주 소								
③양자의 친생부모	부	성명		등록기준지					
				주민등록번호	-				
	모	성명		등록기준지					
				주민등록번호	-				
④ 기타사항									
⑤ 증인	성 명	㊞ 또는 서명	주민등록번호	-					
	주 소								
	성 명	㊞ 또는 서명	주민등록번호	-					
	주 소								
⑥ 동의자	부	성명	㊞ 또는 서명						
	모	성명	㊞ 또는 서명						
	직계존속	㊞ 또는 서명	주민등록번호	-	관계	양자의			
	양자의 배우자	㊞ 또는 서명	주민등록번호	-					
	후견인	㊞또는 서명	주민등록 번 호	-	허가 법원		허가 일자	년 월 일	
⑦ 신고인	양 부		㊞ 또는 서명	전 화					
				이메일					
	양 모		㊞ 또는 서명	전 화					
				이메일					
	양 자		㊞ 또는 서명	전 화					
				이메일					
	법 정 대리인	① 부모	부	㊞ 또는 서명	전 화				
					이메일				
			모	㊞ 또는 서명	전 화				
					이메일				
		②후견인		㊞ 또는 서명	전 화				
					이메일				
			15세미만자의 입양승낙	허가 법원		허가일자	년 월 일		
⑧제출인	성 명		주민등록번호	-					

작 성 방 법

※ 친생부모, 양친 또는 양자가 외국인인 경우에는 그 등록기준지란에 국적을 기재합니다.

①란 및 ②란 : 법 제25조제2항에 따라 주민등록번호란에 주민등록번호를 기재한 때에는 출생연월일의 기재를 생략할 수 있습니다.

④란 : 아래의 사항 및 가족관계등록부에 기록을 분명하게 하는데 특히 필요한 사항을 기재 합니다

- 양자가 될 자(만 15세 미만)의 법정대리인 또는 가정법원의 허가를 받은 후견인이 그를 갈음하여 입양을 승낙하고 이를 신고하는 때에는 그 사유
- 「입양촉진 및 절차에 관한 특례법」 제8조제1항에 따라 양자의 성과 본을 양친의 원에 의하여 양친의 성과 본을 따르는 경우에는 그에 관한 사항

⑥란 : 동의자란의 기재요령은 다음과 같습니다.

- 양자가 될 자는 부·모의 동의를 받아야 하며(다만, 가족관계등록부에 판결에 의하여 친권이 상실된 자로 기록된 부 또는 모는 동의할 수 없습니다), 부·모가 사망 그 밖의 사유로 인하여 동의를 할 수 없는 경우에 다른 직계존속이 있으면 직계존속 중 제일 가까운 존속· 중 연장자의 순으로 동의를 받아야 합니다.
- 양자가 될 자가 미성년자이고, 그 미성년자에 대하여 위에서 언급한 부·모나 직계존속이 없는 경우에는 가정법원의 허가를 받은 후견인의 동의가 있어야 합니다.
- 입양대락자는 입양동의자란에 기재하지 않아도 됩니다.
- 배우자 있는 자가 양자가 될 때에는 다른 한쪽의 동의를 받아야 합니다.
- 금치산자가 양자를 입양시키거나 양자가 되고자 할 때에는 후견인의 동의를 받아야 합니다.

⑦란 : 양자란에는 양자가 될 자가 기명날인(또는 서명)하며, 다만 양자가 될 자가 15세 미만인 때에는 양자란에는 기재하지 않고 법정대리인(가정법원의 허가를 받은 후견인은 허가법원과 허가일자를 기재)이 법정대리인란의 해당 항목번호에 "○ "으로 표시한 후 기명날인(또는 서명)합니다.

: 입양촉진 및 절차에 관한 특례법에 의한 입양신고의 경우에는 양친될 자와 양자될 자의 후견인이 함께 신고인란에 기재합니다.

⑧란 : 제출자(신고인 여부 불문)의 성명 및 주민등록번호 기재[접수담당공무원은 신분증과 대조]

첨 부 서 류

※ 아래 1항은 전산정보처리조직에 의하여 그 내용을 확인할 수 있는 경우에는 첨부를 생략할 수 있습니다

1. 입양당사자의 가족관계등록부의 기본증명서, 가족관계증명서 및 입양관계증명서각 1통.
2. 입양동의서1부(입양에 대한 동의가 필요한 경우, 다만 동의한 사람이 입양신고서의 "동의자 "란에 성명과 주민등록번호를 기재하고 기명날인 한 때에는 제외).
3. 입양동의 또는 입양승낙에 대한 가정법원의 허가서 등본 1부(양자가 될 자가 미성년자로서 부모 또는 다른 직계존속이 없어 후견인의 동의를 받아야 하는 경우, 후견인이 피후견인을 양자로 하는 경우 및 후견인이 입양승낙을 하는 경우).
4. 양친이 외국인인 경우 그 국적을 증명하는 서면(예: 호적등본, 출생증명서, 여권사본, 신분등록부등본 등).
5. 양자가 외국인인 경우, 그 자녀의 본국법이 해당 신분행위의 성립에 자녀 또는 제3자의 승낙이나 동의 등을 요건으로 하는 경우에는 그 요건을 갖추었음을 증명하는 서면.
6. 신분확인[가족관계등록예규 제23호에 의함]
   - 신고인이 출석한 경우 : 신고인 모두의 신분증명서
   - 신고인 불출석, 제출인 출석의 경우 : 제출인의 신분증명서 및 신고인 모두의 신분증명서 또는 서명공증 또는 인감증명서(신고인의 신분증명서 없이 신고서에 신고인이 서명한 경우 서명공증, 신고서에 인감 날인한 경우는 인감증명)
   - 우편제출의 경우 : 신고인 모두의 서명공증 또는 인감증명서(신고서에 서명한 경우 서명공증, 인감을 날인한 경우는 인감증명서)

※ 양자가 15세 미만인 입양에 있어서 법정대리인의 출석 또는 신분증명서의 제시가 있거나 인감증명서의 첨부가 있으면 신고인의 신분증명서 제시 또는 인감증명서의 첨부가 있는 것으로 볼 수 있습니다.

친양자 입양 동의서

1. 친양자 입양 청구 관계인

1. 구분		2. 성명	3. 주민등록번호
친양자 입양 청구인	양부로 될 자	박○○	-
친양자로 될 자		김○○	-
친양자로 될 자의 친생부모	친생부	김△△	-
	친생모	이□□	-

2. 친양자 입양에 대한 동의

위 친양자로 될 자 김○○의 친생부(親生父) 김○○와 친생모(親生母) 이□□는, 친양자 입양의 심판이 확정된 때에 **친생부와 친양자의 친족관계는 종료한다**는 것을 잘 알면서, 민법 제908조의2 제1항 제3호에 따라 친양자 입양 청구인이 김○○를 **친양자로 입양함에 동의합니다.**

20 . . .

구분	동의인 성명	친양자 입양에 대한 동의 여부	서명 또는 날인
친생부	김○○	동의함	
친생모	이□□	동의함	

☞ 유의사항

○ 이 서류의 제출자가 작성명의인이 아닌 경우에는 작성명의인의 인감도장을 날인하고 작성명의인의 인감증명서를 첨부하여야 합니다.

[양식 제5호]

친양자입양신고서

(년 월 일)

※ 아래의 작성방법을 읽고 기재하시되, 선택항목은
해당번호에 "○"으로 표시하여 주시기 바랍니다.

구분			양부			양모			
①양친	성명	한글		본(한자)		한글		본(한자)	
		한자		출생연월일		한자		출생연월일	
		주민등록번호		-		주민등록번호		-	
	등록기준지								
	주소								
②친양자	성명	한글		본(한자)		주민등록번호	-		
		한자		성별	①남 ②여	출생연월일			
	등록기준지								
	주소								
	종전의성(姓)	한글		한자		종전의본(本)	한글	한자	
	변경된성(姓)	한글		한자		변경된본(本)	한글	한자	
③친양자의 친생부모	부	성명		등록기준지					
				주민등록번호	-				
	모	성명		등록기준지					
				주민등록번호	-				
④기타사항									
⑤ 재판확정일자		년 월 일		법원명					
⑥신고인	성명	㊞ 또는 서명		주민등록번호	-				
	자격	①소 제기자 ②소의 상대방 ③기타(자격 :)							
	주소								
	전화			이메일					
⑦제출인	성명			주민등록번호	-				

작 성 방 법

※ 등록기준지 : 각 란의 해당자가 외국인인 경우에는 그 국적을 기재합니다.
※ 주민등록번호 : 각 란의 해당자가 외국인인 경우에는 외국인등록번호(국내거소신고번호 또는 출생연월일)를 기재합니다.
①란 및 ②란 : 법 제25조제2항에 따라 주민등록번호란에 주민등록번호를 기재한 때에는 출생연월일의 기재를 생략할 수 있습니다.
④란 : 가족관계등록부에 기록을 분명하게 하는데 특히 필요한 사항을 기재하며 혼인신고시 자녀가 모의 성·본을 따르기로 협의하였는지 여부도 기재합니다.
⑥란 : 친양자입양의 재판이 확정된 경우에는 소 제기자 또는 소의 상대방 단독으로 신고할 수 있습니다. 이 경우에는 해당 항목번호에 "○ "으로 표시한 후 기명날인(또는 서명)합니다.
⑦란 : 제출자(신고인 여부 불문)의 성명 및 주민등록번호 기재[접수담당공무원은 신분증과 대조]

첨 부 서 류

※ 아래 1항은 가족관계등록관서에서 전산으로 그 내용을 확인할 수 있는 경우 첨부를 생략합니다.

1. 친양자입양당사자의 가족관계등록부의 기본증명서, 가족관계증명서 각 1통.
2. 친양자 입양재판의 등본 및 확정증명서.
3. 사건본인이 외국인인 경우 : 국적을 증명하는 서면(여권 또는 외국인등록증) 사본
4. 신분확인[가족관계등록예규 제23호에 의함]

- 신고인이 출석한 경우 : 신분증명서
- 제출인이 출석한 경우 : 제출인의 신분증명서
- 우편제출의 경우 : 신고인의 신분증명서 사본

※ 타인의 서명 또는 인장을 도용하여 허위의 신고서를 제출하거나, 허위신고를 하여 가족관계등록부에 부실의 사실을 기록하게 하는 경우에는 형법에 의하여 5년 이하의 징역 또는 1천만원 이하의 벌금에 처해집니다.

친양자 입양 동의서

1. 친양자 입양 청구 관계인

<table>
<tr><th colspan="2">1. 구분</th><th>2. 성명</th><th>3. 주민등록번호</th></tr>
<tr><td rowspan="2">친양자 입양 청구인</td><td>양부로 될 자</td><td>박○○</td><td>-</td></tr>
<tr><td>양모로 될 자</td><td>이○○</td><td>-</td></tr>
<tr><td colspan="2">친양자로 될 자</td><td>김○○</td><td>-</td></tr>
<tr><td rowspan="2">친양자로 될 자의 친생부모</td><td>친생부</td><td>김△△</td><td>-</td></tr>
<tr><td>친생모</td><td>윤□□</td><td>-</td></tr>
</table>

2. 친양자 입양에 대한 동의

위 친양자로 될 자 김○○의 친생부(親生父) 김○○와 친생모(親生母) 윤□□는, 친양자 입양의 심판이 확정된 때에 **친생부모와 친양자의 친족관계는 종료한다**는 것을 잘 알면서, 민법 제908조의2 제1항 제3호에 따라 친양자 입양 청구인들이 김○○를 **친양자로 입양함에 동의합니다.**

20 . . .

구분	동의인 성명	친양자 입양에 대한 동의 여부	서명 또는 날인
친생부	김○○	동의함	
친생모	윤□□	동의함	

☞ 유의사항

○ 이 서류의 제출자가 작성명의인이 아닌 경우에는 작성명의인의 인감도장을 날인하고 작성명의인의 인감증명서를 첨부하여야 합니다.

친양자 입양 승낙서

1. 친양자 입양 청구 관계인

1. 구분		2. 성명	3. 주민등록번호
친양자 입양 청구인	양부로 될 자	박○○	-
	양모로 될 자	이○○	-
친양자로 될 자		김○○	-
친양자로 될 자의 친생부모	친생부	김△△	-
	친생모	윤□□	-

2. 친양자 입양에 대한 승낙

위 친양자로 될 자 김○○의 법정대리인인 친권자 부 김○○, 친권자 모 이□□는, 친양자로 될 자가 15세 미만이므로 민법 제908조의2 제1항 제4호에 따라 친양자로 될 자에 갈음하여 친양자 입양 청구인들이 친양자로 될 자를 친양자로 입양하는 것을 승낙합니다.

20 . . .

구분	입양승낙인 성명	친양자 입양에 대한 승낙 여부	서명 또는 날인
법정대리인 친권자 부	김○○	승낙함	
법정대리인 친권자 모	이□□	승낙함	

☞ 유의사항

○ 이 서류의 제출자가 작성명의인이 아닌 경우에는 작성명의인의 인감도장을 날인하고 작성명의인의 인감증명서를 첨부하여야 합니다(단, 친양자 입양 동의서에 작성명의인의 인감증명서가 이미 첨부된 경우에는 인감증명서를 첨부할 필요가 없습니다).

○ 법정대리인인 친권자가 부 또는 모 1명인 경우, 법정대리인이 후견인인 경우에는 위 내용을 적절하게 수정하여 사용하시기 바랍니다.

[양식 제7호]

친양자파양신고서

(년 월 일)

※ 아래의 작성방법을 읽고 기재하시되, 선택항목은
해당번호에 "○"으로 표시하여 주시기 바랍니다.

<table>
<tr><td colspan="3">구 분</td><td colspan="4">양 부</td><td colspan="4">양 모</td></tr>
<tr><td rowspan="5">①
양

친</td><td rowspan="3">성명</td><td>한글</td><td></td><td>본(한자)</td><td></td><td>한글</td><td></td><td>본(한자)</td><td></td></tr>
<tr><td>한자</td><td></td><td>출생연월일</td><td></td><td>한자</td><td></td><td>출생연월일</td><td></td></tr>
<tr><td colspan="2">주민등록번호</td><td colspan="2">-</td><td colspan="2">주민등록번호</td><td colspan="2">-</td></tr>
<tr><td colspan="2">등록기준지</td><td colspan="3"></td><td colspan="4"></td></tr>
<tr><td colspan="2">주소</td><td colspan="3"></td><td colspan="4"></td></tr>
</table>

<table>
<tr><td rowspan="6">②
친
양
자</td><td rowspan="2">성명</td><td>한글</td><td></td><td>본(한자)</td><td></td><td colspan="4">주민등록번호</td></tr>
<tr><td>한자</td><td></td><td>출생연월일</td><td></td><td colspan="4">-</td></tr>
<tr><td colspan="2">등록기준지</td><td colspan="7"></td></tr>
<tr><td colspan="2">주 소</td><td colspan="7"></td></tr>
<tr><td colspan="2">종전의 성(姓)</td><td>한글</td><td></td><td>한자</td><td></td><td>종전의 본(本)</td><td>한글</td><td></td><td>한자</td><td></td></tr>
<tr><td colspan="2">부활된 성(姓)</td><td>한글</td><td></td><td>한자</td><td></td><td>부활된 본(本)</td><td>한글</td><td></td><td>한자</td><td></td></tr>
</table>

<table>
<tr><td rowspan="4">③부활되는 (양)부모</td><td rowspan="2">(양)부</td><td rowspan="2">성명</td><td rowspan="2"></td><td>등록기준지</td><td></td></tr>
<tr><td>주민등록번호</td><td>-</td></tr>
<tr><td rowspan="2">(양)모</td><td rowspan="2">성명</td><td rowspan="2"></td><td>등록기준지</td><td></td></tr>
<tr><td>주민등록번호</td><td>-</td></tr>
<tr><td>④기타사항</td><td colspan="5"></td></tr>
<tr><td>⑤재판확정일자</td><td colspan="3">년 월 일</td><td>법원명</td><td></td></tr>
</table>

<table>
<tr><td rowspan="4">⑥신고인</td><td>성 명</td><td>㊞ 또는 서명</td><td>주민등록번호</td><td>-</td></tr>
<tr><td>자 격</td><td colspan="3">1소 제기자 2소의상대방 3기타(자격 :)</td></tr>
<tr><td>주 소</td><td colspan="3"></td></tr>
<tr><td>전 화</td><td></td><td>이메일</td><td></td></tr>
<tr><td>⑦제출인</td><td>성 명</td><td></td><td>주민등록번호</td><td>-</td></tr>
</table>

작 성 방 법

※ 등록기준지 : 각 란의 해당자가 외국인인 경우에는 그 국적을 기재합니다.
※ 주민등록번호 : 각 란의 해당자가 외국인인 경우에는 외국인등록번호(국내거소신고번호 또는 출생연월일)를 기재합니다.
①란 및 ②란 : 법 제25조제2항에 따라 주민등록번호란에 주민등록번호를 기재한 때에는 출생연월일의 기재를 생략할 수 있습니다.
③란 : 친양자입양 전에 일반입양관계가 형성되었다면 친양자파양시에 종전 일반입양한 양부모관계 부활합니다.
④란 : 가족관계등록부에 기록을 분명하게 하는데 특히 필요한 사항을 기재합니다.
⑥란 : 친양자파양의 재판이 확정된 경우에는 소 제기자 또는 소의 상대방 단독으로 신고할 수 있습니다. 이 경우에는 해당 항목번호에 "○ "으로 표시한 후 기명날인(또는 서명)합니다.
⑦란 : 제출자(신고인 여부 불문)의 성명 및 주민등록번호 기재[접수담당공무원은 신분증과 대조]

첨 부 서 류

※ 아래 1항은 가족관계등록관서에서 전산으로 그 내용을 확인할 수 있는 경우 첨부를 생략합니다.

1. 친양자파양당사자의 가족관계등록부의 기본증명서, 친양자입양관계증명서 각 1통.
2. 「민법」 제908조의5에 따라 친양자파양의 재판이 확정된 경우에는 재판의 등본 및 확정증명서 각 1통.
3. 사건본인이 외국인인 경우 : 국적을 증명하는 서면(여권 또는 외국인등록증) 사본
4. 신분확인[가족관계등록예규 제23호에 의함]
- 신고인이 출석한 경우 : 신분증명서
- 제출인이 출석한 경우 : 제출인의 신분증명서
- 우편제출의 경우 : 신고인의 신분증명서 사본

※ 타인의 서명 또는 인장을 도용하여 허위의 신고서를 제출하거나, 허위신고를 하여 가족관계등록부에 부실의 사실을 기록하게 하는 경우에는 형법에 의하여 5년 이하의 징역 또는 1천만원 이하의 벌금에 처해집니다.

4. 준비서류(도표)-친양자

<table>
<tr><th colspan="2">서 류</th><th>부수</th><th colspan="2">준 비 사 항</th></tr>
<tr><td rowspan="14">필수서류</td><td>(본인) 가족관계증명서</td><td>1</td><td rowspan="5">주민번호는 모두 공개로 발급해야하고, 최근 3개월 이내의 것이어야 함</td><td rowspan="5">구청이나 읍,면,동사무소에서 발급</td></tr>
<tr><td>(본인) 기본증명서</td><td>1</td></tr>
<tr><td>(본인) 주민등록등본</td><td>1</td></tr>
<tr><td>(아버지)가족관계증명서</td><td>1</td></tr>
<tr><td>(아버지) 기본증명서</td><td>1</td></tr>
<tr><td>(아버지)혼인관계증명서
(아버지)혼인관계증명서</td><td>1
1</td><td colspan="2"></td></tr>
<tr><td>(아버지)재직증명서</td><td>1</td><td colspan="2">개인사업자인 경우 사업자등록증 사본</td></tr>
<tr><td>(어머니) 제적등본</td><td>1</td><td colspan="2">전 남편호적에서 제적 된 것</td></tr>
<tr><td>(생부) 주민등록초본</td><td>1</td><td colspan="2"></td></tr>
<tr><td>친양자입양동의서</td><td>1</td><td colspan="2">입양동의서에 날인하고 인감증명서 첨부</td></tr>
<tr><td>주민등록증사본</td><td>각 1</td><td colspan="2">어머니, 지금의 아버님 앞뒤로 선명하게 복사</td></tr>
<tr><td>사 유 서</td><td colspan="3">형식은 없으며 간단히 청구사유를 적어주세요!</td></tr>
<tr><td>기타 소명자료</td><td colspan="3">가족사진,여권,수강료영수증,유치원증 등</td></tr>
</table>

1. 필수서류는 친양자입양신청시 반드시 제출해야 합니다. (법원에 따라 필수서류의 변동 있음)
2. 기본증명서와 가족관계증명서는 2008년도가 되면서 호주제 폐지로 호적등본 대신
   만들어진 것으로 꼭 친양자입양 당사자의 것을 발급 받으셔야 합니다.
3. 사유에 따라서 준비서류는 달라지며 친양자입양허가를 받는데 중대한 역할을 합니다.
4. 개명과 동시진행가능 하며, 동시진행시 선 결정문은 진행법원에 반영처리됩니다.

제4장 개 명

1. 제도
2. 사례
3. 관련서류
4. 준비서류

1.제 도

(1)개명

개명이란 등록부에 기록된 이름을 법원의 허가를 얻어 새로운 이름으로 변경하는 것을 말한다. 이름이라는 것은 사람의 동일성을 특정하기 위한 표상이나 고유성과 단일성을 그 속성으로 한다. 현행 제도하에서 성명을 등록부에 기록하도록 하고, 이름에는 한글 또는 통상 사용되는 한자를 사용하도록 하고 있다. 평생 자기를 표상하기에 성명이 뜻 깊고 좋은 인상을 가져야 함은 당연지사이다. 개명은 누구나 자유스럽게 할 수 있다고 하면 개인의 동일성 식별이 곤란하게 되어 사회생활상 혼란을 가져 올 염려가 없지 않다. 따라서 개명은 법원의 허가에 의해서만 할 수 있고 임의로 개명할 수는 없다. 한때나마 이름을 바꾸는 것을 여러 가지 이유로 불온시하던 시절이 있었지만 이제는 법원도 개인의 행복추구권이라는 관점을 우선시하여 허가 기준을 많이 완화하였다고 볼 수 있겠다.

(2)등록부 정정 과의 차이점

개명은 정당하게 등록부에 기록된 이름을 변경하는 것이고, 반면 등록부정정은 등록부상에 기록된 이름이 부적법하거나 또는 진실에 반하는 경우 그 기록을 적법하고 진정한 신분관계와 부합되도록 정정하는 것을 말한다.

(3)신청절차

가) 관할법원

개명하고자 하는 자는 사건본인의 주소지(재외국민의 경우 등록기준지)를 관할하는 가정법원. 외국법원의 판결에 의한 개명은 할 수 없다. 여기서 말하는 관할법원은 우리나라의 관할법원을 의미한다.

나) 신청인

개명하고자 하는 자 또는 법정대리인. 의사능력이 있는 미성년자는 본인이 자신의 개명허가신청을 직접할 수 있다.

다) 구비서류- 도표참조

(4)결정기준 - 원칙적으로 개명을 허가함이 상당하다

(대법원 2006.4.7. 자 2005스87 결정)

1) 공공적 측면
(가) 이름이 가지는 사회적 의미와 기능,
(나) 개명을 허가할 경우 초래될 수 있는 사회적 혼란과 부작용

2) 개인적인 측면
(가) 개명신청인 본인의 주관적 의사와 개명의 필요성
(나) 개명을 통하여 얻을 수 있는 효과와 편의

3) 개명신청권의 남용
범죄를 기도 또는 은폐하거나 법령에 따른 각종 제한을 회피하려는 불순한 의도나 목적 판단하기 위하여 필요한 경우

(가)경찰관서에 전과조회
(나)출입국관리사무소에 출입국사실조회,
(다)전국은행연합회에 신용정보조회 등을 하여 그 자료를 판단자료로 활용
(라)본인 또는 참고인의 심문을 적극 활용하여야 한다고 규정하고 있다.

(5) 성.본 변경 (친양자)와 동시 진행

1) 동시접수 가능 하다.

2) 두 사건 중 개명사건이 먼저 허가결정될 경우에는 개명신고 접수 후 개명허가결정문사본과 사건본인의 기본증명서 1부를 발급하여 성.본 변경 관할법원에 보정서 형식으로 제출하여 개명된 이름이 허가결정문에 반영되도록 한다.

3) 개명허가 접수 후 위 1),2)번의 절차를 거치지 않은 경우에는 관할법원에 결정문경정신청서를 접수한다.

2. 사례나열

사례1. 성명철학상 이름의 뜻과 풀이가 나쁜 경우

개 명 허 가 신 청 서

사건본인 장 수 진

(전화:010-3177-1234)

인지 금 1,000원
송달료 금 15,200원

서울남부지방법원(호적비송과) 귀중

개 명 허 가 신 청 서

신청인 겸 사건본인　장 수 진(張 壽 眞)

생년월일　: 1977년 02월 23일(770223-13234567)
등록기준지 : 서울특별시 구로구 개봉동 343번지의 10
주　　소 : 서울특별시 구로구 개봉동 343-10
오복한마음빌 가-401
송달장소　: 서울시 서초구 서초동 1657-2
한림빌딩 301호

신 청 취 지

서울특별시 구로구 개봉동사무소에 비치된 343번지의 10 가족관계등록부 중 신청인 겸 사건본인의 이름 "수 진(壽 眞)"을 "서 영(書 榮)"으로 개명할 것을 허가한다.

라는 결정을 구합니다.

신 청 이 유

1. 위 신청인은 1977. 02. 23. 경북 김천시 성내동 157번지에서 부(父)

장영진과 모(母) 강영애의 자녀로 출생하였습니다.

신청인의 부모님은 신청인을 출산한 후 이름을 "수 진(壽 眞) "이라고 작명하여 1977년 03월 22일 출생신고를 하였습니다.

2. 신청인의 호적상의 이름 '수진' 은, 신청인의 일상생활 및 사회생활에 많은 어려움을 가져왔습니다. 신청인은 혼인 후 남편의 외도로 인하여 2007년 12월에 이혼을 하게 되었습니다. 이혼 당시 많은 충격과 스트레스를 받았고 지인의 권유로 잘 아는 철학관을 찾아가 물어보니 신청인의 이름 '수진' 이 성명학적 뜻과 풀이가 이혼과 깊은 관련이 있고, 앞으로 한 번 더 이혼을 할 수 있는 이름이라고 하여 신청인은 너무 놀랐습니다. 그 이후 앞으로의 삶이 걱정이 되고 자신감을 상실하는 등 사회생활에도 장애가 생겨 개명에 대한 고민을 하지 않을 수 없었습니다. 신청인은 '지금껏 살아왔는데 그냥 살지..' 하는 생각도 안 해본 것이 아닙니다. 그 뜻과 풀이가 좋지 않다고 해도 부모님이 주신 이름이기에 참고 견뎌볼 노력도 했습니다. 하지만 신청인이 이름으로 인한 스트레스를 참고 견디기엔 그 어려움이 너무나 커서 늦었지만 개명을 간절히 원하며 신청하게 되었습니다.

3. 신청인은 원래 철학이니 역학이니 하는 것들은 미신이라고 생각하여 좋게 생각하고 있지 않았지만, '장수진' 이라는 이름으로 생활하게 되면 이름도 뜻도 좋지 않다고 하여, 신청인의 장래에 안 좋은 일들이 생기지 않을까 많은 걱정이 되고, 이것으로 불행하게 될 것이 두려워 아는 사람의 소개로 철학관을 찾아가 신청인의 이름(수진)을 바꾸고 싶다고 하였더니, '수 진(壽 眞)' 이란 이름을 '서 영(書 榮)' 이라고 작명해 주었습니다

4. 존경하는 판사님, 요즘 같은 과학문명이 발달된 시대에 족보상 항렬

자로 고민하거나 성명철학(작명)운운 무슨 소리를 하느냐고 하실지 모르나 신청인은 살아오면서 이름이 갖는 의미를 굳게 믿고 있습니다. 이번에 반드시 이름을 바꾸어 더 이상 고통받지 않고 자신감 넘치는 생활을 하고 싶습니다. 사람의 이름이 사회적으로 미치는 영향 등으로 인하여 누구나 쉽게 개명을 허락한다면 사회적 혼란이 생길 수 있는 염려가 있음을 모르는 바 아니지만, 신청인은 범죄 전력이 전혀 없는 사람으로서 개명을 허락하여 주신다면 이름에서 오는 혼란에서 벗어나 더욱 새롭게 본연의 이름이 주는 의미 그대로 살 수 있다고 굳게 믿고 있습니다. 뜻하는 바를 이룰 수 있도록 도와주시기를 부탁드립니다.

그러므로 위에 적은 바와 같이 이름에 대한 정신적 , 육체적 고통을 깨끗이 덜기 위하여 신청취지 와 같이 개명허가를 얻고자 이건 신청에 이르렀습니다.

첨 부 서 류

1. 가족관계증명서 1통
1. 기본증명서 1통
1. 주민등록등본 1통
1. 인우보증서 1통
1. 감명서 1통

2008년 09월 23일

신청인 장 수 진

서울남부지방법원(호적비송과) 귀중

송달장소 및 송달영수인 신고서

청구인 : 장 수 진(010-3177-1234)

위 사건에 관하여 청구인은 민사소송법 제184조에 근거하여 청구인은 다음과 같이 송달장소 및 송달영수인을 신고합니다.

-다 음-

청구인의 송달장소 및 송달영수인

송 달 장 소 : (137-881) 서울시 서초구 서초동 1657-2
한림빌딩 301호

송달 영수인 : 정 택 근

위 청구인 장 수 진 (인)

서울남부지방법원(호적비송과) 귀중

위 임 장

법무사 정 택 근
서울특별시 서초구 서초동 1657-2
한림빌딩 301호

전화 : 02-3486-1234
팩스 : 02-798-5537

1. 개명허가 신청서를 작성 및 제출하는 행위

2. 그리고 위에 부대하는 사항일체.

2008. 09. 23.

위임인 장 수 진

인 우 보 증 서

신청인　　장 수 진(張 壽 眞)

생년월일 : 1977년 02월 23일(770223-1234567)

등록기준지 : 서울특별시 구로구 개봉동 343번지의 10

주　　소 : 서울특별시 구로구 개봉동 343-10

오복한마음빌 가-401

상기자의 위 신청사건에 대한 신청 이유에 기재된 내용이 틀림없음을 보증합니다.

만일 훗일에 사실이 허위라는 것이 발견되면 법적 책임을 지겠기에 이에 보증합니다.

첨부서류

1. 보증인들의 주민등록등본 각 1통

2008. 09. 23.

보증인　성　　　명 : 장 경 익

주민등록번호 : 600218-1009824

주　　　소 : 경기도 광명시 소하동 889-2

개운아파트 1-204

보증인　성　　　명 : 조 흥 연

주민등록번호 : 550827-1351120

주　　　소 : 서울특별시 관악구 신림동 520-1

○○지방법원 ○○지원

결 정

사 건 2008호파1429 개명
신청인겸 ○○○ (760203-2365481)
사건본인 주소 안산시 단원구 신길동 156-15
송달장소 서울 서초구 서초동1657-15
등록기준지 공주시 이인면 이곡리 15

주 문

공주시 이인면 이곡리 15 가족관계등로부 중 사건본인 000의 이름 '00 "를 ' 00 "으로 개명하는 것을 허가한다.

이 유

이 사건 청구는 이유 있으므로 주문과 같이 심판한다.

2008 . 3. 15.

판 사 조 은 ○

개 명 허 가 신 청 서

사건본인 구 흥 순
(전화:010-4290-5454)

인지 금 1,000원
송달료 금 15,200원

서울서부지방법원(호적비송과) 귀중

개 명 허 가 신 청 서

신청인 겸 사건본인 구 흥 순(具 興 順)
생년월일 : 1964년 09월 11일(640911-1234567)
등록기준지 : 경북 구미시 산동면 백현리 507번지
주 소 : 서울시 은평구 신사동 39-29 건우빌라 건우퍼스트빌 2층

송달장소 : 서울시 서초구 서초동 1657-2 한림빌딩 301호

신 청 취 지

경북 구미시 산동면사무소에 비치된 백현리 5207번지의 가족관계등록부 중 신청인 겸 사건본인의 이름 "흥 순(興 順)"을 "채 영(采 盈)"으로 개명할 것을 허가한다. 라는 결정을 구합니다.

신 청 이 유

1. 위 신청인은 1964. 09. 11. 경남 의창군 대산면 제동리 402번지에서 부(父) 구경모와 모(母) 정말임의 자녀로 출생하였습니다.

신청인의 부모님은 신청인을 출산한 후 이름을 "흥 순(興 順)"이라고 작명하여 1968년 10월 16일 출생신고를 하였습니다.

2. 신청인은 어렸을 때부터 촌스러운 이름 때문에 개명에 대한 간절한 바램을 갖고 있었습니다. 신청인의 이름 '구흥순'의 '순(順)' 자가 촌스럽고 옛날이름 같은 느낌을 많이 주기 때문에 친구들에게 놀림을 많이 받았습니다. 이제는 성년이 되었지만, 이름으로 인한 정신적 고통이 지속되고 있고, 처음 본 상대방에게 본인을 소개하는 자리가 너무 부담스러우며 의기소침해 지는 등 성년이 되어서도 이름으로 인한 불편이 너무 큽니다. 신청인은 '지금껏 살아왔는데 그냥 살지..' 하는 생각도 안 해본 것이 아닙니다. 너무 촌스럽고 치욕감을 주는 이름이지만 부모님이 주신 이름이기에 참고 견뎌볼 노력도 했습니다. 하지만 신청인이 이름으로 인한 스트레스를 참고 견디기엔 그 어려움이 너무나 커서 늦었지만 개명을 간절히 원하며 신청하게 되었습니다.

3. 신청인은 본의 아니게 혼인에 실패를 하여 많은 충격과 스트레스를 받았고, 지인의 권유로 잘 아는 철학관을 찾아가 물어보니 신청인의 이름 '흥 순'이 성명학적 뜻과 풀이가 이혼과 깊은 관련이 있고, 앞으로 한 번 더 이혼을 할 수 있는 이름이라고 하여 신청인은 너무 놀랐습니다. 그 이후 앞으로의 삶이 걱정이 되고 자신감을 상실하는 등 사회생활에도 장애가 생겨 개명에 대한 고민을 하지 않을 수 없었습니다. 신청인은 원래 철학이니 역학이니 하는 것들은 미신이라고 생각하여 좋게 생각하고 있지 않았지만, '구흥순'이라는 이름으로 생활하게 되면 이름도 뜻도 좋지 않다고 하여, 신청인의 장래에 안 좋은 일들이 생기지 않을까 많은 걱정이 되고, 이것으로 불행하게 될 것이 두려워 아는 사람의 소개로 철학관을 찾아가 신청인의 이름(흥순)을 바꾸고 싶다고 하였더니, '흥 순(興 順)'이란 이름을 '채 영(采 盈)'이라고 작명해 주었습니다.

4. 사람의 이름이 사회적으로 미치는 영향 등으로 인하여 누구나 쉽게 개명을 허락한다면 사회적 혼란이 생길 수 있는 염려가 있음을 모르는 바 아니지만, 신청인은 범죄 전력이 전혀 없는 사람으로서 개명을 허락하여 주신다면 이름에서 오는 혼란에서 벗어나 더욱 새롭게 본연의 이름이 주는 의미 그대로살 수 있다고 굳게 믿고 있습니다. 뜻하는 바를 이룰 수 있도록 도와주시기를 부탁드립니다.

5. 존경하는 판사님, 신청인은 청각장애인으로 개명에 대한 강한 의지하나로 신청하게 되었습니다. 부디 판사님께서 청각장애인의 애환을 고루 살펴주시기를 간절히 바라며, 요즘 같은 과학문명이 발달된 시대에 족보상 항렬자로 고민하거나 성명철학(작명)운운 무슨 소리를 하느냐고 하실지 모르나 신청인은 살아오면서 이름이 갖는 의미를 굳게 믿고 있습니다. 개명은 신청인이 어렸을 때부터 간절히 바래온 바램이었고, 이번에 반드시 이름을 바꾸어 자신감 넘치는 생활을 하고 싶습니다.

그러므로 위에 적은 바와 같이 이름에 대한 정신적 , 육체적 고통을 깨끗이 덜기 위하여 신청취지 와 같이 개명허가를 얻고자 이건 신청에 이르렀습니다.

첨 부 서 류

1. 가족관계증명서 1통
1. 기본증명서 1통
1. 주민등록등본 1통
1. 인우보증서 1통
1. 감명서 1통

2008년 09월 23일

신청인 구 흥 순

서울서부지방법원(호적비송과) 귀중

인 우 보 증 서

신청인　　구 흥 순(具 興 順)

생년월일 : 1964년 09월 11일(640911-1234567)

등록기준지 : 경북 구미시 산동면 백현리 5207번지

주　　소 : 서울시 은평구 신사동 39-29

건우빌라 건우퍼스트빌 2층

상기자의 위 신청사건에 대한 신청 이유에 기재된 내용이 틀림없음을 보증합니다.

만일 훗일에 사실이 허위라는 것이 발견되면 법적 책임을 지겠기에 이에 보증합니다.

첨 부 서 류

1. 보증인들의 주민등록등본 각 1통

2008. 09. 23.

보증인 성　　　명: 조 정 환

주민등록번호: 5000121-1234567

주　　　소: 서울특별시 마포구 연남동 4820-18 3층 301호

보증인 성　　　명: 신 송 철

주민등록번호: 581010-1234567

주　　　소: 서울특별시 강서구 화곡동 9261-27

별장그린빌라302호

위 임 장

법무사 정 택 근
서울특별시 서초구 서초동 1657-2
한림빌딩 301호

전화 02-3486-9200
팩스 02-798-5537

1. 개명허가 신청서를 작성 및 제출하는 행위

2. 그리고 위에 부대하는 사항일체.

2008. 09. 23.

위임인 구 흥 순

송달장소 및 송달영수인 신고서

청구인 : 구 흥 순 (010-2323-0000)

위 사건에 관하여 청구인은 민사소송법제184조에 근거하여 청구인은 다음과같이 송달장소 및 송달영수인을 신고합니다.

-다 음-

청구인의 송달장소 및 송달영수인

송 달 장 소 : (137-881) 서울시 서초구 서초동 1657-2
한림빌딩 301호

송달 영수인 : 정 택 근

위 청구인 구 흥 순 (인)

서울서부지방법원(호적비송과) 귀중

서울서부지방방법원

결 정

사 건 2008호파 347 개 명
신청인겸 ○○○ (640911-5665481)
사건본인 주소 ○○시 ○○구 ○○동 1546-15
송달장소 서울 서초구 서초동1657-15
등록기준지 ○○시 이인면 이곡리 125

주 문

경북 구미시 산동면 백현리 5207번지 가족관계사건본인을 청구인들의 친양자로 한다.

이 유

이 사건 청구는 이유 있으므로 주문과 같이 심판한다.

2008 . 3. 15.

판 사 김 은 ○

개 명 허 가 신 청 서

사건본인 김 동 천
(전화:010-9159-1234)

인지　　금　1,000원
송달료　금 15,200원

춘천지방법원 강릉지원(호적비송과)　　귀중

개 명 허 가 신 청 서

신청인 겸 사건본인　　김 동 천(金 東 天)
생년월일 : 1959년 4월 6일(590406-1234567)
등록기준지 : 충북 청주시 흥덕구 수곡동 324번지
주　소 : 강원도 강릉시 포남동 1227-3
송달장소 : 서울시 서초구 서초동 1657-2 한림빌딩 301호

신 청 취 지

충북 청주시 흥덕구 수곡동사무소에 비치된 314번지 가족관계등록부 중 신청인 겸 사건본인의 이름 "동 천(東 天)"을 "태 완(泰 完)"으로 개명할 것을 허가한다.
라는 결정을 구합니다.

신 청 이 유

1. 위 신청인은 1959. 04. 06. 경상북도 의성군 사곡면 오상리 26번지에서 부(父)김 상 수 와 모(母)김 의 숙 사이에서 출생하였습니다.

(첨부한 가족관계증명서 및 기본증명서 참조)

신청인의 부모님은 신청인을 출산한 후 이름을 "동 천(東 天) "이라고 작명하여 1960년 03월 02일 출생신고를 하였습니다.

2. 신청인은 원래 철학이니 역학이니 하는 것들은 미신이라고 생각하여 좋게 생각하고 있지 않았지만, '김동천' 이라는 이름으로 생활하게 되면 이름도 뜻도 좋지 않다고 하여, 사건본인의 장래에 안 좋은 일들이 생기지 않을까 많은 걱정이 되고, 이것으로 신청인의 지난 삶과 앞으로의 삶이 불행하게 될 것이 두려워 아는 사람의 소개로 철학관을 찾아가 신청인의 이름(동천)을 바꾸고 싶다고 하였더니, '동천' 이란 이름을 '태완' 이라고 작명해 주었습니다.

3. 사람의 이름이 사회적으로 미치는 영향 등으로 인하여 누구나 쉽게 개명을 허락한다면 사회적 혼란이 생길 수 있는 염려가 있음을 모르는 바 아니지만, 신청인은 범죄 전력이 전혀 없으므로 개명을 허락하여 주신다면 이름에서 오는 혼란에서 벗어나 더욱 새롭게 본연의 이름이 주는 의미 그대로 살 수 있다고 굳게 믿고 있습니다. 뜻하는 바를 이룰 수 있도록 도와주시기를 부탁드립니다.

4. 존경하는 판사님..요즘 같은 과학문명이 발달된 시대에 족보상 항렬자로 고민하거나 성명철학(작명)운운 무슨 소리를 하느냐고 하실지 모르나 신청인은 살아오면서 이름이 갖는 의미를 굳게 믿고 있습니다. 개명은 신청인이 어렸을 때부터 간절히 바래온 바람이었고, 늦었지만 반드시 이름을 바꾸어 자신감 넘치는 생활을 하고 싶습니다.

그러므로 위에 적은 바와 같이 이름에 대한 정신적 , 육체적 고통을 깨끗이 덜기 위하여 신청취지 와 같이 개명허가를 얻고자 이건 신청에 이르렀습니다.

첨 부 서 류

1. 가족관계증명서 1통
1. 기본증명서 1통
1. 인우보증서 1통
1. 주민등록등본 1통
1. 감명서 1통

2008년 07월 23일

신청인 김 동 천

춘천지방법원 강릉지원(호적비송과) 귀중

인 우 보 증 서

신 청 인　김 동 천(金 東 天)
생년월일 : 1959년 4월 6일(123456-1234657)
등록기준지 : 충북 청주시 흥덕구 수곡동 3114번지
주소 : 강원도 강릉시 포남동 1227-3

상기자의 위 신청사건에 대한 신청 이유에 기재된 내용이 틀림없음을 보증합니다.
만일 훗일에 사실이 허위라는 것이 발견되면 법적 책임을 지겠기에 이에 보증합니다.

첨 부 서 류

1. 보증인들의 주민등록등본 각 1통

2008. 07. 23.

보증인 성　　　명 : 이 승 범
주민등록번호 : 621021-1234567
주　　　소 : 강원도 강릉시 포남동 99-19

보증인 성　　　명 : 박 춘 식
주민등록번호 : 590422-1234567
주　　　소 : 강원도 강릉시 옥천동 14-6

위 임 장

법무사 정 택 근
서울특별시 서초구 서초동 1657-2
한림빌딩 301호

전화 : 02-3486-9200
팩스 : 02-798-5537

1. 개명허가 신청서를 작성 및 제출하는 행위

2. 그리고 부대하는 사항일체.

2008. 07. 23.

위임인 김 동 천

송달장소 및 송달영수인 신고서

청구인 : 김 동 천(010-9159-1234)

위 사건에 관하여 청구인은 민사소송법제184조에 근거하여 청구인은 다음과같이 송달장소 및 송달영수인을 신고합니다.

-다 음-

청구인의 송달장소 및 송달영수인

송 달 장 소 : (137-881) 서울시 서초구 서초동 1657-2 한림빌딩 301호
송달 영수인 : 정 택 근

위 청구인 김 동 천 (인)

춘천지방법원 강릉지원(호적비송과) 귀중

춘천지방법원 강릉지원

심　　　판

사　　건　　2008호파 ○○○ 개 명
청구인겸　　김동천 (680203-2365481)
사건본인　　주소　　　○○시 ○○구 신길동 1536-15
　　　　　　송달장소　서울 서초구 서초동1657-15
　　　　　　등록기준지　○○시 ○○면 이곡리 135

주　　문

충북 흥덕군 수곡변 000 가족관계등록부 중 사건본인000의 이름 '00' 을 '00' 으로 개명하는 것을 허가한다.

이　　유

이 사건 청구는 이유 있으므로 주문과 같이 심판한다.

2008 . 3. 15.

판 사　　조　　은　　○

사례2. **자의 성과 본의 변경신청**을 하여 **허가결정**을 받았고, 어렸을 때부터 생활해온 이름 과 서류상의 불일치로 인한 고통으로 개명을 하고자 하는 경우

개 명 허 가 신 청 서

사건본인 김혜주
(전화:011-630-1234)

인지 금 1,000원
송달료 금 15,200원

수원지방법원 안산지원(호적비송과) 귀중

개 명 허 가 신 청 서

신청인 겸 사건본인 : 김 혜 주(金惠周)
생년월일 : 1994년 10월 14일 (941014-2345679)
등록기준지 : 충남 연기군 전의면 신정리 10번지
주 소 : 경기도 시흥시 정왕동 187-3 신호아파트 108-201
송달장소 : 서울시 서초구 서초동 1657-2
한림빌딩301호

위 사건본인은 의사능력이 부족하므로

친권자 모 김 미 선(金 美 善)
1970년 8월 16일 (700816-2345678)
등록기준지 : 서울시 양천구 신정동 171번지의 214
주 소 : 위와 같은 곳

신 청 취 지

충남 연기군 전의면 신정리 140번지의 가족관계등록부상 신청인 겸 사건본인의 이름 "혜주(惠周)"를 "희진(希眞)"으로 개명하는 것을 허가한다.
라는 결정을 구합니다.

신 청 이 유

1. 위 신청인은 1994. 10. 14. 인천시 남동구 구월동 116번지에서 부(父) 이종호와 모(母) 김미선 사이에서 출생하였습니다.

(첨부한 가족관계증명서 및 기본증명서 참조)

신청인의 부모님은 신청인을 출산한 후 이름을 "혜주(惠周) "라고 작명하여 1994년 10월 14일 출생신고를 하였습니다.

2. 신청인의 모(母) 김미선은 부끄러운 일입니다만, 신청인의 부(父) 이종호가 가정을 부양할 능력이 부족하고 책임감이 없어 2001.01.06. 협의이혼을 하고, 지난 2001.12.10. 지금의 남편인 청구 외 김병기와 혼인을 하였습니다. 재혼가정이지만 어느 가정보다 행복하게 잘 살고 있습니다. 그런데 신청인의 성과 본이 가족구성원과 다름으로 인해 소외감 및 고통을 겪어 수원지방법원 안산지원에 자의 성과 본의 변경허가 신청을 하고 2008.07.03. 허가결정을 받았습니다. 그래서 지금은 이혜주' 가 아닌 김혜주' 로 생활하고 있습니다.

(자의 성과 본의 변경허가 사건번호 : 2008느단)

3. 신청인은 어렸을 때부터 가정에서 '김희진' 으로 생활하였고 주변에서도 그렇게 알고 있습니다. 하지만 서류상으로는 그렇지 않기 때문에 사회생활 및 학교생활에 있어 많은 고통을 받았습니다. 이번에 신청인의 성과본을 의붓아버지의 성과 본으로 변경하게 되면서 서류상으로도 완벽하게 '김희진' 으로 생활할 것을 결심하게 되었습니다. 신청인의 모(母) 김미선은 신청인의 성본변경을 어렵게 진행하면서 많은 고민을 하지 않을 수 없었고, 살면서 이름이 갖는 의미를 진지하게 고민하게 되었습니다. 신청인의 모(母) 김미선은 신청인에게 집에서 본래 부르던 이름이 있고, 설상가상으로 신청인이 성과 본을 바꾼 뒤 이름과 성씨가 어울리지 않아 친구들에게 놀림을 받는 등 이것으로 인하여 고통을 겪고 불행하게 될것이 두려웠습니다. 그러므로 이번기회에 성, 본, 변경과 함께

"혜주(惠周) "를 "희진(希眞) "으로 개명하여 청구인이 새로운 삶을 살 수 있는 기회가 되었으면 합니다.

4. 존경하는 판사님...신청인의 모(母)는 자신의 잘못으로 인하여 신청인이 고통을 받는 것 같아 매우 마음이 아프고, 신청인의 성본변경을 하면서 개명에 대한 굳은 다짐을 하지 않을 수 없었습니다. 더 이상 신청인이 고통받지 않기를 바라는 마음에 신청하게 되었으며 허가판결을 간절히 바랍니다.

그러므로 위에 적은 바와 같이 이름에 대한 정신적 , 육체적 고통을 깨끗이 덜기 위하여 신청취지와 같이 개명허가를 얻고자 이건 신청에 이르렀습니다

첨 부 서 류

1. 가족관계증명서 1통
1. 기본증명서 1통
1. 인우보증서 1통
1. 주민등록등본 1통
1. 성본변경 허가결정문 사본 1통

2008년 08월 08일

신청인 김혜주

위 친권자 모(母) 김미선

수원지방법원 안산지원(호적비송과) 귀중

위 임 장

법무사 정 택 근
서울특별시 서초구 서초동 1657-2
한림빌딩 301호

전화 : 02-3486-9200
팩스 : 02-798-5537

1. 개명허가 신청서를 작성 및 제출 하는 행위.

2. 그리고 부대하는 사항일체.

2008. 08. 08.

위임인 김혜주
위 친권자 모(母) 김미선

송달장소 및 송달영수인 신고서

청구인 : 김 미 선(011-630-1234)

위 사건에 관하여 청구인은 민사소송법제184조에 근거하여
청구인은 다음과같이 송달장소 및 송달영수인을 신고합니다.

-다 음-

청구인의 송달장소 및 송달영수인

송 달 장 소 : (137-881) 서울시 서초구 서초동 1657-2
한림빌딩 301호

송달 영수인 : 정 택 근

위 청구인 김 미 선 (인)

수원지방법원 안산지원(호적비송과) 귀중

인 우 보 증 서

신청인　　김 혜 주(金 惠 周)

생년월일 : 1994년 10월 14일 (941014-2232327)

등록기준지 : 충남 연기군 전의면 신정리 10번지

주소 : 경기도 시흥시 정왕동 187-3 신호아파트108-201

상기자의 위 신청사건에 대한 신청 이유에 기재된 내용이 틀림없음을 보증합니다.

만일 훗일에 사실이 허위라는 것이 발견되면 법적 책임을 지겠기에 이에 보증합니다.

첨 부 서 류

1. 보증인들의 주민등록등본 각 1통

2008. 08. 08.

보증인 성　　명 : 김 원 식

주민등록번호 : 320619-1234568

주　　소 : 경기도 시흥시 정왕동 187-3
신호아파트107-804

보증인 성　　명 : 김병하

주민등록번호 : 580320-1234567

주소 : 경기도 시흥시 정왕동 1878-8 대림4단지1382-803

수원지방법원 안산지원

심 판

사 건 2008호파000 개명

청 구 인

친 권 자 김○○ (760203-2789481)

주소 ○○시 ○○구 ○○동 1566-15

송달장소 서울 서초구 서초동1657-15

등록기준지 ○○시 ○○면 ○○리 165

사건본인 김 ○○ (010326-1235467)

주 소 안산시 ○○구 ○○동 1546-15

등록기준지 ○○시 ○○구 ○○동 614-12

주 문

충남 연기군 전의면 신정리 123 가족관계등록부 중 사건본인000의 이름 '00' 을 '00' 으로 개명하는 것을 허가한다.

이 유

이 사건 청구는 이유 있으므로 주문과 같이 심판한다.

2008 . 3. 15.

판 사 정영 ○

개 명 허 가 신 청 서

사건본인 조 경 숙

(전화:010-5091-1234)

인 지금 1,000원
송달료금 15,200원

수원지방법원 안산지원(호적비송과) 귀중

개 명 허 가 신 청 서

신청인 겸 사건본인 조 경 숙(趙 敬 淑)
생년월일 : 1979년 12월 16일(791216-2345678)
등록기준지 : 전라북도 전주시 완산구 동서학동 294번지의 1
주 소 : 경기도 시흥시 신천동 943-1 경남아너스빌 103-702
송달장소 : 서울시 서초구 서초동 1657-2 한림빌딩301호

신 청 취 지

전라북도 전주시 완산구 동서학동사무소에 비치된 294번지의 1 가족관계등록부 중 신청인 겸 사건본인의 이름 "경 숙(敬 淑) "을 "세 하(勢 賀) "로 개명할 것을 허가한다. 라는 결정을 구합니다.

신 청 이 유

1. 위 신청인은 1979. 12. 16. 서울특별시 용산구 용산동 2가 5번지의 140에서 부(父)조 진 태 와 모(母)김 미 순 사이에서 출생하였습니다. (첨부한 가족관계증명서 및 기본증명서 참조)

신청인의 부모님은 신청인을 출산한 후 이름을 "경숙(敬淑) "이라고 작명하여 1979년 12월 28일 출생신고를 하였습니다.

2. 신청인의 모(母) 김미순은 부끄러운 일입니다만, 신청인의 부(父) 조진태과 협의이혼을 하고 지난 1997년 7월 14일 지금의 아버지인 청구 외 윤일기과 혼인을 하였습니다. 그리고 2008.02.27 수원지방법원 안산지원에 자의 성과 본의 변경허가 심판청구를 하고 2008.05.20 허가결정을 받았습니다. 그래서 지금은 '조경숙' 이 아닌 '윤경숙' 으로 바뀌었습니다. 오랜 기다림 끝에 지금의 아버지의 성과 본으로 변경이 가능하게 되었으나, 전부터 가정에서는 '윤경숙' 으로 생활하였습니다. 이제는 서류상으로도 완벽하게 되어 너무 기쁘지만, 성과 이름이 서로 잘 맞지 않아 큰 고민 중에 있습니다.

(자의 성과 본의 변경 허가결정문 사본 참조)

3. 또한 신청인은 어렸을 때부터 신청인의 이름 '윤경숙' 의 '숙(淑)' 자가 촌스럽고 옛날이름 같은 느낌을 많이 주기 때문에 친구들에게 놀림을 많이 받았습니다. 이제는 성년이 되었지만, 이름으로 인한 정신적 고통이 지속되고 있고, 처음 본 상대방에게 본인을 소개하는 자리가 너무 부담스러우며 의기소침해 지는 등 성년이 되어서도 이름으로 인한 불편이 너무 큽니다.

4. 사람의 이름이 사회적으로 미치는 영향 등으로 인하여 누구나 쉽게 개명을 허락한다면 사회적 혼란이 생길 수 있는 염려가 있음을 모르는 바 아니지만, 신청인은 범죄 전력이 전혀 없으므로 개명을 허락하여 주신다면 이름에서 오는 혼란에서 벗어나 더욱 새롭게 본연의 이름이 주는 의미 그대로 살 수 있다고 굳게 믿고 있습니다. 뜻하는 바를 이룰 수 있도록 도와주시기를 간절히 부탁드립니다

5. 그리고 신청인은 원래 철학이니 역학이니 하는 것들은 미신이라고 생각하여 좋게 생각하고 있지 않았지만, 이번에 성과 본이 바뀌고 '윤경숙' 이라는 이름으로 생활하게 되면 이름도 뜻도 좋지 않다고 하여, 신청인의 장래에 안 좋은 일들. 이 생기지 않을까 많은 걱정이 되고, 이것으로 불행하게 될 것이 두려워 아는 사람의 소개로 철학관을 찾아가 신청인의 이름(경숙)을 바꾸고 싶다고 하였

더니, 경숙이란 이름을 세하(勢賀)라고 작명해 주었습니다.

6. 존경하는 판사님, 요즘 같은 과학문명이 발달된 시대에 족보상 항렬자로 고민하거나 성명철학(작명)운운 무슨 소리를 하느냐고 하실지 모르나 신청인은 살아오면서 이름이 갖는 의미를 굳게 믿고 있습니다. 개명은 신청인이 어렸을 때 부터 간절히 바래온 바람이었고, 이번에 반드시 이름을 바꾸어 자신감 넘치는 생활을 하고 싶습니다.

그러므로 위에 적은 바와 같이 이름에 대한 정신적 , 육체적 고통을 깨끗이 덜기 위하여 신청취지 와 같이 개명허가를 얻고자 이건 신청에 이르렀습니다.

첨 부 서 류

1. 가족관계증명서 1통
1. 기본증명서 1통
1. 인우보증서 1통
1. 주민등록등본 1통
1. 허가결정문사본 1통
1. 감명서 1통

2008년 06월 16일

신청인 조 경 숙

수원지방법원 안산지원(호적비송과) 귀중

인 우 보 증 서

신 청 인 조 경 숙 (趙 敬 淑)

생년월일 : 1979년 12월 16일 (791216-2345678)

등록기준지 : 전라북도 전주시 완산구 동서학동 294번지의 1

주 소 : 경기도 시흥시 신천동 943-1
경남아너스빌 103-702

상기자의 위 신청사건에 대한 신청 이유에 기재된 내용이 틀림없음을 보증합니다.

만일 훗일에 사실이 허위라는 것이 발견되면 법적 책임을 지겠기에 이에 보증합니다.

첨 부 서 류

1. 보증인들의 주민등록등본 각 1통

2008. 06. 16.

보증인 성 명 : 윤 일 기
주민등록번호 : 400110-1234567
주 소 : 경기도 시흥시 도창동 23-1

보증인 성 명 : 유 성 진
주민등록번호 : 820514-1234567
주 소 : 경기도 시흥시 대야동 563
서해아파트 102-1405

위 임 장

법무사 정 택 근
서울특별시 서초구 서초동 1657-2
한림빌딩 301호

전화 02-3486-1234
팩스 02-798-1234

1. 개명허가 신청서를 작성 및 제출하는 행위.

2. 그리고 부대하는 사항일체.

2008. 06. 16.

위임인 조 경 숙

송달장소 및 송달영수인 신고서

청구인 : 조 경 숙(010-5091-1234)

위 사건에 관하여 청구인은 민사소송법제184조에 근거하여
청구인은 다음과같이 송달장소 및 송달영수인을 신고합니다.

- 다 음-

청구인의 송달장소 및 송달영수인

송 달 장 소 : (137-881) 서울시 서초구 서초동 1657-2
한림빌딩 301호
송달 영수인 : 정 택 근

위 청구인 조 경 숙 (인)

수원지방법원 안산지원(호적비송과) 귀중

수원지방법원 안산지원

심 판

사 건 2008호파000 개 명

청 구 인

겸

사건본인 조 경 숙(760203-2789481)

주소 ○○시 ○○구 ○○동 1566-15

송달장소 서울 서초구 서초동1657-15

등록기준지 ○○시 ○○면 ○○리 165

주 문

전라북도 전주시 완산구 동서학동 294-1의 가족관계등록부 중 사건본인 000의 이름 '00' 을 '00' 으로 개명하는 것을 허가한다.

이 유

이 사건 청구는 이유 있으므로 주문과 같이 심판한다.

2008 . 3. 15.

판 사 이 진 영

사례3.**<u>호적상</u>**의 이름이 아닌 다른 이름으로 살아온 신청인이 현재 생활하고 있는 이름으로 개명하고자 하는 경우

개 명 허 가 신 청 서

사건본인 김혜주
(전화:011-630-1234)

인 지 금 1,000원
송달료 금 15,200원

수원지방법원 안산지원(호적비송과) 귀중

개 명 허 가 신 청 서

신청인 겸 사건본인 : 김혜주(金惠周)
생년월일 : 1994년 10월 14일 (941014-1234567)
등록기준지 : 충남 연기군 전의면 신정리 1240번지
주　　　소 : 경기도 시흥시 정왕동 1867-3
신호아파트 108-201

송달장소　: 서울시 서초구 서초동 1657-2 한림빌딩 301호

위 사건본인은 의사능력이 부족하므로

친 권 자 모 김 미 선(金 美 善)
1970년 8월 16일 (700816-2345678)
등록기준지 : 서울시 양천구 신정동 171번지의 24
주소 : 위와 같은 곳

신 청 취 지

충남 연기군 전의면 신정리 140번지의 가족관계등록부상 신청인 겸 사건본인의 이름 "혜주(惠周)"를 "희진(希眞)"으로 개명하는 것을 허가한다.
라는 결정을 구합니다.

신 청 이 유

1. 위 신청인은 1994. 10. 14. 인천시 남동구 구월동 1196번지에서 부(父) 이종호와 모(母) 김미선 사이에서 출생하였습니다.(첨부한 가족관계증명서 및 기본증명서 참조) 신청인의 부모님은 신청인을 출산한 후 이름을 "혜주(惠周)"라고 작명 하여 1994년 10월 14일 출생신고를 하였습니다.

2. 신청인의 모(母) 김미선은 부끄러운 일입니다만, 신청인의 부(父) 이종호가 가정을 부양할 능력이 부족하고 책임감이 없어 2001.01.06. 협의이혼을 하고, 지난 2001.12.10. 지금의 남편인 청구 외 김병기와 혼인을 하였습니다. 재혼가정이지만 어느 가정보다 행복하게 잘 살고 있습니다. 그런데 신청인의 성과 본이 가족구성원과 다름으로 인해 소외감 및 고통 을 겪어 수원지방법원 안산지원에 자의 성과 본의 변경허가 신청을 하고 2008.07.03. 허가결정을 받았습니다. 그래서 지금은 '이혜주' 가 아닌 김혜주' 로 생활하고 있습니다. (자의 성과 본의 변경허가 사건번호 : 2008느단)

3. 신청인은 어렸을 때부터 가정에서 '김희진' 으로 생활하였고 주변에서도 그렇게 알고 있습니다. 하지만 서류상으로는 그렇지 않기 때문에 사회생활 및 학교생활에 있어 많은 고통을 받았습니다. 이번에 신청인의 성과본을 의붓아버지의 성과 본으로 변경하게 되면서 서류상으로도 완벽하게 '김희진' 으로 생활할 것을 결심하게 되었습니다. 신청인의 모(母) 김미선은 신청인의 성본변경을 어렵게 진행하면서 많은 고민을 하지 않을 수없었고, 살면서 이름이 갖는 의미를 진지하게 고민하게 되었습니다. 신청인의 모(母) 김미선은 신청인에게 집에서 본래 부르던 이름이 있고,설상가상으로 신청인이 성과 본을 바꾼 뒤 이름과 성씨가 어울리지 않아 친구들에게 놀림을 받는 등 이것으로 인하여고통을 겪고

불행하게 될것이 두려웠습니다. 그러므로 이번기회에 성본변경과 함께 "혜주(惠周)"를 "희진(希眞)"으로 개명하여 청구인이 새로운 삶을 살 수 있는 기회가 되었으면 합니다.

4. 존경하는 판사님...신청인의 모(母)는 자신의 잘못으로 인하여 신청인이 고통을 받는 것 같아 매우 마음이 아프고, 신청인의 성본변경을 하면서 개명에 대한 굳은 다짐을 하지 않을 수 없었습니다. 더 이상 신청인이 고통받지 않기를 바라는 마음에 신청하게 되었으며 허가판결을 간절히 바랍니다.

그러므로 위에 적은 바와 같이 이름에 대한 정신적 , 육체적 고통을 깨끗이 덜기 위하여 신청취지와 같이 개명허가를 얻고자 이건 신청에 이르렀습니다.

첨 부 서 류

1. 가족관계증명서	1통
1. 기본증명서	1통
1. 인우보증서	1통
1. 주민등록등본	1통
1. 성본변경 허가결정문 사본	1통

2008년 08월 08일

신청인 김혜주

위 친권자 모(母) 김미선

수원지방법원 안산지원(호적비송과) 귀중

위 임 장

법무사 정 택 근
서울특별시 서초구 서초동 1657-2
한림빌딩 301호

전화 : 02-3486-9200
팩스 : 02-798-5537

1. 개명허가 신청서를 작성 및 제출 하는 행위.

2. 그리고 부대하는 사항일체.

2008. 08. 08.

위임인 김혜주
위 친권자 모(母) 김미선

송달장소 및 송달영수인 신고서

청구인 : 김 미 선(011-630-1234)

위 사건에 관하여 청구인은 민사소송법제184조에 근거하여 청구인은 다음과같이 송달장소 및 송달영수인을 신고합니다.

- 다 음-

청구인의 송달장소 및 송달영수인

송 달 장 소 : (137-881) 서울시 서초구 서초동 1657-2
한림빌딩 301호

송달 영수인 : 정 택 근

위 청구인 김 미 선 (인)

수원지방법원 안산지원(호적비송과) 귀중

인 우 보 증 서

신 청 인 　김 혜 주(金 惠 周)
생년월일 : 1994년 10월 14일 (941014-2345678)
등록기준지 : 충남 연기군 전의면 신정리 140번지
주 　소 : 경기도 시흥시 정왕동 1867-3
신호아파트 108-201

상기자의 위 신청사건에 대한 신청 이유에 기재된 내용이 틀림없음을 보증합니다.

만일 훗일에 사실이 허위라는 것이 발견되면 법적 책임을 지겠기에 이에 보증합니다.

첨 부 서 류

1. 보증인들의 주민등록등본 각 1통

2008. 08. 08.

보증인 성 　명 : 김 원 식
주민등록번호 : 320619-1234567
주 　소 : 경기도 시흥시 정왕동 1867-3
신호아파트 107-804

보증인 성 　명 : 김 병 하
주민등록번호 : 580320-1234567
주 　소 : 경기도 시흥시 정왕동 1878-8
대림4단지 1302-803

수원지방법원 안산지원

결 정

사 건 2008호파000 개명
청 구 인겸 ○○○(760203-1234561)
사건본인 주소 안산시 단원구 신길동 156-15
송달장소 서울 서초구 서초동1657-15
등록기준지 공주시 이인면 이곡리 15

주 문

충남 공주시 이인면 이곡리 15 가족관계등록부 중 사건본인 000의 이름 '00'를 '00' 으로 개명하는 것을 허가한다.

이 유

이 사건 청구는 이유 있으므로 주문과 같이 심판한다.

2008 . 3. 15.

판 사 구본 ○

개 명 허 가 신 청

신 청 인 노 태 수
법정대리인 父 노 희 정

母 양 순 실

인지 금 1,000원
송달료 금 15,200원

서울지방법원 동부지원 귀 중

개 명 허 가 신 청

사건 본인 및 신청인 노 태 수 (魯 太 秀)

서기 1996년 6월 14일생

본 적 : 서울시 송파구 문정동 1번지

주 소 : 서울시 송파구 가락동 479

가락시영아파트 24-103

위 사건의 본인 및 신청인 노태수는 미성년자이므로

법정대리인인 친권자 부(父) 노 희 정 (魯 喜 正)

서기 1964년 5월 1일생

본적 및 주소 : 위와 같은 곳

친권자 모(母) 양 순 실 (梁 順 實)

서기 1965년 11월 16일생

본적 및 주소 : 위와 같은 곳

신 청 취 지

서울특별시 송파구 문정동 1번지 동사무소에 비치한 호주 노희정(魯喜正)의 호적중 사건 본인의 이름 「태수(太秀)」를 「태경(泰京)」으로 개명할 것을 허가한다.

라는 재판을 구함.

신 청 이 유

1. 사건본인은 친부 노희정과 친모 양순실 사이에서 1996. 6. 14. 출생한 장남입니다.

2. 당시, 사건본인의 (부)노희정은 사건본인이 출생하자 즉시「태수(太 秀)」로 작명하여 출생신고를 마친바 있고, 이를 모르는 사건본인의 조부 노삼동(魯三童)은 아이의 이름을 함부로 작명하여서는 아 니 된다고 작명가에게 사건본인의 이름자를 「태경(泰京)」으로 작명하여 왔고, 조부의 완강한 주장에 사실상 출생당시부터 사건본인의 이름을 「태경(泰京)」으로 호명하여 왔습니다.

3. 그후 사건본인은 호적상의 이름자인 태수(太秀)는 전혀 모르고 사실상 호명하고 있는 「태경(泰京)」으로 알고 있고, 유치원에 다니면 서 친구들과도 사실상 「태경(泰京)」으로 호명하고 있습니다.

4. 그런데 사건본인은 취학연령기에 접어들어 2002년도 취학대상자로 서 초등학교에 입학하게 되는바, 학교에 입학하게 되면 호적상 이름자인 「태수(太秀)」로 호명하게 될 것이고, 이를 전혀 알지못하는 사건본인은 혼돈으로 정서상 문제가 다분하고, 유년기의 사건 본인에게 정신적 상처를 입힐 것이 분명하므로 부모로서 책임감을 느껴 더 성장하기전에 현재 호명되는 이름자로 개명하고자 하오니, 이를 참작하시어 허가하여 주시옵길 신청합니다.

첨 부 서 류

1. 호적등본
2. 주민등록등본
3. 유치원수료증
4. 유치원상장
5. 인우보증서

2009.04. 3 . .

위 신청인 노 태 경

법정대리인 父 노 희 정

母 양 순 실

서울지방법원 동부지원 귀 중

인 우 보 증 서

신청인　　노 태 수 (盧 太 秀)

생년월일 : 1959년 4월 6일(14026-1234567)

등록기준지 : 충북 청주시 흥덕구 수곡동 314번지

주소 : 강원도 강릉시 포남동 1227-3

상기자의 위 신청사건에 대한 신청 이유에 기재된 내용이 틀림없음을 보증합니다.

만일 훗일에 사실이 허위라는 것이 발견되면 법적 책임을 지겠기에 이에 보증합니다.

첨 부 서 류

1. 보증인들의 주민등록등본 각 1통

2008. 07. 23.

보증인 성　　　명 : 이 승 범

주민등록번호 : 621021-1234567

주　　　소 : 강원도 강릉시 포남동 919-19

보증인 성　　　명 : 박 춘 식

주민등록번호 : 590422-1234567

주　　　소 : 강원도 강릉시 옥천동 124-6

위 임 장

법무사 정 택 근
서울특별시 서초구 서초동 1657-2
한림빌딩 301호

전화 02-3486-9200
팩스 02-798-5537

1. 개명허가 신청서를 작성 및 제출 하는 행위

2. 그리고 부대하는 사항일체.

2008. 09. 05.

위임인 노 태 수
위치권자 부(父)노 희 정
위 친권자 모(母)양 순 실

송달장소 및 송달영수인 신고서

청구인 : 노태경(016-847-1234)

위 사건에 관하여 청구인은 민사소송법제184조에 근거하여 청구인은 다음과같이 송달장소 및 송달영수인을 신고합니다.

-다 음-

청구인의 송달장소 및 송달영수인

송 달 장 소 : (137-881) 서울시 서초구 서초동 1657-2
한림빌딩 301호

송달 영수인 : 정 택 근

위 청구인 노태경 (인)

서울동부지방법원(호적비송과) 귀중

○○지방법원 ○○지원

결 정

사 건 2009호파2240 개명
신청인겸 노 ○ ○(□□□) (760203-2785481)
사건본인 주 소 ○○시 ○○구 신길동 1536-15
송달장소 서울 서초구 서초동1657-15
등록기준지 ○○시 ○○면 이곡리 135

주 문 ○○시 ○○동 53 가족관계등록부 중 사건본인○○○(□□□)의 이름 ○○(□□)을 ○○(□□) 의로 개명하는것을 허가한다.

신청취지 주문과 같다.

이 유 이 신청은 그이유가 있다고 인정되므로 주문과 같이 결정한다.

2008 . 3. 15.

판 사 조 은 ○

이 결정 등본을 받은날부터 1개월 이내에 등록기준지 또는 주소지 시 읍 면사무소에 신고하여야 합니다.(다만, 구를 둔 시의 경우에는 구청에 신고하여야합니다.) 위 기간 내에 신고하지 아니한 때에는 5만원 이하의 과태료에 처해질수 있습니다.

사례4. 새 아버지 밑으로 **친양자입양 신청과 동시**에 개명신청을 하는경우

개 명 허 가 신 청 서

사건본인 이 민 제
(전화:)

인 지금 1,000원
송달료금 15,200원

서울서부지방법원 (호적비송과) 귀중

개 명 허 가 신 청 서

신청인 겸 사건본인 이 민 제(李 敏 濟)
생년월일 2006 년 06월 01일(060601-1234567)
등록기준지 : 부산광역시 서구 아미동2가 74번지
주 소 : 서울특별시 서대문구 북아현동 1009
두산 아파트104-705

위 사건본인은 의사능력이 부족하므로

친권자 모 이 은 영(李 銀 榮)
1968년 10월15일 (681015-234567)
등록기준지 : 위와 같은곳
주소 : 위와 같은 곳

신 청 취 지

서울특별시 중구 명동1가 1번지의 가족관계등록부상 신청인 겸 사건본인의 이름 "태환(泰煥)을 희성(熹成) "으로 개명하는 것을 허가한다. 라는 결정을 구합니다.

신 청 이 유

1. 위 신청인은 1995.12.16. 서울특별시 중구 명동1가 1번지에서 부(父) 김현과 모(母) 전경연사이에서 출생하였습니다.

(첨부한 가족관계증명서 및 기본증명서 참조)

신청인의 부모님은 신청인을 출산한 후 이름을 태환(泰煥)이라고 작명하여 1995년 12월 16일 출생신고를 하였습니다

.

2. 신청인의 모(母) 전경연은 부끄러운 일입니다만, 신청인의 부(父) 김현과 협의이혼을 하고 지난 2007년 06월 26일 지금의 남편인 청구 외 구영호와 혼인을 하였습니다. 신청인이 가족구성원과 성이 다름으로 인해 오는 소외감 때문에 현재 '자의 성과 본의 변경허가 심판청구'를 한 상태입니다.곧 의붓아버지인 청구 외 구영호의 성과 본으로 바뀔 예정인데, 출생시 신고된 '태환(泰煥)'에서 성만 '구' 씨 성으로 바꾸면, 성과 이름이 어울리지 않고 너무 센 어감을 주어 많은 고민 중에 있었습니다.

(자의 성과 본의 변경허가 심판청구 사건번호 : 2008느단190)

3. 신청인의 모(母) 전경연은 원래 철학이니 역학이니 하는 것들은 미신이라고 생각하여 좋게 생각하고 있지 않았지만, '김태환'이 성과 본을 바꿔 '구태환'으로 생활하게 되면 이름도 뜻도 좋지 않다고 하여, 사건본인의 장래에 안 좋은 일들이 생기지 않을까 많은 걱정이 되었고, 아이가 이것으로 불행하게 될 것이 두려워 아는 사람의 소개로 철학관을 찾아가 신청인의 이름(태환)을 바꾸고 싶다고 하였더니, 태환이란 이름을 희성(熹成)이라고 작명해 주었습니다.

4. 존경하는 판사님...요즘 같은 과학문명이 발달된 시대에 족보상 항렬자로 고민하거나 성명철학(작명)운운 무슨 소리를 하느냐고 하실지 모르나 신청인의 모(母)는 사건본인의 성본변경을 어렵게 진행하면서 많은 고민을 하지 않을 수 없었고, 살면서 이름이 갖는 의미를 진지하게 고민하게 되었습니다. 이번기회에 성본변경과 함께 태환(泰煥)이란 이름을 희성(熹成)으로 개명하여 사건본인에게 새로운 삶을 살 수 있는 기회를 주고 싶습니다.

그러므로 위에 적은 바와 같이 이름에 대한 정신적 , 육체적 고통을 깨끗이 덜기 위하여 신청취지 와 같이 개명허가를 얻고자 이건 신청에 이르렀습니다.

첨 부 서 류

1. 가족관계증명서 2통
1. 기본증명서 1통
1. 혼인관계증명서 1통
1. 인우보증서 2통
1. 주민등록등본 1통
1. 성본변경 접수증명자료 1통

2008년 04월 10일

신청인 김 태 환

의정부지방법원 고양지원(호적비송과) 귀중

인 우 보 증 서

신청인　　김 태 환 (金 泰 煥)

생년월일 : 1995년 12월 16일 (951216-1234567)

등록기준지 : 서울특별시 중구 명동1가 1번지

주　　소 : 경기도 고양시 일산동구 백석동 1183
백송마을 305-106

상기자의 위 신청사건에 대한 신청 이유에 기재된 내용이 틀림없음을 보증합니다.

만일 훗일에 사실이 허위라는 것이 발견되면 법적 책임을 지겠기에 이에 보증합니다.

첨 부 서 류

1. 보증인들의 주민등록등본 각 1통

2008. 04. 10.

보증인 성　　명: 채화자

주민등록번호: 570303-2657216

주　　소: 경기도 고양시 일산동구 백석동 1183
백송마을305-106

보증인 성　　명: 전호순

주민등록번호: 440501-1229711

주　　소: 경기도 고양시 일산동구 백석동 1186
백송마을207-1502

위 임 장

법무사 정 택 근
서울특별시 서초구 서초동 1657-2
한림빌딩 301 호
전 화 02-3486-9277
팩 스 02-798-5537

1. 개명허가 신청서를 작성 및 제출 하는 행위

2. 그리고 부대하는 사항일체.

2008. 04. 10.

위임인 김 태 환

송달장소 및 송달영수인 신고서

청구인 :김 태 환 010-266-1486

위 사건에 관하여 청구인은 민사소송법제184조에 근거하여 청구인은 다음과같이 송달장소 및 송달영수인을 신고합니다.

- 다 음-

청구인의 송달장소 및 송달영수인

송 달 장 소 : (137-881) 서울시 서초구 서초동 1657-2 한림빌딩 301호
송달 영수인 : 정 택 근

위 청구인 김 태 환 (인)

서울서부지방법원(가족관계등록과) 귀중

○○지방법원 ○○지원

결　　　정

사　　건　2009호파2240　개명

신청인겸　이 ○ ○(□□□) (760203-2785481)

사건본인　주　　소 ○○시 ○○구 신길동 1536-15

송달장소 서울 서초구 서초동1657-15

등록기준지 ○○시 ○○면 이곡리 135

주　　문　○○시 ○○동 53 가족관계등록부 중 사건본인○○○(□□□)의 이름 ○○(□□)을 ○○(□□) 의로 개명하는것을 허가한다.

신청취지　주문과 같다.

이　　유 이 신청은 그이유가 있다고 인정되므로 주문과 같이 결정한다.

2008 .　3.　15.

판　사　　조　　은　　○

이 결정 등본을 받은날부터 1개월 이내에 등록기준지 또는 주소지 시 읍 면사무소에 신고하여야 합니다.(다만, 구를 둔 시의 경우에는 구청에 신고하여야합니다.) 위 기간 내에 신고하지 아니한 때에는 5만원 이하의 과태료에 처해질수 있습니다.

사례5. 뜻과 풀이가 좋지 않고, 촌스러운 이름으로 인해 고통받고 있는

개 명 허 가 신 청 서

사건본인 김 용 자
(전화:016-847-1234)

인 지 금 1,000원
송달료 금15,200원

서울동부지방법원(호적비송과) 귀중

개 명 허 가 신 청 서

신청인 겸 사건본인　김　용　자 (金 瑢 子)
생년월일 : 1973년 05월 28일(730528-2345678)
등록기준지 : 충북 청주시 흥덕구 지동동 734번지
주　소 : 서울시 강동구 천호동 288-7

송달장소 : 서울시 서초구 서초동 1657-2 한림빌딩 301호

신 청 취 지

충북 청주시 흥덕구 지동동 동사무소에 비치된 734번지의 가족관계 등록부 중 신청인 겸 사건본인의 이름 "용 자(瑢 子) "를 "서 현(緖 玹) "으로 개명할 것을 허가한다. 라는 결정을 구합니다.

신 청 이 유

1. 위 신청인은 1973. 05. 28. 충북 청원군 강서면 지동리 734 번지에서 부(父) 김의선과 모(母) 전혜숙의 자녀로 출생하였습니다. 신청인의 부모님은 신청인을 출산한 후 이름을 "용 자(瑢 子) "라고

작명하여 1973년 05월 29일 출생신고를 하였습니다.

2. 신청인은 어렸을 때부터 촌스러운 이름 때문에 개명에 대한 간절한 바램을 갖고 있었습니다. 신청인의 이름 '김용자' 가 매우 촌스럽고 옛날이름 같은 느낌을 많이 주기 때문에 친구들에게 놀림을 많이 받았습니다. 이제는 성년이 되었지만, 이름으로 인한 정신적 고통이 지속되고 있고, 처음 본 상대방에게 본인을 소개하는 자리가 너무 부담스러우며 의기소침해 지는 등 성년이 되어서도 이름으로 인한 불편이 너무 큽니다. 신청인은 '지금껏 살아왔는데 그냥 살지..' 하는 생각도 안 해본 것이 아닙니다. 너무 촌스럽고 치욕감을 주는 이름이지만 부모님이 주신 이름이기에 참고 견뎌볼 노력도 했습니다. 하지만 신청인이 이름으로 인한 스트레스를 참고 견디기엔 그 어려움이 너무나 커서 늦었지만 개명을 간절히 원하며 신청하게 되었습니다.

3. 신청인은 원래 철학이니 역학이니 하는 것들은 미신이라고 생각하여 좋게 생각하고 있지 않았지만, '용 자(瑢 子)' 라는 이름으로 생활하게 되면 고집이 세고 인생사가 고달퍼 지는 등 이름도 뜻도 좋지 않다고 하여, 신청인의 장래에 안 좋은 일들이 생기지 않을까 많은 걱정이 되고, 이것으로 불행하게 될 것이 두려워 아는 사람의 소개로 철학관을 찾아가 신청인의이름을바꾸고 싶다고 하였더니, '용 자(瑢 子)' 란 이름을 '서 현(緖 玹)' 이라고 작명해 주었습니다. 본의 아니게 아직도 미혼으로 살고 있는데 지인의 권유로 잘 아는 철학관을 찾아가 물어보니 신청인의 이름 '용 자' 의 성명학적 뜻과 풀이가 깊은 관련이 있다고 하여 신청인은 너무 놀랐습니다. 그 이후 앞으로의 삶이 걱정이 되고 자신감을 상실하는 등 사회생활에도 장애가 생겨 개명에 대한 고민을 하지 않을 수 없었습니다.

4. 사람의 이름이 사회적으로 미치는 영향 등으로 인하여 누구나 쉽게 개명을 허락한다면 사회적 혼란이 생길 수 있는 염려가 있음을 모르는 바 아니지만, 신청인은 범죄 전력이 전혀 없는 사람으로서 개명을 허락하여 주신다면이름에서

오는 혼란에서 벗어나 더욱 새롭게 본연의 이름이 주는 의미 그대로 살 수 있다고 굳게 믿고 있습니다. 뜻하는 바를 이룰 수 있도록 도와주시기를 부탁드립니다.

5. 존경하는 판사님, 요즘 같은 과학문명ㅣ 발달된 시대에 족보상 항렬자로 고민하거나 성명철학(작명)운운 무슨 소리를 하느냐고 하실지 모르나 신청인은 살아오면서 이름이 갖는 의미를 굳게 믿고 있습니다. 이번에 반드시 이름을 바꾸어 더 이상 고통 받지 않고 자신감 넘치는 생활을 하고 싶습니다. 그러므로 위에 적은 바와 같이 이름에 대한 정신적 , 육체적 고통을 깨끗이 덜기 위하여 신청취지 와 같이 개명허가를 얻고자 이건 신청에 이르렀습니다.

첨 부 서 류

1. 가족관계증명서 1통
1. 기본증명서 1통
1. 주민등록등본 1통
1. 인우보증서 1통
1. 감명서 1통
1. 범죄경력,수사경력조회서 1통

2008년 11월 13일

신청인 김 용 자

서울동부지방법원(호적비송과) 귀중

위 임 장

법무사 정 택 근
서울특별시 서초구 서초동 1657-2
한림빌딩 301호

전화 02-3486-9200
팩스 02-3486-9201

1. 개명허가 신청서를 작성 및 제출하는 행위

2. 그리고 위에 부대하는 사항일체.

2008. 11. 13.

위임인 김 용 자

인 우 보 증 서

신청인 김 용 자(金 瑢 子)

생년월일 : 1973년 05월 28일(730528-1234567)

등록기준지 : 충북 청주시 흥덕구 지동동 734번지

주소 : 서울시 강동구 천호동 288-7

상기자의 위 신청사건에 대한 신청 이유에 기재된 내용이 틀림없음을 보증합니다.

만일 훗일에 사실이 허위라는 것이 발견되면 법적 책임을 지겠기에 이에 보증합니다.

첨 부 서 류

1. 보증인들의 주민등록등본 각 1통

2008. 11. 13.

보증인 성 명: 전 혜 자

주민등록번호: 541105-1234567

주 소: 서울시 강남구 수서동 수서택지개발지구6블럭 도시개발아파트 604-106

보증인 성 명: 전 민 길

주민등록번호: 570618-12345567

주 소 : 강원도 원주시 무실동 1644 무실주공4단지 410-1002

송달장소 및 송달영수인 신고서

청구인 : 김 용 자(016-847-1234)

위 사건에 관하여 청구인은 민사소송법제184조에 근거하여 청구인은 다음과같이 송달장소 및 송달영수인을 신고합니다.

- 다 음-

청구인의 송달장소 및 송달영수인

송 달 장 소 : (137-881) 서울시 서초구 서초동 1657-2
한림빌딩 301호

송달 영수인 : 정 택 근

위 청구인 김 용 자 (인)

서울동부지방법원(호적비송과) 귀중

○ ○ 지방법원

결 정

사 건 2009호파2240 개명

신청인겸 김○ ○(□□□) (760203-2785481)

사건본인 주 소 ○○시 ○○구 신길동 1536-15

송달장소 서울 서초구 서초동1657-15

등록기준지 ○○시 ○○면 이곡리 135

주 문 ○○시 ○○동 53 가족관계등록부 중 사건본인○○○(□□□)의 이름 ○○(□□)을 ○○(□□) 의로 개명하는것을 허가한다.

신청취지 주문과 같다.

이 유 이 신청은 그이유가 있다고 인정되므로 주문과 같이 결정한다.

2008 . 3. 15.

판 사 조 은 ○

이 결정 등본을 받은날부터 1개월 이내에 등록기준지 또는 주소지 시 읍 면사무소에 신고하여야 합니다.(다만, 구를 둔 시의 경우에는 구청에 신고하여야합니다.) 위 기간 내에 신고하지 아니한 때에는 5만원 이하의 과태료에 처해질수 있습니다.

사례6. **자의 성과 본의 변경신청**을 한 상태인고, 성이 바 꿔었을 때 성과 이름의 부조화 및성명철학상 좋지 않음을 이유로 개명을 원하는 경우

개 명 허 가 신 청 서

사건본인 안 상 희
(전화:010-2928-7097)

인 지 금 1,000원
송달료 금 15,200원

서울가정법원(호적비송과) 귀중

개 명 허 가 신 청 서

신청인 겸 사건본인 : 안 상 희(安 相 姬)
생년월일 : 2002년 8월 1일 (020801-1234567)
등록기준지 : 충북 충주시 앙성면 목미리 469번지
주　　　소 : 서울시 성북구 길음동 489-19 B02

위 사건본인은 의사능력이 부족하므로

친권자 모 남 은 애(南 恩 愛)
　　　1981년 9월 6일 (810906-234561)
등록기준지 : 서울시 성북구 길음동 613번지의 92
주　　　소 : 서울시 성북구 길음동 21-204 101호

신 청 취 지

충북 충주시 앙성면 목미리 469번지의 가족관계등록부상 신청인 겸 사건본인의 이름 "상희(相姬)"를 "승연(昇延)"으로 개명하는 것을 허가한다.
라는 결정을 구합니다.

신 청 이 유

1. 위 신청인은 2002.08.01. 충북 충주시 앙성면 목미리 469번지에서 부(父) 안명천과 모(母) 남은애사이에서 출생하였습니다.

(첨부한 가족관계증명서 및 기본증명서 참조)

신청인의 부모님은 신청인을 출산한 후 이름을 상희(相姬)라고 작명하여 2002년 8월 1일 출생신고를 하였습니다.

2. 신청인의 모(母) 남은애는 부끄러운 일입니다만, 신청인의 부(父) 안명천과 협의이혼을 하고 지난 2007년 07월 18일 지금의 남편인 청구 외 서시진과 혼인을 하였습니다. 신청인이 가족구성원과 성이 다름으로 인해 오는 소외감 때문에 현재 '자의 성과 본의 변경허가 심판청구' 를 한 상태입니다. 곧 의붓아버지인 청구 외 서시진의 성과 본으로 바뀔 예정인데, 출생시 신고된 '상희(相姬)' 에서 성만 '서' 씨 성으로 바꾸면, 성과 이름이 어울리지 않고 너무 쎈 어감을 주어 많은 고민 중에 있었습니다.

(자의 성과 본의 변경허가 사건번호 : 2008느단5326)

3. 신청인의 모(母) 남은애는 원래 철학이니 역학이니 하는 것들은 미신이라고 생각하여 좋게 생각하고 있지 않았지만,안상희가 성과 본을 바꿔 '서상희' 로 생활하게 되면 이름도 뜻도 좋지 않다고 하여, 사건본인의 장래에 안 좋은 일들이 생기지 않을까 많은 걱정이 되었고, 아이가 이것으로 불행하게 될 것이 두려워 아는 사람의 소개로 철학관을 찾아가 신청인의 이름(상희)을 바꾸고 싶다고 하였더니, 상희란 이름을 승연(昇延)이라고 작명해 주었습니다.

4. 존경하는 판사님...요즘 같은 과학문명이 발달된 시대에 족보상 항렬자로 고민하거나 성명철학(작명)운운 무슨 소리를 하느냐고 하실지 모르나 신청인의 모(母)는 사건본인의 성본변경을 어렵게 진행하면서 많은 고민을 하지 않을 수 없었고, 살면서 이름이 갖는 의미를 진지하게 고민하게 되었습니다. 이번기회에 성본변경과 함께 상희(相姬)란 이름을 승연(昇延)으로 개명하여 사건본인에게 새로운 삶을 살 수 있는 기회를 주고 싶습니다.

그러므로 위에 적은 바와 같이 이름에 대한 정신적 , 육체적 고통을 깨끗이 덜기 위하여 신청취지 와 같이 개명허가를 얻고자 이건 신청에 이르렀습니다.

첨 부 서 류

1. 가족관계증명서 2통
1. 기본증명서 1통
1. 인우보증서 2통
1. 주민등록등본

2008년 5월 26일

신청인 안상희

법정대리인 친권자 모 남은애

서울가정법원(호적비송과) 귀중

인 우 보 증 서

신 청 인 　안 상 희 (安 相 姬)

생년월일 : 2002년 8월 1일 (020801-45)

등록기준지 : 충북 충주시 앙성면 목미리 469번지

주소 : 서울시 성북구 길음동 489-19 B02

상기자의 위 신청사건에 대한 신청 이유에 기재된 내용이 틀림없음을 보증합니다.

만일 훗일에 사실이 허위라는 것이 발견되면 법적 책임을 지겠기에 이에 보증합니다.

첨 부 서 류

1. 보증인들의 주민등록등본 각 1통

2008. 05. 26.

보증인 성 　명: 서원채

주민등록번호: 560708-1234567

주 　소: 서울시 성북구 장위동 246-117

보증인 성 　명: 이진영

주민등록번호: 820821-2345678

주 　소: 경기도 여주군 능서면 신지2리 1062

위 임 장

법무사 정 택 근
서울특별시 서초구 서초동 1657-2
한림빌딩 301호

전화 02-3486-9200
팩스 02-798-5537

1. 개명허가 신청서를 작성 및 제출 하는 행위

2. 그리고 부대하는 사항일체.

2008. 05. 26.

위임인 안 상 희
법정대리인 친권자 모 남 은 애

송달장소 및 송달영수인 신고서

청구인 : 안 상 희 (010-7567-1234)

위 사건에 관하여 청구인은 민사소송법제184조에 근거하여 청구인은 다음과 같이 송달장소 및 송달영수인을 신고합니다.

- 다 음-

청구인의 송달장소 및 송달영수인

송 달 장 소 : (137-881) 서울시 서초구 서초동 1657-2
한림빌딩 301호

송달 영수인 : 정 택 근

위 청구인 김 복 순 (인)

서울서부지방법원(호적비송과) 귀중

○○지방법원 ○○지원

결 정

사 건 2009호파2240 개명

신청인겸 안 ○ ○(□□□) (760203-2785481)

사건본인 주 소 ○○시 ○○구 신길동 1536-15

송달장소 서울 서초구 서초동1657-15

등록기준지 ○○시 ○○면 이곡리 135

주 문 ○○시 ○○동 53 가족관계등록부 중 사건본인○○○(□□□)

의 이름 ○○(□□)을 ○○(□□) 의로 개명하는것을 허가한다.

신청취지 주문과 같다.

이 유 이 신청은 그이유가 있다고 인정되므로 주문과 같이 결정한다.

2008 . 3. 15.

판 사 조 은 ○

이 결정 등본을 받은날부터 1개월 이내에 등록기준지 또는 주소지 시 읍 면사무소에 신고하여야 합니다.(다만, 구를 둔 시의 경우에는 구청에 신고하여야합니다.) 위 기간 내에 신고하지 아니한 때에는 5만원 이하의 과태료에 처해질수 있습니다.

사례7.여자임에도 이름이 <u>발음상 남자이름으로 혼동</u>이 되고, 촌스러운 이름으로 인해 정신적 고통을 받은 경우

개 명 허 가 신 청 서

사건본인 박 순 민
(전화:010-2836-5572)

인 지 금 1,000원
송달료 금 15,200원

대구지방법원 가정지원(호적비송과) 귀중

개 명 허 가 신 청 서

신청인 겸 사건본인 박 순 민(朴 順 敏)

생 년 월 일 : 1988 년 01월 07일(880107-2345678)

등록기준지 : 경상북도 의성군 사곡면 오상리 276번지

주 소 : 경상북도 칠곡군석적면중리224-1
엘지필립스엘시디D-310

송달장소 : 서울시 서초구 서초동 1657-2 한림빌딩301호

신 청 취 지

경상북도 의성군 사곡면 동 사무소에 비치된 276번지 가족관계등록부 중 신청인 겸 사건본인의 이름 "순 민(順 敏)"을 "보 경(甫 耿)"으로 개명할 것을 허가한다. 라는 결정을 구합니다.

신 청 이 유

1. 위 신청인은 1988. 01. 07. 경상북도 의성군 사곡면 오상리 276번지에서 부(父)박 연 규 와 모(母)심 순 남 사이에서 출생하였습니다.
(첨부한 가족관계증명서 및 기본증명서 참조)

신청인의 부모님은 신청인을 출산한 후 이름을 "순민(順敏)"이라고 작명하여 1988년 01월 28일 출생신고를 하였습니다.

2. 그런데 사건본인의 이름이 발음상 '박성민'과 비슷하게 발음이 되어 혼동이 많았고, 초등학교 때에는 실제로 '박성민'이란 같은 반 남자아이와 이름이 호명되면 같이 일어서는 등 불편함이 많았습니다. 남자아이의 이름과 비슷하게 발음이 되는 바람에 반 친구들에게 남자아이라는 놀림을 많이 받았고, 실제로 사건본인을 모르는 사람도 이름만 보고 남자로 오인하는 경우가 빈번했습니다. 어렸을 때부터 이름 때문에 놀림감이 되어 많은 곤란함을 겪었고 정신적 고통을 받았습니다. 또한, '박순민'의 '순(順)'자가 촌스럽고 옛날이름 같은 느낌을 많이 주기 때문에 친구들에게 놀림을 받기도 하였습니다. 이제는 성년이 되어, 소개팅에 나가기도 하는데 이름 때문에 상대방에게 본인을 소개하는 자리가 너무 부담스럽고, 의기소침해 지는 등 성년이 되어서도 이름으로 인한 불편이 너무 큽니다.

3. 사람의 이름이 사회적으로 미치는 영향 등으로 인하여 누구나 쉽게 개명을 허락한다면 사회적 혼란이 생길 수 있는 염려가 있음을 모르는 바 아니지만, 신청인은 범죄 전력이 전혀 없는 학생이므로 개명을 허락하여 주신다면 이름에서 오는 혼란에서 벗어나 더욱 새롭게 본연의 이름이 주는 의미 그대로 살 수 있다고 굳게 믿고 있습니다. 뜻하는 바를 이룰 수 있도록 도와주시기를 부탁드립니다.

4. 신청인은 원래 철학이니 역학이니 하는 것들은 미신이라고 생각하여 좋게 생각하고 있지 않았지만, '박순민'이라는 이름으로 생활하게 되면 이름도 뜻도 좋지 않다고 하여, 사건본인의 장래에 안 좋은 일들이 생기지 않을까 많은 걱정이 되고, 이것으로 불행하게 될 것이 두려워 아는 사람의 소개로 철학관을 찾아가신청인의 이름(순민)을 바꾸고 싶다고 하였더니, 순민이란 이름을 보경(甫耿)이라고 작명해 주었습니다

5. 존경하는 판사님..요즘 같은 과학문명이 발달된 시대에 족보상 항렬자로 고민하거나 성명철학(작명)운운 무슨 소리를 하느냐고 하실지 모르나 신청인은 살아오면서 이름이 갖는 의미를 굳게 믿고 있습니다. 개명은 신청인이 어렸을 때부터 간절히 바래온 바람이었고, 이번에 반드시 이름을 바꾸어 자신감 넘치는 생활을 하고 싶습니다.

그러므로 위에 적은 바와 같이 이름에 대한 정신적 , 육체적 고통을 깨끗이 덜기 위하여 신청취지 와 같이 개명허가를 얻고자 이건 신청에 이르렀습니다.

첨 부 서 류

1. 가족관계증명서 1통
1. 기본증명서 1통
1. 인우보증서 1통
1. 주민등록등본 1통

2008년 04월 14일

신청인 박 순 민

대구지방법원 가정지원(호적비송과) 귀중

송달장소 및 송달영수인 신고서

청구인 : 박 순 민(010-2836-1234)

위 사건에 관하여 청구인은 민사소송법제184조에 근거하여 청구인은 다음과같이 송달장소 및 송달영수인을 신고합니다.

- 다 음-

청구인의 송달장소 및 송달영수인

송 달 장 소 :(137-070) 서울시 서초구 서초동 1657-2
한림빌딩301호

송달 영수인 : 정 택 근

위 청구인 박 순 민 (인)

대구지방법원 가정지원(호적비송과) 귀중

위 임 장

법무사 정 택 근
서울특별시 서초구 서초동 1657-2
한림빌딩 301 호
전화 02-3486-9277
팩스 02-798-5537

1. 개명허가 신청서를 작성 및 제출하는 행위

2. 그리고 부대하는 사항일체.

2008. 04. 14.

위임인 박 순 민

인 우 보 증 서

신청인　　박 순 민(朴 順 敏)

생년월일 : 1988년 01월 07일 (880107-234567)

등록기준지 :경상북도 의성군 사곡면 오상리 276번지

주　　소 :경상북도 칠곡군 석적면중리224-1

엘지필립스엘시디D-310

상기자의 위 신청사건에 대한 신청 이유에 기재된 내용이 틀림 없음을 보증합니다.

만일 훗일에 사실이 허위라는 것이 발견되면 법적 책임을 지겠기에 이에 보증합니다.

첨 부 서 류

1. 보증인들의 주민등록등본 각 1통

2008. 04. 14.

보증인 성　명: 이 진 연

주민등록번호: 860801-234567

주　　소: 경북칠곡군 석적읍중리 224-1

엘지필립스엘시디C-808

보증인 성　명: 배 미 연

주민등록번호: 870218-2345670

주　　소: 경북 칠곡군 석적읍 중리 141

3공단부영@109-1006

○○지방법원 ○○지원

결　　　정

사　　건　　2009호파2240　　개명

신청인겸　　박○ ○(□□□) (760203-2785481)

사건본인　　주　　소 ○○시 ○○구 신길동 1536-15

송달장소 서울 서초구 서초동1657-15

등록기준지 ○○시 ○○면 이곡리 135

주　　문　○○시 ○○동 53 가족관계등록부 중 사건본인○○○(□□□) 의 이름 ○○(□□)을 ○○(□□) 의로 개명하는것을 허가한다.

신청취지　　주문과 같다.

이　　유 이 신청은 그이유가 있다고 인정되므로 주문과 같이 결정한다.

2008 . 3. 15.

판 사　　조　　은　　○

이 결정 등본을 받은날부터 1개월 이내에 등록기준지 또는 주소지 시 읍 면사무소에 신고하여야 합니다.(다만, 구를 둔 시의 경우에는 구청에 신고하여야합니다.) 위 기간 내에 신고하지 아니한 때에는 5만원 이하의 과태료에 처해질수 있습니다.

개 명 허 가 신 청 서

사건본인 이 경 례
(전화:011- 630- 2345)

인 지금 1,000원
송달료금 15,200원

서울서부지방법원(가족관계등록과) 귀중

개 명 허 가 신 청 서

신청인 겸 사건본인 이 경 례(李 京 禮)
생년월일 : 1958년 05월 13일(580513-2345678)
등록기준지 : 전라북도 전주시 완산구 전동 296번
주 소 : 서울시 용산구 주성동 1-4

송달장소 : 서울시 서초구 서초동 1657-2 한림빌딩 301호

신 청 취 지

전라북도 전주시 완산구 전동사무소에 비치된 전동 296번지의 가족관계등록부 중 신청인 겸 사건본인의 이름 "경 례(京 禮)"를 "경 희(京 熙)"으로 개명할 것을 허가한다. 라는 결정을 구합니다.

신 청 이 유

1. 위 신청인은 1958. 05. 13. 전주시 팔복동2가 152번지에서 부(父) 이윤교와 모(母) 남봉순의 자녀로 출생하였습니다.

신청인의 부모님은 신청인을 출산한 후 이름을 "경 례(京 禮)"라고 작명하여 1962년 3월 30일 출생신고를 하였습니다.

2. 신청인은 어렸을 때부터 촌스러운 이름 때문에 개명에 대한 간절한 바램을 갖고 있었습니다. 신청인의 이름 '이경례'의 '경례(京禮)' 자가 촌스럽고 열차례 할때의 경례와 같은 발음으로 학교생활하면서 친구들에게 놀림을 많이 받았

습니다. 이제는 성년이 되었지만, 이름으로 인한 정신적 스트레스가 지속되고 있고, 처음 본 상대방에게 본인을 소개하는 자리가 너무 부담스러우며 의기소침해 지는 등 성년이 되어서도 이름으로 인한 불편이 너무 큽니다. 신청인은 '지금껏 살아왔는데 그냥 살지..' 하는 생각도 안 해본 것이 아닙니다. 너무 촌스럽고 치욕감을 주는 이름이지만 부모님이 주신 이름이기에 참고 견뎌볼 노력도 했습니다. 하지만 신청인이 이름으로 인한 스트레스를 참고 견디기엔 그 어려움이 너무나 커서 늦었지만 개명을 간절히 원하며 신청하게 되었습니다.

3. 사람의 이름이 사회적으로 미치는 영향 등으로 인하여 누구나 쉽게 개명을 허락한다면 사회적 혼란이 생길 수 있는 염려가 있음을 모르는 바 아니지만, 신청인은 범죄 전력이 전혀 없는 사람으로서 개명을 허락하여 주신다면 이름에서 오는 혼란에서 벗어나 더욱 새롭게 본연의 이름이 주는 의미 그대로 살 수 있다고 굳게 믿고 있습니다. 뜻하는 바를 이룰 수 있도록 도와주시기를 부탁드립니다

그러므로 위에 적은 바와 같이 이름에 대한 정신적 , 육체적 고통을 깨끗이 덜기 위하여 신청취지 와 같이 개명허가를 얻고자 이건 신청에 이르렀습니다.

첨 부 서 류

1. 가족관계증명서 1통
1. 기본증명서 1통
1. 주민등록등본 1통
1. 인우보증서 1통
1. 범죄경력,수사경력조회 회보서 1통

2010년 03월 02일

신청인 이 경 례

서울서부지방법원(가족관계등록과) 귀중

인 우 보 증 서

신청인　　이 경 례(李 京 禮)

생년월일 : 1958년 05월 13일(580513-2345678)

등록기준지 : 전라북도 전주시 완산구 전동 296번지

주소 : 서울시 용산구 주성동 1-4

상기자의 위 신청사건에 대한 신청 이유에 기재된 내용이 틀림없음을 보증합니다.

만일 훗일에 사실이 허위라는 것이 발견되면 법적 책임을 지겠기에 이에 보증합니다.

첨 부 서 류

1. 보증인들의 주민등록등본 각 1통

2010. 03.02.

보증인　성　　　명: 이 경 진
　　　　주민등록번호: 700805-2345678
　　　　주　　　소: 경기도 김포시 풍무동 583-6
　　　　　　　　　신동아아파트 117-303

보증인　성　　　명: 김월란
　　　　주민등록번호: 741028-2345678
　　　　주　　　소:경기도 고양시 일산서구 일산동 974-4 203호

위 임 장

법무사 정 택 근

서울특별시 서초구 서초동 1657-2

한림빌딩 301호

전화 02-3486-9200

팩스 02-798-5537

1. 개명허가 신청서를 작성 및 제출하는 행위

2. 그리고 위에 부대하는 사항일체.

2010. 03. 02.

위임인 이 경 례

송달장소 및 송달영수인 신고서

청구인 : 이 경 례(011- 630- 1234)

위 사건에 관하여 청구인은 민사소송법제184조에 근거하여 청구인은 다음과같이 송달장소 및 송달영수인을 신고합니다.

-다 음-

청구인의 송달장소 및 송달영수인

송 달 장 소 : (137-881) 서울시 서초구 서초동 1657-2
한림빌딩 301호

송달 영수인 : 정 택 근

위 청구인 이 경 례 (인)

서울서부지방법원(가족관계등록과) 귀중

○○지방법원 ○○지원

결 정

사 건 2009호파2240 개명

신청인겸 이○ ○(□□□) (760203-2785481)

사건본인 주 소 ○○시 ○○구 신길동 1536-15

송달장소 서울 서초구 서초동1657-15

등록기준지 ○○시 ○○면 이곡리 135

주 문 ○○시 ○○동 53 가족관계등록부 중 사건본인○○○(□□□)의 이름 ○○(□□)을 ○○(□□) 의로 개명하는것을 허가한다.

신청취지 주문과 같다.

이 유 이 신청은 그이유가 있다고 인정되므로 주문과 같이 결정한다.

2008 . 3. 15.

판 사 조 은 ○

이 결정 등본을 받은날부터 1개월 이내에 등록기준지 또는 주소지 시 읍 면사무소에 신고하여야 합니다.(다만, 구를 둔 시의 경우에는 구청에 신고하여야합니다.) 위 기간 내에 신고하지 아니한 때에는 5만원 이하의 과태료에 처해질수 있습니다.

사례8. **<u>호적상의 이름</u>**과 생활 속과 이름과 달라 취학 전 개명을 하고자 하는 경우

개 명 허 가 신 청

신 청 인 노 태 수

법정대리인 父 노 희 정

母 양 순 실

인지대 1,000원
송달료 15,200원

서울지방법원 동부지원 귀 중

개 명 허 가 신 청

사건 본인 및 신청인 노 태 수 (魯 太 秀)
서기 1996년 6월 14일생
본 적 : 서울시 송파구 문정동 1번지
주 소 : 서울시 송파구 가락동 479
가락시영아파트 24-103

위 사건의 본인 및 신청인 노태수는 미성년자이므로
법정대리인인 친권자 부(父) 노 희 정 (魯 喜 正)
서기 1964년 5월 1일생
본적 및 주소 : 위와 같은 곳

친권자 모(母) 양 순 실 (梁 順 實)
서기 1965년 11월 16일생
본적 및 주소 : 위와 같은 곳

신 청 취 지

서울특별시 송파구 문정동 1번지 동사무소에 비치한 호주 노희정(魯喜正)의 호적중 사건 본인의 이름 「태수(太秀)」를 「태경(泰京)」으로 개명할 것을 허가한다.

라는 재판을 구함.

신 청 이 유

1. 사건본인은 친부 노희정과 친모 양순실 사이에서 1996. 6. 14. 출생한 장남입니다.

2. 당시, 사건본인의 (부)노희정은 사건본인이 출생하자 즉시 「태수(太 秀)」로 작명하여 출생신고를 마친바 있고, 이를 모르는 사건본인 의 조부 노삼동(魯三童)은 아이의 이름을 함부로 작명하여서는 아니 된다고 작명가에게 사건본인의 이름자를 「태경(泰京)」으로 작 명하여 왔고, 조부의 완강한 주장에 사실상 출생당시부터 사건본인 의 이름을 「태경(泰京)」으로 호명하여 왔습니다.

3. 그후 사건본인은 호적상의 이름자인 태수(太秀)는 전혀 모르고 사실상 호명하고 있는 「태경(泰京)」으로 알고 있고, 유치원에 다니면 서 친구들과도 사실상 「태경(泰京)」으로 호명하고 있습니다.

4. 그런데 사건본인은 취학연령기에 접어들어 2002년도 취학대상자로 서 초등학교에 입학하게 되는바, 학교에 입학하게 되면 호적상 이름자인 「태수(太秀)」로 호명하게 될 것이고, 이를 전혀 알지못하 는 사건본인은 혼돈으로 정서상 문제가 다분하고, 유년기의 사건 본인에게 정신적 상처를 입힐 것이 분명하므로 부모로서 책임감을 느껴 더 성장하기전에 현재 호명되는 이름자로 개명하고자 하오니, 이를 참작하시어 허가하여 주시옵길 신청합니다.

첨 부 서 류

1. 호적등본
2. 주민등록등본
3. 유치원수료증
4. 유치원상장
5. 인우보증서

2009. 04. 3 .

위 신청인 노 태 경

법정대리인 父 노 희 정

母 양 순 실

서울지방법원 동부지원 귀 중

위 임 장

법무사 정 택 근
서울특별시 서초구 서초동 1657-2
한림빌딩 301 호
전 화 02-3486-9277
팩 스02-798-5537

1. 개명허가 신청서를 작성 및 제출하는 행위

2. 그리고 부대하는 사항일체.

2008. 04. 14.

위임인 노 태 경

인 우 보 증 서

신청인　　노 태 경(盧 太 慶順 敏)

생년월일 : 1988년 01월 07일 (880107-2345678)

등록기준지 : 경상북도 의성군 사곡면 오상리 276번지

주　　소 :경상북도 칠곡군 석적면중리224-1
엘지필립스엘시디D-310

상기자의 위 신청사건에 대한 신청 이유에 기재된 내용이 틀림없음을 보증합니다.

만일 훗일에 사실이 허위라는 것이 발견되면 법적 책임을 지겠기에 이에 보증합니다.

첨 부 서 류

1. 보증인들의 주민등록등본 각 1통

2008. 04. 14.

보증인 성　　　명: 이 진 연

주민등록번호: 860801-2345678

주　　소: 경북칠곡군 석적읍중리 224-1엘지필립스엘시디C-808

보증인 성　　　명: 배 미 연

주민등록번호: 870218-2345678

주　　소: 경북 칠곡군 석적읍 중리 141 3공단부영@109-1006

송달장소 및 송달영수인 신고서

청구인 : 노 태 경(010-2836-123452)

위 사건에 관하여 청구인은 민사소송법제184조에 근거하여 청구인은 다음과같이 송달장소 및 송달영수인을 신고합니다.

- 다 음-

청구인의 송달장소 및 송달영수인

송 달 장 소 :(137-070) 서울시 서초구 서초동 1657-2 한림빌딩301호
송달 영수인 : 정 택 근

위 청구인 노 태 경 (인)

대구지방법원 가정지원(호적비송과) 귀중

○ ○ 지방법원

결　　정

사　　건　2009호파2240　개명

신청인겸　노 ○ ○(□□□) (760203-2785481)

사건본인　주　　소 ○○시 ○○구 신길동 1536-15

송달장소 서울 서초구 서초동1657-15

등록기준지 ○○시 ○○면 이곡리 135

주　　문　○○시 ○○동 53 가족관계등록부 중 사건본인○○○(□□□)

의 이름 ○○(□□)을 ○○(□□) 의로 개명하는것을 허가한다.

신청취지　주문과 같다.

이　　유 이 신청은 그이유가 있다고 인정되므로 주문과 같이 결정한다.

2008 . 3. 15.

판　사　조　은　○

이 결정 등본을 받은날부터 1개월 이내에 등록기준지 또는 주소지 시 읍 면사무소에 신고하여야 합니다.(다만, 구를 둔 시의 경우에는 구청에 신고하여야합니다.) 위 기간 내에 신고하지 아니한 때에는 5만원 이하의 과태료에 처해질수 있습니다.

사례09. 촌스러운 이름을 자신이 동경하는 성경의 한 인물로 개명하고자 하는 경우

개 명 허 가 신 청 서

사건본인 이은선

(전화:010-6262-1234)

인 지 금 1,000원
송달료 금 15,200원

서울중앙지방법원(호적비송과) 귀중

개 명 허 가 신 청 서

신청인 겸 사건본인　　이 은 선 (李恩善)

생년월일 : 1985년07월 03(850703-1234567)

등록기준지 :서울특별시 종로구 원남동 13번지

주　　소 :서울시 송파구 방이동 89

올림픽선수,기자촌아파트 231-303

송달장소 : 서울시 서초구 서초동 1657-2 한림빌딩 301호

신 청 취 지

서울 특별시 종로구 원남동 13번지 동 사무소에 비치된 13번지의 가족관계 등록부 중 신청인 겸 사건본인의 이름 "은선(恩善) "을 "에스더 "로 개명할 것을 허가한다. 라는 결정을 구합니다.

신 청 이 유

1. 위 신청인은 1985.07.27. 서울 특별시 중구 을지로 6가 18번지의79 에서 부(父) 이준희 와 모(母) 이영순의 자녀로 출생하였습니다. 신청인의 부모님은 신청인을 출산한 후 이름을 "은선(恩善)이라고 작명하여 1985년 07월 27일 출생신고를 하였습니다.

2. 신청인은 어렸을 때부터 촌스러운 이름 때문에 개명에 대한 간절한 바램을 갖고 있었습니다.

신청인의 이름 '이은선' 이 약간은 촌스럽고 옛날 이름 같은 느낌을 많이 주기 때문에 친구들에게 놀림을 받은 적이 있습니다. 또한 신청인은 부모님의 기독교적인 문화배경과 저 또한 성경에 나오는 <에스더>라는 여인을 무척 동경하고 있습니다.

에스더가 나오는 성경의 에스더서의 주요 내용은 이렇습니다.

페르시아 제국의 아하수에로스 황제는 인디아와 페르시아 지역를 다스리는 대왕이었다. 왕비 와스디를 자랑하고 싶었던 국왕의 청을 왕비가 거절하자, 신하들은 이번 일을 묵과하면 남편들을 부인들이 존경하지 않게 된다면서 폐비를 요청하였다. 결국 와스디는 폐비되었고, 심사를 거쳐서 에스더가 왕비가 되었는데, 그녀는 유대인이었다. 바빌로니아에 끌려온 유대인들이 정권이 교체되면서 페르시아 제국의 지배를 받게 된 것이었다. 그의 사촌오빠인 모르드개가 거만한 하만에게 복종하지 않자 이에 기분이 상한 하만은 유대인 말살 정책을 꿈꾸지만, 연회를 베풀어 하만을 안심시킨 뒤 아하수에로스 황제 앞에서 하만의 음모를 고발한 에스더의 기지로 좌절된다.

에스더의 지혜와 기지로 민족을 위기에서 구했듯이 저 또한 세계속에 민족의 이름을 빛내고 이름대로 될 지어다 라는 믿음을 가지고 있습니다.

글로벌시대에 맞게 좀더 세련된 이름을 갖고 싶습니다. 그리고 캐나다에서공부도 해야하는 여러 가지 정황을 고려해서라고 어릴때 소망했던 <에스더>라는 이름을 간절히 원합니다.

3.사람의 이름이 사회적으로 미치는 영향 등으로 인하여 누구나 쉽게 개명을 허락한다면 사회적 혼란이 생길 수 있는 염려가 있음을 모르는 바 아니지만, 신청인은 범죄 전력이 전혀 없는 사람으로서 개명을 허락하여 주신다면 이름에서 오는 혼란에서 벗어나 더욱 새롭게 본연의 이름이 주는 의미

그대로 살 수 있다고 굳게 믿고 있습니다. 뜻하는 바를 이룰 수 있도록 도와주시기를 부탁드립니다.

4. 존경하는 판사님, 요즘 같은 글로벌한 시대에 걸맞게 이름도 어감도 캐나다에서 공부하는 저 로서는 더더욱 개명의 필요성이 절실합니다.

이번에 반드시 이름을 바꾸어 더 이상 불편함 촌스러움을 받지 않고 자신감 넘치는 생활을 하고 싶습니다.

그러므로 위에 적은 바와 같이 이름에 대한 정신적 , 육체적 고통을 깨끗이 덜기 위하여 신청취지 와 같이 개명허가를 얻고자 이건 신청에 이르렀습니다.

첨 부 서 류

1. 가족관계증명서 1통
1. 기본증명서 1통
1. 주민등록등본 1통
1. 인우보증서 1통
1. 감명서 1통

2009년 12월 23일

신청인 이 은 선

서울중앙지방법원(호적비송과) 귀중

인 우 보 증 서

신청인 신청인 겸 사건본인 이 은 선 (李恩善)
생년월일 : 1985년07월 03(850703-2345678)

상기자의 위 신청사건에 대한 신청 이유에 기재된 내용이 틀림없음을 보증합니다. 만일 훗일에 사실이 허위라는 것이 발견되면 법적 책임을 지겠기에 이에 보증합니다.

첨 부 서 류

1. 보증인들의 주민등록등본 각 1통

2009.12.23.

보증인 성　　　명: 이 재 권
주민등록번호: 561128-1234567
주　　　소: 서울시 송파구 방이동 89
올림픽선수,기자촌 아파트 257-502

보증인 성　　　명: 김 덕 수
주민등록번호: 480103-1019618
주　　　소: 서울시 강동구 둔촌동 622-9
주풍빌리지-104

위 임 장

법무사 정 택 근
서울특별시 서초구 서초동 1657-2
한림빌딩 301호

전화 02-3486-4567
팩스 02-3486-1234

1. 개명허가 신청서를 작성 및 제출하는 행위

2. 그리고 위에 부대하는 사항일체.

2009. 12. 23.

위임인 이 은 선

송달장소 및 송달영수인 신고서

청구인 : 사건본인 이은선(전화:010-6262-1234)

위 사건에 관하여 청구인은 민사소송법제184조에 근거하여
청구인은 다음과같이 송달장소 및 송달영수인을 신고합니다.

-다 음-

청구인의 송달장소 및 송달영수인

송 달 장 소 : (137-881) 서울시 서초구 서초동 1657-2
한림빌딩 301호

송달 영수인 : 정 택 근

위 청구인 이 은 선 (인)

서울중앙지방법원(호적비송과) 귀중

○○지방법원 ○○지원

결 정

사 건 2009호파2240 개명

신청인겸 이 ○ ○(□□□) (760203-2785481)

사건본인 주 소 ○○시 ○○구 신길동 1536-15

송달장소 서울 서초구 서초동1657-15

등록기준지 ○○시 ○○면 이곡리 135

주 문 ○○시 ○○동 53 가족관계등록부 중 사건본인○○○(□□□)

의 이름 ○○(□□)을 ○○(□□) 의로 개명하는것을 허가한다.

신청취지 주문과 같다.

이 유 이 신청은 그이유가 있다고 인정되므로 주문과 같이 결정한다.

2008 . 3. 15.

판 사 조 은 ○

이 결정 등본을 받은날부터 1개월 이내에 등록기준지 또는 주소지 시 읍 면사무소에 신고하여야 합니다.(다만, 구를 둔 시의 경우에는 구청에 신고하여야합니다.) 위 기간 내에 신고하지 아니한 때에는 5만원 이하의 과태료에 처해질수 있습니다.

사례10. 자의 **성과 본의 변경신청**을 하여 허가결정을 받아 **모의 성으로 살고 있는상태**, 발음상 이름은 그대로 두고 이름의 풀이인 한자를 변경 경우.

개 명 허 가 신 청 서

사건본인 이 민 제
(전화:011-9156-0000)

인 지 금 1,000원
송달료 금 15,200원

서울서부지방법원(호적비송과) 귀중

개 명 허 가 신 청 서

신청인 겸 사건본인 : 이민제(李敏濟)
생년월일 : 2006년 06월 01일 (060601-1234567)
등록기준지 : 부산광역시 서구 아미동2가 74번지
주 소 : 서울시 서대문구 북아현동 1009
두산아파트 104-705

위 사건본인은 의사능력이 부족하므로

친권자 모 이 은 영(李 銀 榮)
1968년 10월 15일 (681015-2345678)
등록기준지 : 서울시 서대문구 대현동 60번지의 5
주 소 : 위와 같은 곳

신 청 취 지

부산광역시 서구 아미동2가 74번지의 가족관계등록부상 신청인 겸 사건본인의 이름 "민제(敏濟) "를 "민제(敏製) "로 개명하는 것을 허가한다.

라는 결정을 구합니다.

신 청 이 유

1. 위 신청인은 2006. 06. 01. 서울시 양천구 목동 911번지의 1에서 부(父) 박동원과 모(母) 이은영 사이에서 출생하였습니다.(첨부한 가족관계증명서 및 기본증명서 참조)

신청인의 부모님은 신청인을 출산한 후 이름을 "민제(敏濟)"이라고 작명 하여 2006년 06월 14일 출생신고를 하였습니다.

2. 신청인의 모(母) 이은영은 부끄러운 일입니다만, 신청인의 부(父) 박동원과 2005. 03. 09. 혼인을 하였으나, 청구 외 박동원이 일정한 직장이 없고 경제적으로 매우 불안정하였으며 가족을 부양할 의지 및 책임감마저 없어 약 2년간의 별거 끝에 신청인의 모(母) 이은영이 신청인에 대한 친권 및 양육권을 갖기로 하고 2007. 09. 03. 협의이혼을 하였습니다. 신청인 의 모(母) 이은영은 생계를 책임지며 신청인을 양육하였고, 신청인에게 자신의 성과 본을 주어 당당한 내 자식으로 키우고자 2008. 06. 13. 서울가정법원에 자의 성과 본의 변경허가 신청을 하고 2008. 07. 09. 허가 결정을 받았습니다. 그래서 지금은 '박민제'가 아닌 '이민제'로 생활하고 있습니다.

(자의 성과 본의 변경허가 사건번호 : 2008느단6106)

3. 신청인의 모(母) 박미선은 원래 철학이니 역학이니 하는 것들은 미신이라고 생각하여 좋게 생각하고 있지 않았지만, '박민제(朴敏濟)'의 '제(濟)'가 성과 본을 바꿔 '이민제(李敏濟)'로 생활하게 되면 이름도 뜻도 좋지 않다고 하여, 청구인의 장래에 안 좋은 일들이 생기지 않을까 많은 걱정이 되었습니다.

신청인의 모(母) 박미선은 신청인이 앞으로 훌륭하고 멋진 어른으로 성장하길 바라는 뜻을 담아 축원과 같은 의미로 불려지게 하고 싶은 마음에서 개명을 하기로 결심하였습니다. 그리하여 평소 잘 알고 지낸 지인의 도움을 받아 작명소에 부탁을 하여 신청인의 이름 '민제 (敏濟)'를 '민제(敏製)'로 작명하여 주셨습니다.

4. 존경하는 판사님...요즘 같은 과학문명이 발달된 시대에 족보상 항렬자로 고민하거나 성명철학(작명)운운 무슨 소리를 하느냐고 하실지 모르나 신청인의 모(母)는 사건본인의 성본변경을 어렵게 진행하면서 많은 고민을 하지 않을 수 없었고, 살면서 이름이 갖는 의미를 진지하게 고민하게 되었습니다. 이번기회에 성본변경과 함께 개명을 허락하여 주신다면 청구인이 새로운 삶을 살 수 있는 기회가 될 것을 굳게 믿고 있습니다.

그러므로 위에 적은 바와 같이 이름에 대한 정신적 , 육체적 고통을 깨끗이 덜기 위하여 신청취지 와 같이 개명허가를 얻고자 이건 신청에 이르렀습니다.

첨 부 서 류

1. 가족관계증명서 2통
1. 기본증명서 2통
1. 인우보증서 1통
1. 주민등록등본 1통
1. 자의 성과 본의 변경허가 결정문 사본 1통
1. 감명서 1통

2008년 08월 08일

신청인 이민제

위 친권자 모(母) 이은영

서울서부지방법원(호적비송과) 귀중

인 우 보 증 서

신청인 이민제(李敏濟)

생년월일 : 2006년 06월 01일 (060601-7834540)

등록기준지 : 부산광역시 서구 아미동2가 74번지

주 소 : 서울시 서대문구 북아현동 1009

두산아파트 104-705

상기자의 위 신청사건에 대한 신청 이유에 기재된 내용이 틀림없음을 보증합니다.

만일 훗일에 사실이 허위라는 것이 발견되면 법적 책임을 지겠기에 이에 보증합니다.

첨부서류

1. 보증인들의 주민등록등본 각 1통

2008. 08. 08.

보증인 성 명 : 장수 주민등록번호 : 640827-1234567

주 소 : 서울시 중랑구 상봉동 118-16

보증인 성 명 : 김영희

주민등록번호 : 470423-7895678

주 소 : 서울시 용산구 효창동 268

세양청마루A 102-1102

위 임 장

법무사 정 택 근
서울특별시 서초구 서초동 1657-2
한림빌딩 301호

전화 : 02-3486-9200
팩스 : 02-798-5537

1. 개명허가 신청서를 작성 및 제출 하는 행위.

2. 그리고 부대하는 사항일체.

2008. 08. 08.

위임인 이민제
위 친권자 모(母) 이은영

송달장소 및 송달영수인 신고서

청구인 : 이 ○ ○

위 사건에 관하여 청구인은 민사소송법제184조에 근거하여 청구인은 다음과같이 송달장소 및 송달영수인을 신고합니다.

-다 음-

청구인의 송달장소 및 송달영수인

송 달 장 소 : (137-881) 서울시 서초구 서초동 1657-2 한림빌딩 301호

송달 영수인 : 정 택 근

위 청구인 이 ○ ○ (인)

수원지방법원 안산지원(호적비송과) 귀중

○○지방법원 ○○지원

결　　정

사　　건　　2009호파2240　　개명

신청인겸　　이○ ○(□□□) (760203-2785481)

사건본인　　주　　소 ○○시 ○○구 신길동 1536-15

송달장소 서울 서초구 서초동1657-15

등록기준지 ○○시 ○○면 이곡리 135

주　　문　○○시 ○○동 53 가족관계등록부 중 사건본인○○○(□□□)의 이름 ○○(□□)을 ○○(□□) 의로 개명하는것을 허가한다.

신청취지　　주문과 같다.

이　　유 이 신청은 그이유가 있다고 인정되므로 주문과 같이 결정한다.

2008 . 3. 15.

판　사　　조　　은　　○

이 결정 등본을 받은날부터 1개월 이내에 등록기준지 또는 주소지 시 읍 면사무소에 신고하여야 합니다.(다만, 구를 둔 시의 경우에는 구청에 신고하여야합니다.) 위 기간 내에 신고하지 아니한 때에는 5만원 이하의 과태료에 처해질수 있습니다.

사례11. 새 아버지의자의 성과 본의 변경을 하고 허가결정을 받아 바뀐 성으로 살고있고 여자임에도 불구하고 이름이 남성적인 느낌이 강해 개명하는 경우.

개 명 허 가 신 청 서

사건본인 이 민 제
(전화: 02-236-1234)

인 지금 1,000원
송달료금 15,200원

서울서부지방법원 (호적비송과) 귀중

개 명 허 가 신 청 서

신청인 겸 사건본인 　　이 민 제(李 敏 濟)
생년월일　2006 년 06월 01일(0678601-1234510)
등록기준지: 부산광역시 서구 아미동2가 74번지
주　　소 : 서울특별시 서대문구 북아현동 1009
두산아파트104-705

위 사건본인은 의사능력이 부족하므로

친권자　모　이 은 영(李 銀 榮)
1968년 10월15일 (681015-7798314)
등록기준지 : 위와 같은곳
주소 : 위와 같은 곳

신 청 취 지

서울특별시 중구 명동1가 1번지의 가족관계등록부상 신청인 겸 사건본인의 이름 "태환(泰煥)을 희성(熹成) "으로 개명하는 것을 허가한다.
라는 결정을 구합니다.

신 청 이 유

1. 위 신청인은 1995.12.16. 서울특별시 중구 명동1가 1번지에서 부(父) 김현과 모(母) 전경연사이에서 출생하였습니다.
(첨부한 가족관계증명서 및 기본증명서 참조)
신청인의 부모님은 신청인을 출산한 후 이름을 태환(泰煥)이라고 작명하여 1995년 12월 16일 출생신고를 하였습니다.

2. 신청인의 모(母) 전경연은 부끄러운 일입니다만, 신청인의 부(父) 김현과 협의이혼을 하고 지난 2007년 06월 26일 지금의 남편인 청구 외 구영호와 혼인을 하였습니다. 신청인이 가족구성원과 성이 다름으로 인해 오는 소외감 때문에 현재 '자의 성과 본의 변경허가 심판청구' 를 한 상태입니다.곧 의붓아버지인 청구 외 구영호의 성과 본으로 바뀔 예정인데, 출생시 신고된 '태환(泰煥)' 에서 성만 '구' 씨 성으로 바꾸면, 성과 이름이 어울리지 않고 너무 쎈 어감을 주어 많은 고민 중에 있었습니다.
(자의 성과 본의 변경허가 심판청구 사건번호 : 2008느단190)

3. 신청인의 모(母) 전경연은 원래 철학이니 역학이니 하는 것들은 미신이라고 생각하여 좋게 생각하고 있지 않았지만, '김태환' 이 성과 본을 바꿔 '구태환' 으로 생활하게 되면 이름도 뜻도 좋지 않다고 하여, 사건본인의 장래에 안 좋은 일들이 생기지 않을까 많은 걱정이 되었고, 아이가 이것으로 불행하게 될 것이 두려워 아는 사람의 소개로 철학관을 찾아가 신청인의 이름(태환)을 바꾸고 싶다고 하였더니, 태환이란 이름을 희성(熹成)이라고 작명해 주었습니다.

4. 존경하는 판사님...요즘 같은 과학문명이 발달된 시대에 족보상 항렬자로 고민하거나 성명철학(작명)운운 무슨 소리를 하느냐고 하실지 모르나신청인의

모(母)는 사건본인의 성본변경을 어렵게 진행하면서 많은 고민을 하지 않을 수 없었고, 살면서 이름이 갖는 의미를 진지하게 고민하게 되었습니다. 이번기회에 성본변경과 함께 태환(泰煥)이란 이름을 희성(熹成)으로 개명하여 사건본인에게 새로운 삶을 살 수 있는 기회를 주고 싶습니다.

그러므로 위에 적은 바와 같이 이름에 대한 정신적 , 육체적 고통을 깨끗이 덜기 위하여 신청취지 와 같이 개명허가를 얻고자 이건 신청에 이르렀습니다.

첨 부 서 류

1. 가족관계증명서 2통
1. 기본증명서 1통
1. 혼인관계증명서 1통
1. 인우보증서 2통
1. 주민등록등본 1통
1. 성본변경 접수증명자료 1통

2008년 04월 10일

신청인 김 태 환

의정부지방법원 고양지원(호적비송과) 귀중

인 우 보 증 서

신청인　　김 태 환 (金 泰 煥)
생년월일 : 1995년 12월 16일 (951216-1935711)
등록기준지 : 서울특별시 중구 명동1가 1번지
주　　소 : 경기도 고양시 일산동구 백석동 1183
백송마을 305-106

상기자의 위 신청사건에 대한 신청 이유에 기재된 내용이 틀림없음을 보증합니다.
만일 훗일에 사실이 허위라는 것이 발견되면 법적 책임을 지겠기에 이에 보증합니다.

첨 부 서 류

1. 보증인들의 주민등록등본 각 1통

2008. 04. 10.

보증인 성　　명: 채화자
주민등록번호: 570303-2787216
주　　소: 경기도 고양시 일산동구 백석동 1183
백송마을305-106

보증인 성　　명: 전호순
주민등록번호: 440501-1289711
주　　소: 경기도 고양시 일산동구 백석동 1186
백송마을207-1502

위 임 장

법무사 정 택 근
서울특별시 서초구 서초동 1657-2
한림빌딩 301 호

☎ 02-3486-9277
팩스 02-798-5537

1. 개명허가 신청서를 작성 및 제출 하는 행위

2. 그리고 부대하는 사항일체.

2008. 04. 10.

위임인 김 태 환

송달장소 및 송달영수인 신고서

청구인 : 김 ○ ○ (010-9159-9980)

위 사건에 관하여 청구인은 민사소송법제184조에 근거하여 청구인은 다음과같이 송달장소 및 송달영수인을 신고합니다.

-다 음-

청구인의 송달장소 및 송달영수인

송 달 장 소 : (137-881) 서울시 서초구 서초동 1657-2
한림빌딩 301호

송달 영수인 : 정 택 근

위 청구인 김 동 천 (인)

춘천지방법원 강릉지원(호적비송과) 귀중

○ ○ 지방법원

결 정

사 건 2009호파2240 개명

신청인겸 김○ ○(□□□) (760203-2785481)

사건본인 주 소 ○○시 ○○구 신길동 1536-15

송달장소 서울 서초구 서초동1657-15

등록기준지 ○○시 ○○면 이곡리 135

주 문 ○○시 ○○동 53 가족관계등록부 중 사건본인○○○(□□□)의 이름 ○○(□□)을 ○○(□□) 의로 개명하는것을 허가한다.

신청취지 주문과 같다.

이 유 이 신청은 그이유가 있다고 인정되므로 주문과 같이 결정한다.

2008 . 3. 15.

판 사 조 은 ○

이 결정 등본을 받은날부터 1개월 이내에 등록기준지 또는 주소지 시 읍 면사무소에 신고하여야 합니다.(다만, 구를 둔 시의 경우에는 구청에 신고하여야합니다.) 위 기간내에 신고하지 아니한 때에는 5만원 이하의 과태료에 처해질수 있습니다.

개 명 허 가 신 청 서

사건본인 조 경 남
(전화:010-5091-7023)

인 지 금 1,000원
송달료 금 15,200원

수원지방법원 안산지원(호적비송과) 귀중

개 명 허 가 신 청 서

신청인 겸 사건본인　　　조 경 남 (趙 京 男)
생년월일 : 1982년 04월 07일(820407-2068711)
등록기준지 : 경상북도 봉화군 소천면 현동리 325번지
주　소 : 경기도 시흥시 대야동 563 서해아파트 102-1405
송달장소 : 서울시 서초구 서초동 1657-2 한림빌딩301호

신 청 취 지

경상북도 봉화군 소천면 현동리 325번지의 가족관계등록부 중 신청인 겸 사건본인의 이름 "경 남(京 男) "을 "서 영(舒 煐) "으로 개명할 것을 허가한다. 라는 결정을 구합니다.

신 청 이 유

1. 위 신청인은 1982. 04. 07. 서울특별시 동작구 사당동 산24번지에서 부(父) 조 진 태 와 모(母)김 미 순 사이에서 출생하였습니다.
(첨부한 가족관계증명서 및 기본증명서 참조)
신청인의 부모님은 신청인을 출산한 후 이름을 "경남(京男) "이라고 작명하여 1982년 4월 12일 출생신고를 하였습니다.

2. 신청인의 모(母) 김미순은 부끄러운 일입니다만, 신청인의 부(父) 조진태과 협의이혼을 하고 지난 1997년 7월 14일 지금의 아버지인 청구 외 윤일기과 혼인을 하였습니다. 그리고 2008.02.27 수원지방법원 안산지원에 자의 성과 본의 변경 허가 심판청구를 하고 2008.05.20 허가결정을 받았습니다.

그래서 지금은 '조경남' 이 아닌 '윤경남' 으로 바뀌었습니다. 오랜 기다림 끝에 지금의 아버지의 성과 본으로 변경이 가능하게 되었으나, 전부터 가정에서는 '윤경남' 으로 생활하였습니다. 이제는 서류상으로도 완벽하게 되어 너무 기쁘지만, 성과 이름이 서로 잘 맞지 않아 큰 고민 중에 있습니다.
(자의 성과 본의 변경 허가결정문 사본 참조)

2. 그런데 신청인의 이름이 남성적인 느낌을 많이 주기 때문에 어렸을 때부터 정신적인 고통이 컸습니다. 초등학교 때에는 실제로 '조경남' 이란 같은 반 남자아이와 이름이 같아서 반 친구들에게 남자아이라는 놀림을 많이 받았고, 실제로 사건본인을 모르는 사람도 이름만 보고 남자로 오인하는 경우가 빈번했습니다. 어렸을 때부터 이름 때문에 놀림감이 되어 많은 곤란함을 겪었고 정신적 고통을 받고 있습니다. 이제는 성년이 되었지만, 남자같은 이름 때문에 상대방에게 본인을 소개하는 자리가 너무 부담스럽고, 이름으로 인한 불편이 아직도 너무 큽니다.

3. 사람의 이름이 사회적으로 미치는 영향 등으로 인하여 누구나 쉽게 개명을 허락한다면 사회적 혼란이 생길 수 있는 염려가 있음을 모르는 바 아니지만, 신청인은 범죄 전력이 전혀 없으므로 개명을 허락하여 주신다면 이름에서 오는 혼란에서 벗어나 더욱 새롭게 본연의 이름이 주는 의미 그대로 살 수 있다고 굳게 믿고 있습니다. 뜻하는 바를 이룰 수 있도록 도와주시기를 간절히 부탁드립니다.

4. 신청인은 원래 철학이니 역학이니 하는 것들은 미신이라고 생각하여 좋게 생각하고 있지 않았지만, 이번에 성과 본이 바뀌고 '윤경남' 이라는 이름으로 생활하게 되면 이름도 뜻도 좋지 않다고 하여, 신청인의 장래에 안 좋은 일들이 생기지 않을까 많은 걱정이 되고, 이것으로 불행하게 될 것이 두려워 아는 사람의 소개로 철학관을 찾아가 신청인의 이름(경남)을 바꾸고 싶다고 하였더니, 경남이란 이름을 서영(舒煐)라고 작명해 주었습니다.
(첨부된 감명서 참조)

5. 존경하는 판사님, 요즘 같은 과학문명이 발달된 시대에 족보상 항렬자로 고민하거나 성명철학(작명)운운 무슨 소리를 하느냐고 하실지 모르나 신청인은 살아오면서 이름이 갖는 의미를 굳게 믿고 있습니다. 개명은 신청인이 어렸을 때부터 간절히 바래온 바람이었고, 이번에 반드시 이름을 바꾸어 자신감 넘치는 생활을 하고 싶습니다.

그러므로 위에 적은 바와 같이 이름에 대한 정신적 , 육체적 고통을 깨끗이 덜기 위하여 신청취지 와 같이 개명허가를 얻고자 이건 신청에 이르렀습니다.

첨 부 서 류

1. 가족관계증명서 1통
1. 기본증명서 1통
1. 인우보증서 1통
1. 주민등록등본 1통
1. 허가결정문사본 1통
1. 감명서 1통

2008년 06월 16일

신청인 조 경 남

수원지방법원 안산지원(호적비송과) 귀중

위 임 장

법무사 정 택 근
서울특별시 서초구 서초동 1657-2
한림빌딩 301호

전화 02-3486-9277
팩스 02-798-5537

1. 개명허가 신청서를 작성 및 제출하는 행위.

2. 그리고 부대하는 사항일체.

2008. 06. 16.

위임인 조 경 남

인 우 보 증 서

신 청 인　　조 경 남 (趙 京 男)

생년월일 : 1982년 04월 07일 (820407-2868711)

등록기준지 : 경상북도 봉화군 소천면 현동리 325번지

주소 : 경기도 시흥시 대야동 563 서해아파트 102-1405

상기자의 위 신청사건에 대한 신청 이유에 기재된 내용이 틀림없음을 보증합니다.

만일 훗일에 사실이 허위라는 것이 발견되면 법적 책임을 지겠기에 이에 보증합니다.

첨 부 서 류

1. 보증인들의 주민등록등본 각 1통

2008. 06. 16

보증인 성　　　명 : 윤 일 기

주민등록번호 : 400110-7868713

주　　　소 : 경기도 시흥시 도창동 23-1

보증인 성　　　명 : 박 정 훈

주민등록번호 : 710630-7881811

주　　　소 : 경기도 시흥시 신천동 943-1

경남아너스빌 103-702

송달장소 및 송달영수인 신고서

청구인 : 조 경 남(010-5091-7823)

위 사건에 관하여 청구인은 민사소송법제184조에 근거하여 청구인은 다음과같이 송달장소 및 송달영수인을 신고합니다.

- 다 음-

청구인의 송달장소 및 송달영수인

송 달 장 소 : (137-881) 서울시 서초구 서초동 1657-2
한림빌딩 301호

송달 영수인 : 정 택 근

위 청구인 조 경 남 (인)

수원지방법원 안산지원(호적비송과) 귀중

○○지방법원 ○○지원

결 정

사 건 2009호파2240 개명

신청인겸 조 ○ ○(□□□) (760203-2785481)

사건본인 주 소 ○○시 ○○구 신길동 1536-15

송달장소 서울 서초구 서초동1657-15

등록기준지 ○○시 ○○면 이곡리 135

주 문 ○○시 ○○동 53 가족관계등록부 중 사건본인○○○(□□□)의 이름 ○○(□□)을 ○○(□□) 의로 개명하는것을 허가한다.

신청취지 주문과 같다.

이 유 이 신청은 그이유가 있다고 인정되므로 주문과 같이 결정한다.

2008 . 3. 15.

판 사 조 은 ○

이 결정 등본을 받은날부터 1개월 이내에 등록기준지 또는 주소지 시 읍 면사무소에 신고하여야 합니다.(다만, 구를 둔 시의 경우에는 구청에 신고하여야합니다.) 위 기간 내에 신고하지 아니한 때에는 5만원 이하의 과태료에 처해질수 있습니다.

사례12. **새 아버지의 성으로 성과 본의 변경** 신청을 하여 **허가결정**을 받아 살아가고 있는데 성과 이름이 어울리지 않고 **촌스러운 이름**자 하는 경우

개 명 허 가 신 청 서

사건본인 김 솔
(전화:011-412-7829)

인 지 금 1,000원
송 달 료 금 15,200원

서울동부지방법원(호적비송과) 귀중

개 명 허 가 신 청 서

신청인 겸 사건본인 : 김 솔(金 솔)
생년월일 : 1996년 9월 16일 (960916-7870721)
등록기준지 : 충남 공주시 우성면 대성리 633번지
주소 : 서울시 강동구 성내동 12-35

위 사건본인은 의사능력이 부족하므로

친권자 모 박 미 선(朴 美 宣)
1970년 7월 14일 (700714-2827911)
등록기준지 : 충북 단양군 단성면 하방리 181번지
주 소 : 위와 같은 곳

신 청 취 지

충남 공주시 우성면 대성리 633번지의 가족관계등록부상 신청인 겸 사건본인의 이름 "솔을 정수(呈洙)"로 개명하는 것을 허가한다.

라는 결정을 구합니다.

신 청 이 유

1. 위 신청인은 1996.09.16. 충남 공주시 우성면 대성리 633번지에서 부(父) 정덕환과 모(母) 박미선 사이에서 출생하였습니다.
(첨부한 가족관계증명서 및 기본증명서 참조)
신청인의 부모님은 신청인을 출산한 후 이름을 솔이라고 작명하여 1996년 10월 8일 출생신고를 하였습니다.

2. 신청인의 모(母) 박미선은 부끄러운 일입니다만, 신청인의 부(父) 정덕환과 협의이혼을 하고 지난 2001년 12월 06일 지금의 남편인 청구 외 김종헌과 혼인을 하였습니다. 그리고 2008.01.16 서울가정법원에 자의 성과 본의 변경허가 신청을 하고 2008.03.03 허가결정을 받았습니다. 그래서 지금은 '정솔' 이 아닌 '김솔' 로 생활하고 있습니다. 하지만 어렸을 때부터 신청인은 가정에서 '김정수' 로 생활하였고 주변에서도 그렇게 알고 있지만, 서류상으로는 그렇지 않기 때문에 많은 고통을 받았습니다.
(자의 성과 본의 변경허가 사건번호 : 2008느단971)

3. 신청인의 모(母) 박미선은 원래 철학이니 역학이니 하는 것들은 미신이라고 생각하여 좋게 생각하고 있지 않았지만, '정솔' 이 성과 본을 바꿔 '김솔' 로 생활하게 되면 이름도 뜻도 좋지 않다고 하고, 또한 집에서도 본래 부르던 이름이 있어, 청구인의 장래에 안 좋은 일들이 생기지 않을까 많은 걱정이 되었습니다. 또한 설상가상으로 아이가 성과 본을 바꾼 뒤 이름과 성씨가 어울리지 않아 친구들에게 놀림을 받는 등 아이가 이것으로 불행하게 될 것이 두려웠습니다. 그러므로 신청인이 앞으로 훌륭하고 멋진 어른으로 성장하길 바라는 뜻을 담아 축원과 같은 의미로 불려지게 하고 싶은 마음에서 개명을 하기로 결심하였습니다.

4. 존경하는 판사님...요즘 같은 과학문명이 발달된 시대에 족보상 항렬자로 고민하거나 성명철학(작명)운운 무슨 소리를 하느냐고 하실지 모르나 신청인의 모(母)는 사건본인의 성본변경을 어렵게 진행하면서 많은 고민을 하지 않을 수 없었고, 살면서 이름이 갖는 의미를 진지하게 고민하게 되었습니다. 이번기회에 성본변경과 함께 솔이란 이름을 정수(呈洙)로 개명하여 청구인이 새로운 삶을 살 수 있는 기회가 되었으면 합니다.

그러므로 위에 적은 바와 같이 이름에 대한 정신적 , 육체적 고통을 깨끗이 덜기 위하여 신청취지 와 같이 개명허가를 얻고자 이건 신청에 이르렀습니다.

첨 부 서 류

1. 가족관계증명서 2통
1. 기본증명서 1통
1. 혼인관계증명서 2통
1. 인우보증서 1통
1. 주민등록등본 1통

2008년 05월 21일

신청인 김 솔

서울동부지방법원(호적비송과) 귀중

인 우 보 증 서

신청인 김 솔 (金 솔)

생년월일 : 1996년 9월 16일 (960916-2070721)

등록기준지 : 충남 공주시 우성면 대성리 633번지

주소 : 서울시 강동구 성내동 12-35

상기자의 위 신청사건에 대한 신청 이유에 기재된 내용이 틀림없음을 보증합니다.

만일 훗일에 사실이 허위라는 것이 발견되면 법적 책임을 지겠기에 이에 보증합니다.

첨 부 서 류

1. 보증인들의 주민등록등본 각 1통

2008. 05. 21.

보증인 성 명: 안형주

주민등록번호: 671120-1093314

주 소: 서울시 서초구 방배동 980-6

보증인 성 명: 이현주

주민등록번호: 560813-1471612

주 소: 서울시 강동구 암사동 488-10 강호연립 A-103

위 임 장

법무사 정 택 근
서울특별시 서초구 서초동 1657-2
한림빌딩 301 호

전화 02-3486-9277
팩스 02-798-5537

1. 개명허가 신청서를 작성 및 제출 하는 행위.

2. 그리고 부대하는 사항일체.

2008. 05. 21.

위임인 김 솔

송달장소 및 송달영수인 신고서

청구인 : 김 동 천(010-9159-9980)

위 사건에 관하여 청구인은 민사소송법제184조에 근거하여 청구인은 다음과같이 송달장소 및 송달영수인을 신고합니다.

- 다 음-

청구인의 송달장소 및 송달영수인

송 달 장 소 : (137-881) 서울시 서초구 서초동 1657-2 한림빌딩 301호
송달 영수인 : 정 택 근

위 청구인 김 동 천 (인)

춘천지방법원 강릉지원(호적비송과) 귀중

○○지방법원 ○○지원

결 정

사 건 2009호파2240 개명

신청인겸 최 ○ ○(□□□) (760203-2785481)

사건본인 주 소 ○○시 ○○구 신길동 1536-15

송달장소 서울 서초구 서초동1657-15

등록기준지 ○○시 ○○면 이곡리 135

주 문 ○○시 ○○동 53 가족관계등록부 중 사건본인○○○(□□□)
의 이름 ○○(□□)을 ○○(□□) 의로 개명하는것을 허가한다.

신청취지 주문과 같다.

이 유 이 신청은 그이유가 있다고 인정되므로 주문과 같이 결정한다.

2008 . 3. 15.

판 사 조 은 ○

이 결정 등본을 받은날부터 1개월 이내에 등록기준지 또는 주소지 시 읍 면사무소에 신고하여야 합니다.(다만, 구를 둔 시의 경우에는 구청에 신고하여야합니다.) 위 기간내에 신고하지 아니한 때에는 5만원 이하의 과태료에 처해질수 있습니다.

사례13. 이름의 의미가 좋지 않아 개명을 하고자 하는 경우

개 명 허 가 신 청 서

사건본인 김 승 연
(전화:011-9026-8285)

인 지금 1,000원
송달료금 15,200원

창원지방법원 통영지원(호적비송과) 귀중

개 명 허 가 신 청 서

신청인 겸 사건본인 : 김 승 연(金 昇 延)
생년월일 : 1998년 9월 22일 (980922-7831517)
등록기준지 : 경북 경주시 외동읍 북토리 1031번지
주　　　소 : 경남 거제시 신현읍 장평리 32
대한2차아파트 202-1504
송 달 장 소 : 서울시 서초구 서초동 1657-2 한림빌딩 301호

위 사건본인은 의사능력이 부족하므로

친권자　모　유 선 아(柳 善 娥)
1971년 6월 5일 (710605-7818826)
등록기준지 : 경남 남해군 삼동면 물건리 무번지
주　　　소 : 경남 거제시 신현읍 장평리 32
대한2차아파트 202-1504

신 청 취 지

경북 경주시 외동읍 북토리 1031번지의 가족관계등록부상 신청인 겸 사건본인의 이름 "승 연(昇 延) "을 "리 경(悧 硬) "으로 개명하는 것을 허가한다.

라는 결정을 구합니다.

신 청 이 유

1. 위 신청인은 1998.09.22. 진주시 칠암동 92번지에서 부(父) 김수근과 모(母) 유선아 사이에서 출생하였습니다.

(첨부한 가족관계증명서 및 기본증명서 참조)

신청인의 부모님은 신청인을 출산한 후 이름을 '승 연(昇 延)' 이라고 작명하여 1998년 10월 12일 출생신고를 하였습니다.

2. 신청인의 모(母) 유선아는 부끄러운 일입니다만, 신청인의 부(父) 김수근과 혼인 후 잦은 다툼이 있었고, 그때마다 흉기로 신변을 위협하는 비상식적인 행동을 하는 등 더 이상 혼인을 지속하기 어려워 2004.02.10. 협의이혼을 하고, 지난 2005년 08월 17일 지금의 남편인 청구 외 양성림과 혼인을 하였습니다. 신청인의 모(母) 유선아는 재혼 후 신청인의 동생을 출산하였고, 동생이 생기면서 신청인은 가족과 성이 다름으로 인한 고통 및 소외감을 받아야 했습니다. 신청인의 가족은 재혼가정이지만 어느 가정 하나 부럽지 않게 화목하고 지금의 아버지를 친아버지로 생각하고 사랑하고 있습니다. 그래서 이번에 개명과 동시에 신청인을 지금의 아버지의 친자로 입양하는 친양자입양신청을 창원지법 통영지원에 접수하였습니다.

3. 신청인의 모(母) 유선아는 원래 철학이니 역학이니 하는 것들은 미신이라고 생각하여 좋게 생각하고 있지 않았지만, 신청인의 성과 본이 바뀌게 되어 '양승연' 으로 생활하게 되면 이름도 뜻도 좋지 않다고 하여, 사건본인의 장래에 안 좋은 일들이 생기지 않을까 많은 걱정이 되고, 또한 신청인의 동생의 이름이 '민경' 이므로 동생과 같은 '경' 자 돌림을 사용하기 위해 심사숙고 끝에 '승 연(昇 延)' 을 '리 경(悧 硬)' 으로 개명하기로 결정하였습니다.

4. 존경하는 판사님...요즘 같은 과학문명이 발달된 시대에 족보상 항렬자로 고민하거나 성명철학(작명)운운 무슨 소리를 하느냐고 하실지 모르나 신청인의 모(母)는 사건본인의 친양자 입양을 어렵게 진행하면서 많은 고민을 하지 않을 수 없었고, 살면서 이름이 갖는 의미를 진지하게 고민하게 되었습니다. 이번기회에 친양자 입양과 함께 '승 연(昇 延)' 이란 이름을 '리 경(俐 硬)' 으로 개명하여 사건본인에게 새로운 삶을 살 수 있는 기회를 주고 싶습니다.

그러므로 위에 적은 바와 같이 이름에 대한 정신적 , 육체적 고통을 깨끗이 덜기 위하여 신청취지 와 같이 개명허가를 얻고자 이건 신청에 이르렀습니다.

첨 부 서 류

1. 가족관계증명서	2통
1. 기본증명서	2통
1. 인우보증서	2통
1. 주민등록등본	1통

2008년 09월 05일

신청인 김 승 연

위 친권자 모(母) 유 선 아

창원지방법원 통영지원(호적비송과) 귀중

인 우 보 증 서

신청인　　김 승 연(金 昇 延)
생년월일 : 1998년 9월 22일 (980922-7831517)
등록기준지 : 경북 경주시 외동읍 북토리 1031번지
주　　소 : 경남 거제시 신현읍 장평리 32
대한2차아파트 202-1504

상기자의 위 신청사건에 대한 신청 이유에 기재된 내용이 틀림없음을 보증합니다.
만일 훗일에 사실이 허위라는 것이 발견되면 법적 책임을 지겠기에 이에 보증합니다.

첨 부 서 류

1. 보증인들의 주민등록등본 각 1통

2008. 09. 05.

보증인 성　　명 : 윤성국
주민등록번호 : 680315-7812719
주　　소 : 경남 거제시 신현읍 장평리 32 대한2차206-1105
보증인 성　　명 : 최임숙
주민등록번호 : 701221-7821318
주　　소 : 울산시 북구 양정동 500-33 힐스테이트112-1305

위 임 장

법무사 정 택 근
서울특별시 서초구 서초동 1657-2
한림빌딩 301호

전화 02-3486-9200
팩스 02-798-5537

1. 개명허가 신청서를 작성 및 제출 하는 행위

2. 그리고 부대하는 사항일체.

2008. 09. 05.

위임인 김 승 연

위 친권자 모(母) 유 선 아

송달장소 및 송달영수인 신고서

청구인 : 김 승 연(011-9026-7885)

위 사건에 관하여 청구인은 민사소송법제184조에 근거하여 청구인은 다음과같이 송달장소 및 송달영수인을 신고합니다.

- 다 음-

청구인의 송달장소 및 송달영수인

송 달 장 소 : (137-881) 서울시 서초구 서초동 1657-2
한림빌딩 301호

송달 영수인 : 정 택 근

신청인 김 승 연
위 친권자 모(母) 유 선 아 (인)

창원지방법원 통영지원(호적비송과) 귀중

○○지방법원 ○○지원

결 정

사 건 2009호파2240 개명
신청인겸 김 ○ ○(□□□) (760203-2785481)
사건본인 주 소 ○○시 ○○구 신길동 1536-15
송달장소 서울 서초구 서초동1657-15
등록기준지 ○○시 ○○면 이곡리 135

주 문 ○○시 ○○동 53 가족관계등록부 중 사건본인○○○(□□□)의 이름 ○○(□□)을 ○○(□□) 의로 개명하는것을 허가한다.

신청취지 주문과 같다.

이 유 이 신청은 그이유가 있다고 인정되므로 주문과 같이 결정한다.

2008 . 3. 15.

판 사 조 은 ○

이 결정 등본을 받은날부터 1개월 이내에 등록기준지 또는 주소지 시 읍 면사무소에 신고하여야 합니다.(다만, 구를 둔 시의 경우에는 구청에 신고하여야합니다.) 위 기간내에 신고하지 아니한 때에는 5만원 이하의 과태료에 처해질수 있습니다.

사례14. 이미 한번 개명을 신청하여 허가결정을 받은 상태인데 신청 당시 한자를 잘못 기재하는 큰 실수로 인하여 한자를 바꿔 다시 개명을 하고자 하는 경우

개 명 허 가 신 청 서

사건본인 채 현 준
(전화:010-4530-5459)

인 지금 1,000원
송달료금 15,200원

대구지방법원 안산지원(호적비송과) 귀중

개 명 허 가 신 청 서

신청인 겸 사건본인 채 현 준(蔡 呟 埈)
생년월일 1987 년 12월 22일(871222-7897222)
본 적 : 부산광역시 영도구 신선동1가2308번지
주 소 : 대구광역시 달서구 두류동 1254-36번지

신 청 취 지

부산광역시 영도구청에 비치된 같은 구 신선동 1가 208번지의 호주 채 정 우(蔡 定 遇)의 호적 중 신청인 겸 사건본인의 이름 "현 준 (呟 埈)을 현 준(呟 峻) "으로 개명할 것을 허가한다. 라는 결정을 구합니다.

신 청 이 유

1. 위 신청인은 1987. 12.22. 대구직할시 남구 대명동 2003번지에서 부(父) 채 정 우 와 모(母) 안 서 영 사이에서 출생하였습니다.
(첨부한 가족관계증명서 및 기본증명서 참조)

2. 2008.1.22.로 부산지방법원 가정지원에서 “홍준(泓俊) ”을 "현준(昡埈)"으로 변경 허가결정을 받았습니다.(2007호파11008 개명)

그런데 천신만고 가운데 받은 결정인데 아뿔사 ! 현준의 준(埈)이 흙토변의 준 자인것을 확인하는 순간 식은땀이 주루 ~룩 흘러내렸습니다.

사실 현준의 준(峻)자가 메산 변에 준 자입니다.

항렬자가 메산 변에 “峻 ”임에도 불구하고 제가 엄청난 실수를 하였습니다. (허가결정문 사본 및 실수자료 참조)

3. 사람의 이름이 사회적으로 미치는 영향 등으로 인하여 누구나 쉽게 개명을 허락한다면 사회적 혼란이 생길 수 있는 염려가 있음을 모르는 바 아니지만, 신청인은 범죄 전력이 전혀 없는 학생이므로 개명을 허락하여 주신다면 이름에서 오는 혼란에서 벗어나 더욱 새롭게 본연의 이름이 주는 의미 그대로 살 수 있다고 굳게 믿고 있습니다. 뜻하는 바 를 이룰 수 있도록 도와 주시기를 부탁드립니다.

4. 존경하는 판사님..요즘 같은 과학문명이 발달된 시대에 족보상 항렬자로 고민하거나 성명철학(작명)운운 무슨 소리를 하느냐고 하실지 모르나 신청인은 살아오면서 이름이 갖는 의미를 굳게 믿고 있습니다.더구나 이번 어처구니 없는 사태로 이름에 대한 집착과 혼란한 마음으로 답답한 맘을 금할 수 없습니다. 이번기회에 처음 의도 했던 메산 변에 준(峻)으로 반드시 바꾸어야만 생활에서 제대로 된 생활을 이어나갈것 같습니다.

그러므로 위에 적은 바와 같이 이름에 대한 정신적 , 육체적 고통을 깨끗이 덜기 위하여 신청취지 와 같이 개명허가를 얻고자 이건 신청에 이르렀습니다.

첨 부 서 류

1.가족관계증명서 1통
1. 기본증명서 1통
1. 인우보증서 1통
1. 주민등록등본 1통
1.허가결정문 사본 1통

2008년 02 월 일

신청인 채 현 준

대구지방법원 가정지원(호적비송과) 귀중

인 우 보 증 서

신청인 채 현 준 (蔡 昡 竣)

생년월일 1987 년 12월22일 (871222-1497222)

본 적 : 부산광역시 영도구 신선동 1가 208번지

주 소 : 대구광역시 달서구 두류동 1254-36번지(10/7)

상기자의 위 신청사건에 대한 신청 이유에 기재된 내용이 틀림없음을 보증합니다.

만일 훗일에 사실이 허위라는 것이 발견되면 법적 책임을 지겠기에 이에 보증합니다.

첨 부 서 류

1. 보증인들의 주민등록등본 각 1통

2008. 02. .

보증인 성 명:

주민등록번호:

주 소:

보증인 성 명:

주민등록번호:

주 소:

송달장소 및 송달영수인 신고서

청구인 : 채 현 0 (010-4530-7898)

위 사건에 관하여 청구인은 민사소송법제184조에 근거하여 청구인은 다음과같이 송달장소 및 송달영수인을 신고합니다.

- 다 음-

청구인의 송달장소 및 송달영수인

송 달 장 소 : (137-070) 서울시 서초구 서초동 1657-2
한림빌딩301호

송달 영수인 : 정 택 근

위 청구인 이 민 정 (인)

수원지방법원 안산지원(호적비송과) 귀중

위 임 장

법무사 정 택 근
서울특별시 서초구 서초동 1657-2
한림빌딩 301 호

전화02-3486-9277
팩스02-798-5537

1.개명허가 신청서를 작성,제출하는 행위

2. 그리고 부대하는 사항일체.

2008. 02.

위임인 채 현 준

○ ○ 지방법원

결 정

사 건 2009호파2240 개명

신청인겸 채 ○ ○(□□□) (760203-2785481)

사건본인 주 소 ○○시 ○○구 신길동 1536-15

송달장소 서울 서초구 서초동1657-15

등록기준지 ○○시 ○○면 이곡리 135

주 문 ○○시 ○○동 53 가족관계등록부 중 사건본인○○○(□□□)의 이름 ○○(□□)을 ○○(□□) 의로 개명하는것을 허가한다.

신청취지 주문과 같다.

이 유 이 신청은 그이유가 있다고 인정되므로 주문과 같이 결정한다.

2008 . 3. 15.

판 사 조 은 ○

이 결정 등본을 받은날부터 1개월 이내에 등록기준지 또는 주소지 시 읍 면사무소에 신고하여야 합니다.(다만, 구를 둔 시의 경우에는 구청에 신고하여야합니다.) 위 기간내에 신고하지 아니한 때에는 5만원 이하의 과태료에 처해질수 있습니다.

사례15. <u>친양자입양신</u>청을 하고 <u>허가결정</u>을 받은 상태로 성은 바뀌었으나 생활해오던 이름 과 서류상의 이름이 달라 생활해오던 이름으로 개명하고자 하는 경우

개 명 허 가 신 청 서

사건본인 이 민 정
(전화:010-4530-7898)

인 지금 1,000원
송달료금 15,200원

수원지방법원 안산지원(호적비송과) 귀중

개 명 허 가 신 청 서

신청인 겸 사건본인 : 이 민 정(李 旼 正)
생년월일 : 2001년 3월 27일 (010327-4782418)
등록기준지 : 서울시 은평구 역촌동 64번지의 11
주소 : 경기도 시흥시 정왕동 1629 무진아파트 104-702
송달장소 : 서울시 서초구 서초동 1657-2 한림빌딩 301호

위 사건본인은 의사능력이 부족하므로

친권자 모 최 선 영(崔 善 英)
1976년 1월 2일 (760102-7831528)
등록기준지 : 충남 공주시 이인면 이곡리 226번지
주 소 : 경기도 안산시 단원구 신길동 171-1

신 청 취 지

서울시 은평구 역촌동 64번지의 11의 가족관계등록부상 신청인 겸 사건본인의 이름 "민정(旼正)을 나현(拏炫)"으로 개명하는 것을 허가한다.
라는 결정을 구합니다.

신 청 이 유

1. 위 신청인은 2001.03.27. 서울시 은평구 역촌동 64번지의 11에서 부(父) 성명규과 모(母) 최선영 사이에서 출생하였습니다.
(첨부한 가족관계증명서 및 기본증명서 참조)

신청인의 부모님은 신청인을 출산한 후 이름을 민정(旼正)이라고 작명하여 2001년 4월 9일 출생신고를 하였습니다.

2. 신청인의 모(母) 최선영은 부끄러운 일입니다만, 신청인의 부(父) 성명규과 협의이혼을 하고 지난 2006년 12월 06일 지금의 남편인 청구 외 이무영과 혼인을 하였습니다. 그리고 2008.01.22 수원지방법원 안산지원에 친양자 입양을 신청하고 2008.03.10 허가결정을 받았습니다. 그래서 지금은 '성민정'이 아닌 '이민정'으로 바뀌었습니다. 하지만 어렸을 때부터 신청인은 가정에서 '이나현'으로 생활하였고 주변에서도 그렇게 알고 있지만, 서류상으로는 그렇지 않기 때문에 많은 고통을 받았습니다.
(친양자입양의 심판청구 사건번호 : 2008느단347)

3. 신청인의 모(母) 최선영은 원래 철학이니 역학이니 하는 것들은 미신이라고 생각하여 좋게 생각하고 있지 않았지만, '성민정'이 성과 본을 바꿔 '이민정'으로 생활하게 되면 이름도 뜻도 좋지 않다고 하여, 사건본인의 장래에 안 좋은 일들이 생기지 않을까 많은 걱정이 되었고, 아이가 이것으로 불행하게 될 것이 두려워 아는 사람의 소개로 철학관을 찾아가 신청인의 이름(민정)을 바꾸고 싶다고 하였더니, 민정이란 이름을 나현(拏炫)이라고 작명해 주었습니다.

4. 존경하는 판사님...요즘 같은 과학문명이 발달된 시대에 족보상 항렬자로 고민하거나 성명철학(작명)운운 무슨 소리를 하느냐고 하실지 모르나 신청인의 모(母)는 사건본인의 친양자 입양을 어렵게 진행하면서 많은 고민을 하지 않을 수 없었고, 살면서 이름이 갖는 의미를 진지하게 고민하게 되었습니다. 이번기회에 친양자 입양과 함께 민정(旼正)이란 이름을 나현(拏炫)으로 개명하여 사건본인에게 새로운 삶을 살 수 있는 기회를 주고 싶습니다.

그러므로 위에 적은 바와 같이 이름에 대한 정신적 , 육체적 고통을 깨끗이 덜기 위하여 신청취지 와 같이 개명허가를 얻고자 이건 신청에 이르렀습니다.

첨 부 서 류

1. 가족관계증명서 2통
1. 기본증명서 2통
1. 인우보증서 2통
1. 주민등록등본 1통
1. 친양자 입양 허가결정문 사본 1통

2008년 05월 20일

신청인 이 민 정

수원지방법원 안산지원(호적비송과) 귀중

인 우 보 증 서

신청인　　이 민 정 (李 旼 正)
생년월일 : 2001년 3월 27일 (010327-7842418)
등록기준지 : 서울시 은평구 역촌동 64번지의 11
주소 : 경기도 시흥시 정왕동 1629 무진아파트 104-702

상기자의 위 신청사건에 대한 신청 이유에 기재된 내용이 틀림없음을 보증합니다.
만일 훗일에 사실이 허위라는 것이 발견되면 법적 책임을 지겠기에 이에 보증합니다.

첨 부 서 류

1. 보증인들의 주민등록등본 각 1통

2008. 05. 20.

보증인 성　　명: 이정자
주민등록번호: 471218-7860418
주　　소: 경기도 시흥시 거모동 1742-8 효성빌라 401호

보증인 성　　명: 황상서
주민등록번호: 780306-1231578
주　　소: 경기도 시흥시 정왕동 1415-9 304호

위 임 장

법무사 정 택 근
서울특별시 서초구 서초동 1657-2
한림빌딩 301 호

전 화 : 02-3486-9277
팩 스 : 02-798-5537

1. 개명허가 신청서를 작성 및 제출 하는 행위

2. 그리고 부대하는 사항일체.

2008. 05. 20.

위임인 이 민 정

송달장소 및 송달영수인 신고서

청구인 : 이 민 정(010-4530-7898)

위 사건에 관하여 청구인은 민사소송법제184조에 근거하여 청구인은 다음과같이 송달장소 및 송달영수인을 신고합니다.

-다 음-

청구인의 송달장소 및 송달영수인

송 달 장 소 : (137-070) 서울시 서초구 서초동 1657-2
한림빌딩301호

송달 영수인 : 정 택 근

위 청구인 이 민 정 (인)

수원지방법원 안산지원(호적비송과) 귀중

○○지방법원 ○○지원

결 정

사 건 2009호파2240 개명

신청인겸 이 ○ ○(□□□) (760203-2785481)

사건본인 주 소 ○○시 ○○구 신길동 1536-15

송달장소 서울 서초구 서초동1657-15

등록기준지 ○○시 ○○면 이곡리 135

주 문 ○○시 ○○동 53 가족관계등록부 중 사건본인○○○(□□□)

의 이름 ○○(□□)을 ○○(□□) 의로 개명하는것을 허가한다.

신청취지 주문과 같다.

이 유 이 신청은 그이유가 있다고 인정되므로 주문과 같이 결정한다.

2008 . 3. 15.

판 사 조 은 ○

이 결정 등본을 받은날부터 1개월 이내에 등록기준지 또는 주소지 시 읍 면사무소에 신고하여야 합니다.(다만, 구를 둔 시의 경우에는 구청에 신고하여야합니다.) 위 기간 내에 신고하지 아니한 때에는 5만원 이하의 과태료에 처해질수 있습니다.

사례16. 지극히 촌스러운 이름이고, 옛날 전근대적인 이름으로 현대적으로 개명하는 경우

개 명 허 가 신 청 서

사건본인 구 흥 순
(전화:010-4290-7894)

인 지 금 1,000원
송달료 금 15,200원

서울서부지방법원(호적비송과) 귀중

개 명 허 가 신 청 서

신청인 겸 사건본인 구 흥 순(具 興 順)
생년월일 : 1964년 09월 11일(640911-7808513)
등록기준지 : 경북 구미시 산동면 백현리 507번지
주 소 : 서울시 은평구 신사동 39-29 건우빌라 건우퍼스트빌 2층
송달장소 : 서울시 서초구 서초동 1657-2 한림빌딩 301호

신 청 취 지

경북 구미시 산동면사무소에 비치된 백현리 507번지의 가족관계등록부 중 신청인 겸 사건본인의 이름 "흥 순(興 順) "을 "채 영(采 盈) "으로 개명할 것을 허가한다. 라는 결정을 구합니다.

신 청 이 유

1. 위 신청인은 1964. 09. 11. 경남 의창군 대산면 제동리 402번지에서 부(父) 구경모와 모(母) 정말임의 자녀로 출생하였습니다.
신청인의 부모님은 신청인을 출산한 후 이름을 "흥 순(興 順) "이라고 작명하여 1968년 10월 16일 출생신고를 하였습니다.

2. 신청인은 어렸을 때부터 촌스러운 이름 때문에 개명에 대한 간절한 바램을 갖고 있었습니다. 신청인의 이름 '구흥순' 의 '순(順)' 자가 촌스럽고 옛날이름 같은 느낌을 많이 주기 때문에 친구들에게 놀림을 많이받았습니다. 이제는 성년이 되었지만, 이름으로 인한 정신적 고통이 지속되

고 있고,처음 본 상대방에게 본인을 소개하는 자리가 너무 부담스러우며 의기소침해 지는 등 성년이 되어서도 이름으로 인한 불편이 너무 큽니다. 신청인은 '지금껏 살아왔는데 그냥 살지..' 하는 생각도 안 해본 것이 아닙니다. 너무 촌스럽고 치욕감을 주는 이름이지만 부모님이 주신 이름이기에 참고 견뎌볼 노력도 했습니다. 하지만 신청인이 이름으로 인한 스트레스를 참고 견디기엔 그 어려움이 너무나 커서 늦었지만 개명을 간절히 원하며 신청하게 되었습니다.

3. 신청인은 본의 아니게 혼인에 실패를 하여 많은 충격과 스트레스를 받았고, 지인의 권유로 잘 아는 철학관을 찾아가 물어보니 신청인의 이름 '흥 순' 이 성명학적 뜻과 풀이가 이혼과 깊은 관련이 있고, 앞으로 한 번 더 이혼을 할 수 있는 이름이라고 하여 신청인은 너무 놀랐습니다. 그 이후 앞으로의 삶이 걱정이 되고 자신감을 상실하는 등 사회생활에도 장애가 생겨 개명에 대한 고민을 하지 않을 수 없었습니다. 신청인은 원래 철학이니 역학이니 하는 것들은 미신이라고 생각하여 좋게 생각하고 있지 않았지만, '구흥순' 이라는 이름으로 생활하게 되면 이름도 뜻도 좋지 않다고 하여, 신청인의 장래에 안 좋은 일들이 생기지 않을까 많은 걱정이 되고, 이것으로 불행하게 될 것이 두려워 아는 사람의 소개로 철학관을 찾아가 신청인의 이름(흥순)을 바꾸고 싶다고 하였더니, '흥 순(興 順)' 이란 이름을 '채 영(采 盈)' 이라고 작명해 주었습니다.

4. 사람의 이름이 사회적으로 미치는 영향 등으로 인하여 누구나 쉽게 개명을 허락한다면 사회적 혼란이 생길 수 있는 염려가 있음을 모르는 바 아니지만, 신청인은 범죄 전력이 전혀 없는 사람으로서 개명을 허락하여 주신다면 이름에서 오는 혼란에서 벗어나 더욱 새롭게 본연의 이름이 주는 의미 그대로 살 수 있다고 굳게 믿고 있습니다. 뜻하는 바를 이룰 수 있도록 도와주시기를 부탁드립니다.

5. 존경하는 판사님, 신청인은 청각장애인으로 개명에 대한 강한 의지하나로 신청하게 되었습니다. 부디 판사님께서 청각장애인의 애환을 고루 살펴주시기를 간절히 바라며, 요즘 같은 과학문명이 발달된 시대에 족보상 항렬자로 고민하거나 성명철학(작명)운운 무슨 소리를 하느냐고 하실지 모르나 신청인은 살아오면서 이름이 갖는 의미를 굳게 믿고 있습니다. 개명은 신청인이 어렸을 때부터 간절히 바래온 바램이었고, 이번에 반드시 이름을 바꾸어 자신감 넘치는 생활을 하고 싶습니다.

그러므로 위에 적은 바와 같이 이름에 대한 정신적 , 육체적 고통을 깨끗이 덜기 위하여 신청취지 와 같이 개명허가를 얻고자 이건 신청에 이르렀습니다.

첨 부 서 류

1. 가족관계증명서 1통
1. 기본증명서 1통
1. 주민등록등본 1통
1. 인우보증서 1통
1. 감명서 1통

2008년 09월 23일

신청인 구 흥 순

서울서부지방법원(호적비송과) 귀중

인 우 보 증 서

신청인　　구 흥 순(具 興 順)
생년월일 : 1964년 09월 11일(640911-7808513)
등록기준지 : 경북 구미시 산동면 백현리 507번지
주　　　소 : 서울시 은평구 신사동 39-29
건우빌라 건우퍼스트빌 2층

상기자의 위 신청사건에 대한 신청 이유에 기재된 내용이 틀림없음을 보증합니다.

만일 훗일에 사실이 허위라는 것이 발견되면 법적 책임을 지겠기에 이에 보증합니다.

첨 부 서 류

1. 보증인들의 주민등록등본 각 1통

2008. 09. 23.

보증인 성　　　　명: 조 정 환
주민등록번호: 500012-7847911
주　　　　소: 서울특별시 마포구 연남동 480-18

보증인 성　　　　명: 신 송 철
주민등록번호: 581010-7843411
주　　　　소: 서울특별시 강서구 화곡동 961-27
별장그린빌라302호

위 임 장

법무사 정 택 근
서울특별시 서초구 서초동 1657-2
한림빌딩 301호

전화 : 02-3486-9200
팩스 : 02-798-5537

1. 개명허가 신청서를 작성 및 제출하는 행위

2. 그리고 위에 부대하는 사항일체.

2008. 09. 23.

위임인 구 흥 순

송달장소 및 송달영수인 신고서

청구인 : 구 흥 순(010-4290-7854)

위 사건에 관하여 청구인은 민사소송법제184조에 근거하여 청구인은 다음과같이 송달장소 및 송달영수인을 신고합니다.

-다 음-

청구인의 송달장소 및 송달영수인

송 달 장 소 : (137-881) 서울시 서초구 서초동 1657-2
한림빌딩 301호

송달 영수인 : 정 택 근

위 청구인 구 흥 순 (인)

서울서부지방법원(호적비송과) 귀중

○ ○ 지방법원

결　　　정

사　　건　2009호파2240　개명

신청인겸　구 ○ ○(□□□) (760203-2785481)

사건본인　주　　소 ○○시 ○○구 신길동 1536-15

송달장소 서울 서초구 서초동1657-15

등록기준지 ○○시 ○○면 이곡리 135

주　　문　○○시 ○○동 53 가족관계등록부 중 사건본인○○○(□□□)의 이름 ○○(□□)을 ○○(□□) 의로 개명하는것을 허가한다.

신청취지　주문과 같다.

이　유 이 신청은 그이유가 있다고 인정되므로 주문과 같이 결정한다.

2008 . 3. 15.

판 사　조　은　○

이 결정 등본을 받은날부터 1개월 이내에 등록기준지 또는 주소지 시 읍 면사무소에 신고하여야 합니다.(다만, 구를 둔 시의 경우에는 구청에 신고하여야합니다.) 위 기간 내에 신고하지 아니한 때에는 5만원 이하의 과태료에 처해질수 있습니다.

개 명 허 가 신 청 서

사건본인 김 복 순
(전화:010-7567-3434)

인 지금 1,000원
송달료금 15,200원

서울서부지방법원(호적비송과) 귀중

개 명 허 가 신 청 서

신청인 겸 사건본인 김 복 순(金 福 順)
생년월일 : 1947년 08월 03일(470803-7837517)
등록기준지 : 서울시 종로구 종로5가 37번지
주 소 : 서울시 마포구 망원동 465-28
송달장소 : 서울시 서초구 서초동 1657-2 한림빌딩 301호

신 청 취 지

서울시 종로구 종로5가 동사무소에 비치된 37번지 가족관계등록부 중 신청인 겸 사건본인의 이름 "복 순(福 順)"을 "희 선(希 鮮)"으로 개명할 것을 허가한다. 라는 결정을 구합니다.

신 청 이 유

1. 위 신청인은 1947. 08. 03. 서울시 종로구 종로5가 37번지에서 모(母) 김명숙의 자녀로 출생하였습니다.

신청인의 부모님은 신청인을 출산한 후 이름을 "복 순(福 順)"이라고 작명하여 1947년 08월 03일 출생신고를 하였습니다.

2. 신청인은 어렸을 때부터 촌스러운 이름 때문에 개명에 대한 간절한 바램을 갖고 있었습니다. 그래서 오래전부터 사실상 '희선' 이라는 이름으로 불려져왔습니다(결혼식사진 첨부). 신청인은 지금까지 '희선' 이라는 이름을 사용하고 있지만 개명에 대해 무지하여 신청이 조금 늦어졌습니다.

3. 신청인의 호적상의 이름 '복순' 은, 신청인의 일상생활 및 사회생활에 많은 어려움을 가져왔습니다. 병원, 은행, 학원 등에서 신청인의 이름이 '희선' 이 아닌 '복순' 으로 호명될 때면, 얼굴이 빨갛게 달아오르고 이로 인한 치욕감 및 불쾌함은 이루 말할 수 없을 정도입니다. 또한 얼마 전에는 '달콤한 인생' 이라는 드라마에 '복순' 이라는 애완견이 출연하여 적지 않은 모욕감마저 들곤 했습니다. 신청인은 '지금껏 살아왔는데 그냥 살지..' 하는 생각도 안 해본 것이 아닙니다. 너무 촌스럽고 치욕감을 주는 이름이지만 부모님이 주신 이름이기에 참고 견뎌볼 노력도 했습니다. 하지만 신청인은 예전부터 호적상의 이름과 다른 이름으로 생활하였고, 신청인이 이름으로 인한 스트레스를 참고 견디기엔 그 어려움이 너무나 커서 늦었지만 개명을 간절히 원하며 신청하게 되었습니다.

4. 사람의 이름이 사회적으로 미치는 영향 등으로 인하여 누구나 쉽게 개명을 허락한다면 사회적 혼란이 생길 수 있는 염려가 있음을 모르는 바 아니지만, 신청인은 범죄 전력이 전혀 없는 사람으로서 개명을 허락하여 주신다면 이름에서 오는 혼란에서 벗어나 더욱 새롭게 본연의 이름이 주는 의미 그대로 살 수 있다고 굳게 믿고 있습니다. 뜻하는 바를 이룰 수 있도록 도와주시기를 부탁드립니다.

5. 존경하는 판사님..요즘 같은 과학문명이 발달된 시대에 족보상 항렬자로 고민하거나 성명철학(작명)운운 무슨 소리를 하느냐고 하실지 모르나 신청인은

살아오면서 이름이 갖는 의미를 굳게 믿고 있습니다. 개명은 신청인이 어렸을 때부터 간절히 바래온 바램이었고, 이번에 반드시 이름을 바꾸어 자신감 넘치는 생활을 하고 싶습니다.

그러므로 위에 적은 바와 같이 이름에 대한 정신적 , 육체적 고통을 깨끗이 덜기 위하여 신청취지 와 같이 개명허가를 얻고자 이건 신청에 이르렀습니다.

첨 부 서 류

1. 가족관계증명서 1통
1. 기본증명서 1통
1. 인우보증서 1통
1. 주민등록등본 1통
1. 신청인의 결혼사진

2008년 07월 25일

신청인 김 복 순

서울서부지방법원(호적비송과) 귀중

인 우 보 증 서

신청인　김 0 0 (具 興 順)

생년월일 : 1964년 09월 11일(640911-7808513)

등록기준지 : 경북 구미시 산동면 백현리 507번지

주　　소 : 서울시 은평구 신사동 39-29

건우빌라 건우퍼스트빌 2층

상기자의 위 신청사건에 대한 신청 이유에 기재된 내용이 틀림없음을 보증합니다.

만일 훗일에 사실이 허위라는 것이 발견되면 법적 책임을 지겠기에 이에 보증합니다.

첨 부 서 류

1. 보증인들의 주민등록등본 각 1통

2008. 09. 23.

보증인　성　　명: 0 0 0

주민등록번호: 500012-7847911

주　　소: 서울특별시 마포구 연남동 40-18

보증인　성　　명: 0 0 0

주민등록번호: 581010-7843411

주　　소: 서울특별시 강서구 화곡동 91-27

별장그린빌라302호

송달장소 및 송달영수인 신고서

청구인 : 김 동 천(010-9159-9980)

위 사건에 관하여 청구인은 민사소송법제184조에 근거하여 청구인은 다음과같이 송달장소 및 송달영수인을 신고합니다.

- 다 음-

청구인의 송달장소 및 송달영수인

송 달 장 소 : (137-881) 서울시 서초구 서초동 1657-2 한림빌딩 301호
송달 영수인 : 정 택 근

위 청구인 김 동 천 (인)

춘천지방법원 강릉지원(호적비송과) 귀중

위 임 장

법무사 정 택 근
서울특별시 서초구 서초동 1657-2
한림빌딩 301호

전화 : 02-3486-9200
팩스 : 02-798-5537

1. 개명허가 신청서를 작성 및 제출하는 행위

2. 그리고 위에 부대하는 사항일체.

2008. 09. 23.

위임인 김 0 0

○○지방법원 ○○지원

결　　정

사　　건　　2009호파2240　　개명

신청인겸　　김 ○ ○(□□□) (760203-2785481)

사건본인　　주　　소 ○○시 ○○구 신길동 1536-15

송달장소 서울 서초구 서초동1657-15

등록기준지 ○○시 ○○면 이곡리 135

주　　문　○○시 ○○동 53 가족관계등록부 중 사건본인○○○(□□□)

의 이름 ○○(□□)을 ○○(□□) 의로 개명하는것을 허가한다.

신청취지　　주문과 같다.

이　　유 이 신청은 그이유가 있다고 인정되므로 주문과 같이 결정한다.

2008 . 3. 15.

판　사　　조　　은　　○

이 결정 등본을 받은날부터 1개월 이내에 등록기준지 또는 주소지 시 읍 면사무소에 신고하여야 합니다.(다만, 구를 둔 시의 경우에는 구청에 신고하여야합니다.) 위 기간 내에 신고하지 아니한 때에는 5만원 이하의 과태료에 처해질수 있습니다.

개 명 허 가 신 청

신 청 인 김 만 수

법정대리인 父 김 영 근

母 장 선 자

인 지 금 1,000원

송달료 금 15,200원

수 원 지 방 법 원 귀 중

개 명 허 가 신 청

사건 본인 및 신청인　김　만　수 (金 晩 洙)
서기 1998년 10월 25일생
본 적 : 수원시 팔달구 매탄동 990
주 소 : 수원시 팔달구 영통동 1054-3
황골마을 신명아파트 201-707

위 사건의 본인 및 신청인 김만수는 미성년자이므로

법정대리인인
친권자 부(父)　김　영　근 (金 永 根)
서기 1968년 3월 7일생
본적 및 주소 : 위와 같은 곳

친권자 모(母)　장　선　자 (張 善 子)
서기 1970년 3월 17일생
본적 및 주소 : 위와 같은 곳

신 청 취 지

수원시 팔달구 매탄동 990번지 동사무소에 비치한 호주 김영근(金永根)의 호적 중 사건 본인의 이름 「만수(晩洙)」를 「민수(敏洙)」로 개명할 것을 허가한다. 라는 재판을 구함.

신 청 이 유

1. 사건본인은 (부) 김영근과 (모) 장선자 사이에서 1998. 12. 25. 출생하여 1999. 1. 11. 출생신고를 하였습니다.

2. 사건본인의 출생당시 조부인 김복현께서 손자의 으름을 직접 작명하여 가져오셔서 사건본인의 (부)김영근은 이를 거역할 수 없어 조부께서 작명하신「만수(晩洙)」로 출생신고를 하였던 것입니다.

3. 그런데, 사건본인의 이름자 출생신고시 부터 사건본인의 (모)장선자 는 「만수(晩洙)」란 이름이 촌스럽고, 더욱이 사건본인이 성장시 놀림의 대상이 된다고「민수(敏洙)」로 호명하여 왔고, 사건본인은 현재 유치원에 재원 중에 있는 바, 친구들 역시 「민수 (敏洙)」로 호명하고 있습니다.

4. 그렇다면, 사건본인이 현재는 유년기에 있으나 앞으로 성장하면서 2 개의 이름자가 있음을 알고 성장기에 혼돈 및 호적상 이름자로 인한 놀림 등으로 정서상 장애를 유발할 소지가 다분한 바, 아직 호적상 이름자를 모를 때인 지금 사실상 호명하는 이름자「민수(敏洙)」개명코저 본 신청에 이른 것이오니, 이점 헤아려 허가하여 주시옵길 신청합니다.

첨 부 서 류

1. 호적등본
2. 주민등록등본
3. 작명서
4. 유치원상장
5. 인우보증서

2001. 6 . .

위 신청인 김 만 수
법정대리인 父 김 영 근
母 장 선 자

수 원 지 방 법 원 귀 중

인 우 보 증 서

신청인　　김 0　0 (具 興 順)
생년월일 : 204년 02월 11일(640911-7808513)
등록기준지 : 경북 구미시 산동면 백현리 507번지
주　　　소 : 서울시 은평구 신사동 39-29
건우빌라 건우퍼스트빌 2층

상기자의 위 신청사건에 대한 신청 이유에 기재된 내용이 틀림없음을 보증합니다.
만일 훗일에 사실이 허위라는 것이 발견되면 법적 책임을 지겠기에 이에 보증합니다.

첨 부 서 류

1. 보증인들의 주민등록등본 각 1통

2010. 02. 23.

보증인　성　　　명: 조 정 환
주민등록번호: 500012-7847911
주　　　소: 서울특별시 마포구 연남동 480-18
보증인　성　　　명: 신 송 철
주민등록번호: 581010-7843411
주　　　소: 서울특별시 강서구 화곡동 961-27
별장그린빌라302호

송달장소 및 송달영수인 신고서

청구인 : 김 ○○(010-9159-9980)

위 사건에 관하여 청구인은 민사소송법제184조에 근거하여 청구인은 다음과같이 송달장소 및 송달영수인을 신고합니다.

-다 음-

청구인의 송달장소 및 송달영수인

송 달 장 소 : (137-881) 서울시 서초구 서초동 1657-2 한림빌딩 301호
송달 영수인 : 정 택 근

위 청구인 김 동 천 (인)

춘천지방법원 강릉지원(호적비송과) 귀중

위 임 장

법무사 정 택 근
서울특별시 서초구 서초동 1657-2
한림빌딩 301호

전화 : 02-3486-9200
팩스 : 02-798-5537

1. 개명허가 신청서를 작성 및 제출하는 행위

2. 그리고 위에 부대하는 사항일체.

2008. 09. 23.

위임인 김 0 0

○○지방법원 ○○지원

결 정

사 건 2009호파2240 개명

청구인겸 김 ○ ○(□□□) (760203-2785481)

사건본인 주 소 ○○시 ○○구 신길동 1536-15

송달장소 서울 서초구 서초동1657-15

등록기준지 ○○시 ○○면 이곡리 135

주 문 ○○시 ○○동 53 가족관계등록부 중 사건본인○○○(□□□)의 이름 ○○(□□)을 ○○(□□) 의로 개명하는것을 허가한다.

신청취지 주문과 같다.

이 유 이 신청은 그이유가 있다고 인정되므로 주문과 같이 결정한다.

2008 . 3. 15.

판 사 조 은 ○

이 결정 등본을 받은날부터 1개월 이내에 등록기준지 또는 주소지 시 읍 면사무소에 신고하여야 합니다.(다만, 구를 둔 시의 경우에는 구청에 신고하여야합니다.) 위 기간내에 신고하지 아니한 때에는 5만원 이하의 과태료에 처해질수 있습니다.

사례17. 유명인과 동명이인(同名異人)으로 놀림감이 되거나 이미지변경의 필요성 개명

개 명 허 가 신 청

신 청 인　　　신　동　엽

법정대리인 父　신　두　영

母　이　지　연

인 지 금 1,000원
송달료 금 15,200원

수원지방법원 성남지원　귀 중

개 명 허 가 신 청

사건 본인 및 신청인　　신　동　엽 (申 東 燁)

서기 1994년 10월 24일생

본 적 : 서울시 양천구 목동 902

주 소 : 경기 성남시 분당구 수내동 36

양지마을 202-902

위 사건의 본인 및 신청인 신동엽은 미성년자이므로

법정대리인인　　친권자 부(父)　신 두 영 (申 斗 泳)

서기 1956년 11월 26일생

본적 및 주소 : 위와 같은 곳

친권자 모(母)　이　지　연 (李 芝 娟)

서기 1967년9월 20일생

본적 및 주소 : 위와 같은 곳

신　청　취　지

서울시 양천구 목동 902번지 양천구청에 비치한 호주 신두영(申斗泳)의 호적 중 사건 본인의 이름 「동엽(東燁)」을 「인범(仁範)」으로 개명할 것을 허가한다.

라는 재판을 구함.

신 청 이 유

1. 사건본인은 (부) 신두영과 (모) 이지연 사이에서 1994. 9. 24. 출생하여 1994. 10. 13. 출생신고를 하였습니다.

2. 사건본인의 출생당시 조부인 신현충께서 아들손자라고 이름을 돌림자인 「동엽(東燁)」으로 직접 작명하여 가져오셔서 사건본인의 (부)신두영은 이를 거역할 수 없어 조부께서 작명하신 「동엽(東 燁)」으로출생신고를 하였던 것입니다.

3. 그런데, 사건본인은 유치원에 다니면서 친구들로부터 개그맨 신동엽과 이름자가 같아서 놀림감이 되고, 코미디를 해보라는 등의 식으로 괴롭힘을 당하자, 유치원에 가기 싫다고 하는 등 정서적 장애가 생겨 할 수 없이 1999년 「인범(仁範)」으로 다시 작명하여 호명하여 왔고, 사건본인은 현재 성남시 분당구 초림동에 위치한 분당초림초등학교 2학년에 재학 중에 있는 바, 친구들은 물론 선생님까지도 사건본인의 호적상 이름자인 「동엽(東燁)」으로 호명치 않고, 「인범(仁範)」으로 호명하고 있습니다.

4. 그렇다면, 사건본인이 현재는 유년기에 있으나 앞으로 성장하면서 2 개의 이름자가 있음을 알고 성장기에 혼돈 및 호적상 이름자로 인한 놀림 등으로 정서상 장애를 유발할 소지가 다분한 바, 사실상 호명하는 이름자 「인범(仁範)」으로 개명코저 본 신청에 이른것이오니, 이점 헤아려 허가하여 주시옵길 신청합니다.

첨 부 서 류

1. 호적등본 1통
2. 주민등록등본 1통
3. 작명서 1통
4. 사실확인서 1통
5. 인우보증서 1통
6. 수학평가시험지 외 기타

2009. 7 . .

위 신청인 신 동 엽

법정대리인 父 신 두 영

母 이 지 연

수원지방법원 성남지원 귀 중

위 임 장

법무사 정 택 근
서울특별시 서초구 서초동 1657-2
한림빌딩 301호

전화 : 02-3486-9200
팩스 : 02-798-5537

1. 개명허가 신청서를 작성 및 제출하는 행위

2. 그리고 위에 부대하는 사항일체.

2008. 09. 23.

위임인 신 0 0

송달장소 및 송달영수인 신고서

청구인 : 신 ○ ○ (010-9159-9980)

위 사건에 관하여 청구인은 민사소송법제184조에 근거하여 청구인은 다음과같이 송달장소 및 송달영수인을 신고합니다.

-다 음-

청구인의 송달장소 및 송달영수인

송 달 장 소 : (137-881) 서울시 서초구 서초동 1657-2 한림빌딩 301호
송달 영수인 : 정 택 근

위 청구인 김 동 천 (인)

춘천지방법원 강릉지원(호적비송과) 귀중

인 우 보 증 서

신청인　　신 ○○ (□□□)
생년월일 : 204년 02월 11일(640911-7808513)
등록기준지 : 경북 구미시 산동면 백현리 507번지
주　　　소 : 서울시 은평구 신사동 39-29
건우빌라 건우퍼스트빌 2층

상기자의 위 신청사건에 대한 신청 이유에 기재된 내용이 틀림없음을 보증합니다.

만일 훗일에 사실이 허위라는 것이 발견되면 법적 책임을 지겠기에 이에 보증합니다.

첨 부 서 류

1. 보증인들의 주민등록등본 각 1통

2010. 02. 23.

보증인　성　　　명: 조 정 환
주민등록번호: 500012-7847911
주　　　소: 서울특별시 마포구 연남동 480-18

보증인　성　　　명: 신 송 철
주민등록번호: 581010-7843411
주　　　소: 서울특별시 강서구 화곡동 961-27
별장그린빌라302호

○○지방법원 ○○지원

결　　　정

사　　건　　2009호파2240　　개명

신청인겸　신 ○ ○(□□□) (760203-2785481)

사건본인　　주　　소 ○○시 ○○구 신길동 1536-15

송달장소 서울 서초구 서초동1657-15

등록기준지 ○○시 ○○면 이곡리 135

주　　문　○○시 ○○동 53 가족관계등록부 중 사건본인○○○(□□□)

의 이름 ○○(□□)을 ○○(□□) 의로 개명하는것을 허가한다.

신청취지　　주문과 같다.

이　　유 이 신청은 그이유가 있다고 인정되므로 주문과 같이 결정한다.

2008 . 3. 15.

판　사　　조　　은　　○

이 결정 등본을 받은날부터 1개월 이내에 등록기준지 또는 주소지 시 읍 면사무소에 신고하여야 합니다.(다만, 구를 둔 시의 경우에는 구청에 신고하여야합니다.) 위 기간 내에 신고하지 아니한 때에는 5만원 이하의 과태료에 처해질수 있습니다.

사례18. <u>족보상 항렬자</u>와 불일치한 부분을 바르게 교정하기 위한 경우

개 명 허 가 신 청 서

사건본인 김 선 욱
(전화:016-847-2723)

인 지 금 1,000원
송달료 금 15,200원

서울동부지방법원(호적비송과) 귀중

개 명 허 가 신 청 서

등록기준지　경상남도 밀양시 00동 423
주　　　소　서울시 영등포구 영등포동 1-1 신영아파트 104-406

신청인 겸 사건본인　　김　선　욱 (金 善 煜)
　　　　　　　　　　　2007년 12월 9일생

법정대리인 친권자　부　김　0　0 (金 0 0)
　　　　　　　　　　　1967년 8월 2일생
　　　　　　　　　모　최　0　0 (崔 0 0)
　　　　　　　　　　　1969년 1월 15일생

법정대리인의 주소　서울시 영등포구 영등포동 1-1 신영아파트 104-406
　　　　　　　　　　(전화 010-5652-7899)
송 달 장 소　　　　서울시 서초구 서초동 1657-2 한림빌딩 301호

신　청　취　지

경상남도 밀양시청에 비치된 00동 423 본인 김선욱(金善煜)의 가족관계등록부 중 신청인 겸 사건본인의 이름 "선욱(善煜)"을 "선욱(善旭)"으로 개명하는 것을 허가한다.

라는 결정을 구합니다.

신 청 이 유

1. 신청인 겸 사건본인 김선욱은 2007년 12월 9일 부 김00과 모 최00 사이에 장남 태어났습니다.

2. 태어날 당시 사건본인의 이름을 부산에 사시는 사건본인의 할아버지께서 “착할선(善)”과 “빛날욱(旭)”으로 해서 “선욱(善旭)”이라고 지어주셨습니다. 그러나 이를 서울에 있는 사건본인의 부에게 전화상으로 알려주었는 데 음과 뜻이 같은 ‘빛날욱’ 이라는 한자가 두가지가 있는 줄 모르고 신고인의 착오로 인하여 이름 끝자인 “旭”(빛날욱)자를 음과 뜻이 같은 또 다 른 “煜”(빛날욱)자로 출생신고서에 잘못 기재하여 가족관계증명서상에는 “선욱(善煜)”으로 등재되게 되었습니다.

3. 사건본인이 성인이 되어서 개명을 하고자 한다면 어렵고 불편한 점이 한두가지가 아닐 것입니다. 사건본인은 출생한지 이제 2개월 반밖에 안되었습니다. 사건본인은 신고인의 작은 실수로 집안에서 의도하지 않은 이름을 가지고 살아가게 되었습니다.

따라서 이러한 사정을 참작하시어 사건본인의 당초에 지었던 이름으로 개명을 허가하여 주시기 바랍니다.

첨 부 서 류

1. 가족관계증명서 1통
1. 기본증명서 1통
1. 주민등록등본 1통
1. 인우인보증서 1통
1. 인우인의 주민등록등본 1통

2008. 3. .

위 신청인 김 선 욱

법정대리인 친권자 부 김 0 0 (인)
모 최 0 0 (인)

서울북부지방법원 귀중

위 임 장

법무사 정 택 근
서울특별시 서초구 서초동 1657-2
한림빌딩 301호

전화 : 02-3486-9200
팩스 : 02-798-5537

1. 개명허가 신청서를 작성 및 제출하는 행위

2. 그리고 위에 부대하는 사항일체.

2008. 09. 23.

위임인 김 0 0

송달장소 및 송달영수인 신고서

청구인 : 김 ○ ○ (010-9159-9980)

위 사건에 관하여 청구인은 민사소송법제184조에 근거하여 청구인은 다음과같이 송달장소 및 송달영수인을 신고합니다.

- 다　음-

청구인의 송달장소 및 송달영수인

송 달 장 소 : (137-881) 서울시 서초구 서초동 1657-2 한림빌딩 301호
송달 영수인 : 정 택 근

위 청구인 김 동 천 (인)

춘천지방법원 강릉지원(호적비송과)　　　귀중

인 우 보 증 서

신청인　김 ○○ (□□□)
생년월일 : 204년 02월 11일(640911-7808513)
등록기준지 : 경북 구미시 산동면 백현리 507번지
주　　소 : 서울시 은평구 신사동 39-29
건우빌라 건우퍼스트빌 2층

상기자의 위 신청사건에 대한 신청 이유에 기재된 내용이 틀림없음을 보증합니다.
만일 훗일에 사실이 허위라는 것이 발견되면 법적 책임을 지겠기에 이에 보증합니다.

첨 부 서 류

1. 보증인들의 주민등록등본 각 1통

2010. 02. 23.

보증인　성　　명:
주민등록번호: 500012-7847911
주　　소: 서울특별시 마포구 연남동 480-18

보증인　성　　명:
주민등록번호: 581010-7843411
주　　소: 서울특별시 강서구 화곡동 961-27
별장그린빌라302호

○○지방법원 ○○지원

결 정

사 건 2009호파2240 개명

신청인겸 김 ○ ○(□□□) (760203-2785481)

사건본인 주 소 ○○시 ○○구 신길동 1536-15

송달장소 서울 서초구 서초동1657-15

등록기준지 ○○시 ○○면 이곡리 135

주 문 ○○시 ○○동 53 가족관계등록부 중 사건본인○○○(□□□)의 이름 ○○(□□)을 ○○(□□) 의로 개명하는것을 허가한다.

신청취지 주문과 같다.

이 유 이 신청은 그이유가 있다고 인정되므로 주문과 같이 결정한다.

2008 . 3. 15.

판 사 조 은 ○

이 결정 등본을 받은날부터 1개월 이내에 등록기준지 또는 주소지 시 읍 면사무소에 신고하여야 합니다.(다만, 구를 둔 시의 경우에는 구청에 신고하여야합니다.) 위 기간 내에 신고하지 아니한 때에는 5만원 이하의 과태료에 처해질수 있습니다.

개 명 허 가 신 청

신청인 겸 사건본인　　이 향 옥

(전화 : 010-4520-0000)

첩용인지액　금　1,000원
송 달 료　　금 15,200원

서울가정법원 귀중

개 명 허 가 신 청 서

등록기준지 서울특별시 동대문구 00동 100번지
주 소 서울특별시 관악구 00동 1234 그린빌라 201

신청인 겸 사건본인 이 향 옥 (李 香 玉)
1959년 07월 29일생

신 청 취 지

등록기준지 서울특별시 동대문구 00동 100번지 본인 이향옥(李香玉)의 가족관계등록부 중 신청인 겸 사건본인의 이름 "향옥(香玉)"을 "미경(美經)"으로 개명하는 것을 허가한다.
라는 결정을 구합니다.

신 청 이 유

1. 신청인 겸 사건본인은 부 이00과 모 최00 사이에서 1959년 7월 29일 강원도 영월군 00리 100번지에서 2남 3녀 중 차녀로 태어났습니다.

2. 신청인이 태어나자 신청인의 조부께서 "미경(美經)"이라 는 이름을 지어 주셨습니다. 그러나 신청인과 같은 달에 태어난 외사촌이 있었는데 출생 신고를 동시에 하게된 외할어머니께서는 신청인의 조부가 이름

을 지어 주신 사실을 모르고 "향옥(香玉)"이라고 출생신고를 하였습니다. 당시 외할머니께서는 신청인의 친언니의 이름이 "향경"이어서 "향"자 돌림이라 착오하시었고 또 외사촌들의 돌림자가 "향"자 이어서 "향옥"이라고 출생신고를 하였던 것입니다. 그래서 집에서는 "미경"으로 불리고 학교에서는 "향옥"이라는 이름을 쓰게 되었습니다.

어렸을 때부터 학교에서는 "향옥"이라는 이름이 기생이름 같다하여 친구들의 놀림을 받기도 했습니다.그래서 신청인은 "향옥"이라는 이름이 더더욱싫었고 "미경"이라는 이름이 좋아사회생활 하면서도 계속 이이름을 사용하게 되었습니다.

3. 오래전에 철학관에 갔었는데 신청인의 "향옥"이라는 이름이 안 좋아 나쁜 일만 생길 거라는 말을 듣고는 호적상이름일 뿐이고 실생활에서는 사용하지도 않아서 그런 말을 무시하고 살았었습니다. 그러나 막상 전남편이사업에 크게 실패하게 됐고, 이혼을 하는 등 안 좋은 일만 겹치니까 정말 이름 탓이 아닌가 하는 생각이 들곤 했습니다. 이 후 몇차례 철학관에 찾아가서 장래운세를 보았는데, 한 결 같이 이름이 나빠서 안 좋은 일만 생길 거라는 말만 들었습니다.

4. 또한 신청인 가계의 족보상 아버지 항렬은 이름 첫 글자가 "정(正)"자 돌림자이고 신청인의 사촌들의 항렬은 이름 끝 자가 "경(經)"자가 돌림입니다. 신청인의 언니는 "향경"이고 사촌·육촌형제들도 몇 명을 빼고는 대부분 "경(經)"자가 돌림입니다.

따라서 신청인의 이름을 애초에 조부께서 항렬자에 맞추어 지워주신 "경(經)"자 돌림으로 바꾸고자 합니다.

5. 지금껏 신청인은 호적상 이름 "향옥"과 실제로 불리어지는 이름 "미경"이 란 두 가지 이름으로 인하여 항상 마음속으로 부담을 느껴왔고 사회생활

하는데 불편한 점이 한 두 가지가 아니었습니다.

위와 같은 사정으로 신청인은, "향옥 "이라는 가족관등록부상의 이름에서 벗어나 실제 호칭하여 사용하고 있는 "미경 "으로 금번에 개명코자 이 건 신청을 하오니 신청취지와 같이 허가하여 주시기를 간절히 바라옵니다.

첨 부 서 류

1. 가족관계증명서, 기본관계증명서, 혼인관계증명서 각 1통
1. 제적등본 1통
1. 주민등록등본 1통
1. 족보사본 1통
1. 각종 영수증 등 사본 1통
1. 인우인보증서 1통
1. 인우인의 주민등록등본 2통

2008. 4. 8.

위 신청인 이 향 옥 (인)

서울가정법원 귀중

위 임 장

법무사 정 택 근
서울특별시 서초구 서초동 1657-2
한림빌딩 301호

전화 : 02-3486-9200
팩스 : 02-798-5537

1. 개명허가 신청서를 작성 및 제출하는 행위

2. 그리고 위에 부대하는 사항일체.

2008. 09. 23.

위임인 이 0 0

송달장소 및 송달영수인 신고서

청구인 : 이 ○ ○ (010-9159-9980)

위 사건에 관하여 청구인은 민사소송법제184조에 근거하여 청구인은 다음과같이 송달장소 및 송달영수인을 신고합니다.

- 다 음-

청구인의 송달장소 및 송달영수인

송 달 장 소 : (137-881) 서울시 서초구 서초동 1657-2 한림빌딩 301호
송달 영수인 : 정 택 근

위 청구인 김 동 천 (인)

춘천지방법원 강릉지원(호적비송과) 귀중

인 우 보 증 서

신청인　신 ○○ (□□□)
생년월일 : 204년 02월 11일(640911-7808513)
등록기준지 : 경북 구미시 산동면 백현리 507번지
주　　소 : 서울시 은평구 신사동 39-29
건우빌라 건우퍼스트빌 2층

상기자의 위 신청사건에 대한 신청 이유에 기재된 내용이 틀림없음을 보증합니다.
만일 훗일에 사실이 허위라는 것이 발견되면 법적 책임을 지겠기에 이에 보증합니다.

첨 부 서 류

1. 보증인들의 주민등록등본 각 1통

2010. 02. 23.

보증인　성　　명: □□□
주민등록번호: 500012-7847911
주　　소: 서울특별시 마포구 연남동 480-18
보증인　성　　명: □□□
주민등록번호: 581010-7843411
주　　소: 서울특별시 강서구 화곡동 961-27
별장그린빌라302호

○○지방법원 ○○지원

결　　정

사　건　2009호파2240　개명

신청인겸　이 ○ ○(□□□) (760203-2785481)

사건본인　주　소 ○○시 ○○구 신길동 1536-15

송달장소 서울 서초구 서초동1657-15

등록기준지 ○○시 ○○면 이곡리 135

주　문　○○시 ○○동 53 가족관계등록부 중 사건본인○○○(□□□)의 이름 ○○(□□)을 ○○(□□) 의로 개명하는것을 허가한다.

신청취지　주문과 같다.

이　유 이 신청은 그이유가 있다고 인정되므로 주문과 같이 결정한다.

2008 . 3. 15.

판 사　조　은　○

이 결정 등본을 받은날부터 1개월 이내에 등록기준지 또는 주소지 시 읍 면사무소에 신고하여야 합니다.(다만, 구를 둔 시의 경우에는 구청에 신고하여야합니다.) 위 기간 내에 신고하지 아니한 때에는 5만원 이하의 과태료에 처해질수 있습니다.

3. 관련서류

- 인우보증서
- 개명신고서

인 우 보 증 서

사건본인 : (주민등록번호 -)
주 소 :
등록기준지 :

보증사항(보증내용을 상세히 기재할 것)

위의 사실이 틀림이 없으며 만일 후일에 본 건으로 인하여 문제가 있을 때에는 보증인등이 법적 책임을 지겠기에 이에 보증함.

20 년 월 일

보증인 : (인) (주민등록번호 -)
주 소 :
등록기준지 :

보증인 : (인) (주민등록번호 -)
주 소 :
등록기준지 :

***위 보증인들의 인감증명 또는 주민등록 등본을 첨부할 것.

개 명 신 고 서 (년 월 일)	※아래의 작성방법을 읽고 기재하시되 선택항목은 해당번호에 "○"으로 표시하여 주시기 바랍니다.

<table>
<tr><td rowspan="7">①
개
명
자</td><td rowspan="2">본 인
성 명</td><td colspan="4">현재의 이름</td><td colspan="4">②개명하고자 하는 이름</td></tr>
<tr><td>한글</td><td></td><td>한자</td><td></td><td>한글</td><td></td><td>한자</td><td></td></tr>
<tr><td>본(한자)</td><td colspan="3"></td><td colspan="2">주민등록번호</td><td colspan="3">-</td></tr>
<tr><td>등 록
기준지</td><td colspan="8"></td></tr>
<tr><td>주 소</td><td colspan="8"></td></tr>
<tr><td>부 모
성 명</td><td>부
(父)</td><td colspan="3"></td><td>모
(母)</td><td colspan="3"></td></tr>
<tr><td colspan="2">③허가일자</td><td colspan="4">년 월 일</td><td>법원명</td><td colspan="3"></td></tr>
<tr><td colspan="2">④기타사항</td><td colspan="8"></td></tr>
<tr><td rowspan="3">⑤
신
고
인</td><td>성 명</td><td colspan="4">㊞ 또는 서명</td><td>주민등록번호</td><td colspan="3">-</td></tr>
<tr><td>자 격</td><td colspan="8">1본인 2법정대리인 3기타(자격:)</td></tr>
<tr><td>주 소</td><td colspan="3"></td><td>전화</td><td></td><td>이메일</td><td colspan="2"></td></tr>
<tr><td>⑥ 제출인</td><td>성 명</td><td colspan="3"></td><td>주민등록번호</td><td colspan="4">-</td></tr>
</table>

작 성 방 법

※ 이 신고는 개명허가결정등본을 받은 날로부터 1개월 이내에 신고하여야 합니다.

①란 : 본인의 성명은 개명전 현재의 이름과 개명하고자 하는 이름을 나누어 기재합니 다.

②란 : 변경하고자 하는 이름(개명허가결정등본에 기재된 개명허가를 받은 이름)을 기재 하며, 한자가 없는 경우는 한글란에만 기재합니다.

③란 : 개명허가일자는 개명허가결정등본에 기재된 연월일을 기재합니다.

④란 : 가족관계등록부에 기록을 분명하게 하는데 특히 필요한 사항을 기재합니다.

⑤란 : 신고인의 성명은 개명전의 이름을 기재합니다.

⑥란 : 제출자(신고인 여부 불문)의 성명 및 주민등록번호 기재[접수담당공무원은 신분증과 대조]

첨 부 서 류

1. 개명허가결정등본 1부.
2. 신분확인[가족관계등록예규 제23호에 의함]
 - 신고인이 출석한 경우 : 신분증명서
 - 제출인이 출석한 경우 : 제출인의 신분증명서
 - 우편제출의 경우 : 신고인의 신분증명서 사본

4.준비서류(도표)

<table>
<tr><th colspan="2">서 류</th><th>부수</th><th colspan="2">준 비 사 항</th></tr>
<tr><td rowspan="6">필수서류</td><td>(본인) 기본증명서</td><td>1</td><td rowspan="3">주민번호는 모두 공개로 발급해야하고, 최근 3개월 이내의 것이어야 함</td><td rowspan="5">구청이나 읍,면,동사무소 에서 발급</td></tr>
<tr><td>(본인) 가족관계증명서</td><td>1</td></tr>
<tr><td>(본인) 주민등록등본</td><td>1</td></tr>
<tr><td>(아버지) 가족관계증명서</td><td>1</td><td rowspan="2">부모 사망시 제적등본으로 대체</td></tr>
<tr><td>(어머니) 가족관계증명서</td><td>1</td></tr>
<tr><td>(본인) 범죄경력조회서</td><td>1</td><td></td><td>경찰서 발급</td></tr>
<tr><td rowspan="4">기타서류</td><td>인우보증서 보증인 주민등록 등본</td><td>2</td><td colspan="2">보증인 2명의 주민등록 등본, 각각 1통 첨부
*보증인이 될 수 없는자 : 조부모, 부모, 배우자, 미성년자</td></tr>
<tr><td>(본인) 신분증사본</td><td>1</td><td colspan="2"></td></tr>
<tr><td>작명증서</td><td>1</td><td colspan="2">직접 작명시 A4용지에 한자, 음, 뜻을 기입</td></tr>
<tr><td>기타소명자료</td><td></td><td colspan="2">개명할 이름을 사용한 흔적 또는 개명사유를 증명할 만한 자료 (재직증명서, 졸업증명서, 명함 등..)</td></tr>
</table>

1. 필수서류는 개명신청시 반드시 제출해야 합니다. (법원에 따라 필수서류의 변동 있음)

2. 기본증명서와 가족관계증명서는 2008년도가 되면서 호주제 폐지로 호적등본 대신 만들어진 것으로 꼭 개명당사자의 것을 발급 받으셔야 합니다.

3. 기타서류는 필수는 아니지만 개명사유를 증명할 수 있는 서류입니다.

4. 사유에 따라서 준비서류는 달라지며 개명허가를 받는데 중대한 역할을 합니다.

별지부록

1. 관련법률
2. 개명허가신청사건 사무처리지침
3. 개명관련 예규 및 선례
4. 자주하는질문

1.관련법률

(1) 민 법

민법[시행 2009. 8. 9] [법률 제9650호, 2009. 5. 8, 일부개정]

제781조 (자의 성과 본)

①자는 부의 성과 본을 따른다. 다만, 부모가 혼인신고시 모의 성과 본을 따르기로 협의한 경우에는 모의 성과 본을 따른다.

②부가 외국인인 경우에는 자는 모의 성과 본을 따를 수 있다.

③부를 알 수 없는 자는 모의 성과 본을 따른다.

④부모를 알 수 없는 자는 법원의 허가를 받아 성과 본을 창설한다. 다만, 성과 본을 창설한 후 부 또는 모를 알게 된 때에는 부 또는 모의 성과 본을 따를 수 있다.

⑤혼인외의 출생자가 인지된 경우 자는 부모의 협의에 따라 종전의 성과 본을 계속 사용할 수 있다. 다만, 부모가 협의할 수 없거나 협의가 이루어지지 아니한 경우에는 자는 법원의 허가를 받아 종전의 성과 본을 계속 사용할 수 있다.

⑥자의 복리를 위하여 자의 성과 본을 변경할 필요가 있을 때에는 부, 모 또는 자의 청구에 의하여 법원의 허가를 받아 이를 변경할 수 있다. 다만, 자가 미성년자이고 법정대리인이 청구할 수 없는 경우에는 제777조의 규정에 따른 친족 또는 검사가 청구할 수 있다.

[전문개정 2005.3.31]

제908조의2 (친양자 입양의 요건 등)

①친양자(친양자)를 하려는 자는 다음 각호의 요건을 갖추어 가정법원에 친양자 입 양의 청구를 하여야 한다.

1. 3년 이상 혼인중인 부부로서 공동으로 입양할 것. 다만, 1년 이상 혼인중인 부부의 일방이 그 배우자의 친생자를 친양자로 하는 경우에는 그러하지 아니하다.
2. 친양자로 될 자가 15세 미만일 것

3. 친양자로 될 자의 친생부모가 친양자 입양에 동의할 것. 다만, 부모의 친권이 상실되거나 사망 그 밖의 사유로 동의할 수 없는 경우에는 그러하지 아니하다.

4. 제869조의 규정에 의한 법정대리인의 입양승낙이 있을 것

②가정법원은 친양자로 될 자의 복리를 위하여 그 양육상황, 친양자 입양의 동기, 양친(養親)의 양육능력 그 밖의 사정을 고려하여 친양자 입양이 적당하지 아니하다고 인정되는 경우에는 제1항의 청구를 기각할 수 있다.[본조신설 2005.3.31]

(2)가사소송법

가사소송법 제44조

(관할) 라류 가사비송사건은 다음 각 호의 가정법원이 관할한다.

1. 다음 각 목의 어느 하나에 해당하는 사건은 사건 본인의 주소지의 가정법원

가. 금치산·한정치산에 관한 사건

나. 실종에 관한 사건

다. 성(姓)과 본(本)의 창설에 관한 사건
라. 자녀의 종전 성과 본의 계속 사용에 관한 사건
마. 자녀의 성과 본의 변경에 관한 사건

2. 부재자의 재산관리에 관한 사건은 부재자의 마지막 주소지 또는 부재자의 재산이 있는 곳의 가정법원

3. 부부 사이의 재산약정의 변경에 관한 사건, 공동의 자녀에 대한 친권 행사방법의 결정사건은 제22조제1호부터 제3호까지의 가정법원

4. 입양, 친양자 입양 또는 파양에 관한 사건은 양자·친양자의 주소지 또는 양자·친양자가 될 사람의 주소지의 가정법원

5. 친권과 후견에 관한 사건(부부 사이의 공동의 자녀에 대한 친권 행사방법의 결정사건은 제외한다)은 미성년자인 자녀 또는 피후견인의 주소지의 가정법원
6. 상속에 관한 사건은 상속 개시지(開始地)의 가정법원
7. 유언에 관한 사건은 상속 개시지의 가정법원. 다만, 「민법」 제1070조제2항에 따른 유언의 검인(檢認) 사건은 상속 개시지 또는 유언자 주소지의 가정법원
8. 제1호부터 제7호까지에 해당되지 아니하는 사건은 대법원규칙으로 정하는 가정법원

제5절 성과 본에 관한 사건 <신설 2007.12.31>

제59조의2(관계자의 의견의 청취)
① 가정법원은 「민법」 제781조제5항의 규정에 의한 자의 종전의 성과 본의 계속사용허가 청구가 있는 경우, 부, 모 및 자가 15세 이상인 때에는 그 자의 의견을 들을 수 있다.

② 가정법원은「민법」 제781조제6항의 규정에 의한 자의 성과 본의 변경허가 청구가 있는 경우, 부, 모 및 자가 15세 이상인 때에는 그 자의 의견을 들을 수 있

다. 자의 부모 중 자와 성과 본이 동일한 사람의 사망 그 밖의 사유로 의견을 들을 수 없는 경우에는 자와 성과 본이 동일한 최근친 직계존속의 의견을 들을 수 있다.

[본조신설 2007.12.31]

제62조의2(친양자 입양의 청구)

친양자 입양의 청구에는 다음의 사 항을 명백히 하여야 한다.

1. 친양자로 될 자의 친생부모가 친양자 입양에 동의한 사실 또 는 그 동의가 없는 경우에는「민법」 제908조의2제1항제3호 단서에 해당된다는 것을 나타내는 사정

2. 친양자로 될 자에 대하여 친권을 행사하는 자로서 부모 이외 의 자의 이름과 주소와 친양자로될 자의 부모의 후견인의 이름과 주소

3.「민법」 제869조 규정에 의한 법정대리인의 입양승낙

4. 「사회복지사업법」에 의한 사회복지법인의 입양 알선에 의한 청구 인 경우에는 해당 사회복지법인의 명칭 및 소재지와 친양자로 될 자가 보호되고 있는 보장시설의 명칭 및 소재지[본조신설 2007.12.31]

제62조의3(관계자의 의견의 청취)

① 가정법원은 친양자 입양에 관한 심판을 하기 전에, 양친이 될 자, 친양자로 될 자의 친생부모, 친양자로 될 자의 후견인, 친양자로 될 자에 대하여 친권을 행사하는 자로서 부모 이외의 자, 친양자로 될 자의 부모의 후견인의 의견을 들어야 한다.

② 제1항의 경우에 친양자로 될 자의 친생부모의 사망 그 밖의 사유로 의견을 들을 수 없는 경우에는 최근친 직계존속(동순위가 수인일 때에는 연장자)의 의견을

들어야 한다.

[본조신설 2007.12.31]

제62조의4(심판의 고지) 친양자 입양을 허가하는 심판은 친양자로 될 자의 친생부모와 친양자로 될 자의 법정대리인에게 고지하여야 한다.

(3)가족관계의 등록 등에 관한 법률

제1장 총칙

┌ 제1조(목적) 이 법은 국민의 출생·혼인·사망 등 가족관계의 발생 및 변동사항에 관한 등록과 그 증명에 관한 사항을 규정함을 목적으로 한다.

┌ 제2조(관장) 가족관계의 발생 및 변동사항에 관한 등록과 그 증명에 관한 사무(이하 "등록사무"라 한다)는 대법원이 관장한다.

┌ 제3조(권한의 위임) ① 대법원장은 등록사무의 처리에 관한 권한을 시·읍·면의 장(도농복합형태의 시에 있어서 동지역에 대하여는 시장, 읍·면지역에 대하여는 읍·면장으로 한다. 이하 같다)에게 위임한다.

② 특별시 및 광역시와 구를 둔 시에 있어서는 이 법 중 시, 시장 또는 시의 사무소라 함은 각각 구, 구청장 또는 구의 사무소를 말한다. 다만, 광역시에 있어서 군지역에 대하여는 읍·면, 읍·면의 장 또는 읍·면의 사무소를 말한다.

③ 대법원장은 등록사무의 감독에 관한 권한을 시·읍·면의 사무소 소재지를 관할하는 가정법원장에게 위임한다. 다만, 가정법원지원장은 가정법원장의 명을 받아 그 관할 구역 내의 등록사무를 감독한다.

┌ 제4조(등록사무처리) 제3조에 따른 등록사무는 가족관계의 발생 및 변동사항의 등록(이하 "등록"이라 한다)에 관한 신고 등을 접수하거나 수리한 신고지의 시·읍·면의 장이 처리한다.

┌ 제5조(직무의 제한) ① 시·읍·면의 장은 등록에 관한 증명서 발급사무를 제외하고 자기 또는 자기와 4촌 이내의 친족에 관한 등록사건에 관하여는 그 직무

를 행할 수 없다.

② 등록사건 처리에 관하여 시·읍·면의 장을 대리하는 사람도 제1항과 같다.

제2장 가족관계등록부의 작성과 등록사무의 처리

「 제9조(가족관계등록부의 작성 및 기록사항)

① 가족관계등록부(이하 "등록부"라 한다)는 전산정보처리조직에 의하여 입력·처리된 가족관계 등록사항(이하 "등록사항"이라 한다)에 관한 전산정보자x료를 제10조의 등록기준지에 따라 개인별로 구분하여 작성한다.

② 등록부에는 다음 사항을 기록하여야 한다. <개정 2010.5.4>

1. 등록기준지
2. 성명·본·성별·출생연월일 및 주민등록번호
3. 출생·혼인·사망 등 가족관계의 발생 및 변동에 관한 사항
4. 가족으로 기록할 자가 대한민국 국민이 아닌 사람(이하 "외국인"이라 한다)인 경우에는 성명·성별·출생연월일·국적 및 외국인등록번호(외국인등록을 하지 아니한 외국인의 경우에는 대법원규칙으로 정하는 바에 따른 국내거소신고번호 등을 말한다. 이하 같다)
5. 그 밖에 가족관계에 관한 사항으로서 대법원규칙이 정하는 사항

「 제10조(등록기준지의 결정)

① 출생 또는 그 밖의 사유로 처음으로 등록을 하는 경우에는 등록기준지를 정하여 신고하여야 한다.

② 등록기준지는 대법원규칙으로 정하는 절차에 따라 변경할 수 있다.

「 제11조(전산정보처리조직에 의한 등록사무의 처리 등) ①시·읍·면의 장은 등록사무를 전산정보처리조직에 의하여 처리하여야 한다.

② 본인이 사망하거나 실종선고·부재선고를 받은 때, 국적을 이탈하거나 상실한 때 또는 그 밖에 대법원규칙으로 정한 사유가 발생한 때에는 등록부를 폐쇄한다.

③ 등록부와 제2항에 따라 폐쇄한 등록부(이하 "폐쇄등록부"라 한다)는 법원행정처장이 보관·관리한다.

④ 법원행정처장은 등록부 또는 폐쇄등록부(이하 "등록부등"이라 한다)에 기록되

어 있는 등록사항과 동일한 전산정보자료를 따로 작성하여 관리하여야 한다.

⑤ 등록부등의 전부 또는 일부가 손상되거나 손상될 염려가 있는 때에는 법원행정처장은 대법원규칙으로 정하는 바에 따라 등록부등의 복구 등 필요한 처분을 명할 수 있다.

⑥ 등록부등을 관리하는 사람 또는 등록사무를 처리하는 사람은 이 법이나 그 밖의 법에서 규정하는 사유가 아닌 다른 사유로 등록부등에 기록된 등록사항에 관한 전산정보자료(이하 "등록전산정보자료"라 한다)를 이용하거나 다른 사람(법인을 포함한다)에게 자료를 제공하여서는 아니 된다.

제12조(전산정보중앙관리소의 설치 등)

① 등록부등의 보관과 관리, 전산정보처리조직에 의한 등록사무처리의 지원 및 등록전산정보자료의 효율적인 활용을 위하여 법원행정처에 전산정보중앙관리소(이하 "중앙관리소"라 한다)를 둔다. 이 경우 국적 관련 통보에 따른 등록사무처리에 관하여는 대법원규칙으로 정하는 바에 따라 법무부와 전산정보처리조직을 연계하여 운영한다.

② 법원행정처장은 필요한 경우 중앙관리소 소속 공무원으로 하여금 제15조에 규정된 증명서의 발급사무를 하게 할 수 있다.

┌ 제13조(등록전산정보자료의 이용 등)

① 등록전산정보자료를 이용 또는 활용하고자 하는 사람은 관계 중앙행정기관의 장의 심사를 거쳐 법원행정처장의 승인을 받아야 한다. 다만, 중앙행정기관의 장이 등록전산정보자료를 이용하거나 활용하고자 하는 경우에는 법원행정처장과 협의하여야 한다.

② 제1항에 따라 등록전산정보자료를 이용 또는 활용하고자 하는 사람은 본래의 목적 외의 용도로 이용하거나 활용하여서는 아니 된다.

③ 제1항에 따른 등록전산정보자료의 이용 또는 활용과 그 사용료 등에 관하여 필요한 사항은 대법원규칙으로 정한다.

연혁 ┌ 제14조(증명서의 교부 등)

① 본인 또는 배우자, 직계혈족, 형제자매(이하 이 조에서는 "본인등"이라 한다)는 제15조에 규정된 등록부등의 기록사항에 관하여 발급할 수 있는 증명서의 교부를 청구할 수 있고, 본인등의 대리인이 청구하는 경우에는 본인등의 위임을 받아야

한다. 다만, 다음 각 호의 어느 하나에 해당하는 경우에는 본인등이 아닌 경우에도 교부를 신청할 수 있다.

1. 국가 또는 지방자치단체가 직무상 필요에 따라 문서로 신청하는 경우
2. 소송·비송·민사집행의 각 절차에서 필요한 경우
3. 다른 법령에서 본인등에 관한 증명서를 제출하도록 요구하는 경우
4. 그 밖에 대법원규칙으로 정하는 정당한 이해관계가 있는 사람이 신청하는 경우

② 제15조제1항제5호의 친양자입양관계증명서는 다음 각 호의 어느 하나에 해당하는 경우에 한하여 교부를 청구할 수 있다.

1. 친양자가 성년이 되어 신청하는 경우
2. 혼인당사자가 「민법」 제809조의 친족관계를 파악하고자 하는 경우
3. 법원의 사실조회촉탁이 있거나 수사기관이 수사상 필요에 따라 문서로 신청하는 경우
4. 그 밖에 대법원규칙이 정하는 경우

③ 제1항 및 제2항에 따라 증명서의 교부를 청구하는 사람은 수수료를 납부하여야 하며, 증명서의 송부를 신청하는 경우에는 우송료를 따로 납부하여야 한다.

④ 시·읍·면의 장은 제1항 및 제2항의 청구가 등록부에 기록된 사람에 대한 사생활의 비밀을 침해하는 등 부당한 목적에 의한 것이 분명하다고 인정되는 때에는 증명서의 교부를 거부할 수 있다.

⑤ 제15조에 규정된 등록부등의 기록사항에 관하여 발급하는 증명서를 제출할 것을 요구하는 자는 사용목적에 필요한 최소한의 등록사항이 기록된 증명서를 요구하여야 한다. 제출받은 증명서를 사용목적 외의 용도로 사용하여서는 아니 된다. <신설 2009.12.29>

⑥ 제1항부터 제5항까지의 규정은 폐쇄등록부에 관한 증명서 교부의 경우에도 준용한다. <개정 2009.12.29>

「 제15조(증명서의 종류 및 기록사항)

① 등록부등의 기록사항에 관하여 발급할 수 있는 증명서의 종류와 그 기록사항은 다음 각 호와 같다. 다만, 외국인의 기록사항에 관하여는 성명·성별·출생연월일·국적 및 외국인등록번호를 기재하여 증명서를 발급하여야 한다. <개정 2009.12.29, 2010.5.4>

1. 가족관계증명서

가. 본인의 등록기준지・성명・성별・본・출생연월일 및 주민등록번호

나. 부모의 성명・성별・본・출생연월일 및 주민등록번호(입양의 경우 양부모를 부모로 기록한다. 다만, 단독입양한 양부가 친생모와 혼인관계에 있는 때에는 양부와 친생모를, 단독입양한 양모가 친생부와 혼인관계에 있는 때에는 양모와 친생부를 각각 부모로 기록한다)

다. 배우자, 자녀의 성명・성별・본・출생연월일 및 주민등록번호

2. 기본증명서

가. 본인의 등록기준지・성명・성별・본・출생연월일 및 주민등록번호

나. 본인의 출생, 사망, 국적상실・취득 및 회복 등에 관한 사항

3. 혼인관계증명서

가. 본인의 등록기준지・성명・성별・본・출생연월일 및 주민등록번호

나. 배우자의 성명・성별・본・출생연월일 및 주민등록번호

다. 혼인 및 이혼에 관한 사항

4. 입양관계증명서

가. 본인의 등록기준지・성명・성별・본・출생연월일 및 주민등록번호

나. 친생부모・양부모 또는 양자의 성명・성별・본・출생연월일 및 주민등록번호

다. 입양 및 파양에 관한 사항

5. 친양자입양관계증명서

가. 본인의 등록기준지・성명・성별・본・출생연월일 및 주민등록번호

나. 친생부모・양부모 또는 친양자의 성명・성별・본・출생연월일 및 주민등록번호

다. 입양 및 파양에 관한 사항

② 제1항 각 호의 증명서의 기록사항 중 일부사항을 증명하는 증명서를 발급할

수 있다. 이 경우 그 증명서의 기록사항에 관하여 필요한 사항은 대법원규칙으로 정한다. <신설 2009.12.29>

③ 가족관계에 관한 그 밖의 증명서 및 가족관계 기록사항에 관하여 필요한 사항은 대법원규칙으로 정한다. <개정 2009.12.29>

제3장 등록부의 기록

┌ 제16조(등록부의 기록절차) 등록부는 신고, 통보, 신청, 증서의 등본, 항해일지의 등본 또는 재판서에 의하여 기록한다.

┌ 제17조(등록부가 없는 사람) 가족관계등록이 되어 있지 아니한 사람에 대하여 등록사항을 기록하여야 할 때에는 새로 등록부를 작성한다.

┌ 제18조(등록부의 정정) ① 등록부의 기록이 법률상 무효인 것이거나 그 기록에 착오 또는 누락이 있음을 안 때에는 시・읍・면의 장은 지체 없이 신고인 또는 신고사건의 본인에게 그 사실을 통지하여야 한다. 다만, 그 착오 또는 누락이 시・읍・면의 장의 잘못으로 인한 것인 때에는 그러하지 아니하다.

② 제1항 본문의 통지를 할 수 없을 때 또는 통지를 하였으나 정정신청을 하는 사람이 없는 때 또는 그 기록의 착오 또는 누락이 시・읍・면의 장의 잘못으로 인한 것인 때 또는 시・읍・면의 장은 감독법원의 허가를 받아 직권으로 정정할 수 있다. 다만, 대법원규칙으로 정하는 경미한 사항인 경우에는 시・읍・면의 장이 직권으로 정정하고, 감독법원에 보고하여야 한다.

③ 국가 또는 지방자치단체의 공무원이 그 직무상 등록부의 기록에 착오 또는 누락이 있음을 안 때에는 지체 없이 신고사건의 본인의 등록기준지의 시・읍・면의 장에게 통지하여야 한다. 이 경우 통지를 받은 시・읍・면의 장은 제1항 및 제2항에 따라 처리한다.

┌ 제19조(등록부의 행정구역, 명칭 등의 변경) ① 행정구역 또는 토지의 명칭이 변경된 때에는 등록부의 기록은 정정된 것으로 본다. 이 경우 시・읍・면의 장은 그 기록사항을 경정하여야 한다.

② 시・읍・면의 장은 지번의 변경이 있을 때에는 등록부의 기록을 경정하여야 한다.

제4장 신고

제1절 총칙

제20조(신고의 장소)

① 이 법에 따른 신고는 신고사건 본인의 등록기준지 또는 신고인의 주소지나 현재지에서 할 수 있다.

② 외국인에 관한 신고는 그 거주지 또는 신고인의 주소지나 현재지에서 할 수 있다. <개정 2010.5.4>

제6절 친양자의 입양 및 파양

제67조(친양자의 입양신고) ① 「민법」 제908조의2에 따라 친양자를 입양하고자 하는 사람은 친양자 입양재판의 확정일부터 1개월 이내에 재판서의 등본 및 확정증명서를 첨부하여 제61조의 신고를 하여야 한다.

② 제1항의 신고서에는 재판확정일을 기재하여야 한다.

제68조(준용규정) 제58조는 친양자의 입양신고에 준용한다.

제69조(친양자의 파양신고) ① 「민법」 제908조의5에 따라 친양자 파양의 재판이 확정된 경우 소를 제기한 사람은 재판의 확정일부터 1개월 이내에 재판서의 등본 및 확정증명서를 첨부하여 제63조의 신고를 하여야 한다.

② 제1항의 신고서에는 재판확정일을 기재하여야 한다.

③ 제1항의 경우에는 그 소의 상대방도 재판서의 등본 및 확정증명서를 첨부하여 친양자 파양의 재판이 확정된 취지를 신고할 수 있다. 이 경우 제2항을 준용한다.

제70조(준용규정) 제69조는 친양자의 입양취소의 재판이 확정된 경우에 준용한다.

제12절 개명 및 성(姓)·본(本) 변경

제99조(개명신고) ① 개명하고자 하는 사람은 주소지(재외국민의 경우 등록기준지)를 관할하는 가정법원의 허가를 받고 그 허가서의 등본을 받은 날부터 1개월 이내에 신고를 하여야 한다.② 신고서에는 다음 사항을 기재하여야 한다.

1. 변경 전의 이름

2. 변경한 이름
3. 허가연월일
③ 제2항의 신고서에는 허가서의 등본을 첨부하여야 한다.

제100조(성・본 변경신고) ① 「민법」 제781조제6항에 따라 자녀의 성(姓)・본(本)을 변경하고자 하는 사람은 재판확정일부터 1개월 이내에 재판서의 등본 및 확정증명서를 첨부하여 신고하여야 한다.

② 신고서에는 다음 사항을 기재하여야 한다.
1. 변경 전의 성・본
2. 변경한 성・본
3. 재판확정일

2.개명허가신청사건 사무 처리지침

제정 2007.12.10 가족관계등록예규 제211호
개정 2009.07.17 가족관계등록예규 제307호

제1조(목적)

이 예규는 개명허가신청사건 처리의 심사기준 및 사무 처리절차 를 정함으로써 법원에 있어서 개명허가신청사건 처리의 통일성 및 효율성을 꾀하고자 함을 목적으로 한다.

제2조(개명허가의 심사기준)

개명을 허가할 만한 상당한 이유가 인정되고, 범죄를 기도 또는 은폐하거나 법령에 따른 각종 제한을 회피하려는 불순한 의도나 목적이 개입되어 있는 등 개명신청권의 남용으로 볼 수 있는 경우가 아니라면, 원칙적으로 개명을 허가함이 상당하다(대법원 2005. 11. 16.자 2005스26 결정).

제3조(불순한 의도나 목적의 판단자료)

① 법원은 개명허가신청사건을 처리 할 경우 개명신청권의 남용으로 보이는 불순한 의도나 목적을 판단하기 위하여 필요한 경우, 경찰관서에 전과조회, 전국은행연합회에 신용정보조회 등을 하여 그 자료를 신청사건 등의 판단자료로 활용하여야 하고, 필요한 경우에는 출입국관리사무소에 출입국사실조회를 할 수 있다. 사실조회를 전산정보처리조직에 의한 조회로 대체할 수 있다.

② 신청사건의 제출자료에 진실성이 의심스럽다고 인정되거나 제1항의 판단자료에 의하여 개명허가신청의 불순한 의도나 목적의 유무가 불분명한 경우에는 본인 또는 참고인의 심문을 적극 활용하여야 한다.

③ 가족과 동일한 이름으로 개명허가신청을 하는지 확인하기 위하여 신청인의 기본증명서 및 가족관계증명서와 부모, 성년인 자녀의 가족관계증명서를 개명허가 신청시에 제출하게 한다.

제4조(출생신고서와 개명)

① 출생신고서에 기재한 이름과 가족관계등록부 에 기록된 이름이 서로 다른 경우에는 「가족관계의 등록 등에 관한 규칙」 제60조제2항제5호에 따라 간이직권정정 절차로 정정할 수 있다.

② 출생신고서에 기재를 잘못하였다는 사유로 이름을 변경하고자 하는 경우에는 「가족관계의 등록 등에 관한 법률」 제99조에 따라 법원에 개명허가신청을 하여야 한다.

제5조(인명용 한자의 범위를 초과한 개명신청)

「가족관계의 등록 등에 관한 규칙」 제37조의 인명용 한자의 범위를 벗어난 한자로의 개명은 허용되지 아니한다.

제6조(미성년자의 개명허가신청)

① 미성년자라도 의사능력이 있는 경우에는 단독으로 개명허가신청을 할 수 있다.

② 의사능력 있는 미성년자가 개명허가를 받은 때에는 자신이 신고할 수 있다.

제7조(동일인에 대한 2개의 저촉되는 개명허가)

동일인에 대하여 2개의 저 촉되는 개명허가가 있는 경우, 「비송사건절차법」 제19조(재판의 취소·변경)에 따라 재판의 취소를 하지 아니하는 한 어느 것이나 효력이 있다.

제8조(여러명의 개명신고)

「가족관계의 등록 등에 관한 법률」 상의 가족여러명이 동시에 개명한 경우에 개명신고는 하나의 서면에 연기(연기)하여 할 수 있으나 사건은 1명마다 각 별건으로 처리하여야 한다.

제9조(개명의 일자)

개명의 일자는 개명허가의 일자를 기록한다.

제10조(재외공관에의 인지납부)

① 재외국민이 개명허가신청서를 재외공관에 제출할 때에는 신청서에 정해진 인지를 붙이거나 그 액면상당의 현지화를 재외공관장에게 납부하여도 된다.

② 제1항의 경우 재외공관장은 개명허가신청서 상단부 여백에 영수인(고무인)을 찍어야 하며, 수령한 금액은 매월 정기적으로 국고에 납입하여야 한다.

제11조(외국에서 한 개명의 효력)

① 외국인과의 신분행위 (예: 외국인에게 입양된 경우 등)등으로 그 외국인과 일정한 신분관계가 형성이 되어 그 외국의 법에 따라 개명을 한 경우라 하더라도, 「가족관계의 등록 등에 관한 법률」 제99조에 따라 한국법원에서 개명허가결정을 받은 경우가 아닌 한 그 외국에서 개명한 이름을 한국 가족관계등록부에 기록할 수 없다.

② 제1항의 경우, 외국인과 신분행위를 한 사람이 우리나라 국적을 상실하기 전이라면, 필요에 따라 「가족관계의 등록 등에 관한 법률」 제99조에 따라 한국법원에 개명허가결정을 받아 개명할 수 있다.

[부 칙]
이 예규는 2008년 1월 1일부터 시행한다.

3. 개명관련 예규및선례

1. 호적상 한자로 등재된 이름을 한글 이름으로 바꾸려면 법원에 개명허가를 받아야 하는지 여부
--호적상 한자로 등재된 이름을 한글 이름으로 바꾸려면 본적지 또는 주소지를 관할하는 가정법원 (지방법원 또는 지원)에 개명허가 신청을 하여 그 허가를 받아야만 가능하며 개명신청에 대한 허가 여부는 신청이유와 소명자료를 참작하여 당해 법원의 법관이 판단할 재판사항이다.

2. 개명 후 개명 전의 구명으로 고치기 위해서도 개명절차를 취하여야 한다.

3. 개명은 그 횟수를 제한하는 법적 근거가 없으므로 개명허가를 얻어 이름을 바꾼 후 다시 법원에 개명허가신청을 할 수 도 있다 (호적선례3권465항 참조)

4. 등록부에 기록되어 있는 이름 "종훈(鍾勳) "을 "종훈(鐘勳) "과 같이 동음이자로 고치고자 하는 경우에는 개명절차를 밟아야 한다.

5. 친생자관계부존재확인판결에 의해서 폐쇄된 등록부상의 성명과 새로운 출생신고에 의해
--작성되는 등록부에 기록되는 성명이 서로 다른 경우에는 개명절차는 필요치 않다.의 성명이 실제로 사용하고 있는 이름과 다른 경우에는 본적지 또는 주소지를 관할하는 법원으로부터 개명허가를 받아 개명신고를 함으로써 이름을 바꾸어 사용할 수가 있는 것이나, 관할법원이 구체적인 개명허가신청에 대하여 허가결정을 할 것인지의 여부는 당해사건을 심리하는 판사가 신청서에 첨부되어 있는 증빙서류 등을 심사한 후 결정하는 것이며, 법원의 기각결정에 대하여 불복하고자 하는 자는

법이 정한 절차에 따른 항고를 제기하여 다투거나 다른 소명자료를 충분히 첨부하여 다시 개명허가신청을 하여 볼 수밖에 없을 것이다. (1993. 11. 5. 법정 제2190호) 참조조문 : 법 제113조, 규칙 제97조0

6. 외국인의 양자가 된 자라도 개명하지 않는 한 이름이 변경되지 않는다

7. 우리나라 국민이 외국법원의 판결(결정)을 얻어 호적상 이름을 개명할 수 있는지 여부

--호적상 이름을 개명하고자 하는 자는 본적지 또는 주소지를 관할하는 가정법원의 허가를 얻은 경우에만 할 수 있으므로, 외국법원의 판결(결정)에 의한 개명은 할 수 없다.

(1999. 4. 20. 법정 3202-147호)

8. 착오로 잘못 작성된 출생신고서에 의하여 호적에 기재된 이름이 실제 부르는 이름과 다른 경우에도 개명하여야 하는지 여부 등

--출생신고 과정에서 "석"자와 "●"자를 구분하지 못하여 출생신고서에 "●"자로 잘못 기재하는 바람에 호적에 기재된 이름이 실제 사용하는 이름과 다른 경우에도 호적비송절차에 의한 개명허가를 받아야만 호적에 기재되어 있는 이름을 실제 사용하고 있는 이름과 같이 고칠 수 있는 것이며, 이러한 개명절차는 개명하고자 하는 자(그 자가 미성년자 등 무능력자인 때에는 법정대리인)가 소명자료와 함께 개명허가신청서를 작성하여 본적지나 주소지 관할법원에 신청을 하면 당해 법원이 이를 심리하여 결정을 하게 되며, 이때 개명을 허가한다는 결정이 나면 위 신청인은 호적관서에 그 허가서의 등본을 첨부하여 개명신고를 하여야 한다. (1993. 8. 24. 법정 제1661호) 참조조문 : 법 제113조 참조예규 : 306호

9. 친생자관계부존재확인판결에 의하여 말소된 호적상의 성명과 새로운 출생신고에 의해 생부의 호적에 입적되는 성명이 서로 다른 경우 개명절차가 필요한지와 동일인 여부를 입증하는 서류

--친생자관계부존재확인판결에 의하여 호적에서 말소된 자는 그에 대한 출생신고의무자가 있을 때에는 그의 출생신고로 부(부)의 호적에 입적되므로 사건본인의 호

적이 친생자관계부존재확인판결의 확정으로 말소되어 호적이 없는 상태에서 생부의 출생신고로 부(부)의 가에 입적하는 경우 말소된 호적상의 성명과 생부의 호적에 입적되는 성명이 서로 다르다 해도 개명절차는 필요하지 않으며 동일인인지 여부를 입증하는 자료로는 위 말소된 호적등본과 판결 및 출생신고서 등이 될 수 있다.(1995. 4. 14. 법정 3202-201 병무청장 대 법원행정처장 질의회답)

10. 한자 "탁 "의 한글음을 "택 "으로 하는 개명허가결정을 얻은후 그 결정문을 첨부하여 개명신고를 하는 경우 이를 호적에 기재할 수 있는지 여부

--한자 "탁 "은 "탁 "의 단일음으로만 발음되므로 그 한글음을 "택 "으로 하는 법원의 개명허가결정을 얻었더라도 그에 따른 호적신고는 허용될 수 없을 것이다.

(2004. 12. 24. 호적 3202-595 청주지방법원장 대 법원행정처장 질의회답)

11. 외국인의 양자가 된 자라도 개명하지 않는 한 이름이 변경되지 않는다

--우리 나라 국민이 캐나다인과 행위지법인 캐나다 방식에 의하여 입양절차를 필하였다면 그 증서를 교부받아 소정사항을 기재한 입양신고서(우리 나라 입양신고서)에 첨부하여 주캐나다 우리 나라 공관에 제출(호적법 제40조, 동법 제41조)하면 이를 수리한 공관장은 외무부장관을 경유하여 양자의 본적지에 송부하여 양자의 호적에 양친과의 입양사유만을 기재할 뿐이고 호적등·초본은 호적원본의 기재사항 그대로 발급하는 것이므로 양친의 본국법에 의하여 양자의 이름을 달리 정하였다 할지라도 이에 따라 양자의 이름을 변경하여 호적등·초본의 교부는 할 수 없다. 다만, 양자가 우리 나라 국적을 상실하기 전이라면 필요에 따라 호적법 제113조의 규정에 의하여 법원의 개명허가결정을 받아 양자의 명을 개명할 수 있을 것이다.

12. 호적상 한자로 등재된 이름을 한글 이름으로 바꾸려면 법원에 개명허가를 받아야 하는지 여부

--호적상 한자로 등재된 이름을 한글 이름으로 바꾸려면 본적지 또는 주소지를 관할하는 가정법원 (지방법원 또는 지원)에 개명허가 신청을 하여 그 허가를 받아야만 가능하며 개명신청에 대한 허가 여부는 신청이유와 소명자료를 참작하여 당

해 법원의 법관이 판단할 재판사항이다.

13. ①의사능력 있는 미성년자의 개명신고

② 동일인에 대하여 두 개의 서로 다른 개명허가결정이 있는 경우의 처리

③ 개명의 일자는 개명허가의 일자를 기재한다.

☛ 의사능력이 있는 미성년자는 자신의 개명허가신청을 할 수 있다.

☛. 동일인에 대하여 2개의 저촉되는 개명허가가 있는 경우 비송사건절차법 제19조에 의한 재판의 취소를 하지 아니하는 한 어느것이나 효력이 있으므로, 후에 한 재판에 의하여 호적기재를 한 때에는 그 호적기재는 유효하다. 의사능력 있는 미성년자가 개명허가를 받은 때에는 자신이 신고할 수 있다. 개명의 일자는 개명허가의 일자이다.

4. 자주 하는 질문

1.혼인신고시에 자녀의 성과 본을 어머니의 성과 본으로 미리 정할 수 있다고 하는데 사실인가요?

☞ 예, 그렇습니다.

【설명】

○ 원칙적으로 자녀의 성과 본은 부의 성과 본을 따르되, 예외적으로 혼인신고시에 장차 태어날 자녀의 성과 본에 대하여 어머니의 성과 본을 따르기로 서로 협의하면, 자녀에 대한 출생신고를 할 경우 어머니의 성과 본으로 가족관계등록부에 기록하게 됩니다.

○ 다만, 어머니의 성과 본을 따르기로 하는 협의 없이 혼인신고를 한 후에는 법원의 허가를 받아야 어머니의 성과 본으로 변경할 수 있습니다.

【참고】 민법 제781조제1항 단서 및 제6항

2.혼인관계 중 아버지의 성과 본을 따르고 있는 자녀의 성과 본을 어머니의 성과

본으로 변경할 수 있나요?

☞ 가능합니다만, 법원의 허가를 받아야 어머니의 성과 본으로 변경할 수 있습니다.

【설명】

○ 기존의 성과 본을 변경하는 것은 개인적·사회적으로 기존의 성·본에 의하여 형성된 사회적·법적 신뢰관계를 흔드는 결과가 될 수 있으므로, 자녀의 복리를 위해 필요한 때에만 법원의 허가를 받아 변경할 수 있습니다.

○ 이 규정의 입법취지는 이혼율이 급증하고 재혼가정이 증가하고 있는 현실에서 자녀가 이혼 또는 재혼한 어머니와 함께 생활하고 있는 경우가 많은데, 현행 가족법상 성불변의 원칙 때문에 이러한 자녀가 겪고 있는 현실적인 어려움을 덜어주기 위해서 신설된 것입니다.

○ 따라서 성년자이거나 정상적인 가정을 유지하고 있는 부모의 자녀 등의 경우에는 특별한 사정이 없는 한 그 변경이 어려울 것입니다.

【참고】 민법 제781조제6항

3.협의이혼을 하려고 하는데 남편이 내년부터 엄마의 성이나 새 아빠의 성으로 변경이 가능하다고 하면서 아들의 양육비나 친권에 대하여 협의를 하지 않았습니다. 엄마의 성이나 제가 재혼하는 새 아빠의 성으로 변경한다고 친자관계에 큰 영향을 주나요?

☞ 그렇지 않습니다.

【설명】

○ 단순히 자녀의 성을 변경하는 것만으로는 친생부모와의 친족관계에 변동을 가져오는 것은 아니므로, 자녀의 가족관계증명서에는 성의 변경으로 인하여 친아빠의 성과 다르게 되었더라도 여전히 친아빠가 부로 표시됩니다.

○ 따라서 자녀의 가족관계증명서에 새 아빠를 부로 표시하려면 재혼할 친양자입양을 하여 친아빠와의 친족관계를 종료시켜야 합니다.

【참고】 민법 제908조의2~908조의8

4.저는 이혼한 여성인데 전 남편과 사이에 태어난 자녀는 제가 기르고 있습니다.

이 자녀의 성과 본을 새 아버지의 성과 본으로 변경할 수 없나요?

☞ 변경할 수 있습니다.

【설명】

○ 자녀의 성과 본을 새 아버지의 성과 본으로 변경하는 방법에는 다음과 같은 두 가지가 있습니다.

- 첫째는, 가정법원에 성과 본의 변경허가를 청구하는 것입니다. 법원은 자녀의 복리를 위하여 필요하다고 판단한 때에는 새 아버지의 성과 본으로 변경하는 결정을 내리게 됩니다.

- 둘째는, 새 아버지가 자녀를 친양자로 입양하여 그 성과 본을 변경할 수 있습니다. 다만, 친양자입양을 하기 위해서는 친양자가 될 자가 15세 미만이고 그 친생부의 입양 동의를 얻어 가정법원의 친양자 입양재판을 거쳐야 합니다.

【참고】 민법 제781조제6항, 제908조의2~908조의8

5. 가족관계등록부의 등록기준지는 누가 정하나요? 신고지, 현재지, 주소지 등과 같이 신고인이 임의로 정할 수 있나요?

☞ 예, 신고인이 임의로 정할 수 있습니다.

【설명】

○ 현재 호적이 있는 사람의 최초 등록기준지는 그 호적의 본적지가 됩니다만, 등록기준지를 아무런 제한 없이 변경할 수 있습니다.

○ 참고로, 2008. 1. 1. 이후 출생신고를 하는 경우에는 신고인이 임의로 등록기준지를 정하거나 부 또는 모의 등록기준지로 정하여 신고할 수 있습니다.

【참고】 가족관계의 등록 등에 관한 법률 제10조 및 부칙 제3조제4항

6.가족관계등록부에는 이혼 경력이 나타나는지요?

☞ 현행 호적등본을 대체할 기본증명서, 가족관계증명서에는 나타나지 않습니다. 다만, 혼인관계증명서에는 이혼 경력이 나타납니다.

【설명】

○ 가족관계등록정보를 증명하는 5종류의 증명서 중에서 배우자가 나타나는 증

명서는 가족관계증명서와 혼인관계증명서입니다.

○ 그 중 가족관계증명서에는 현재 유효한 혼인 중인 배우자만 나타나고, 이혼 또는 혼인 무효·취소된 배우자는 나타나지 않습니다. 그러나 혼인관계증명서에는 혼인 및 이혼에 관한 사항을 증명하도록 하고 있기 때문에 이혼 경력이 기재됩니다.

【참고】 가족관계의 등록 등에 관한 법률 제15조제1항제3호

7.얼마 전에 여동생이 이혼하고 아버지 호적에 복적을 했습니다. 현재 저는 미혼이고 입사지원을 하고 있습니다. 호적등본 제출시에 여동생의 이혼사실이 나타나 불이익이 없을지 걱정이 됩니다. 새로운 가족관계등록부에도 여동생의 이혼사실이 나타납니까?

☞ 나타나지 않습니다.

【설명】

○ 개인별 편제방식을 취하는 가족관계등록제도가 시행되면 이혼한 여동생이 복적한 아버지의 호적은 모두 제적되고, 여동생은 이혼사실은 여동생의 가족관계등록부에만 나타납니다.

○ 또한, 귀하의 가족관계증명서에는 부모, 배우자, 자녀만 나타나기 때문에 여동생에 관한 어떤 사항도 나타나지 않습니다.

○ 한편, 내년부터는 여자가 이혼을 하더라도 자신의 가족관계등록부에만 이혼사실이 기재될 뿐 친정 아버지 호적에 다시 등재되지 않게 됩니다.

【참고】 가족관계의 등록 등에 관한 법률 제9조 및 제15조제1항제1호

8.저는 어렸을 때 입양되어 양부모님에게서 자랐습니다. 양부모님은 저를 친아들처럼 잘 길러 주셨고, 저 역시 기대에 부응하기 위하여 열심히 공부해 대학을 우수한 성적으로 졸업하였습니다. 그러나 입사 지원시 제출하는 호적등본 때문에 여러 곳에 입양사실이 알려져 곤란을 겪고 있습니다. 이러한 사실이 드러나지 않게 하는 방법은 없는지요?

☞ 가족관계증명서와 입양관계증명서를 통해 입양사실이 나타납니다.

【설명】

○ 2008년부터 시행되는 가족관계등록부의 목적별 증명서는 현행 호적과는 달리 모든 가족의 신분사항이 공개되지 않도록 그 증명 목적에 따라 증명서를 발급하도록 되어 있습니다.

○ 그 중 본인의 신분사항만이 나타나는 기본증명서에는 일반입양사실이 표시되지 않지만 가족관계증명서와 입양관계증명서에는 양부모가 표시되어 입양사실이 나타납니다.

○ 한편, 친양자 입양은 일반입양과 달리 가족관계증명서에 양부모가 친부모처럼 표시되나, 친양자가 될 자가 15세 미만이어야 하기 때문에 귀하는 친양자가 될 수 없습니다.

【참고】 가족관계의 등록 등에 관한 법률 제15조제1항제4호 및 제5호, 민법 제908조의2

9.내년부터는 본적이 서울인 사람도 신혼여행지인 제주도에서 혼인신고를 하고 바로 혼인관계증명서를 발급받을 수 있나요?

☞ 예, 혼인신고를 하고 증명서를 발급받을 수 있습니다.

【설명】

○ 현재는 본적지 시·구·읍·면의 장이 혼인신고에 따른 호적업무를 담당하므로, 혼인신고지와 본적지가 다른 경우에 신고지 담당공무원은 직접 처리하지 않고 본적지로 신고서를 송부하여야 합니다. 따라서 혼인신고사항이 기재된 호적을 발급받기 위해서는 약 1~2주의 기간이 걸렸습니다. 그러나, 2008년부터는 신고지 담당공무원이 등록기준지로 신고서를 송부하지 않고 직접 심사하여 가족관계등록부에 기록할 수 있습니다.

○ 따라서, 서울에 등록기준지를 둔 사람이 제주도에 신혼여행을 가서 서귀포시청에 혼인신고를 하면 혼인 요건이 충족되었을 경우, 바로 가족관계등록부에 기록이 되어 즉시 혼인관계증명서의 발급이 가능하게 됩니다.

【참고】 가족관계의 등록 등에 관한 법률 제4조

10.내년부터는 양쪽 혼인당사자가 직접 혼인신고를 해야 하나요?

☞ 한쪽 혼인당사자가 신고하는 경우에는 불출석한 혼인당사자의 신분증 또는 인감증명서를 가져가야 합니다.

【설명】

○ 현행 호적법에서는 마음만 먹으면 다른 사람의 승낙 없이 그 인장을 위조하여 혼인신고서를 작성하여 제출함으로써 혼인신고를 할 수 있습니다. 이러한 신고절차의 허점 때문에 주위에서 이를 악용한 피해사례가 자주 발생하였습니다.

○ 이를 방지하기 위해 2008년부터는 한쪽 혼인당사자가 혼인신고를 하는 경우에는 불출석한 혼인 당사자의 의사를 확인하기 위한 방법으로 그 신분증을 제시하거나 인감증명서를 첨부하여야 하고, 그러하지 아니한 경우에는 혼인신고를 수리하지 못하도록 하였습니다.

【참고】 가족관계의 등록 등에 관한 법률 제23조제2항

11.저는 조선족으로 한국인 남편과 혼인하여 현재 한국에서 살고 있습니다. 내년쯤에 간이귀화를 하여 정식으로 한국국적을 취득하려고 하는데 내년부터는 귀화허가를 받은 후 따로 귀화신고를 할 필요가 없다고 하는데 사실인가요?

☞ 예, 그렇습니다.

【설명】

○ 현행 호적법에 따르면, 법무부장관의 귀화허가를 받은 사람은 귀화허가서와 친족관계를 소명하는 자료 등을 첨부하여 호적관서에 별도로 신고를 하여야 호적이 작성됩니다.

○ 그러나, 내년부터는 법무부장관이 해당 등록관서에 귀화허가자의 등록부 작성에 필요한 사항을 통보하면 등록관서가 직접 귀화자의 가족관계등록부를 작성하게 되므로 별도의 신고가 필요 없게 됩니다. 이러한 국적취득통보제도는 인지에 따른 국적취득, 귀화, 국적회복, 국적판정 등의 경우에도 동일하게 적용됩니다.

○ 다만, 제도 시행에 준비가 필요하므로 2008. 9. 1.부터 시행됩니다.

【참고】 가족관계의 등록 등에 관한 법률 제93조부터 제95조까지 및 제98조

12.내년부터 시행되는 친양자제도는 어떤 제도입니까?

【설명】

○ 친양자제도는 자녀의 복리를 위해 양자를 적어도 법률상 완전한 친생자로 인정하는 제도입니다. 따라서 친양자로 입양되면 친생부모와의 친족관계 및 상속관계는 모두 종료되고 양부모와의 법률상 친생자관계를 새롭게 형성하며, 성과 본도 양부의 성과 본으로 변경할 수 있습니다.

○ 친양자입양을 하기 위해서는 친양자가 될 자가 15세 미만이고 그 친생부모의 입양 동의를 얻어 반드시 가정법원의 친양자 입양 재판을 거쳐야 합니다. 한편, 일반 입양과 달리 협의상 파양을 할 수 없고 엄격한 제한 요건 하에서 재판상 파양을 할 수 있을 뿐입니다.

【참고】 민법 제908조의2 ~ 제908조의8

13.전남편과 이혼하여 그 사이에 태어난 아이는 친할머니가 기르고 있습니다. 제가 재혼을 준비하고 있는데 이 아이를 새 남편될 사람이 친양자 입양을 하려고 합니다. 친권은 저에게 있는데 전남편이 사망한 경우 누구의 동의를 얻어야 하나요?

☞ 모의 동의만 있으면 됩니다.

【설명】

○ 친양자 입양은 친양자가 될 자의 친생부모의 입양동의를 얻어야 합니다.

○ 그런데, 이혼하여 자녀를 양육하고 있는 중에 전남편이 사망한 후 재혼하여 새남편이 친양자 입양을 하는 경우에는 모의 동의만 있으면 가능합니다.

【참고】 민법 제908조의2 제1항제3호

14.친양자로 입양한 자녀가 입양사실을 알게 될까 걱정입니다. 친양자임이 공개될 경우 친양자 제도의 취지상 친양자 본인에게 바람직하지 않을 것 같은데 이에 대한 대책은 없나요?

【설명】

○ 친양자입양은 양자의 성과 본까지 변경하여 법률상 완전한 친생자관계를 형성하고 친양자입양사실을 원칙적으로 공개하지 아니하므로 다른 증명서와 달리 가족은 물론 본인도 발급이 제한됩니다.

○ 친양자입양관계증명서는 친양자 본인이 성년이 되거나 혼인당사자가 혼인의 무효 또는 취소사유에 해당하는 친족관계를 파악하고자 하는 경우, 법원의 사실조회촉탁이나, 수사기관의 수사목적으로 신청한 경우에 한하여 예외적으로 발급할 수 있습니다.

【참고】 가족관계의 등록 등에 관한 법률 제14조제2항

15.양부가 양자를 친양자로 입양할 수 있는지요?

☞ 예, 친양자 입양을 할 수 있습니다.

【설명】

○ 일반 입양의 요건과 친양자 입양의 요건은 모두 친생부모의 동의를 받아야 하는데 친양자 입양의 요건은 일반입양의 요건보다 엄격하고 가정법원의 입양재판에 거쳐야 하기 때문에 보통양자를 친양자로 입양할 수 있습니다.

○ 그러나 양부모 이외의 사람이 다른 사람의 보통양자인 자를 친양자 입양하려면 친생부모와 양부모의 동의를 모두 받아야 합니다.

【참고】 민법 제908조의2, 부칙 제5조

16.친양자 입양을 한 후 친생부모가 아이를 너무 보고 싶어 할 경우 면접교섭권이 인정되나요?

☞ 면접교섭권은 인정되지 않습니다.

【설명】

○ 친양자 입양이 확정되면 종래의 친족관계는 종료되기 때문에 친생부모의 면접교섭권은 인정될 수 없습니다.

○ 친생부모의 면접교섭권을 인정하게 되면 친양자로 하여금 양부모를 유일의 친부모처럼 여기고 정서적으로 건전한 성장할 수 있게 한다는 친양자제도의 취지에 반하기 때문입니다.

【참고】 민법 제908조의3

17.내년부터 아버지의 성을 따르고 있는 자녀가 어머니의 성을 따를 수 있나요?

☛가능합니다.

다만 혼인신고 때 태어날 자녀가 어머니 성을 따르기로 협의한 사실을 함께 신고할 경우 자녀 출생신고 때 어머니의 성과 본으로 가족관계등록부에 기록됩니다. 이런 협의가 없을 때는 원칙적으로 법원의 성 변경 재판을 받아 어머니의 성을 따를 수 있습니다. 다만 자녀가 성년이거나 정상적인 가정을 유지하고 있는 부모의 자녀 등의 경우 특별한 사정이 없는 한 그 변경이 어렵습니다.

18. 재혼 가정의 경우 자녀의 성을 새아버지의 성으로 바꿀 수 있나요? 이 경우 친생부의가 있어야 하나요?

☛자녀의 성과 본을 새 아버지의 성과 본으로 변경하는 방법에는 두 가지가 있습니다.

첫째는, 어머니가 법원에 자녀의 성과 본을 변경하는 심판을 청구하면 됩니다. 이 경우 친생부의 동의가 필요없습니다. 둘째는, 새아버지가 그 자녀를 친양자로 입양하는 것입니다. 다만 이 경우에는 자녀가 15세 미만이어야 하고 친생부의 동의서를 구비해 법원의 친양자 입양결정을 받아야 합니다.

19. 자녀의 성이 새아버지의 성으로 바뀔 때 친자관계는 어떻게 되나요?

☛가족관계등록부상 자녀의 가족관계증명서에는 성의 변경으로 인해 친아버지의 성과 다르게 됐더라도 여전히 친아버지가 부(父)로 표시됩니다. 친양자 입양의 경우는 가족관계증명서에 친양자 입양을 하는 양아버지가 부(父)로 표시됩니다.

20. 친양자 입양과 일반 입양은 어떻게 다른가요?

☛일반 입양은 친·양부모가 협의로 가능하고 입양자녀의 성은 원칙적으로 변경이 불가능합니다. 친양자 입양은 법원 재판으로 친양자 지위를 얻게 되며 양부의 성과 본으로 변경됩니다. 특히 친양자 입양은 재판 확정 때부터 친생부모와의 법적인 관계가 모두 종료됩니다. 친부모의 면접교섭권도 인정되지 않습니다.

21. 친양자로 입양한 자녀가 입양사실을 알게 될까 걱정입니다. 친양자라는 사실이 공개될 가능성은 없나요?

☛친양자입양관계 증명서 발급으로 가능하긴 합니다. 그러나 친양자입양은 법률상 완전한 친생자 관계를 형성하고 친양자 입양사실은 원칙적으로 비공개여서 다른 증명서와 달리 가족은 물론 본인도 발급이 제한됩니다. 친양자입양관계증명서는 친양자 본인이 성년이 되거나 혼인당사자가 혼인 무효 또는 취소 사유에 해당하는 친족관계를 파악하고자 하는 경우, 법원의 사실조회촉탁이나, 수사기관의 수사목적으로 신청한 경우에 한하여 예외적으로 발급할 수 있습니다.

참조문헌

민법 김 형 배 신조사

민법 송영곤-유스티니아누스

우리사회를 움직이는 판결-전교조-휴머니스

2009 가족관계등록법해설 정주수-서울중앙지방법무사회

www.성변경,kr

slfamily.scourt.kr

www.klac.or.kr

저 자

법무사 정택근

1.진주생

1.고대법대졸업

1.세무법인위드 법률자문

1.현 법무사

알려주는실무
성과본.친양자.개명

2010. 6. 16 인쇄
2010 . 6. 25 초판발행

저 자 정 택 근
발행인 양 갑 수
발행처 법률&출판
주소 서울 서초구 방배동 959-14
전 화 02-521-8199
팩 스 02-598-0332

가격 ₩ 80,000

ISBN 978-89-956907-4-1